北京高等教育精品教材

普通高等教育物流管理专业系列教材

商品学概论

第 2 版

主　编　赵启兰
副主编　贺金社　王久梗

机械工业出版社
CHINA MACHINE PRESS

本书在借鉴和吸收国内外商品学理论与实践以及有关最新研究成果的基础上，密切结合我国的实际情况，论述了商品学研究的主要内容、商品分类与编码、商品质量与商品标准、商品检验、商品包装与运输、商品储存与养护、纺织品、茶叶、饮料酒、家用电器和通信设备、钢材、商品与环境资源等内容。为使读者更好地掌握与理解商品学方面的知识，各章新增了案例，附有思考练习题，有些章节还附有实验，供读者在学习时使用。

本书可作为普通高等院校经济类和管理类专业教材，也可作为工商企业相关人员的业务培训教材及自学参考书。

图书在版编目（CIP）数据

商品学概论/赵启兰主编. —2版. —北京：机械工业出版社，2015.10
（2022.8重印）

普通高等教育物流管理专业系列教材　北京高等教育精品教材
ISBN 978-7-111-51495-4

Ⅰ.①商…　Ⅱ.①赵…　Ⅲ.①商品学－高等学校－教材　Ⅳ.①F76

中国版本图书馆CIP数据核字（2015）第206479号

机械工业出版社（北京市百万庄大街22号　邮政编码100037）
策划编辑：曹俊玲　　责任编辑：曹俊玲　刘　静　张丹丹
责任校对：薛　娜　　封面设计：刘　科
责任印制：张　博
北京建宏印刷有限公司印刷
2022年8月第2版第6次印刷
184mm×230mm·23.25印张·489千字
标准书号：ISBN 978-7-111-51495-4
定价：46.00元

电话服务	网络服务
客服电话：010-88361066	机 工 官 网：www.cmpbook.com
010-88379833	机 工 官 博：weibo.com/cmp1952
010-68326294	金 书 网：www.golden-book.com
封底无防伪标均为盗版	机工教育服务网：www.cmpedu.com

第 2 版前言

《商品学概论》自 2006 年出版以来,颇受读者欢迎,不少高校将其作为"商品学概论"课程的教材,有关部门领导和同行专家也对本书给予了充分肯定和热情鼓励,2008 年本书被评为北京高等教育精品教材。近年来,商品学学科建设又有了不少新的进展,为了跟踪学科发展方向,更好地为广大读者服务,编者对第 1 版做了认真的修订。

本次的修订思想是,保持第 1 版系统性较强、内容比较全面的特点,根据国际、国内最新商品标准和规范,对相关章节的内容进行了全面的修改和补充,为便于读者更好地掌握各章内容,在有关章增加了案例分析和扩展阅读,同时对第 1 版中少数文字表达不够精确的内容进行了修订,删除了部分过时的内容。在内容上力求能够将国内外最新的研究成果反映在本书中,使本书的内容与现代商品学的研究进展保持同步,满足现代商品管理与实践活动的需要。

本书由北京交通大学赵启兰教授任主编,郑州航空工业管理学院贺金社教授、兰州交通大学王久梗教授任副主编。全书共分十二章,其中第一章、第二章、第三章由赵启兰、刘宏志编写;第四章、第六章由贺金社、贺庆来编写;第五章、第七章由兰洪杰、赵启兰编写;第八章(除实验部分)、第九章(除实验部分)、第十二章由王久梗、王建林编写;第十章、第十一章由贺金社、李庆民、赵启兰编写;第八章、第九章的实验部分由赵启兰编写。全书由赵启兰统稿。宋志刚、杨世龙、白鸽、刘艳楠、腾岚、郑晓娜、黄国军、张海洋、刘宗熹、曾一娇、于冲、孙雪杰、李莉、李露、邢大宁等参加了本书案例资料的收集与初稿的编写工作。

本书参考和引用了所列参考文献中的部分内容,谨向这些文献的编著者以及在编写过程中给予帮助的所有领导和专家致以诚挚的感谢。

本书配有电子课件,凡使用本书作为教材的教师,可登录机械工业出版社教育服务网(www.cmpedu.com)注册后下载。

由于编者水平有限,书中不妥之处在所难免,敬请读者批评指正。

编　者

第1版前言

现代商品学是融合自然科学和社会科学而构建的一门应用性学科。商品学作为研究商品使用价值的独立学科，其理论体系正在不断发展和完善，研究内容也在不断拓宽，应用领域在不断扩大，对商品经济的发展做出了积极的贡献。为了适应我国市场经济发展的需要，顺应高等教育培养模式的转变，我们结合多年教学活动和实践经验，与部分高校合作编写了这本教材，在理论体系的内容、结构方面都充实了新的知识和国内外新的研究成果。

本书主要内容包括：商品学概述、商品分类与编码、商品质量与商品标准、商品检验、商品包装与运输、商品储存与养护、纺织品、茶叶、饮料酒、家用电器和通信设备、钢材、商品与环境资源等。根据商品学概论的教学要求，每章都附有思考练习题，部分章节附有案例与实验，供读者在学习时使用，以利于读者掌握学习内容要点。本书可作为普通高等院校经济类和管理类专业的教材，也可供工商企业的相关人员作为业务培训的学习用书。

本书由北京交通大学赵启兰任主编，郑州航空工业管理学院贺金社、兰州交通大学王久梗任副主编。全书共分十二章，其中第一章、第二章、第三章由赵启兰、刘宏志编写；第四章由贺金社、贺庆来编写；第五章由兰洪杰编写；第六章由贺金社、贺庆来编写；第七章由兰洪杰、赵启兰编写；第八章、第九章由王久梗、王建林编写；第十章由贺金社、李庆民、赵启兰编写；第十一章由贺金社、李庆民编写；第十二章由王久梗、王建林编写；第五章案例及第八章、第九章的实验部分由赵启兰编写。全书由赵启兰统稿。硕士研究生魏小兵、杨文静、李大颖，博士研究生秦弘等参加了本书的资料收集工作。

本书参考和引用了所列参考文献中的某些内容，谨向这些文献的编著者以及在编写过程中给予帮助的所有领导和专家致以诚挚的感谢。本书的编写得到了有关高校的大力支持与机械工业出版社的通力协助，德国杜伊斯堡-埃森大学弗兰克·迪特尔·多洛夫教授、福尔克尔·施米茨先生、马立克先生为本书提供了宝贵的资料，谨此致谢。

由于编者水平有限、时间仓促，书中难免会有错误与不足之处，殷切希望广大读者批评指正，以利日后改进。

编　者

目　录

第 2 版前言

第 1 版前言

第一章　商品学概述 … 1
第一节　商品及其本质 … 1
第二节　商品学的研究对象及任务 … 6
第三节　商品学的发展简史 … 9
第四节　商品学的地位和作用 … 12
扩展阅读 … 14
思考练习题 … 15

第二章　商品分类与编码 … 16
第一节　商品品种与品种划分标准 … 17
第二节　商品分类的概念与方法 … 21
第三节　商品编码 … 27
第四节　商品目录与商品分类体系 … 35
案例分析 … 44
扩展阅读 … 45
思考练习题 … 46

第三章　商品质量与商品标准 … 47
第一节　商品质量的概念与特性 … 47
第二节　影响商品质量的因素 … 52
第三节　商品质量管理 … 55
第四节　商品质量认证 … 66

第五节　商品标准与商品标准化 …………………………………………… 72
　　案例分析 …………………………………………………………………… 82
　　扩展阅读 …………………………………………………………………… 82
　　思考练习题 ………………………………………………………………… 83

第四章　商品检验 …………………………………………………………… 84

　　第一节　商品检验概述 …………………………………………………… 85
　　第二节　商品的抽样与抽样检验 ………………………………………… 93
　　第三节　商品检验的方法 ………………………………………………… 95
　　第四节　商品品级 ………………………………………………………… 104
　　案例分析 …………………………………………………………………… 105
　　思考练习题 ………………………………………………………………… 106

第五章　商品包装与运输 …………………………………………………… 108

　　第一节　商品包装概述 …………………………………………………… 109
　　第二节　商品包装材料与包装技法 ……………………………………… 113
　　第三节　销售包装装潢 …………………………………………………… 122
　　第四节　商品包装标识与商标 …………………………………………… 125
　　第五节　商品运输 ………………………………………………………… 133
　　案例分析 …………………………………………………………………… 138
　　思考练习题 ………………………………………………………………… 139

第六章　商品储存与养护 …………………………………………………… 140

　　第一节　商品储存与养护的意义 ………………………………………… 140
　　第二节　商品储存 ………………………………………………………… 142
　　第三节　商品养护 ………………………………………………………… 147
　　第四节　商品储存与养护示例 …………………………………………… 158
　　案例分析 …………………………………………………………………… 165
　　扩展阅读 …………………………………………………………………… 166
　　思考练习题 ………………………………………………………………… 166

第七章　纺织品 ……………………………………………………………… 168

　　第一节　纱线 ……………………………………………………………… 168
　　第二节　织物的形成与组织 ……………………………………………… 171

目　录

第三节　织物染色和后整理 ……………………………………………… 173
第四节　纺织品的主要品种 ………………………………………………… 177
第五节　纺织品品种质量的鉴别 …………………………………………… 193
实验　纺织纤维的燃烧法鉴别 ……………………………………………… 200
扩展阅读 ……………………………………………………………………… 202
思考练习题 …………………………………………………………………… 202

第八章　茶叶 …………………………………………………………………… 204

第一节　茶叶的分类与品质特点 …………………………………………… 204
第二节　茶叶的质量特征与审评 …………………………………………… 214
第三节　茶叶的特性与保管 ………………………………………………… 221
实验　茶叶的感官审评 ……………………………………………………… 225
案例分析 ……………………………………………………………………… 227
扩展阅读 ……………………………………………………………………… 229
思考练习题 …………………………………………………………………… 230

第九章　饮料酒 ………………………………………………………………… 231

第一节　酿酒原理与酒的分类 ……………………………………………… 232
第二节　白酒 ………………………………………………………………… 236
第三节　啤酒 ………………………………………………………………… 247
第四节　黄酒和果酒 ………………………………………………………… 252
实验　酒类的感官审评 ……………………………………………………… 259
案例分析 ……………………………………………………………………… 260
扩展阅读 ……………………………………………………………………… 261
思考练习题 …………………………………………………………………… 263

第十章　家用电器和通信设备 ………………………………………………… 264

第一节　家用电器概述 ……………………………………………………… 264
第二节　电视机 ……………………………………………………………… 267
第三节　冰箱 ………………………………………………………………… 274
第四节　微型计算机 ………………………………………………………… 284
第五节　手机 ………………………………………………………………… 288
实验　手机的感官审评 ……………………………………………………… 291
案例分析 ……………………………………………………………………… 293

VII

扩展阅读 1 …… 293
扩展阅读 2 …… 294
思考练习题 …… 294

第十一章 钢材 … 295

第一节 钢的分类和牌号 …… 296
第二节 钢的组织结构和化学成分 …… 307
第三节 钢的热处理 …… 322
第四节 钢的基本性能 …… 330
实验 螺纹钢的感官检验 …… 336
案例分析 …… 337
扩展阅读 …… 337
思考练习题 …… 338

第十二章 商品与环境资源 … 340

第一节 商品与环境的关系 …… 341
第二节 资源与资源保护 …… 351
第三节 商品及其生命周期的环境管理 …… 355
扩展阅读 …… 358
思考练习题 …… 359

参考文献 … 360

第一章

商品学概述

商品学是随着商品经济和对外贸易的发展而逐步发展起来的，它在经济发展中起着重要的作用。界定商品及其本质，明确商品学的研究范畴，全面了解商品学的发展概况，系统分析商品学的地位与作用，是本章要阐述的主要内容。

【案例】

《蚕织图》

宋人《蚕织图》长卷，描写的是南宋初年江浙一带的蚕织户自"腊月浴蚕"开始，到"下机入箱"为止的养蚕、织帛生产过程。长卷由 24 个场面组成：①腊月浴蚕；②清明日暖种；③摘叶、体喂；④谷雨前第一眠；⑤第二眠；⑥第三眠；⑦暖蚕；⑧大眠；⑨忙采叶；⑩眠起喂大叶；⑪拾巧上山；⑫箔簇装山；⑬熁茧；⑭下茧、约茧；⑮剥茧；⑯秤茧、盐茧、瓮藏；⑰生䌥；⑱蚕蛾出种；⑲谢神供丝；⑳络垛、纺绩；㉑经靷等；㉒挽花；㉓做纬、织作；㉔下机入箱。

这 24 个画面也正是宋朝当时丝绸生产过程的写照，它以画卷形式详细记录了从养蚕到织帛全过程的关键管理与技术，可称之为宋朝时期关于蚕织方面的商品学概论的画卷。

（资料来源：林桂英，刘锋彤. 宋《蚕织图》卷初探. 文物，1984（2）.）

第一节　商品及其本质

一、商品的概念

商品是一个重要的经济范畴，它是社会生产发展到一定历史阶段的产物，是为交换来满足社会需要而生产的劳动产品。人们有目的的具体劳动形成了商品的使用价值，而抽象劳动形成了商品的价值。商品的使用价值构成社会财富的物质内容，同时，它又是商品交换价值的物质承担者，反映了人与自然的关系。商品的价值是商品的社会属性，人们按照价值交换商品，即交换各自的"劳动"。所以，商品的二重性在市场交换中得到高度统一。

商品概念有狭义和广义之分。狭义的商品，也称传统的商品，是指通过市场交换，能够满足人们某种社会消费需要（物质/精神需要）的物质形态的劳动产品。目前世界各国的商品学仍以这类商品为主要研究内容。广义的商品，则是指通过市场交换，能够满足人们某种社会消费需要的所有形态（知识、劳务、资金、物质等形态）的劳动产品。随着现代社会的高度商品化和技术创新的加速，商品的发展呈现出知识化、软件化、服务化等趋势和特点。商品已不满足于"需求"与"经济"相结合的形式，开始向"技术"与"文化"相结合的方向发展。这些都推动了商品学研究内容和研究深度的拓展，特别是"软商品"开发、市场及消费运作的研究。

所谓商品，就是通过市场实现交换，进而能够满足人们某种社会消费需要的劳动产品。商品应该具有以下三个基本特征：

第一，商品是能够满足人们某种需要的劳动产品。或者说，商品是具有使用价值的劳动产品。那些不能满足人们有效需要，甚至会危害人体健康和财产安全的劳动产品，如假酒、假药、劣质电器等，不能算作商品；虽然具有使用价值，但未经劳动加工的天然物，如天然空气、未开发的自然风景区等，它们不属于劳动产品，所以也不能叫作商品。

第二，商品是供他人消费即社会消费的劳动产品。正如马克思所说："谁用自己的产品来满足自己的需要，他生产的就只是使用价值，而不是商品。要生产商品，他不仅要生产使用价值，而且要为别人生产使用价值，即生产社会的使用价值。"[○] 例如，农民留下自用的那部分农副产品，就不能算作商品。

第三，商品是必须通过交换才能到达别人手中的劳动产品。商品对其生产经营者来说，没有直接的使用价值，只是交换价值的承担者，否则他们就不会把它拿到市场上去卖。商品只有通过交换，到达使用或消费它的用户或消费者手中，才能实现其使用价值。否则卖不出去，使用价值就无法实现，因而商品价值也就不能实现。所以，卖不出去的在仓库中积压的产品，也不能算作商品。

商品种类繁多，形形色色。它既包括物质商品，如生活资料商品和生产资料商品，也包括知识商品，如科学技术商品、文化艺术商品、信息商品等。所以，商品可以是有形的实物，也可以是无形的知识、服务和信息等。

二、商品的本质

根据上述有关"商品"的概念，必须具有"满足需要"和"通过交换"两种属性，劳动产品才是商品。

○ 《马克思恩格斯选集》第2版第2卷第119页。

1. 商品必须满足需要

尽管消费需要被划分为物质需要和精神需要两个方面，但在经济现实中，物质需要与精神需要是密不可分的整体，这个需要整体的指向就是"商品"。商品需要的触发机制可能引起各种需要，甚至需要之间相互交织、不断循环。物质需要的满足可能引发精神需要或新的物质需要，也可能引起新的物质需要与精神需要的同时出现。正如马克思所说："已经得到满足的第一个需要、满足需要的活动和已经获得的为满足需要用的工具又引起新的需要。"[一]由此可见，从消费过程看，消费往往都是物质交换过程与精神享受过程的统一，单纯作为物质交换过程的消费行为或单纯作为精神享受过程的消费行为，在当代消费实践活动中几乎是找不到的；从消费行为的结果看，也常常是物质需要与精神需要的同时满足，只是在不同程度的消费行为中有所差异。正因如此，简单的营销实践现象就是很好的例证：活蹦乱跳的鲜鱼很畅销，死鱼烂虾也能卖掉。另外，由于需要的差异性，具有相同使用价值的商品，因商品的式样或色调不同，有的畅销，有的滞销；有的能够转化为货币，实现其价值，有的则长期积压、变质腐烂，丧失其使用价值，变得一钱不值。这说明，仅仅依靠商品的有用性是无法完整实现商品的价值与使用价值的高度统一的。相反，商品的物质需要与精神需要的满足共同构成了商品效用的总和。

2. 商品必须进行交换

人们购买商品，并不是为了购买商品本身，即商品体，而是购买商品的使用价值；而企业之所以生产各种各样的产品，其前提是这些产品有使用价值。需求"使用价值"与生产"使用价值"能否统一，根本问题是交换必须发生。交换使产品转化为商品，产品的使用价值与商品的价值得以实现。在交换之前，尽管产品是为了交换而生产，但它只是"可能性"的商品，而不是现实的真正意义的商品；如果不问交换能否实现，以生产的主观愿望代替客观交换过程，表面看是商品生产，事实上并没有转化为商品。所以说，只有在交换过程中，产品才能转化为商品；在交换过程完成之后，产品也不再是商品，而只是一个单纯的使用价值。例如服装，它由服装厂制作，结果是"产品"，消费者购买服装与商家发生交换时，服装是"商品"，而穿在身上的服装，只发挥着服装应有的使用价值。这表明，商品不是单纯的物，也不是单纯的劳动产品，一旦脱离交换过程，就不称其为商品，它所具备的使用价值也就不能体现出社会的使用价值。

因此，必须具有"满足需要"和"通过交换"两种属性，劳动产品才能成为商品。

三、商品的属性

商品能满足人们的哪种社会消费需要？或者说对人们有什么用途？归根结底取决于商

[一] 《马克思恩格斯全集》第 3 卷第 32 页。

品自身的属性。商品的属性是多方面的，可概括为自然属性和社会属性等。

1. 商品的自然属性

商品的有用性是商品使用价值的基础。商品自然属性包括成分、结构、化学性质、物理性质（力学、电学、热学、光学、声学等性质）、生物学性质、生态学性质等。商品的使用价值，在于它为人存在，对人有用，为人所把握和占有。同时，商品应该是实实在在的具体东西，是交换价值的承担者，表现出以商品使用价值的物质基础而存在。这充分说明，商品始终具有物质属性。

随着人类生活水平的不断提高，商品在满足物质需要的同时，其某些属性也满足着人们的精神需要。例如，服装在提供物质功能的同时，满足人们精神需要的功能也与日俱增，并受到极大的重视；而且很多商品是以满足人们的精神需要存在的，例如电视机这一客观实在的商品，在很大程度上是对人的精神需要的满足。

2. 商品的社会属性

商品的社会属性是由商品的自然属性派生的，主要包括商品的经济属性、文化属性（民族、宗教、审美、道德等属性）、政治属性和其他社会属性。正是商品不同属性的组合，才使商品能够满足人们不同的消费需要。一般来说，在形成商品的使用价值或有用性时，起直接和主导作用的是商品的自然属性，它是商品社会属性存在的前提和基础。商品的使用价值取决于物的属性，但并不等于说物的属性就是商品的使用价值。物的使用价值也不是指物的本身及其属性，而是物与人之间相互作用的能力、过程和结果。正因如此，商品尽管是"物"，但不是一般的物，而是通过交换满足他人、满足社会而产生的社会使用价值。实践证明，不顾社会总体在质与量方面不断变化的需要而盲目生产产品，尽管其物质有用性存在，但缺少社会有用性，如品种、花色、规格等，就不能完成交换，商品的使用价值就不可能实现，社会与经济效益无法取得，以致造成巨大的产品积压和浪费。

商品使用价值具有的物质性和社会性，也正是商品使用价值与价值二重性的反映。从商品功能与人的需要之间的满足关系看，商品使用价值更多地体现了物质性。它是人的需要的"物化"结果，是根据人的需要和物的本质可能性创造出来的。但对生产经营者来说，商品使用价值更多地体现了社会性。它是物品"人化"与"社会化"的结果，商品的客体功能要得到人和社会主体的承认，才能实现商品使用价值的转移与让渡。

3. 商品的整体属性

用以交换的商品，其整体属性主要包括商品体、有形附加物和无形附加物三个要素，如图1-1所示。

（1）**商品体**。商品体（也称为核心商品），首先是人们通过有目的、有效的劳动投入（如市场调查、规划设计、加工生产等）而创造出来的产物，它是通过功能来满足使用者需要的。从商品消费角度看，它是指顾客购买某种商品时所追求的利益；从商品体角度看，核心商品是商品所具有的满足需要的功能或效用。不同的使用目的（或用途）要求商

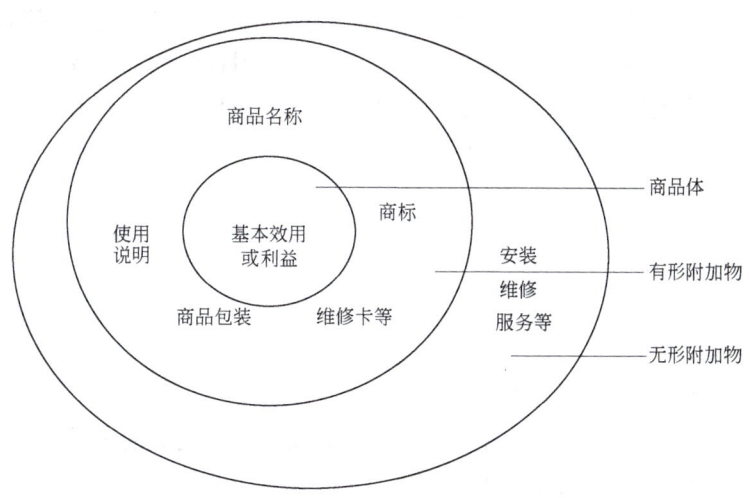

图1-1 商品的整体属性

品有不同的功能,而功能又是商品体在不同使用条件下所表现出来的某些自然属性和社会属性的综合。商品体能够具备哪些性质或功能,是由商品体的成分组成(原料或零部件的成分及含量等)和形态结构(原料或零部件的组织结构、成品形态、规格、内部联结与配合、色彩装饰的组合以及其他结构特征)以及它们所反映的社会内涵所决定的。商品对人的有用性是以商品的功能为基础的,商品功能或商品有用性是商品整体属性中最基本、最主要的部分。例如人们购买钻头,并非是购买钻头本身,而是购买钻头能"打孔"的功能;人们购买空调,并非需要空调的形式结构与造型,而需要的是"微环境"的改善。

(2)**有形附加物**。商品的有形附加物(也称为形式商品),是指核心产品借以实现的形式或目标市场对某一需求的特定满足形式,包括商品名称、商品包装及其装潢与标志、商标及注册标记、专利标记、质量和安全及卫生标志、环境(绿色或生态)标志、商品使用说明标签或标识、检验合格证、使用说明书、维修卡(保修单)、购货发票等,是商品在市场上与消费者接触,使消费者产生印象的因素的总和。它们主要是为了满足商品流通(运输、装卸、储存、销售等)需要、消费(使用)需要以及环境保护和可持续发展需要所附加的。其中,包装、商标等本身也是一种商品,它们既有使用价值,也有价值。商标还会随着商品生产经营企业的技术进步和经营管理水平的提高而增加新的价值。

(3)**无形附加物**。商品的无形附加物(也称为附加商品),是指人们购买有形商品时所获得的各种服务和附加利益。市场竞争越激烈,商品体的性能和质量差异性越小,消费者对服务的体验就越敏感,因此企业提供服务的个性化程度就显得越加重要。服务延长商品的使用效能。正是由于核心商品层的存在,说明消费者实质上购买的并不是商品的形式,而是商品的功能或效用。而功能发挥的正确与充分程度,需要服务提供担保。例如,提供信贷、送货上门与免费安装调试服务、售后保证与维修服务、退换退赔服务承诺、一定时期内的优惠折扣、附加财产保险等。善于开发和利用合法的商品无形附加物,不仅有利于充分满足消费者的综合需要,为他们提供更多的实际利益,而且有利于该类商品生产经营企业在激烈的市场竞争中立于不败之地。

第二节 商品学的研究对象及任务

一、商品学的研究对象

商品学是一门独立的科学,具有自己特定的研究对象。

商品学特定的客体是商品。商品具有使用价值和价值。人类的劳动可分为具体劳动和抽象劳动,具体劳动创造了商品的使用价值,抽象劳动创造了商品的价值。商品的价值属于政治经济学研究的范畴,而商品的使用价值则是商品学的研究对象,如图1-2所示。

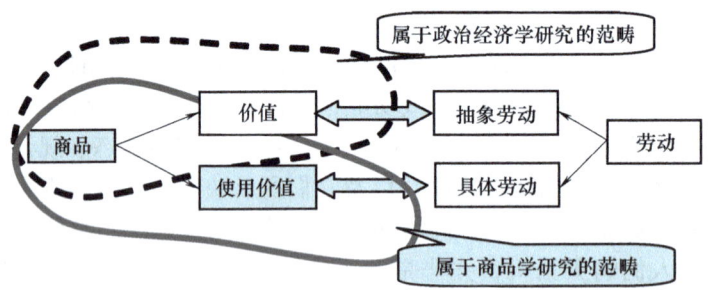

图 1-2 商品学研究的范畴

随着社会经济的发展和世界市场体系的形成,商品学进入了现代商品学阶段,研究对象也进一步拓展。现代商品学不仅研究商品使用价值的物质构成,而且研究商品使用价值的社会实现规律,是一门包括自然科学和社会科学在内的多学科交叉的综合应用型技术经济科学,是为企业经营者、物流服务提供商、市场消费者及经济管理者服务的边缘性科学。

1. 商品的使用价值是商品学研究的对象

商品的使用价值是指商品的有用性,是由商品体本身的属性所形成的。物的有用性使物具有使用价值,它取决于商品体的属性,离开了商品体就不存在。商品的属性构成了使用价值的物质基础。研究商品的使用价值,必须从与商品有用性相关的属性着手,来探讨有关的理论和技术问题。

商品学研究商品的属性包括:商品的外形、成分、结构和物理性质、机械性质、化学性质、生物学性质等。每种商品都有其不同的用途、使用条件和使用方法,与此相关的各种属性综合构成了商品的质量。

商品实现使用价值的过程，是指商品从流通领域转入到消费领域的过程。因此，商品学研究商品的使用价值，就是要研究流通过程中商品的使用价值的评价、维护及其变化规律，保证进入消费领域的商品质量。

研究商品的使用价值及其变化规律，既要进行静态的研究，又要进行动态的研究，这是商品社会效应的内涵。

商品的社会效应，是指商品对社会的适应性，即商品的时代特点。商品只有满足人们的某种需求时，其使用价值才能实现。

因此，就研究商品的使用价值的实现而言，又可以认为它是由商品的属性和社会效应所构成。研究商品的属性和社会效应，就是从静态和动态两个方面去研究商品的使用价值。

2. 商品的质量与品种是商品学研究的核心

对商品质量与品种的研究是贯穿商品学研究内容的主线，是商品学的研究核心，其他内容都是其核心内容的展开与延伸。商品的质量与品种作为商品学的研究核心，是由商品使用价值本身所决定的。商品使用价值的高低，不仅要用商品质量的好坏，还要用商品品种、花色、规格、式样等综合指标来评价。适合市场需要的商品使用价值，是生产、经营与消费三者客体对象的统一，这个"客体对象"就是商品体。

【案例】

海尔"07 鲜风宝"空调

由于沙尘天气的频繁和"空调病"患者的增多，能否改善室内空气质量成为消费者选购空调最重视的因素。海尔"07 鲜风宝"空调就是从消费者的需求出发，从室内空气含氧度、洁净度和清新度三方面对健康空调的效果进行严格定义。以消费者对"不用开窗、保温加氧、四季清新"的需求为基点，从空调换风、净化、负离子三项技术对实现的含氧度、洁净度和清新度进行了 A、B、C 三个等级的划定，其中 A 为最高等级。全国主流市场及主流渠道的空调销售数据显示，在众多空调品牌的角逐中，海尔"07 鲜风宝"空调凭借创造 A 级空气质量的高差异化卖点，销量不断攀升，占据高端市场 35% 以上的份额。

其实，不研究消费者需要什么，即使你的产品价格再便宜，产品也永远是产品，而不会成为被消费者买走的商品。海尔空调的高明之处是把更多的精力集中在消费者需求的调研上，除尘、加氧、定温除湿的鲜风宝空调就是未来空调市场消费需求的真实反映。

【点评：消费者购买商品购买的是一种需要，企业研究商品的使用价值，应从研究消费者需要入手。】

（资料来源：根据 http://www.cmmo.cn/b/105568/61656.html 资料整理）

二、商品学研究的内容

商品学研究的内容是由其研究对象所决定的，商品学研究商品的使用价值是以商品的属性为主要依据的。研究商品的属性是围绕商品质量这一中心内容进行的。因此，商品学研究商品的使用价值、商品的质量与品种，既有宏观研究的内容，又有微观研究的内容。

商品学的宏观研究内容是研究各种不同类别商品所必须具备的基础知识，其内容是共性的、规律性的基础理论和基本知识。其主要内容有：商品学对象与任务；商品质量与标准化；商品品种与分类；商品检验与分析；商品包装与品牌；商品储运与养护；商品与环境的关系等。

商品学微观研究主要是对各种具体商品所具有的特殊问题的研究。一般按照行业可划分为食品商品学、纺织品商品学、日用工业品商品学、家用电器商品学、粮食商品学等。其主要研究内容有：这些商品的成分、结构、性质及原理，功能、用途与使用条件，生产、制造和加工工艺，质量要求与品种特点，影响因素分析及检验方法确定，包装、储运、使用、维护等内容。

三、商品学研究的任务

商品学研究的任务，是从研究对象出发，全面阐明与商品有用性有关的商品质量内容，研究商品质量的变化规律及其影响因素，促进商品使用价值的实现，为商品流通服务。从这个根本任务出发，商品学研究的具体任务有以下几个方面：

（1）指导商品使用价值的形成。通过商品资源和市场的调查预测、商品的需求研究等，为政府部门实施商品（产品）结构调整、商品科学分类，商品的进出口管理与质量监督管理，商品的环境管理，制定商品标准及政策法规、商品发展规划等提供决策的科学依据；为企业提供商品基本质量要求和品种要求，指导商品质量改进和新商品开发，提高经营管理水平，保证市场上的商品物美价廉、适销对路。

（2）监督商品使用价值的效用。分析商品在流通中的质量变化及影响因素，对商品质量进行监督管理，维护商品的使用价值，降低商品损耗。通过理化检验、感官检验、实用检验等手段，以保证进入流通领域的商品符合社会需要规范，以维护消费者权益。

（3）评价商品使用价值的高低。通过商品检验与鉴定、技术监督与管理、品质分析与评价，全面正确地评价商品的质量，保证商品质量符合规定的标准或合同要求，维护正常的市场竞争秩序，保护买卖双方的合法权益，营造公正、平等的商品交换环境，同时防止假冒伪劣商品进入市场。

（4）防止商品使用价值的降低。通过确定合理的商品包装、运输、保管的条件和方法，确保商品在流通过程中其使用价值不受损失，保证商品安全地转移到消费领域。

（5）促进商品使用价值的实现。通过大力普及商品知识和消费知识，使消费者认识和了解商品，学会科学地选购和使用商品，掌握正确的消费方式和方法，由此促进商品使用价值的实现。

（6）研究商品使用价值的再生。通过对商品废弃物与包装废弃物处置、回收和再生政策、法规、运行机制、低成本加工技术等问题的研究，推动资源节约。

（7）研究商品科学的分类方法。对商品的分类进行科学研究和管理，以适应市场经济的需要。

第三节　商品学的发展简史

一、商品学理论的产生与发展

商品学的产生与发展是与商品经济紧密相关的。商品学是一个历史范畴，是人类社会发展到一定历史阶段的产物。商品经济是商品学诞生与发展的基础，有了商品的生产，便产生了对商品经济的研究。因此，商品学是随着商品的发展、商品交换的扩大、商品贸易、商品流通的需要，逐渐产生和发展起来的一门独立学科。研究商品学的起源、形成、发展和演变，可以了解和掌握商品学的体系结构以及它在各历史阶段的作用，并有助于推动商品学的发展。

商品学理论在欧洲已有200余年的历史，在我国也有百年历程。综观现代商品学形成和发展的历史，大致可分为三个阶段，如表1-1所示。

表1-1　商品学的发展阶段

发展阶段		主要研究内容
商品学萌芽阶段（18世纪以前）		商品及其性质、质量、品种规格、贸易方法等
古典商品学阶段（18世纪初～19世纪）		商品的生产、技术、方法、工艺学知识以及商品的产地、性能、用途、鉴定、分类、包装、主要市场等
现代商品学阶段（20世纪～）	自然科学商品学或技术科学商品学	研究商品的使用价值，研究商品的质量及其变化规律
	社会科学商品学或经济商品学	从经济学的观点，特别是从消费者和市场需求的观点，研究商品的质量和品种

1. 商品学萌芽阶段

在商品学学科形成之前，商品知识的汇集、整理是商品学形成的重要前提。这些商品知识主要是商品生产者和经营者经商经验的积累，它使商人在经商过程中能更广泛深入地了解商品的产地、品种、成分，更好地鉴别商品的品质，明确商品的功效，把握商品的正确使用方法，以充分发挥商品的功效。在早期的商学书籍中包括大量的商品知识内容，这已经使商品学处于一种萌芽状态。

据文献记载，阿拉伯人阿里·阿德·迪米斯基（Ali ad Dmisqui）1175年编著的《商业之美与识别优劣和真伪商品指南》是世界上第一本包含有商品学内容的商学书籍。之后，作为欧洲商业中心的意大利，也出版了许多包括有商品知识的商学书籍。例如佩戈罗弟（Fr B Pegolotti）编著的《商品贸易指南》，书中详细论述了从意大利出口到中国的商品及其性质、质量、品种规格、贸易方法等。17世纪，在法国百科全书学者的影响下，萨瓦里（J. Savary）于1675年编著出版了《商业大全》，书中详细论述了纤维制品、染料等商品的性能、产地、包装、储存、销售等方面的知识，这本书在欧洲负有盛名，并先后被译成德文、英文、意大利文、西班牙文。这些商品知识为商品学的诞生奠定了基础。

2. 古典商品学阶段

随着工业生产和科学技术的发展，仅仅介绍商品知识已不能满足商业实践的需要，商品学逐渐由知识汇集而发展成一门独立学科。

18世纪初，德国手工业迅速发展，需要大量进口原材料进行生产，而后加工成工业品，再把工业品出口国外，商品贸易趋于频繁。这就要求商人们必须具有系统的商品学知识来适应贸易发展的需要。因此，对商业贸易人才的培养也就成为当时经济发展对教育界的突出要求。于是18世纪中叶，德国在大学和商学院开始开设商品学课程，即"Commodity Science"。在当时德国出版的许多商学书籍和专著中，都包括有系统的商品学知识。

商品学著名奠基人、德国经济学教授、自然历史学家约翰·贝克曼（Johan Beckman，1739—1811）教授于18世纪末（1793~1800年）撰写了《商品学导论》一书，创立了以自然科学和技术学知识为主的技术学体系的商品学，后被称为"贝克曼商品学"，使商品学成为一门独立学科。《商品学导论》的主要内容包括商品生产、技术、方法、工艺学知识以及商品的产地、性能、用途、鉴定、分类、包装、主要市场等。《商品学导论》的问世，标志着商品学作为一门独立学科的形成，约翰·贝克曼本人也因此被誉为商品学的创始人。为研究贝克曼教授对商品学和技术学的贡献，1987年德国成立了"国际贝克曼学会"（JBG），并每年举行一届学术研讨会。

19世纪以来，商品学从德国相继传入意大利、俄国、日本、中国等国家，各国结合自身的特色，使商品学得到迅速发展。

3. 现代商品学阶段

随着世界经济的发展，国际贸易日趋活跃，商业开始繁荣，客观上对商品学的发展起到了促进作用。19世纪中叶，由于经济活动重点转向生产部门，物理、化学、医学、药物学等自然科学的兴起，使人们能通过运用理化等自然科学的理论来研究商品的性能，如能用显微镜观察商品的结构等，形成了"自然科学技术体系"的商品学，称为自然科学商品学或技术科学商品学。该体系主要是从自然科学和技术科学的观点研究商品的使用价值，研究的中心内容是商品质量。进入20世纪后，从事商品学教学和研究的学者越来越多，他们重视研究商品的质量及其变化规律。与此同时，有些商品学学者则致力于把商品学归属于经济科学的范畴，从社会科学和经济科学的观点，特别是从市场营销和消费需求方面，研究与商品和品种相关的问题，称为社会科学商品学或经济商品学。20世纪50年代末，奥地利的格伦斯泰尔（E. Griensteidl）教授从分析商品与人、商品与环境、商品与时代、商品与商品之间的关系出发，提出了"商品经济学"的概念。60年代初，原联邦德国的考皮尔曼（U. Koppelmann）在此基础上，把商品学进一步发展为产品市场学和商品销售学，即从市场、销售和消费的角度来研究商品。

自然科学商品学起源于意大利的生药学，于18世纪中叶由约翰·贝克曼创立。19世纪欧洲产业革命后，大机器工业生产方式确立，大量的原材料、半成品涌向欧洲，而欧洲的商品（工业品）如潮水般涌向世界各地，这就要求对原材料、半成品和成品进行严格的鉴定和检验，以保证商品的质量。这样，自然科学商品学就进入到材料学商品学、鉴定论商品学或品质论商品学时代。进入20世纪，尤其是第二次世界大战后，自然科学商品学在商品经济的推动下，其理论与体系日趋完善，其内容更适合贸易实践的需要，主要包括商品分类、商品标准、商品质量、商品鉴定和检验、商品包装、商品养护等。此时，自然科学商品学跨入了综合科学、交叉科学的商品学时代，称为复合型商品学或现代商品学，即从自然科学和技术学以及社会科学和经济学方面综合研究商品的使用价值。一方面研究商品的自然属性，如物理、化学、生物学性能，另一方面研究商品的经济性，如研究与商品质量、供给和需求相关的经济问题。

社会科学商品学或经济商品学是第二次世界大战后形成的。经济商品学的概念首先由德国科隆大学商业经济教授索费特（Seiffert）提出，得到该大学几位教授的响应，于1961年创建了商品研究所，进行经济商品学的教学和研究工作。他们认为，经济商品学是以自然科学为基础，从经济的观点，特别是从消费者和市场需求的观点研究商品的质量和品种，因此也称为企业经济商品学。它研究商品的开发、商品设计、商品质量保证、商品包装、商品标准化、商品监督检验等内容。经济商品学成为经济科学的一个分支，是现代商品学的重要组成部分，存在于德国、日本等经济发达国家中，在世界市场经济体系中，对于促进商品经济的发展、繁荣市场起着积极的促进作用。

自然科学的商品学发展历史较长，其理论体系不断完善，内容不断更新和拓宽，在国际上占主导地位，世界各国的商品学基本上都是按照自然科学的商品学体系发展的。从自然科学的商品学派生出商品分类学、商品检验学、商品养护学、商品包装学、商品品种学等分支，它们都是商品学的专门研究领域和重要组成部分。社会科学商品学或经济商品学，是经济科学的一个分支，在国际商品学界占次要地位，它的学科体系还包括经营商品学、企业商品学、市场商品学、政策论商品学、社会商品学、消费者商品学等。由此可见，商品学作为集合学科，在不同发展阶段涉及不同学科，构成一个完整的知识体系。

二、我国商品学的发展概况

从丝绸之路到海上贸易，我国与外界商品交往的历史十分悠久，对商品知识的研究也相对超前。据记载，春秋时师旷所著《禽经》、晋朝时戴凯之所著《竹谱》，都是我国较早的商品知识书籍。唐代陆羽著的《茶经》，内容相当丰富，对茶叶的性质、加工、品质、审评等都做了精辟的论述，这些知识对茶叶的生产经营起到了指导作用，同时也带动了茶叶的对外贸易。1578年，明朝李时珍完成了《本草纲目》一书，全书共16部60类，收载药物1892种，系统地总结了我国16世纪以来药物学方面的经验，包含大量的商品知识。1905年废除科举制之后，我国开始"学校式"商业教育，当时把商品学列为一门必修课，并相继出版了很多商品学教科书，如1908年出版的《新译商品学》（李漱译自日本《商品学》）以及1914年盛在珣著的《商品学》等。1934年，刘冠英编著了《现代商品学》，其内容丰富，包含了农产品、矿产品、林产品、畜产品、水产品、工业品等内容，还包含了商品分类、鉴定、包装、运输等内容。从1936年起，北平大学、中国大学、津沽大学、沪江大学、暨南大学等高等院校相继开设了商品学课程。

中华人民共和国成立后，我国商品学教育与研究发展迅速。从1950年开始，高等财经、商业院校先后设立了商品学教研室，贸易、经济、供销等专业开设了商品学课程；到了20世纪60年代，商品学学术研究氛围开始形成，1963年，全国召开了第一届商品学学术讨论会。这些都对推动我国商品学的发展起到了很大的促进作用。

改革开放以后，随着我国经济建设中心地位的加强，我国商品学得到了蓬勃发展。1991年，教育部调整全国高等院校专业后，仍然保留商品学专业，其他有关专业均属于商品学专业的方向。现有多所高等院校设有商品学专业，并有众多高校为物流、企业管理、市场营销等专业的学生开设了商品学概论课程，作为这些专业的基础课程，充实学生的商品学知识。

我国商品学专家、教授广泛开展商品学理论研究和应用研究，取得了很多成果，编著出版了大量的商品学教材和专著。与此同时，有组织的学术研究十分活跃。1995年我国主办了第十届国际商品学学术讨论会，同时成立了中国商品学会。2013年7月，中国商品学会主办了第十五届商品学学术讨论会，与会代表进行了商品发展与市场经济的热点问题探讨。所有这些活动，促进了我国商品学的教学与研究的繁荣昌盛。

今天，我国市场经济进一步发展以及我国已经加入世界贸易组织，这将形成对国际贸易型人才与市场经营型人才的迫切需求，从而使商品学课程在相关专业中得到普及。

随着生产和科学技术的发展，商品学的研究领域在逐渐扩大，可以相信，不久的将来商品学的教学和科研工作一定会出现新的生机，商品学科也将伴随商品经济的发展，展现出繁荣的景象。

第四节　商品学的地位和作用

随着经济全球化与多元化趋势的发展，商品学的教学和研究更加受到重视，商品学的地位和作用将更加引人注目。商品学产生于商品生产与交换，服务于经济管理与经营贸易实践以及物流实践，并在不同时期对商品经济的发展起到了促进作用。

一、商品学的作用

1. 商品学对商品质量形成的作用

商品学不仅为生产经营者提供了系统的商品学知识，而且为商品检验和质量评价提供了重要的研究方法。同时，商品学为流通领域的商品采购、销售、物流等经营管理服务，且广泛应用于新商品开发和包装设计、质量管理与质量保证、消费者利益与环境保护等方面，对商品质量的全面评价也起着重要作用。

2. 商品学对商品交换过程的作用

随着市场经济的发展，对商品社会化程度的要求越来越高。因此，在商品交换过程中，维护和保证商品质量，尽可能地发挥商品应有的质量水平和实现商品的使用价值，是商品学研究工作所不可忽视的。

商品学通过分析研究商品在储运和交换过程中的质量变化及其影响因素，掌握质量变化规律，确定最适宜的包装、运输和储运条件，制定合理的养护标准与规范，对保证商品质量、防止和降低商品损失损耗、提高经济效益都起到重要的作用。

商品学通过研究商品分类、编制商品分类体系，对提高商品流通效率与水平起着重要作用。另外，从生态保护与"绿色"消费的角度，在促进经济可持续发展与保证消费者身心健康等方面，商品学都具有重要作用。

二、经济管理类专业学习商品学的意义

经济管理类专业开设商品学概论课程是非常必要的，就商品学在市场经济发展中所起到的作用而言，学习商品学对经济管理类专业具有非常重要的意义。

首先，学习商品学可以扩大知识范围，拓宽知识面，有助于科学研究工作，为深入探索更高层次的现代科学知识和科学技术创造有利的条件。

其次，学习商品学可以从中得到较多的与专业课有关的专业基础知识，为学好专业课开辟捷径，奠定良好的基础。

再次，学习商品学可以获得较多的理科知识，这对经济管理类专业来说，有助于起到文理知识相互渗透的作用，有利于更好地做好管理方面的工作。

学习商品学还对商品经营、市场营销、企业管理、物流管理、国际贸易等工作具有一定的指导作用，有利于提高综合分析问题与解决问题的能力。

另外，学习商品学可以熟悉商品的质量要求、质量标准，掌握常见的商品检验方法，能够正确区分商品的伪劣，从而做好正确评价、宣传和解释商品的工作，起到促进生产与指导流通的积极作用。

学习商品学还可以熟悉商品的性能特点、养护措施、使用方法等，这对合理使用商品、充分发挥商品的使用性能，延长商品的使用寿命，都具有重要的现实意义。

总之，在有商品存在的经济中，掌握一定的商品学知识，有助于提高自身的素质，做好相应的工作。

中国商品学会

中国商品学会1995年7月成立（网址：http：//www.cscs.org.cn），得到了国家有关领导人的重视和支持。其主要任务是：开展商品科学研究和国内外学术交流活动，促进我国商品科学的发展，为我国社会主义现代化建设和社会主义市场经济发展做出贡献。中国商品学会历届学术论坛（研讨会）简况见表1-2。

表1-2 中国商品学会历届学术论坛（研讨会）简况

届　次	时　间	地　点	主　题
第一届	1995年9月	北京市	市场经济与现代商品学的发展
第二届	1997年7月	湖南省张家界市	商品的可持续发展
第三届	2000年1月	北京市	21世纪社会主义市场经济条件下的商品质量
第四届	2001年1月	北京市	全球未来产品的商品学——技术、质量和环境
第五届	2002年1月	黑龙江省哈尔滨市	商品质量与国际贸易
第六届	2002年12月	山西省太原市	21世纪的绿色选择与绿色营销
第七届	2004年8月	北京市	聚焦新世纪——商品·贸易·环境（第十四届国际商品学会中国论坛）
第八届	2005年7月	内蒙古自治区锡林浩特市	绿色经济和商品发展
第九届	2006年7月	北京市	商品学发展与教育
第十届	2008年1月	辽宁省沈阳市	商品学基础理论研究与企业发展实践
第十一届	2008年6月	山东省青岛市	第一届全国中药商品学学术大会
第十二届	2009年8月	北京市	商品学发展与教育
第十三届	2010年1月	黑龙江省哈尔滨市	大流通环境下商品学新发展
第十四届	2011年7月	北京市	中韩商品学教育教学交流
第十五届	2013年7月	北京市	商品发展与市场经济的热点问题探讨

思考练习题

1. 商品学研究的对象是什么?什么是商品的使用价值?
2. 商品学研究的中心内容包括哪些?
3. 为什么要学习商品学?
4. 你怎样理解"商品"概念?商品与一般物品和产品的区别是什么?
5. 简述现代商品的整体构成三要素。
6. 试举例说明商品的使用价值与商品属性之间的关系。
7. 根据你的理解和体会,物流管理人员或营销人员应做好哪些工作,才能使商品使用价值得以实现?

第二章

商品分类与编码

正确认识商品品种发展与变化规律，科学地进行商品分类，是加强商品管理科学化以及市场交换有效化所必需的任务。本章对商品品种的概念及商品分类的意义、标准与方法进行论述，目的在于使读者能够正确把握各类商品品种的特征及品种之间的相互关系。

【案例】

iPad 分类与关税

2010年10月，各地海关加强了个人行邮物品的纳税征管，带一台iPad入境需要缴纳1000元的进口税。部分型号的iPad产品本身只有3000多元，却缴纳进口税1000元，这引发了消费者的质疑。

iPad在海关总署公告2007年第25号《入境旅客行李物品和个人邮递物品进口税税则归类表》和《入境旅客行李物品和个人邮递物品完税价格表》中归入物品类别为"计算机及其外围设备"，税率为20%，要按笔记本或计算机适用的一般完税价格5000元，征收1000元的定额税。

海关总署公告2011年第6号发布调整后的《中华人民共和国进境物品进口税率表》，经国务院批准，自2011年1月27日起，对进境物品税税目税率进行调整。将原归入税号2的计算机、视频摄录一体机等信息技术产品和照相机归入税号1中，税率相应地从20%降到10%。这意味着，iPad进口税，将从1000元降至最高500元。原价3000元的iPad进口税相应调整为300元。由此可见，商品分类不同，关税的差异很大。

（资料来源：中华人民共和国海关总署官网，www.customs.gov.cn）

第一节 商品品种与品种划分标准

一、商品品种及其研究内容

1. 商品品种的概念

商品品种是指按某种相同特征划分的商品群体，或者是指具有某种（或某些）共同属性和特征的商品群体。商品品种的范畴是一个宏观概念，反映一定商品群体的整体使用价值或社会使用价值。不同的消费结构要求商品有不同水平的使用价值及不同的品种规格。从全社会来说，大类商品的品种及其结构应与全社会的消费需求和消费结构相符合，各类商品中的品种应与社会不同阶层、不同社会集团的消费水平相吻合。

所有商品品种是一个庞大的、复杂的、敞开的、动态的、可控制的物质系统，其运动和发展受一定客观规律的限制，如技术学规律、经济学规律、一般品种规律、特殊品种规律等。因此，商品品种问题是多种多样的和复杂的，有工程技术问题，又有经济学、法律学和商品学问题。许多商品品种问题都具有综合性特点，需要多门学科共同研究来解决。

2. 商品品种的研究内容

商品品种的研究涉及诸多学科，如经济学、市场学、消费学、技术学、美学、商品学等。商品学研究商品品种主要是研究商品品种发展变化的规律。通过对商品品种发展变化规律的认识和把握，可使社会在理性预期中运用新技术开发新品种，合理调整和更新品种结构，有效地配置资源，更好地满足消费需求，促进市场经济有序健康地发展。

商品品种发展变化的规律，包括一般品种规律和特殊品种规律。一般品种规律是指对所有商品都适合的品种规律，如商品品种最佳扩大的规律、商品品种最佳组合和构成的规律、商品品种完善的规律、商品品种更新的规律、商品品种结构与消费结构相符的规律等。特殊品种规律是指只适用于某类商品或一些类似商品种类的品种规律，如食品、纺织品、服装、鞋类、化妆品、洗涤用品等各类商品中品种最佳构成的规律，区域商品品种最佳构成的规律等。商品品种规律与技术学规律、经济学规律等相结合，才能控制商品品种的发展和变化，实现商品品种的最佳构成，使商品品种与消费需求的相符程度达到最佳状态，从而促进商品使用价值的实现，获得最佳的经济效益。

研究商品品种问题，不断提高商品品种及其结构与消费需求及其结构间的相符程度，具有重要的社会、经济和政治意义。

二、商品品种划分标准

1. 商品品种的分类与类别

（1）商品品种分类。商品品种分类是指商品按不同质的差别而归类，按不同使用价值而对商品进行区分。商品品种有多次分类，首先是生产分工，其次是流通中的分工，最后是消费需求的分类。就使用价值来说，起决定性作用的是消费需求的分类。消费需求是具体的。商品供给要满足市场需求，就必须把按生产分工所生产出来的商品，通过流通分工，最终转变为适合消费需求结构的分类。

按生产分工，产品可划分为物质产品和劳务产品。物质产品又可分为工业产品和农业产品。工业产品可再分为重工业品和轻工业品。农业产品可再分为种植产品、林产品、畜牧产品、水产品等。往下还可再分，如重工业品有钢铁、石油、化工原料、机械产品等；轻工业品有日用工业品、纺织品、食品、医药用品、家用电器等；种植产品有粮食、棉麻、油料、糖料、烟草、蔬菜、水果等。这种按生产分工的分类并不等于消费需求分类，因为同一产品有多种用途，同一类消费需求可以由不同的产品来满足。

同类商品，按照使用价值内在质的细分，又有不同品种；按外观细分，又有不同花色、规格、类型、款式等。就商品供给来说，虽然不是从个别消费而是从整个市场出发来对待商品分类（一般为大类，最多是主要品种），但不等于在组织生产时可以不按消费需求而任意安排品种、花色、规格、型号、款式，那样，就会因商品内部结构不合理而削弱商品供给的有效性（即消费者选择的自由度），而增加品种、花色、规格、型号、款式使用替代的强制性。只有重视外观，才能真正提高商品供给对消费需求的满足程度。

商品品种分类合理化的意义在于它能充分体现使用价值满足消费需求的程度。具体地说：①这是一个国家、一个民族经济和文化发展的重要标志；②是满足人民需要、丰富人民生活和提高生活水平的一个重要标志；③是生产全面、顺利发展的必要保证；④是扩大和加速商品流通的前提；⑤有利于开展竞争；⑥节约社会财富，为消费领域中物尽其用奠定基础；⑦节约生产、投资和消费者开支，维护消费者利益。

（2）商品品种类别。由于商品的品种繁多、特征各异，商品品种的类别也多种多样。不同的品种类别表明其特有的品种特征，划分商品品种类别可按不同的标志。商品品种的类别与商品分类密切相关，各大类商品均拥有大量的品种，根据一定的原则可划分为大类商品品种、中类商品品种、小类商品品种、细类商品品种（规格、花色、式样、型号、生产厂商等）。

1）按照商品品种形成的领域，可划分为生产品种和经营品种。生产品种是指由工业或农业提供给批发商业企业的商品品种。经营品种是指批发商业企业和零售商业企业销售的商品品种。为获得好的经济效益，生产企业必须有合理的产品结构、商品品种和高水平的商品质量，并要根据市场需要和消费需求不断调整生产品种和开发新品种。商业部门必须按照市场需求、供求状况和竞争需要，确定和调整品种计划，重视商品品种的构成、完善、策略等问题。商品品种计划是指商业企业计划或规划其经营品种的组合。商业企业在确定和调整品种计划时，要考虑以下诸因素：消费需求、消费水平、消费者购买力、商品的档次（质量和价格水平）、品种范围、竞争状况、盈利的基准点、资本等。商品品种构成是指各大类商品及每类商品中不同品种规格商品的数量比例。影响商品品种构成的主要因素是消费者的年龄和性别组成、职业、民族及地方风俗习惯等。

2）按照商品品种的结构（即按照商品品种的横向广度）划分，可划分为复杂的商品品种和简单的商品品种。商品品种的广度是指具体商品类中的变种（品种）数目。例如，灯泡、肥皂、锤子、办公用品等只有很少的品种，属于简单商品品种；而服装、鞋类、食品等有相当多的品种，则属于复杂的商品品种。服装商品的品种类别见表2-1。

表2-1 服装商品的品种类别

类别	女装	男装	童装	婴儿装
外衣	大衣 风衣 上衣 裙子 短外衣 夹克衫 套装 裤子 衬衫 针织外衣 皮革服装 工作服 衣饰中小配件 （手套、提包）	大衣 风衣 西装 短上衣 夹克衫 裤子 针织外衣 皮革服装 工作服 衣饰中小配件 （手套、提包）	与男装和女装相似 童裤 连衣裙 连衣裤 风雪衣	小洗礼服 小连衣裙 户外套装
内衣	胸衣 睡衣 晨衣 连裤袜等	睡衣 晨衣 短袜	与男内衣和 女内衣相似	小衬衫 短上衣 小裤子 背心连裤 尿布、襁褓睡袋
运动服	运动衣、运动裤、体操服、网球衣、滑雪衣、 游泳衣、旅行衣、猎装			

3）按照商品品种的纵向深度，可划分为粗的品种和细的品种。在制定商品计划或规划时，一般是指粗的商品品种。在订立供货合同时，要详细规定商品的所有特性值（参数），包括规格、颜色、式样、包装装潢等，这时就涉及细的商品品种。

4）按照商品品种的重要程度，可划分为日常用商品品种（必备商品品种）和美化、丰富生活用商品品种，主要商品品种和次要商品品种。

5) 按照行业（商业部门）也可划分成一定的商品品种类别。例如，杂货、食品、医药品；纺织品、皮革制品、家具；五金制品、家用器皿、玻璃制品、瓷器、壁纸和地面铺设用品；电子电器商品、玩具、体育用品；文具纸张、办公用品、书；钟表、首饰、乐器、照相器材等。具有这些行业特征的商品品种大多由不同的专营商店或零售企业的各商品部门来经销。

6) 根据消费者的某方面需要，也能够划分成不同的商品品种类别。例如，按照生活范围的需要可构成从属于消费者的不同商品品种（配套品种）：卧室用品、儿童用品、家用纺织品、家用电器、园艺用品、洗涤用品、装饰品、办公用品、文化用品、厨房用品等，这些商品品种类别的构成便于消费者购买；按照活动范围的需要可构成野营用品、旅行用品、休闲用品等商品品种类别。按照消费者的某方面需要来划分商品品种，打破了传统的行业，出现了许多专门商店，有利于商品销售和消费者选购。

2. 商品品种结构

商品品种结构是指各大类商品及每类商品中不同品种的组合比例，即在全部商品总量中，按经济用途或按满足不同层次需求，各大类商品及每类商品中不同品种规格商品的数量所占的比例。商品品种结构是按金字塔形排列的。图2-1所示为服装商品的品种结构。

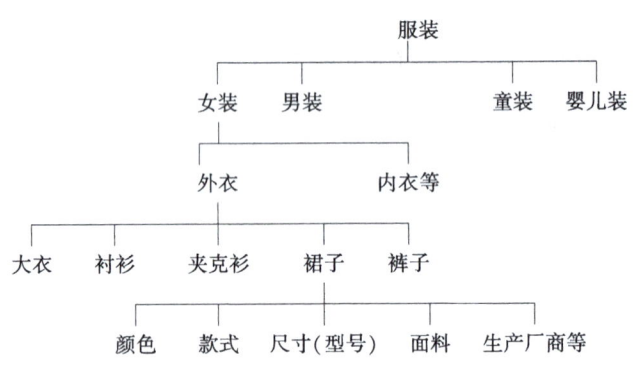

图 2-1　服装商品的品种结构

商品品种是消费者对商品广度的要求，它是商品结构（商品品种组合）状况的反映，也是消费需求结构的反映。总的来看，商品品种的结构应适应消费需求结构及其变化。具体商品品种的构成应考虑市场需要和消费需求，如消费者年龄和性别的组成、职业、经济状况和消费水平、民族和地方风俗等。消费需求和消费结构不是一成不变的，它随科学技术水平、人口组成、社会经济等的变化而变化。这种变化一般是呈上升趋势，因而商品品种结构也是一个动态的高级化过程，必须随消费需求和消费结构的变化不断调整和变化。调整商品品种结构，首先要调查消费者需求，研究分析市场结构和消费结构，及时捕捉市场信息，掌握市场和消费结构的变化趋势。

商品品种结构是否合理，实质上是商品能否满足广大消费者多样化、多层次、专业化、特殊化、个性化的消费需要问题，也是人们对商品不同需要在质的方面能否满足的问题。为了促进商品品种结构的合理化，应重视商品品种和品种结构的研究。研究商品品种结构，包括老品种的改进和淘汰以及新品种的开发，必须从满足社会需要出发。商品品种结构的决策要考虑两个因素，即市场引力和企业实力。市场引力包括商品对国计民生的影响力、市场容量、利润率、销售率、增长率等，是社会需要状况的反映。企业实力是指企业满足市场要求的能力，它包括市场占有率、生产能力、技术能力、销售能力等综合因素。只有对市场引力和企业实力进行定性、定量分析，在分析的基础上确定老品种的改进和新品种的开发，才能使生产的商品满足消费需求，使商品品种结构与消费需求结构相符。

3. 商品品种发展应遵循的原则

（1）**商品品种结构要与人们的需求结构相适应**。商品品种必须与消费需求相符合，商品品种结构必须同消费需求结构相一致。这就是说，商品品种必须适应不同社会阶层、不同社会集团、不同人群的消费水平和消费爱好。提高商品品种结构与消费需求结构的相符程度，对于全面满足消费需求，加速商品使用价值的实现，保证企业计划的顺利完成，提高企业的经济效益等，都具有重要的作用。

（2）**商品品种要不断更新，商品品种的组合要达到最佳化**。随着经济的发展，人们的需要和消费需求结构会发生变化，商品品种结构也应随之变化和调整，以保证商品品种及其结构与消费需求及其结构的相符程度达到最佳化。

第二节　商品分类的概念与方法

【案例】

中国最早的汽车

关于中国第一辆进口汽车众说纷纭。有人说，慈禧乘坐过的一辆汽车是我国进口的第一辆汽车，现在有实物陈列在颐和园内。

另一种说法是，1901年，距离装有内燃机的现代汽车于1886年降生在德国已经15年了，这一年，一位叫李恩时（Leinz）的匈牙利人携两辆美国制造的"奥兹莫比尔"（Oldsmobile）牌汽车从香港运到了上海，是中国最早的汽车。这是两辆黑色木质身的汽车。一辆是折叠式软篷车顶，另一辆是凉篷式车顶。外表与当地的马车十分相似。车上有两排座位，前排为驾驶员席，后排为乘客席，木质车轮辐条实心轮胎，另装有煤油灯和手捏喇叭。

1902年1月30日，上海公共租界工部局开会决定向李恩时的汽车颁发临时牌照，准许上街行驶，每月缴税金两银圆。当时的分类没有汽车，这部汽车暂按马车类征税。

（资料来源：网易汽车，http://auto.163.com/13/0322/01/8QHILOH900085250.html）

一、商品分类的概念

1. 分类

根据一定的标志和特征，科学地、系统地逐次划分为若干范围更小、特征更趋一致的局部集合体，直到划分成最小单元的过程，称为分类。分类是人类社会发展的必然产物，是科学研究的重要方法。分类水平反映着科学技术水平。科学的分类使复杂的事物和现象系统化、条理化，从而深化人们的认识能力，更有效地认识和研究其发生、发展的规律，推动人类社会不断向前发展。分类使人们对事物的认识趋于系统化、专门化，有利于进一步揭示事物背后的规律，从而使人们更好地认识和改造世界。

2. 商品分类

商品也是集合的概念，是数以万计的具体商品品种集合而成的总体。

商品分类是指根据一定目的，为满足某种需要，选择适当的分类标志或特征，将商品集合总体科学地、系统地逐次划分为不同的类别（如大类、中类、小类、品类、品种、细目直至基本单元）的过程。 对商品进行科学分类，统一商品的名称、类别和编号，对于合理组织现代化商品生产和流通，促进商品标准化的实施，满足消费者需求，都有着重要意义。

例如，GB/T 7635—2002《全国主要产品分类与代码》（2003年4月1日实施），由相对独立的两部分组成，第1部分可运输产品（GB/T 7635.1—2002）和第2部分不可运输产品（GB/T 7635.2—2002）。其中，可运输产品分为五大部类：0部类是农林（牧）渔业产品、中药；1部类是矿和矿物、电力、可燃气和水；2部类是加工食品、饮料和烟草、纺织品、服装和皮革制品；3部类是除金属制品、机械和设备外的其他可运输物品；4部类是金属制品、机械和设备。不可运输产品也分为五大部类：5部类是无形资产、土地、建筑工程、建筑物服务；6部类是经销业服务、住宿服务、食品和饮料供应服务、运输服务、公用事业、商品销售服务；7部类是金融及有关服务、不动产服务、出租和租赁服务；8部类是商务和生产服务；9部类是社区、社会和个人服务。商品分类国家标准是适合我国使用的一个分类体系，该商品分类体系是国民经济统一核算和国家经济信息系统的重要基础，我国的各部门、各地区在进行计划、统计、会计业务等工作时必须按GB/T 7635.1—2002和GB/T 7635.2—2002标准的具体规定执行。又如，1988年1月1日正式实施的《商品名称及编码协调制度》（H.S）是国际上多种商品分类目录协调的产物，是适合于国际贸易各有关方面需要的、完整的、系统的、通用的、科学的国际贸易商品分类体系。

商品大类是依照产业、行业不同而划分的商品群体。商品大类一般根据生产和流通领域的行业来划分，既要同生产行业对口，又要与流通组织相适应。根据生产和流通的需要，将商品分成化工类、食品类、日用百货类、文化用品类、五金类等大类。

商品品目或品类是指具有若干共同性质和特征的商品种类的总称。例如塑料制品、针纺织品等。

商品品种是指商品的具体名称，它是按商品的性能、成分等方面的特征来划分的。例如皮鞋、布鞋；白酒、啤酒、葡萄酒等。

商品细目也称规格，是对商品品种的详尽区分，包括商品的规格、花色、质量等级等，它更能具体地反映商品的质量特征。商品分类的类目层次及其应用实例如表2-2所示。

3. 商品分类的基本要求

为了使商品分类满足一定的需要，真正做到科学合理，在进行商品分类时需符合以下基本要求：

（1）**必须明确商品分类的目的**。分类不是为分类而分类，而是为了完成一定的任务而进行的。各部门对商品分类的目的不同，会使分类标志的选择、分类体系的设置各异，每一分类体系都紧紧围绕着特定的分类目的而建立。为此，进行商品分类时必须明确分类目的。

表2-2 商品分类的类目层次及其应用实例

商品类目名称	应用实例	应用实例
商品门类	消费品	工业品
商品大类	食品	日用工业品
商品中类	动物性食品	家用化学品
商品小类	乳和乳制品	洗涤用品
商品品类	奶	皂
商品种类	牛奶	香皂
商品品种	全脂牛奶	杀菌香皂
商品细目	伊利全脂牛奶	舒肤佳儿童香皂

（2）**必须明确商品分类的范围**。任何分类都应确定分类对象，即集合总体所包括的范围。不明确分类范围，分类将失去意义或无法进行。不同的分类范围，不同的构成单元情况，分类也不一样。因此，商品分类时首先要明确集合体所包括的全部要素，这种分类才具有实用价值。

（3）**必须合理选择分类标志**。进行商品分类时，要从分类的目的出发，选择适当的分类标志，以形成科学适用的分类体系。有时尽管目的明确，但由于分类标志选择不当，可能使商品分类体系出现缺失，最终影响分类目的的实现。

4. 商品分类的意义

商品分类是商品学的研究内容之一，也是市场经济发展的需要和商品经营的重要手段。随着社会和经济的发展，商品所覆盖的范围越来越广泛，因此商品分类具有十分重要的意义。

（1）**为企业的管理、业务活动奠定基础**。商品种类繁多，特征多样，价值悬殊，用途各异，只有对商品进行科学的分类，从生产领域到流通领域的商品计划、统计、税收、储运、销售等工作活动才能顺利进行和开展。

（2）**商品分类是编制商品目录的基础**。在商品分类的基础上编制商品目录，是各部门、各企业开展管理活动和业务活动的基础。

（3）**有利于将信息技术（IT）应用于商品管理和商品研究**。对商品进行科学分类，为商品分类信息化管理提供了基础。同时IT与互联网的广泛应用，也对商品的科学分类和编码提出了更高的要求，使商品分类与管理现代化联系更趋紧密。

（4）**有利于标准化活动的实施**。通过科学的商品分类，可使商品名称、类别统一化、标准化，避免因种种不一致而造成生产和销售上的困难。商品分类能使商品目录条理清晰、层次分明，为商品标准化和企业标准化创造良好条件。

（5）**有利于在一定范围内使商品名称、类别统一化，便于安排生产和消费者选购**。科学的商品分类，能清楚显示各类商品关系，较好地阐明商品质量状况及其分布情况，使企业在组织生产、策划营销时方向明确，轻重缓急有序，便于安排生产经营活动。同时也极大地方便消费者和用户按其需要选购和使用商品。

（6）**有利于开展商品研究和教学工作**。不同的商品，其属性和特征差异甚大，对包装、储运、养护的要求也各不相同。商品的科学分类，有利于将各种商品的个性特征归纳为每类商品的共性特征，便于全面地分析、评价商品质量。通过商品分类，还有利于对商品品种结构进行研究，为商品开发提供科学依据。此外，商品分类还使相关的教学内容系统化、专业化，便于理解和掌握，有利于理论知识体系的传授和研究。

二、商品分类方法

分类的方法虽然多种多样，但归纳起来，其基本方法通常有线分类法和面分类法两种。这两种方法可以单独应用，也可以结合起来进行分类。

1. 线分类法

线分类法也称层级分类法、从属分类法。它是将待分类的商品集合总体按照一定的分类标志，逐次地划分成相应的若干层级和类目，并排列成一个有层次的、逐级展开的分类体系。其表现形式为大类、中类、小类、品类等。在这个分类体系里，各层级的分类标志可以不同，但每个层级只能选择一个分类标志。各层级之间构成并列或隶属关系，由一个层级直接划分出来的各类目，彼此称为同位类。同位类构成并列关系，既不重复，又不交叉。在线分类体系中，一个类目相对于由它直接划分出来的下一层级的类目而言，称为上位类（也称母项）；由上位类直接划分出来的下一层的类目，相对于上位类而言称为下位类（也称子项）。上下位类构成隶属关系，即下位类从属于上位类。线分类法是一种传统的分类方法，在国内商品生产、流通领域和国际贸易中被广泛使用，其结构关系如图2-2所示。

化学农药是杀虫剂的上位类，杀虫剂是有机磷杀虫剂、有机氟杀虫剂、有机氯杀虫剂

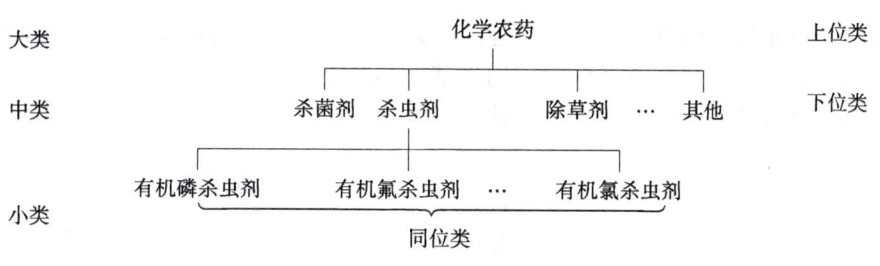

图 2-2　线分类法的结构关系

的上位类,杀虫剂是化学农药的下位类,有机磷杀虫剂、有机氟杀虫剂、有机氯杀虫剂是杀虫剂的下位类,杀虫剂、杀菌剂、除草剂……是同位类,有机磷杀虫剂、有机氟杀虫剂、有机氯杀虫剂也是同位类。

用线分类法进行商品分类,其分类体系的特点是容量大、层次性好,能较好地反映类目之间的逻辑关系。线分类法符合传统的应用习惯,既适合于传统的手工处理,又便于计算机信息控制和管理。该方法的最大不足是结构弹性差,所以在采用线分类法编制商品分类体系或商品目录时,应留有足够的后备容量。

2. 面分类法

面分类法又叫平行分类法,是把待分类的商品集合总体,根据其本身固有的属性或特征作为分类标志,分成相互之间没有隶属关系的面(分类子集),每个面都包含各自的类目,再将每个面的类目平行组合在一起,即组成一个复合类目。例如服装的分类就是把服装的面料、式样、款式分为三个互相之间没有隶属关系的面,每个面又可分成若干类目,使用时将有关类目组配起来,形成一个复合类目,如表 2-3 所示。

用面分类法进行商品分类形成的分类体系具有结构弹性好、适用于计算机处理等优点,缺点是组配结构复杂,不能充分利用容量,不便于手工处理,一般把面分类法作为线分类法的补充。

表 2-3　面　分　类　法

第一面	第二面	第三面
面料	式样	款式
纯棉	男式	中山装
丝棉	女式	西装
毛涤		夹克
真丝		裙装

三、商品分类标志

商品分类标志是划分商品分类体系、编制商品目录的基准和依据,或者说,必须凭借商品分类标志进行商品分类。可供商品分类的标志较多,按其适用性可分为普遍适用标志和局部适用标志两类。

普遍适用的分类标志也称为基本分类标志,是指所有商品都可作为分类依据的标志,如商品的物理状态、地理产地、用途或使用方法等。普遍适用的分类标志常用于商品大类、中类、小类等高层次类目的划分。

局部适用的分类标志也称特殊分类标志，是指部分商品共有的属性和特征。局部适用的分类标志并不适用于所有商品而只应用于某一小范围的商品，常用于商品的品种和细目的划分，如某些商品的包装形式、加工特点、保藏方法等。因此，虽然可供选择的商品分类标志很多，但很难提出或制定能贯穿整个商品分类体系、对所有层级都适用的分类标志。在实际应用中，在一个分类体系中常采用几种分类标志，各层级各自应用其适宜的分类标志，而且，某些分类标志对某些商品的类目划分可能是重要的，但在划分其他商品类目时可能不起作用。

1. 选择商品分类标志的基本原则

（1）目的性。必须满足商品分类的目的和要求。

（2）区分性。保证商品分类清楚，能从本质上反映出每类商品的特征。

（3）适应性。商品分类应科学、先进、实用，有利于编码和运用计算机处理，并具有可扩展性。

（4）唯一性。保证每个商品只能出现在一个类别里，不得重复出现。

（5）简便性。保证商品分类简单，使用方便。

2. 常用的商品分类标志

在商品的分类实践活动中，常用的分类标志有如下几种：

（1）以商品的用途作为分类标志。商品的用途是体现商品使用价值的重要标志，也是探研商品质量和商品品种的重要依据。根据商品用途的不同，可将商品分为食品、纺织品、民用工业品、日用杂品等。以商品的用途作为分类标志是最常用和最基本的商品分类标志，它便于经营者和消费者进行比较、分析，对企业提高商品质量、扩大品种规格、加强竞争意识具有积极意义。以商品用途作为分类标志不仅适合对大类的划分，也适合对类别、品种的进一步划分。实际上，按商品用途划分的许多类目名称，如食品、衣着用品、医药用品、文化用品、交通工具等，都已成为固定的专门名词。

此分类法对储运部门尚不能完全适用，对于多种用途的商品一般也不宜采用此类分类标志。

（2）以原材料作为分类标志。商品的原材料是决定商品质量、性能和特征的重要因素，由于原材料的不同，商品的化学成分、性能、加工、包装、储运、使用条件要求等方面也有所不同。将其作为商品分类标志，不仅使分类清楚，还能从本质上反映出商品的性能、特点、储运要求，便于组织生产、包装、储运养护等活动。例如，按原材料来源的不同，食品可分为植物性食品、动物性食品和矿物性食品，它们的化学成分和营养价值有明显的差别。纺织品也可根据原料的不同划分为棉织品、毛织品、丝织品、化纤织品和混纺织品五大类。食糖可分为甘蔗糖和甜菜糖两大类。这种分类标志特别适用于原料性商品和原料对成品质量影响较大的商品，但对那些由多种原料制成和成品质量及特征与原材料关系不大的商品（如电视机、小汽车等）不宜采用。

(3) 以加工方法作为分类标志。商品使用的原材料相同，但由于其加工方法或加工程度不同，就会有不同的特征和质量状况。以加工方法作为分类标志尤其适用于那些工艺过程对质量影响较大的商品。例如商品茶按鲜叶制造方法的不同，分为红茶、绿茶、乌龙茶、紧压茶等。

这种分类方法能较明显地反映商品质量风格和加工精度，是应用较多的一种分类方法。但对那些虽然加工方法不同，而对成品质量特征不会产生实质性差别的商品，则不宜采用此种分类标志进行分类（如化妆品）。

(4) 以化学成分作为分类标志。商品的化学成分是形成商品质量和性能、影响商品质量变化的最基本因素。按化学成分可将所有商品分为有机商品和无机商品两大类。在很多情况下，商品的主要化学成分可以决定其性能、用途、质量或储运条件，因而是决定商品品种、等级的重要因素。对这类商品进行分类时，应以主要化学成分作为分类标志。例如，塑料制品按其主要成分分为聚乙烯制品、聚丙烯制品、聚氯乙烯制品等。

有些商品的主要化学成分虽然相同，但由于含有的特殊成分不同，可形成质量、特征、性质和用途完全不同的商品，对这类商品进行分类时，可将这些特殊成分作为分类标志。例如玻璃的主要化学成分是二氧化硅，根据其所含特殊成分的不同可分为钢化玻璃（含有氧化钠）、钾玻璃（含有氧化钾）、铅玻璃（含有氧化铅）、硼硅玻璃（含有硼酸）等；钢材也可按其所含的特殊成分划分为碳钢、硅钢、锰钢等。

按化学成分进行分类能够更细微地分析商品特性，对研究商品的加工、包装、使用以及商品在储运过程中的质量变化有重要意义。化学成分已知且对商品性能影响比较大的商品宜采用这种分类标志进行分类。但对一些化学成分复杂及化学成分对商品性能影响不大的商品，则不宜采用。

除上述分类标志之外，还有着很多其他分类标志。例如商品的形状、产地、重量、收获季节、结构、颜色等，都可作为商品分类标志。这些标志概念清楚，含义具体，容易区分，常用于品种、细目的划分。

第三节　商品编码

一、商品编码及其作用

1. 商品编码的含义

商品编码又称商品代码，是指赋予某种商品或某类商品的代表符号。符号一般由字母、数字和特殊标记组成。商品编码往往是商品目录的组成部分，商品分类与编码共同构成了商品目录的完整内容。

2. 商品编码的作用

（1）商品编码是建立商品分类体系和商品目录的基础，而合理编码又是商品分类的重要手段，是商品分类体系的组成部分。

（2）通过商品编码可以使繁多的商品条理化、系统化、有序化，便于记忆，有利于提高工作效率和可靠性，有利于统计、管理等业务工作，便于对商品进行统一的社会管理（如计划管理、物价管理、商品质量管理、物流管理等）。

（3）商品编码有利于运用信息网络技术对商品信息流和物流进行现代化科学管理。

二、商品编码的基本原则

为实现商品分类编码标准化，建立统一的商品分类编码系统，商品编码时应遵循以下基本原则：

（1）唯一性。在同一个商品编码集中，每一个（组）商品代码只能代表一种（类）商品，即每一个编码对象（商品）只能有唯一的代码。

（2）稳定性。代码确定后要在一定时期内保持稳定，不能经常或轻易变更，以保证分类编码系统的稳定性。

（3）可扩充性。编码时要求留足备用代码，当需要增加新类目或删减旧类目时，无须破坏编码结构再重新编码。

（4）合理性。即商品代码结构应与商品科学分类体系和商业经营实际需要相适应。

（5）简明性。要求商品代码结构在留足后备容量的前提下尽量简单、易记、易校验，不宜太长，既便于手工操作，又便于计算机处理。

（6）统一性和协调性。商品编码要与国家商品分类编码标准相一致，与国际通用商品分类编码制度相协调，以利于实现信息交流和信息共享。

三、商品编码的种类和方法

商品编码根据其所用的符号类型来划分，可分为数字型代码、字母型代码、数字—字母混合型代码和条码四种。在商品分类编码中，普遍采用的是数字型代码和条码。

1. 数字型代码

数字型代码是用一个或若干个阿拉伯数字表示分类对象（商品）的代码。其特点是结构简单，使用方便，易于计算机进行数码信息处理，是目前国际上普遍采用的一种代码。使用数字型代码进行商品分类编码，常用的方法有顺序编码法、层次编码法、平行编码法和混合编码法四种。

（1）顺序编码法。顺序编码法是按商品类目在分类体系中先后出现的次序，依次赋予顺序代码。为了满足信息处理的要求，多采用等长码，即每个代码的数位相同。顺序编码法使用简便，通常用于容量不大的编码对象集合体。编码时应留有储备码，以便增加目录。

（2）层次编码法。它是按商品类目在分类体系中的层级顺序，依次赋予对应的数字代码。层次编码法主要用于线分类体系。由于分类对象是按层级归类的，所以在赋予类目代码时，整个编码过程也是按层级依次进行，按分类层级给每一个分类类目赋予对应的代码，其结构如图2-3所示。

图2-3中的符号"×"表示从左至右的代码，第一位表示第一层级的类目，第二位表示第二层级的类目，以此类推。GB/T 7635.1—2002采用的就是层次编码法。

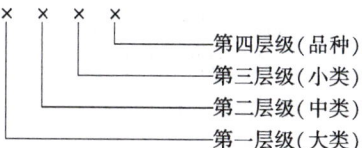

图2-3 层次编码法的结构

层次编码法的优点是层级分明，逻辑关系明晰，能正确反映出分类编码对象的属性或特征及其相互关系。层次编码的不足是弹性较差。为弥补这一不足，经常需要预先留出相当数量的备用码，以致显得数码冗余。所以该编码方法适用于编码对象相对稳定的商品集合体。

（3）平行编码法。平行编码法适用于面分类体系，是对每一个分类面确定一定数量的码位，代码标志各组数列之间的并列平行关系。平行编码法的优点是编码结构有较好的弹性，可以增加分类面的数目，必要时还可以更换个别类面。其不足是代码过长，冗余度大，不便于计算机控制和管理。

（4）混合编码法。混合编码法是层次编码法和平行编码法的结合。由于在商品分类过程中人们常常把线分类法和面分类法结合起来使用，所以在编码过程中也就出现了混合编码法。即把分类对象的各种属性和特征分列出来后，对其中的一些属性或特征用层次编码法表示，其余的属性或特征则用平行编码法表示，这样可以做到优势互补。

2. 字母型代码

字母型代码是用一个或若干个字母表示分类对象的代码。通常用大写字母表示大类商品，用小写字母表示其他类目。

字母型代码便于人们识别、记忆，符合人们的使用习惯，但不便于计算机处理信息，所以不常被人们使用，通常适用于分类对象较少的情况。

3. 数字—字母混合型代码

数字—字母混合型代码是由数字和字母混合组成的代码。它集数字代码和字母代码的优点于一身，结构严谨，具有良好的直观性和表现方式，符合人们的使用习惯。但由于代码构成形式复杂，给使用带来不便，计算机输入效率低，错码率较高，因此在商品分类编码中较少使用。国际上只有少数国家商品分类时采用混合型代码。

4. 条码

（1）条码及其发展与应用。条码（Bar Code）又称条形码，就目前的应用来看，分为一维条码和二维条码。从发展的角度来看，先有一维条码，后有二维条码。条码是将表示一定信息的字符代码转换成用一组黑白（或彩色）相间、粗细不同的平行线条，按一定的规则排列组合而成的特殊图形符号。通常在条码的下方对应排列着条码所代表的数字。条码是计算机输入的一种特殊代码，通过光电扫描器可将条码所承载的数码信息迅速地输入计算机，并由计算机程序进行信息储存、分类、统计、处理等一系列活动。由于它操作简易，高效可靠，所以被普遍应用于多个领域。

条码技术研究最早始于20世纪中期，20世纪70年代在北美和欧洲相继推广应用。1973年，美国统一代码委员会（UCC）从若干条码中选定了IBM公司提出的条码系统，并将它作为北美地区的通用产品代码（简称UPC条码），用作超市中绝大多数商品的代码。

在美国统一代码委员会的影响下，1974年欧洲12国的制造商和销售商代表决定成立欧洲条码系统筹备委员会，在UPC条码的基础上开发了EAN条码，以便在欧洲推广使用。1977年2月，由英、法、德等12国正式成立了欧洲物品编码协会（European Article Numbering Association，EAN），负责EAN条码的推广、普及和管理。随着EAN条码在欧洲乃至全球范围内的推广应用，1981年欧洲物品编码协会更名为国际物品编码协会（International Article Numbering Association），但仍沿用EAN简称。2002年11月，美国统一代码委员会和加拿大电子商务委员会加入EAN，EAN International成立。2005年2月，EAN International正式更名为Globe Standard1（GS1）。目前，GS1的成员组织数量已经超过110个。

我国条码技术的研究与世界先进国家几乎同时起步，但应用较晚。进入20世纪80年代末期，条码技术才在我国的邮电、仓储、图书管理等领域开始得到应用。后来我国把条码工作的重点放在商业领域，尤其是对外贸易商品的条码应用上。为进一步推广、应用条码技术，国家技术监督局于1988年12月正式成立了中国物品编码中心，致力于EAN条码的推广、应用和国内国际条码的协调、管理。1991年，中国物品编码中心正式加入国际物品编码协会，为条码技术在我国的进一步应用和发展创造了条件。

目前，条码技术不仅应用于商品流通领域，而且广泛应用于生产自动化管理、物流、图书管理、邮电业务等行业，已成为现代化管理不可或缺的信息技术手段。条码技术的推广和应用不仅有利于企业准确及时地获取商品信息，合理组织现代化生产，有效配置资源，同时有利于商品的订购、储运、销售、结账等一系列活动的自动化管理，为产、供、销之间的信息沟通提供畅通的渠道。国际编码的普及，还有利于国际间的生产协作和商品贸易，为促进国际分工的发展和经济全球化的实现提供信息技术支撑。

(2) 一维条码的种类和组成。从国际范围来看，常用的一维条码有：通用产品条码（Uniform Product Code），简称UPC条码；国际物品条码，简称EAN条码；二五条码（2 of 5 Bar Code）；三九条码（Code 39）；库德巴条码（Codabar Bar Code）。这五种条码分别应用于不同的领域。其中 UPC 条码和 EAN 条码运用于销售领域的消费单元商品,即通过超市、百货商店、专营商店等零售渠道直接销售给最终用户的商品。其余则用于储运领域的储运单元商品,即由若干消费单元组成的标准的商品集合,是装卸、仓储、运输、收发货等业务活动必需的商品单元。

1) **EAN 条码**。EAN 条码是国际通用商品代码,有 13 位标准条码(EAN-13 条码)和 8 位缩短条码(EAN-8 条码)两种版本,如图 2-4 所示。

EAN-13 条码的结构如图 2-5 所示。

a)

b)

图 2-4　EAN 条码符号示意图
a) EAN-13 条码符号　b) EAN-8 条码符号

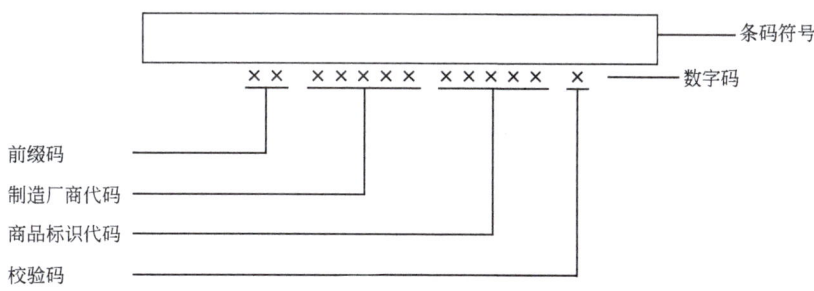

图 2-5　EAN-13 条码的结构

EAN-13 条码由代表 13 位数字码的条码符号组成,前 2 位(欧盟 12 国)或前 3 位(其他国家)数字为国家或地区代码,称为前缀码或前缀号,用于标识商品来源的国家或地区,由 GS1 总部分配和管理。部分 GS1 成员和前缀码如表 2-4 所示。

当前 3 位为前缀码时,EAN-13 条码中的第 4 位至第 8 位,即国别码后面的 5 位数字为制造厂商代码,用于标识生产企业或批发公司,由国际物品编码协会在各国(地区)的分支机构分配管理;制造商代码后面的 5 位数字为商品标识代码,用于标识商品的特征或属性,由制造商依据 EAN 的规则自行编制。

EAN-8 条码由代表 8 位数字的条码符号组成,结构如图 2-6 所示。

表 2-4 部分 GS1 成员和前缀码

前缀码	编码组织所在国家或地区	前缀码	编码组织所在国家或地区
000～019 030～039 060～139	美国	626	伊朗
		690～699	中国
		700～709	挪威
300～379	法国	754～755	加拿大
400～440	德国	800～839	意大利
450～459 490～499	日本	840～849	西班牙
		870～879	荷兰
460～469	俄罗斯	880	韩国
500～509	英国	885	泰国
600～601	南非	888	新加坡
789～790	巴西	890	印度
622	埃及	930～939	澳大利亚

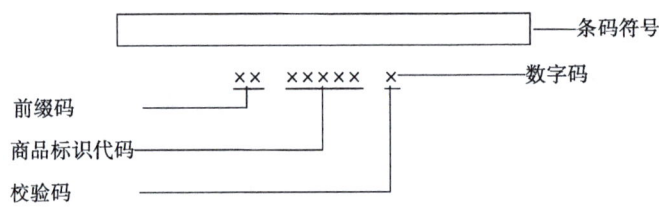

图 2-6 EAN-8 条码结构示意图

EAN-8 条码的国别代码与 EAN-13 条码相同；商品标识代码由 5 位数字构成，是按一定规则由 EAN-13 条码中的制造厂商代码和商品标识代码经删"0"得出，统一由 EAN 在各国（地区）的分支机构分配管理；最后一位数字为校验码，校验码的计算方法同 EAN-13 条码。

国际物品编码协会规定，只有当 EAN-13 条码所占面积超过总印刷面积的 25% 时，使用 EAN-8 条码才是合理的。一些国际物品编码协会的会员，对使用 EAN-8 条码的条件还做了进一步的具体规定。缩短码不能直接表示生产厂家，所以商品条码系统成员只有在不得已时才能使用缩短码。

2）UPC 条码。UPC 条码是 UCC 于 1973 年推出的一种商品条码，广泛应用于美国和加拿大商品流通领域。各国出口到美国、加拿大等北美国家的商品，其包装上必须印有 UPC 条码。UPC 条码有标准码（又称为 UPC-A 条码）和缩短码（又称为 UPC-E 条码）

两种版本。

UPC-A 条码由代表 12 位数字的条码符号组成，其中 10 个数字为编码数字，如图 2-7 所示。

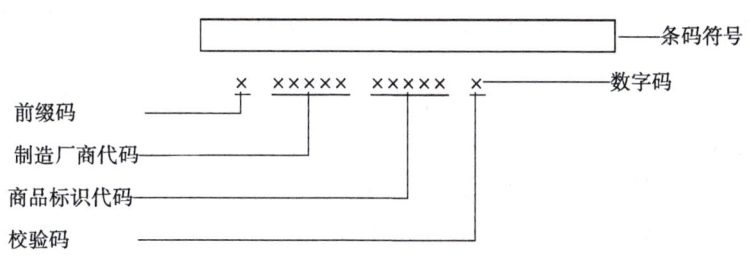

图 2-7　UPC-A 条码结构示意图

第 1 位数字为编码系统字符，称为前缀码，分别以"0"标识规定数量包装的商品；"2"标识不规则重量的商品；"3"标识医药卫生商品；"4"为零售专用；"5"标识用信用卡销售的商品；"7"为中国申报 UCC 会员专用；"1""6""8""9"为标识备用码。

中间 10 个数字是编码数字，分为中左 5 位码和中右 5 位码。前 5 位数字是制造厂商代码，用于标识制造厂商，由 UCC 分配和管理；后 5 位数字为商品标识代码，用于标识商品的特征和属性，由商品制造厂商根据 UCC 的规则自行编制和管理。

最后一位数字为校验码，用于校验代码符号的正确性，根据一定的运算规则计算确定。

UPC-E 条码是 UPC-A 条码的一种特殊形式，可以视为是删除 UPC-A 的 4 个或 5 个"0"得到的。只有当商品很小，无法印刷表示 12 位数字的 UPC-A 条码时，才允许使用 UPC-E 条码，如香烟、胶卷、化妆品等商品。UPC-E 条码由表示 8 位数字的条码符号构成，其结构如图 2-8 所示。

UPC-E 条码的前缀码只能取"0"，就是说，只有当 UCC 给企业分配的编码系统字符是"0"时，才能使用 UPC-E 条码。商品信息代码由 6 位数字构成，是根据一定规则由制造厂商代码和商品标识代码经删减"0"后得出。校验代码的计算方法同 UPC-A 条码，但是要首先将 UPC-E 还原成 UPC-A 形式。

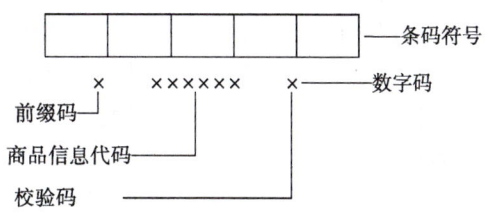

图 2-8　UPC-E 条码结构示意图

3）二五条码。二五条码研制于 20 世纪 60 年代后期，它用于仓库的分类管理，标识胶卷包装及机票的连续号等。

二五条码有两种单元宽度，它仅用条表示信息，条码字符由规则排列的五个条组成，其中有 2 个是宽条，其余是窄条。在一般情况下，宽条是窄条的 3 倍，空等于窄条的

宽度。

二五条码为五取二组合，它的编码容量为10，所以它的字符集为数字字符0~9。

二五条码是一种非连续型、双向可续且具有自校验功能的非定长条码，其密度较低。二五条码的一种变体是用空来表示信息，用窄条来分隔每一个空，其条码字符及二进制表示不变。

4）三九条码。三九条码是1975年推出的一种条码，它能对数字和英文字母等44个字符（包括起始符和终止符）进行编码。由于它具有误码率低、表示的字符个数多等优点，首先在美国国防部得到推广应用。在美国的各个领域，如汽车行业、物料管理、经济管理、医疗卫生及邮政、储运等领域的应用十分广泛。我国于1991年研究制定了三九条码标准，推荐在运输、仓储、工业生产线、图书信息、医疗卫生等领域应用。

三九条码仅有两种单元宽度，它的每一个条码字符由9个单元组成，其中有3个是宽单元（宽单元用二进制"1"表示），其余是窄单元（窄单元用二进制"0"表示）。

三九条码为9取3组合，它的编码容量为84，但三九条码仅选取了44种组合形式。它的字符集包括数字字符0~9，字母A~Z，特征符号-、.、/、+、%、空格、*。其中"*"仅用作起始符。

三九条码也是一种非连续型、双向可读、非定长条码，具有自校验功能，误码率低。

5）库德巴条码。库德巴条码是1972年推出的，它广泛应用于医疗卫生及图书馆行业，也用于胶卷包装及邮政快件上。1977年美国输血协会将库德巴条码规定为血袋标识的标准条码，我国也发布了《库德巴条码》国家标准GB/T 12907，现行的为2008版。

在一个库德巴条码符号中，每一个字符由7个单元构成，其中两个或三个是宽单元，其余是窄单元。库德巴选C（7，2）或C（7，3）组合，其编码容量为C（7，2）+C（7，3）=56。它的字符为：数字字符0~9，字母A、B、C、D，特征符号$、-、:、/、.、+。它仅选取了20种组合形式。

库德巴条码是一种非连续型、双向可读条码，具有自校验功能。库德巴条码有18种单元宽度，这是尽量考虑使条码字符具有固定长度的结果。它对油墨扩散的敏感性较差，且密度较高。但由于最窄单元宽度为0.165mm，允许误差为±0.038mm，因而很难控制其印刷质量。

(3) 二维条码的种类和组成。随着应用领域的不断扩展，传统的一维条码表现出了它的局限。首先，一维条码须通过连接数据库的方式提取信息表达含义，在没有数据库或者不便联网的条件下，一维条码的使用受到了限制。其次，一维条码表达的只能为字母和数字，不能表达汉字和图像。最后，在某些场合下，大信息容量的一维条码通常受到标签尺寸的限制，给产品的包装和印刷带来了不便。为克服一维条码的不足，满足市场的需求，就推出了二维条码。

二维条码（2-dimensional Bar Code）是用某种特定的几何图形按一定规律在平面（二

维方向上）分布的黑白相间的图形记录数据符号信息的；在代码编制上巧妙地利用构成计算机内部逻辑基础的"0""1"比特流的概念，使用若干个与二进制相对应的几何形体来表示文字数值信息，通过图像输入设备或光电扫描设备自动识读以实现信息自动处理。它具有条码技术的一些共性：每种码制有其特定的字符集；每个字符占有一定的宽度；具有一定的校验功能等。同时还具有对不同行的信息能够自动识别及处理图形旋转变化等功能，能够在横向和纵向两个方位同时表达信息，因此可以在很小的面积内表达大量的信息。图 2-9 为一具体示例。

二维条码能够将任何语言（包括汉字）和二进制信息（签字、照片等）编码，并可以根据用户选择纠错级别的不同，在符号残损的情况下恢复所有信息。

图 2-9 二维条码示意图

二维条码作为一种全新的信息存储、传递和识别技术，自诞生之日起就受到关注，美国、德国、日本等许多国家不仅将二维条码技术应用于公安、外交、军事等部门对各类证件的管理，也用于海关、税务等部门对各类报表和票据的管理，商业、交通运输等部门对商品及货物运输的管理，邮政部门对包裹的管理，工业生产领域对工业生产线的自动化管理等。二维条码在我国汽车行业自动化生产线、医疗急救卡、涉外专利案件收费、珠宝玉石食品管理以及银行汇票上也得到了广泛应用。

第四节　商品目录与商品分类体系

一、编制商品目录和商品分类体系的原则

建立科学的商品分类体系和编制商品目录是研究商品分类的主要内容。目前，主要根据科学的需要和实践的需要（如商品生产、流通、销售、贸易统计、海关关税、运输、商品信息交流等）来建立商品分类体系和编制商品目录，并按照不同目的来确定商品分类与细目的划分原则。任何商品目录和商品分类体系的构成和细目划分，很大程度上取决于其

用途和适用范围。建立商品分类体系和编制商品目录时，一般应遵守以下基本原则：

（1）**科学性**。商品命名必须统一、科学、准确，必须规定统一的、严密的归类原则，分类层级的划分要恰当、合理。

（2）**系统性**。商品分类体系和商品目录中的任何分类段都应连贯使用所规定的归类原则，以商品的基本属性作为分类标志，分门别类、顺序排列，把相同的集合在一起，把不同的区别开，形成一个包括若干个子系统的大系统，并用数字代码表示它们的内在有机联系。

（3）**唯一性**。商品分类体系和商品目录中每一个层级只能采用一个分类标志，不能同时采用两个或两个以上的分类标志。

（4）**可延性**。商品分类体系和商品目录要有足够的容量，保证能囊括拟分类的商品集合总体范围内的全部商品，并为将来补充新商品留有余地，以避免打乱已采用的分类结构。同时，还要考虑低层级子系统延拓和细化的可能性。

（5）**简明性**。分类结构要紧密、一目了然，编码方法及代码形式要简单明了，既便于手工操作处理，又便于用计算机处理。

（6）**协调性**。新编制的商品分类体系和商品目录，要尽可能与国内外原有的商品分类体系和商品目录保持一定的连续性，使相关的商品分类体系和商品目录之间相互衔接和协调，以利于推广应用，并能进行商品信息和经济信息资料的查询、对比和交流。

二、商品目录

商品目录是指国家或部门所经营管理的商品总明细目录。在编制商品目录时，首先要将商品依据一定的标志进行定组分类，所以商品目录又叫商品分类目录，也可称为粗的商品分类体系。编制商品目录的工作，也属于商品分类。

商品目录是商品分类的具体表现，只有根据科学分类编制的商品目录，才能使各类商品眉目清楚，有利于商品经济管理的科学化、现代化。由于编制商品目录的目的、业务内容不同，商品目录的种类有很多。根据商品目录编制单位及执行范围的不同，商品目录可归纳为国家商品目录、部门商品目录、企业或单位商品目录三大类。

1. 国家商品目录

国家商品目录是指由国家指定专门机构编制，是国民经济各部门进行计划、统计、财务、税收、物价、核算等工作时必须一致遵守的准则。例如 GB/T 7635.1—2002 即属于国家商品目录。

2. 部门商品目录

部门商品目录是指由本行业主管部门编制的，是该部门从中央到基层企业共同遵守的准则。

3. 企业或单位商品目录

企业或单位商品目录是指由本企业或本单位自行编制的，是本企业、本单位应该遵守的准则。

部门或企业单位商品目录的编制，必须要符合国家商品目录的分类原则，并在此基础上结合本部门和本企业单位的业务需要，进行适当的细分和补充。因此，部门或企业单位编制的商品目录，一般较国家编制的商品目录包括的类别要少，品种的划分更细，商品类别的划分更为详尽具体。

各类商品目录应相对稳定，以使各类指标具有可比性，这样有利于协调各部门、各环节的工作。但商品目录并不是一成不变的，而是应随着商品生产和商品经济的发展予以适时修订，这样才能发挥它在商品流通活动中的作用。

三、国内外主要商品分类体系和商品目录

1. 国家标准商品分类

为适应现代化经济管理的需要，以国家标准形式对商品、产品、物资进行科学的、系统的分类编码，称为国家标准商品分类。国家标准商品分类的主要目的是：便于进行国民经济计划、统计及各项业务活动；有利于实行商品分类编码标准化；有助于建立现代化的、统一的商品信息系统，以实现经济管理现代化，提高经济管理水平。美国、英国、法国、德国、日本等许多工业发达的国家都制定和实施了商品分类编码国家标准。我国在1987年发布和实施了商品分类国家标准 GB/T 7635—1987《全国工农业产品（商品、物资）分类与代码》。

《全国工农业产品（商品、物资）分类与代码》国家标准是按商品分类的从属、层次关系为排列顺序的一种层次结构代码，将所有工农业产品、商品、物资划分为 99 个大类（12 个留空），1000 多个中类，7000 多个小类，360 000 多个品种。该代码采用 8 位数字，分 4 个层次（不包括门类），每层以两位数字表示，前两位数字代表大类，第三、四位数字代表中类，第五、六位数字代表小类，第七、八位数字代表品种。

该商品分类编码体系是国民经济统一核算和国家经济信息系统的重要基础。随着科学技术的迅猛发展和经济全球化进程的加快，各类产品（包括可运输产品和不可运输产品）数量剧增，产品结构、类型和品种发生了很大的变化，考虑到加入 WTO 和世界经济一体化的需求，对 GB/T 7635—1987 进行了全面修订，2002 年颁布了 GB/T 7635—2002《全国主要产品分类与代码》。新修订的《全国主要产品分类与代码》由相对独立的两部分组成，第 1 部分为可运输产品，第 2 部分为不可运输产品。

第 1 部分由五大部类组成，与联合国统计委员会制定的《主要产品分类》（CPC）1998 年 10 版的第 1 部分相对应，一致性程度为非等效。相比于 GB/T 7635—1987，主要变化有：① 对 GB/T 7635—1987 标准名称进行了修改。②对代码结构和编码方法进行了

修改。GB/T 7635—1987 代码结构是 4 层 8 位数字码，每层 2 位码，采用了平均分配代码的方法。"可运输产品代码"标准代码结构是 6 层 8 位数字码，前 5 层是 1 层 1 位码，第 6 层是 3 位码，采用了非平均分配代码的方法。③产品分类和类目的设置进行了较大幅度的调整。④采用了 GB/T 10113—1988《分类编码通用术语》中确立的术语，产品类目采用了规范的产品名称。

新修订的《全国主要产品分类与代码》国家标准满足了经济管理部门、统计部门、电子商务应用部门等各部门的需要，成为一部覆盖面广、功能齐全、可比性强、真正适用可行的产品分类编码标准。

2. 商品贸易分类

为满足贸易工作提出的某些要求而进行的各种商品分类，统称为商品贸易分类。商品贸易分类的主要目的是：便于贸易部门进行业务活动，保证商品流通正常进行；有助于研究商品流通领域的某些问题；加快商品信息和经济信息的传递，提高经营管理水平。按照分类对象的范围，商品贸易分类可分为国际贸易商品分类、国内贸易商品分类和对外贸易商品分类。

(1) **国际贸易商品分类**。在国际贸易中，由于各国的海关税则及贸易统计商品分类在商品名称、商品编码、项目编排、分类原则等方面存在差异，会给贸易活动和经济对比带来许多困难，因此，世界各国间的贸易活动，各国在海关管理、征收关税、市场及关税研究、贸易经济、贸易管理、商情研究、进出口业务、制定贸易政策等方面，都需要有一个统一的国际贸易商品分类体系。目前，在国际上公认和广泛采用的国际贸易商品分类体系有《国际贸易标准分类目录》和《商品名称及编码协调制度》。

1) **《国际贸易标准分类目录》(SITC)**。它是用于国际贸易商品的统计和对比的标准分类方法。现行《国际贸易标准分类目录》于 1950 年 7 月 12 日由联合国经济及社会理事会正式通过，目前为世界各国政府普遍采纳的商品贸易分类体系。到 2006 年为止，该标准分类经历了四次修改。第四次修改于 2006 年 3 月，获联合国统计委员会第 37 届会议通过。该分类法将商品分为 10 大类（见表 2-5）、63 章、223 组、786 个分组和 1924 个项目。

表 2-5 国际贸易标准分类的大类构成

大类代号	含　义	大类代号	含　义
0	食品及供食用的活动物	5	化学品及有关产品
1	饮料及烟类	6	主要按原料分类的制成品
2	燃料以外的非食用粗原料	7	机械及运输设备
3	矿物燃料、润滑油及有关原料类商品	8	杂项制品
4	动物油脂及油脂类商品	9	未列明的其他商品

在它的编号中第一位数字表示类、第二位数字表示章、第三位数字表示组、第四位数字表示分组。如果对分组再进行细分，第五位数即表示品目，第六位数字表示细目。SITC成为在国际贸易统计和联合国各有关机构贸易统计中重要的商品分类目录。各国可依据本国需要进一步细分任何一个基本项目。为了更好地与世界其他国家的进出口进行横向比较，我国在统计外贸时，使用SITC分类进行统计。

2）《商品名称及编码协调制度》。《商品名称及编码协调制度》简称为《协调制度》（H.S），是海关合作理事会在《海关合作理事会商品分类目录》（CCCN）和SITC的基础上，协调国际上多种主要的税则、统计、运输等商品分类目录而制定的一部多用途的国际贸易商品分类目录。它是一个完整、系统、通用、准确的国际贸易商品分类体系，具有严密的逻辑性和科学性，广泛应用于国际贸易的海关计税和统计、贸易管理、贸易统计、运输、单据及数据传递等。采用该协调制度有利于国际贸易统计资料的收集、对比分析，便于贸易咨询和谈判，减少国际贸易交流中因填报不同商品名称和商品编码而引起的麻烦，简化国际贸易的手续，并促进了国际贸易的发展。H.S于1998年1月1日正式实施，世界已有200多个国家和地区使用H.S，全球贸易总量90%以上的货物都是以H.S分类的。我国海关自1992年起采用《协调制度》，以其为基础结合我国实际进出口货物情况，编制了《中华人民共和国海关进出口税则》和《中华人民共和国海关统计商品目录》。世界贸易组织（WTO）贸易总量的90%以上的货物是以《协调制度》目录分类的。《协调制度》在国际贸易、贸易统计、国际运输、国际贸易谈判以及经济分析等方面起着日益重要的作用。

H.S编码是国际上多种商品分类目录协调的产物，是世界各国专家努力工作的成果，是适合于国际贸易各有关方面需要的、当今最完整、系统、通用、科学的国际贸易商品分类体系。

从总体结构上讲，H.S目录与《海关合作理事会商品分类目录》基本一致，将国际贸易涉及的各种商品按照生产部类、自然属性和不同功能用途等分为21类、97章。H.S主要是由税（品）目和子目构成（税（品）目号中第1至第4位称为税（品）目，从第5位开始称为子目），为了避免各税（品）目和子目所列商品发生交叉归类，在许多类、章下加有类注、章注和子目注释，设在类、章之首，是解释税（品）目、子目的文字说明，同时有归类总规则，作为指导整个《协调制度》商品归类的总原则。

H.S编码的基本组成有：H.S编码的正文、H.S编码的辅助文献以及"H.S公约"。

H.S编码正文由三部分组成：①H.S的税目和子目（H.S编码正文的主体部分，列出了各种商品的编号和准确名称描述）；②H.S的类注释、章注释、子目注释；③解释总规则。

H.S编码的辅助文献不是公约的组成部分，无法律约束力，但却是H.S编码权威性的说明和指引性文献。这些辅助文献主要有：①H.S解释；②H.S及其解释的字母索引；③H.S归类意见汇总；④号列对照表（给出CCCN和SITC与H.S编码之间号列的相互对应关系）。

"H.S公约"除前言外,共有20条规定,规定了缔约国的权利、义务,H.S委员会的职责,海关合作理事会的作用,公约的缔结、生效、退出、修改、争议裁定等事宜。

H.S商品分类目录将国际贸易商品分为21类、97章、1241节、5000多个6位数字编码的商品(各国可将6位数码的商品再细分为所需的位数),整个分类体系的法律效力文本由归类总规则、注释和商品编码表三部分组成。

为适应国际贸易及商品的发展,世界海关组织(WCO)每4~6年对H.S进行一次全面修订(即一个审议循环)。2009年6月召开的WCO理事会第113/114次会议上通过了第四审议循环的相关修订意见,这标志着H.S第四审议循环的结束。根据第四审议循环的结果,各成员于2012年正式实施2012年版的H.S。

2012年版H.S在2007年版基础上进行了大范围的修订,共有225组修订。修订后,H.S 6位子目总数从5052个增加到5205个。这次修订涵盖的范围较广,涉及53个章的产品。

3) eCl@ss与BMEcat。随着信息技术和通信科技的发展,电子商务越来越多地成为贸易的一种交易方式被许多企业所用。在电子商务背景下,企业对数据交换提出了更高的要求,使得对产品和服务进行分类与描述的统一标准越来越重要。eCl@ss是用于对产品和服务进行分类与描述的国际标准,确保买家及供应商进行正确的信息交换。eCl@ss分类标准填补了目前市场电子商务分类标准的空白。eCl@ss的分级系统通过逻辑规则将材料、产品和服务归类,并通过符合国际规范的标准属性描述反映产品的特殊性质。它将产品和服务以4级的编码结构分类,覆盖了25个专业范围,包含了近35 000条同义词,如图2-10所示。

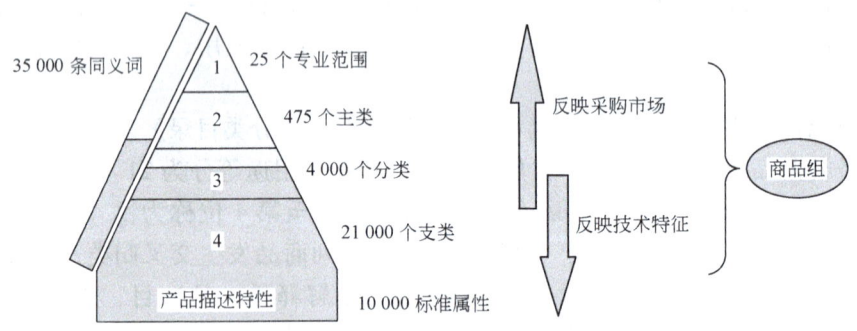

图2-10 eCl@ss分类结构示意图

eCl@ss以国际标准化数据模型(ISO 13584-42/IEC 61360-2)为基础,符合国际标准化特性(例如,国际标准化组织、国际电工委员会、欧洲标准化委员会、德国标准化学会等)并使用这些特性。它具有如下特点:①具有简单而透明的维护与修改过程,是一个开放性的分类系统,可以满足使用者对国际分类系统提出的要求;②贯穿整个供应链,是用于对产品、材料和服务进行分类与描述的国际标准;③支持电子采购过程,明确描述产品系列，定义契约项目；④能进行统计分析，实现了电子目录查询功能。

BMEcat 是基于 XML⊖ 的、用于满足电子数据传输要求的电子产品目录的标准。该标准是由德国材料经济、采购和物流协会（BME）和德国采购者和物流企业总联合会发起的，经工业界与科学工作者紧密合作，并借鉴国际标准化开发合作经验开发的。BMEcat 由标识（商品编号、欧洲商品编号）、描述（简单描述和详细描述等）、分组（ERP⊖ 货物分组编号等）、分类说明、特征（重量、颜色等）、订单信息（订货单位、最小订货量等）、价格（客户终端价、商品目录价格等）、物流信息（供货期、包装说明等）、多媒体附加数据（图片、PDF 文件等）、参考其他产品、特征标记（特别优惠、过时型号等）等构成。BMEcat 具有如下特点：①综合目录标准的优点；②满足各类复杂产品的需要；③与 eCl@ss 和 ISO 13584 兼容；④国际化企业特别是欧洲企业要求其供应商使用；⑤广泛运用。

（2）国内贸易商品分类。为便于商业部门组织和进行商品购、销、调、存以及商业计划、统计、会计等业务活动，需要对国内贸易商品进行科学分类，根据不同要求和业务特点的需要编制商品目录。例如，有：为满足商品销售需要的商品经营目录；满足储运部门需要的商品储运目录；为各级领导、商业部门了解情况和制定政策，编制和检查计划，促进生产、安排市场和指导业务提供资料的商品统计目录等。其中，各级商业部门填报的商品统计目录，主要依据商品用途，将商业部门经营的商品分为 23 大类，100 多个主要品种（表2-6）。

表2-6 商业部门统计商品目录分类

顺 序 号	名 称	顺 序 号	名 称
1	肉食禽蛋类	13	纺织品类
2	耕畜类	14	棉花类
3	其他类	15	蚕丝类
4	糖业、糕点类	16	针棉织品类
5	卷烟类	17	百货类
6	酒类	18	文化用品类
7	鲜菜类	19	其他类
8	干菜及调味品类	20	五金类
9	盐类	21	交电类
10	茶叶类	22	家用电器类
11	水产类	23	化工类
12	干鲜果类		

⊖ 可扩展标记语言。

⊖ 企业资源计划。

国内贸易商品分类，应在国家标准商品分类的基础上进行编制，其分类原则不得违背国家标准商品分类的类组划分，其类组代码和行业代码也必须与国家标准相一致。但商业部门可根据自己的业务特点，适应本单位工作的要求，对国家标准商品分类中的商品类组进行延拓和细分。

（3）**对外贸易商品分类**。随着我国对外经济贸易的发展，在进出口业务、海关管理、外贸统计、国际商情分析、市场及关税的研究、利用普惠制度扩大出口等方面的活动，均涉及国际贸易商品分类问题，因此需要根据国际商品分类制度编制我国的对外贸易商品分类目录和分类体系。我国已制定和颁布实施了《对外贸易出口业务统一商品目录》《中华人民共和国海关进出口税则》《中华人民共和国海关统计商品目录》和《商检机构实施检验的进出口商品种类表》。

1）《中华人民共和国海关进出口税则》和《中华人民共和国海关统计商品目录》。

为了与国际接轨，我国海关从1983年起便开始对"H.S编码"进行跟踪研究，1987年将"H.S编码"译成中文，并着手我国海关税则目录和海关统计商品目录向"H.S编码"的转换工作。1991年6月，国务院关税税则委员会审议通过了以1992年版H.S为基础编制的《中华人民共和国海关进出口税则》，1992年1月1日我国海关税则目录和海关统计商品目录正式采用H.S编码。

中华人民共和国海关总署以目前国际上广泛采用的H.S为基础，结合我国实际进出口货物情况编制而成的《中华人民共和国海关进出口税则》和《中华人民共和国海关统计商品目录》，自1992年1月1日起实施。两者将进出口商品划分为22类（见表2-7）、98章，采用8位数字商品编码，前6位数码及其商品名称与H.S完全一致，第7、8位数码是根据我国关税、统计和贸易管理的需要增设的。进出口货物的收、发货人或其代理人报关时，必须在报关单上填报8位数字的商品编号或税则号以及目录规定的计量单位。

表2-7 《中华人民共和国海关进出口税则》和
《中华人民共和国海关统计商品目录》各类名目

类　号	名　目
第01类	活动物；动物产品
第02类	植物产品
第03类	动、植物油、脂及其分解产品；精制的食用油脂；动、植物蜡
第04类	食品、饮料、酒及醋；烟草与烟草代用品的制品
第05类	矿产品
第06类	化学工业及相关工业的产品
第07类	塑料及其制品；橡胶及其制品

（续）

类　号	名　目
第08类	皮、皮革、毛皮及其制品；鞍具及挽具；旅行用品、手提包及类似品；动物肠线（蚕胶丝除外）制品
第09类	木及木制品；木炭；软木及软木制品；稻草、秸秆、针茅或其他编结材料制品
第10类	木浆及其他纤维状纤维素；纸及纸板的废碎品；纸、纸板及其制品
第11类	纺织原料及纺织制品
第12类	鞋、帽、伞、鞭、加工的羽毛及其制品；人造花；人发制品
第13类	石料、石膏、水泥、云母及类似材料的制品；陶瓷产品；玻璃及其制品
第14类	天然或养殖珍珠、宝石或半宝石、贵金属、包贵金属及其制品；仿首饰；硬币
第15类	贱金属及其制品
第16类	机器、机械器具、电气设备及其零件；录音机及放音机；电视图像、声音的录制和重放设备及其零件、附件
第17类	车辆、航空器、船舶及有关运输设备
第18类	光学、照相、电影、计算、检验、医疗或外科用仪器及设备；精密仪器及设备；钟表；乐器；上述物品的零件、附件
第19类	武器、弹药及其零件、附件
第20类	杂项制品
第21类	艺术品、收藏品及古玩
第22类	特殊交易品及未分类商品

表2-7是对进出口商品的分类和代码。第一部分的代码和商品名称加列税率，即形成《中华人民共和国海关进出口税则》；代码和商品详细名称加列计量单位，即构成《中华人民共和国海关统计商品目录》。

2）《出入境检验检疫机构实施检验检疫的进出境商品目录》。

根据有关法律法规和检验检疫工作的需要，同时结合H.S调整情况，2014年国家质检总局对《出入境检验检疫机构实施检验检疫的进出境商品目录》（以下简称《目录》）进行了调整。

调整后的《目录》于2014年1月1日起实施。2014版的《目录》中实施进出境检验检疫和监督的编码4543个，其中实施进境检验检疫和监管的H.S编码4450个，实施出境检验检疫和监管的H.S编码3077个，海关与检验检疫联合监管的H.S编码3个。

3. **国际危险货物分类**

在商品法规、商标法规、运输法规等法规中，也需要对商品进行科学分类，以保证法规的顺利执行。为了对海上运输货物进行国际管理，国际海事组织（IMO）海上安全委员会于1965年制定了《国际海运危险货物规则》（IMDG Code），世界各国运输的危险货物及其包装都必须执行这个国际统一的管理规则。

《国际海运危险货物规则》中，根据危险货物的性质和危险程度，把危险货物划分为9大类20个小类，共计2 500多种。每种危险货物都列出了品名、联合国编号、化学分子式、类别、爆炸极限、闪点、特性、标志、包装、储运要求等。

《国际海运危险货物规则》自实施以来，由国际海事组织统一进行定期修正，当前是每两年更新一次。根据海上安全委员会（MSC）的决定，《国际海运危险货物规则》在2004年1月1日起成为《国际海上人命安全公约》（SOLAS）下的强制性实施规则，成为指导海上危险货物运输的全球唯一有效的规则，但仍有部分内容是建议性的。在规则行文中用到的"须"（Shall）、"应"（Should）和"可"（may）分别表示其相关规定是"强制性的""建议性的"和"选择性的"。

当前的最新版是第36版，于2014年1月1日起生效。我国早在1973年就加入了国际海事组织。自1982年10月起，我国开始执行《国际海运危险货物规则》，于1985年参照该规则制定和实施了《海运出口危险货物包装检验管理办法》。

便利商店商品分类与编码

零售商店的商品种类繁多，少则数百种，多则数万种，并且各种商品都有不同的特点和用途。便利商店相对来说营业面积较小，商品种类较少，但也有2000~3000种商品。如何在有限的营业空间里通过商品向顾客传递最具有"销售力量"的信息，是便利商店经营者必须考虑的问题。

商品分类也可以说是将所有商品按其不同来源、生产方式、运输方式、销售方式、处理方式、陈列方式、用途、功能、成分等加以分门别类，并赋予一定代号，使其能系统、有秩序地被管理的过程。一方面，从经营者的立场出发，商品分类要达到"易于管理""易于统计、分析、决策"；另一方面，站在顾客立场，要为顾客提供"选择购买方便""消费或使用方便"。一套科学的商品分类是商业信息化成功的前提条件，有助于商店的采购管理、陈列管理、销售管理以及较好地掌握商店的经营业绩。

从商品营销学的角度看，有意义的分类主要包括以下几种：

（1）按商品之间的销售关系。根据商品之间的销售关系分类，商品可分为独立品、互补品、条件品和替代品。独立品是指一种商品的销售状况不受其他商品销售变化的影响。互补品是指一种商品销售的增加必然会引起另一种商品销售的增加，反之亦然。条件品是指一种商品的购买要以另一种商品的前期购买为条件。替代品是指一种商品销售的增加会替代另一种商品的潜在销售量，反之亦然。

（2）按商品耐用性和损耗性。根据商品是否耐用和是否有形，商品可分为耐用品、非耐用品和服务。耐用品是指在正常情况下能多次使用的有形物品。非耐用品是指在正常情况下一次或几次使用就被消费掉的有形物品。服务是指提供出售的活动、满意等。服务的特点就是无形性和变动性。

(3) 按消费者的购物习惯。根据消费者的购物习惯，商品（这里主要指消费品）可分为日用品、选购品、特殊品和非需品四类。

消费者在购买前，对日用品的品牌、价格、质量和出售地点等都很熟悉，所以购买大多数日用品时用较少的时间与精力。

选购品是指消费者会仔细比较其适用性、质量、价格和式样，购买频率较低的消费品。消费者在购买选购品时，一般会花大量的时间和精力收集信息进行比较。

特殊品是指消费者愿意花特殊的精力去购买的有特殊性质或品牌识别的消费品。例如，特殊品牌和型号的汽车、定制西服等。一般来说，消费者只愿意购买特定品牌的某种商品，而不愿意购买其他品牌的某种特殊品，这与日用品不同。

非需品是指消费者要么不知道，或者知道但是通常并不想购买的消费品。绝大多数新产品都是非需品，直到消费者通过广告认识了它们为止。非需品的性质决定了企业须加强广告、直销和其他营销努力，使消费者对这些物品有所了解，产生兴趣，千方百计吸引潜在顾客，扩大销售。

当然，商品分类方法不止上述几种，还有其他一些分类方法。例如，按商品档次划分，可分为高档品和低档品；根据商品在商店销售中的作用，分为主力商品、辅助性商品和关联性商品。

问题：
你会采用哪种分类方法对便利商店的商品进行分类？为什么？

世界海关组织和国际海事组织

1. 世界海关组织

世界海关组织（World Customs Organization，WCO，见图 2-11）是当今世界范围内唯一负责海关事务的政府间国际组织，总部位于布鲁塞尔。WCO 是世界性的为统一关税、简化海关手续而建立的政府间协调组织。WCO 在规范和协调各国海关制度、促进国际海关事务合作、保障国际贸易的安全与便利等方面发挥着重要作用。目前该组织共有 176 个成员，掌控全球 98% 的国际贸易。

一般而言，WCO 负责研究所有涉及海关合作的问题，包括：

（1）从技术角度对海关制度和相关的经济因素进行审议，以便提出获得最高程度协调和统一的实际方法。

（2）起草公约。

（3）提出建议，确保公约的统一解释和实施。

（4）从调解的角度出发提出建议，协调解决涉及公约解释和实施方面的争议，但 WCO 不是法院，不能偏袒任何一方和实行裁决。

图 2-11　WCO 的徽标

(5) 主动或应请求,向有关成员政府提供海关事务方面的资料或意见。
(6) 就其主管范围所涉及的事务与其他国际组织进行合作。

2. 国际海事组织

国际海事组织（International Maritime Organization, IMO, 见图 2-12）是联合国负责海上航行安全和防止船舶造成海洋污染的一个专门机构,是一个促进各国政府和各国航运业界改进海上安全、防止海洋污染与海事技术合作的国际组织,总部设在伦敦。该组织最早成立于 1959 年 1 月 6 日,原名为"政府间海事协商组织",1982 年 5 月改为现名,截至 2015 年 6 月拥有成员 171 个和联系成员 3 个。

该组织的宗旨为：促进各国间的航运技术合作,鼓励各国在促进海上安全、提高船舶航行效率、防止和控制船舶对海洋污染方面采取统一的标准,处理有关的法律问题。

其主要职能是制定和修改有关海上安全、防止海洋污染、便利海上运输和提高航行效率及与之有关的海事责任方面的公约、规则、议定书和建议案,交流这些方面的实际经验和海事报告,利用联合国开发计划署等国际组织提供的经费和捐助国提供的捐款,为发展中国家提供一定的技术援助。

图 2-12　IMO 的徽标

（资料来源：世界海关组织官方网站：http：//www.wcoomd.org；
国际海事组织官方网站：http：//www.imo.org）

思考练习题

1. 什么是商品分类？如何对商品进行科学分类？
2. 试述商品分类的意义。
3. 简述编制商品目录和商品分类体系的原则。
4. 人们在经济活动中如何合理选择商品的分类标志？
5. 商品分类的方法有哪些？
6. 什么是商品编码？商品编码分为哪些种类？
7. 什么是条码？条码是怎样形成和发展起来的？
8. EAN 的含义是什么？EAN 主要有哪两种形式？
9. 试论条码在现代社会经济生活中的重要作用。
10. 商品分类的主要标志有哪些？
11. 商品分类与编码的关系是什么？商品编码的原则是什么？
12. H.S 编码由哪几部分构成？

第三章

商品质量与商品标准

商品质量是商品学研究的中心内容，商品标准则是商品生产、质量评价、监督检验、贸易洽谈的依据和准则。本章通过阐述商品质量的概念，分析了影响商品质量的因素，并分析了如何进行商品质量管理和商品质量认证，以及论述了商品标准与商品标准化的基本内容。

【案例】

你买的火腿肠够分量吗？

2011年7月27日，天津市工商局、市消费者协会公布了对部分超市称重零售的相关食品计量监督调查的结果。在29个调查样本中，28个样本符合国家规定。此次监督调查中，天津市工商局、市消费者协会在消费维权特聘监督员代表和食品检验机构专业人员的配合下，选取了红小豆、火腿肠、糕点、糖果和干黄花菜5类食品，对6家超市的29种商品进行了抽样。抽样后，由食品检验机构专业人员依据《零售商品称重计量监督管理办法》（国家质检总局、国家工商总局令第66号）规定，当场使用经过计量检定的电子天平，对样本逐一进行了净重称量，然后与样本标注重量进行比对。发现W超市销售的火腿肠标注重量为0.176kg，实际重量为0.170kg。按规定，此类商品允许的负偏差值为2g，而该火腿肠超出规定4g。该产品按其标注价格每千克42元计算，如果消费者购买该"火腿肠"则损失0.168元。

（资料来源：《中国消费者报》第4603期，2011年8月1日，星期一，国内统一刊号：CN11-0042，头版）

第一节　商品质量的概念与特性

商品质量是商品学研究商品使用价值的中心内容。商品质量的概念及内涵是随着时间的变化而不断更新的。

一、质量的概念

人们对商品质量的要求越来越高,对质量的概念的理解也在不断地发展和深化。当前,关于质量有以下几种不同的定义方式:

1. 有关质量文件的定义

(1) ISO 8402:1994 版对质量的定义是:"反映实体满足明确的和隐含需要的能力的特性总和。"ISO 9000:2000 版国际标准中对质量及相关术语做了变动,它对质量的定义是:"质量是指产品、体系或过程的一组固有的特性满足顾客和其他相关方面要求的能力。"质量可用形容词"差""好"或"优秀"来修饰。ISO 9000:2005 版对质量的定义是:"一组固有特性满足要求的程度。"定义中质量的主体泛指一切可以单独描述和研究的事物,既可以是产品、体系或过程,也可以是组织、活动或人以及上述各项的任何组合。

(2) 美国质量与可靠性协会(The American Society for Quality and Reliability)将质量定义为:"与满足给定或隐含需求的能力有关的产品或服务的特征及特性的总和。"这里,质量不仅指产品的质量,也包括过程质量和服务质量,是基于整体产品系统的广义概念。虽然上述质量定义得到了普遍的认可,但就生产者和消费者而言,由于两者所处的角度不同而对质量的定义有所区别。

(3) 欧洲质量管理组织(EOQC)关于商品质量的定义是:"产品满足和实现使用者需求的程度。"

(4) 日本工业标准(JIS)中对质量的定义为:"为确定某种物品或服务是否满足了自己的目的而作为评价对象的所有特性和性能的总和。"

(5) 我国国家标准(GB 6583.1—1986)对质量的定义为:"产品、过程或服务满足规定或潜在要求(或需求)的特征和特性的总和。"该标准后被 GB/T 6583—1994《质量管理和质量保证 术语》所代替,而 GB/T 6583—1994 又被 GB/T 19000—2000《质量管理体系 基础和术语》所代替。在 GB/T 19000—2000 中,对质量的定义为:"一组固有特性满足要求的程度。"随着社会经济和科学技术的发展,又出现了更加完善和深化的质量定义。在 GB/T 19000—2008/ISO 9000:2008 中,质量的定义与 GB/T 19000—2000 相同,但是质量定义中"固有的"一词的解释却有一点变化。2000 版中"固有的"(其反义是"赋予的")就是指在某事或某物中本来就有的,尤其是那种永久的特性。2008 版删去了"在某事或某物中"这一限定词,表明质量的范围有所扩大,不局限于事物,也可以是过程、体系等。

2. 质量专家的定义

(1) 戴明(Deming)对质量的定义为:"质量是以一种最有效率的手段,制造出市场上最需要的产品。"

(2) 克劳斯比(Crosby)从生产的角度将质量的定义概括为:"产品符合规定的程

度。"生产者确定产品（服务）的质量标准，是根据实际提供的产品（服务）与该标准相吻合的程度来衡量其质量业绩水平的。

（3）朱兰（Juran）从用户的角度出发，将质量的定义概括为产品的"适用度"。质量通常意味着价值，也即在用户愿意支付的价格水平下，产品或服务在多大程度上能够提供其应有的用途。该定义体现了用户对产品或服务所抱的期望。

（4）石川馨对质量的定义为："质量意味着工作质量，服务质量，信息质量，过程质量，部门质量，人员（包括工人、工程师、经理、行政人员）质量，体系质量，目标质量等。我们的基本做法是控制每一层次的质量。"

由以上定义可以看出，商品的质量要求不是绝对的。对一个玻璃商来说，有的顾客可能要求提供能够经受70kg的物体以20km以下的时速冲撞而不破裂的质量，另一顾客可能要求提供的玻璃质量是在70kg体重、戴头盔的成年人撞击下，能够立即破碎为直径不大于1cm、不带有尖锐棱角的碎粒。满足两项截然不同的质量要求的产品都会被不同的顾客认为是合格的产品，但用途不同，一种用于高层建筑会议室的窗户玻璃，另一种用于电影拍摄中的特技表演。因此，企业应追求"最适合某些顾客要求"的质量，而不是绝对意义上的质量。

3. 对质量的综合定义

从以往商品学教科书对质量的定义来看，将质量的定义分为广义和狭义两种。狭义的质量定义是特定使用目的所要求的商品各种特性的总和，即商品的自然属性的综合。广义的质量定义为商品能适合一定用途要求，满足社会一定需要的各种属性的综合，即商品的社会适用性和符合性相结合。社会适用性是从用户出发的，但适用性过了头，质量就无法控制。符合性是从生产厂家出发的，但符合性不能不适应商品的革新和市场变化的需求。因此，要将适用性与符合性两者结合起来。

在实际管理工作中，对质量也有两种解释，即狭义的质量和广义的质量。狭义的质量是指产品质量；广义的质量既指产品质量，又包括工作质量和工序质量。这里，产品质量是指产品适合一定用途，能够满足用途所需要具备的质量特征；工作质量是指企业的经济工作、管理工作、技术工作和组织工作等全部活动，对产品质量达到标准的保证程度；"工序"是指企业为保证生产、经营用户满意的产品而具备的全部手段和条件的统称，工序质量是指这些手段和条件实际达到的质量水平。工序质量的要素有人、材料、机器、方法、检验手段、环境等。产品质量是工作质量和工序质量的综合反映，工作质量和工序质量是产品质量的保证。

二、商品质量的概念

商品质量是指商品满足规定或潜在要求（或需要）的特征和特性的总和。商品质量既能表示商品的优劣程度，又是衡量商品有用性的尺度。

狭义的商品质量即商品的自然质量，是评价商品使用价值优劣程度的各种自然属性的综合，即商品的性能、可靠性、寿命、安全性、外观、气味等。这是商品最基本的性能与作用。

广义的商品质量是指商品能适合一定用途，满足社会一定需要的各种属性的综合，包括内在质量、外观质量和社会性质量等。它表明了不仅要具有自然有用性，还要具有社会适用性，体现了商品学学科技术与经济相结合的综合观点，并以此作为全面评价商品质量的依据。

商品的内在质量是指通过测试、实验所能反映出来的商品特征和特性，如商品的物理性能、化学性能及生物学性能。它具有客观性、可检测性，可以用数据表示，可以标准化等特点。一般需要一定的检测技术或经验确定其符合性。

商品的外观质量是指通过感觉器官所感受到的商品外在特征和特性，主要包括商品的外形、重量、颜色、气味、表面疵点、手感、包装等。

商品的社会性质量是指商品从生产、流通直到消费及废弃阶段，满足全社会利益所必需的特性，如不污染自然环境、节约有限的能源或其他资源等，它受人的主观因素影响，随社会、文化、价值观而发展，不一定用数据表示，只能由消费者决定。

关于商品质量的基本认识应包含四个方面：

（1）商品质量是客观的，是受社会生产力和经济水平制约的。在商品生产尚不发达、商品供不应求的社会经济条件下，物质需要占据主导地位，商品质量观主要强调内在质量。这种质量观适应了当时社会经济的需要，但不利于商品经济的进一步发展，也不利于商品质量的改进和人民生活质量的提高。

科学技术的进步、生产技术和经济的发达，促使商品交换逐渐从卖方市场转变为买方市场，供不应求转化为供大于求，市场竞争日益激烈。现代的商品质量观则不仅考虑了商品的物质性内在质量和个体性质量，并且越来越注重商品的外观质量和社会性质量。

（2）商品质量具有二重性，是自然或物质属性与社会属性的统一。在分析商品质量概念时，既要考虑到自然、技术的因素，又要考虑到社会经济因素，这两种属性的有机结合，才构成现代商品学意义上的商品质量。

商品质量的物质性主要表现为商品质量的符合性，它是指商品自然技术性能与相应的标准规定的符合程度，具有客观性、可测试性、可进行标准化管理等特征。商品质量的社会性主要表现为商品质量的适应性，它是指商品对复杂多变的社会需求的适应能力。商品质量的社会性受到时间、空间、人们的消费观念、审美观的影响。

（3）从不同的角度分析，商品质量的构成有所不同。从表现形式上看，商品质量由外观质量、内在质量和社会性质量构成；从形成环节上看，商品质量由设计质量、制造质量和市场服务质量构成。

（4）质量是动态的。由于商品质量的评价受到时间、地点、使用条件、用途和市场环境等因素的影响,所以商品质量是一个动态的、发展变化的概念。

三、商品质量的特性

商品质量的特性是指能够满足人们某种需要所具备的属性。不同的消费者依据不同的消费目的有着不同的质量要求,因而商品也依其不同的用途具备不同的质量特性。商品的质量特性可概括为适用性、安全卫生性、环境要求、寿命、可靠性、经济性、美学要求七个方面。

(1) 适用性。适用性是指为实现预定使用目的或规定用途,商品所必须具备的各种性能或功能,它是构成商品使用价值的基础。

(2) 安全卫生性。安全卫生性是指商品在生产、储存、流通和使用过程中保证人身安全与健康不受伤害以及环境免遭危害的能力,它是评价商品质量的重要指标。商品的安全卫生性主要体现为商品本身所具有的保障使用者人身安全与健康的质量特性。例如,家用电器必须有良好的绝缘性和防护装置,食品必须符合卫生要求等。因此,现在许多国家专门制定了有关商品安全、卫生的法律、法规,并对有关商品实行强制性的安全、卫生认证制度。

(3) 环境要求。环境要求是指商品在生产、流通、使用甚至废弃过程中不能产生公害。公害包括污染环境、破坏生态、影响人们身心健康等。例如为保护人类的生存环境,从 2010 年开始,工业产品就不能使用氟利昂做制冷剂。

(4) 寿命。寿命通常是指使用寿命和储存寿命。使用寿命是指工业品商品在规定的使用条件下,保持正常使用性能的工作总时间。它是体现商品能按规定用途正常工作的时间性的质量特性。储存寿命则是指商品在规定条件下使用性能不失效的储存总时间。例如食品的保质期、医药商品和化妆品的有效期等。

(5) 可靠性。可靠性是指商品在规定条件下和规定时间内完成规定功能的能力。它是与商品在使用过程中的稳定性和无故障性联系在一起的一种质量特性,是评价机电类商品质量的重要指标之一。可靠性包括耐久性、易维修性和设计可靠性。

(6) 经济性。经济性是指商品在寿命周期内费用的大小。经济性使商品的生产者、经营者、消费者都能用尽可能少的费用获得较高的商品质量,从而使企业获得最大的经济效益,消费者也会感到物美价廉。对消费者来说,它是购置成本和使用成本之和。由于使用成本越来越被消费者重视,所以商品质量并不是片面强调商品最优,还要考虑消费者的真正需要和消费水平。因此,经济性反映了商品的寿命周期成本及商品质量的最佳水平。

(7) 美学要求。美学要求即指讲究商品的设计结构合理、制造工艺先进以及外观造型艺术性的统一,商品尽量能体现功能美、艺术美、色彩美、形体美、和谐美、舒适美等要求。商品的美学要求已成为提高商品市场竞争能力的重要手段之一。

根据商品的这些质量特性满足社会和人民需要的程度，用来衡量商品质量的好坏优劣。商品的这些质量特性，有一些是可以直接定量的，反映的是这个商品的真正质量特性。但在大多数情况下，质量特性是难以定量的。代用质量特性可以间接地反映商品的质量特性。不论是直接定量的还是间接定量的质量特性，都应准确地反映社会和用户对商品质量的客观要求。要明确真正的质量特性与代用质量特性的区别，使质量标准符合消费者的实际质量要求。

第二节　影响商品质量的因素

商品质量是商品生产、流通和消费全过程中诸多因素共同影响的产物。为了能够对商品质量实施控制并得到预想的商品质量，就要分析和掌握这些影响商品质量的因素。

实体物品在质量产生与形成过程中，从技术性方面考虑，主要涉及的因素可概括成三个方面。

一、生产过程中决定和影响商品质量的因素

1. 开发设计

商品开发设计方案的确定是形成商品质量的前提条件，也是决定商品质量的先导。开发设计质量的好坏直接决定商品质量的高低，它是商品质量的基本影响因素，对于商品的内在质量和外观质量，具有先天决定作用。为此，商品开发设计工作应建立在科学的市场调研的基础上，分析现有的和潜在的市场消费需求，充分掌握市场商品信息（如商品质量、品种、技术状况、价格、市场评价等），运用专业科学技术确定商品的开发目标。

商品开发设计时应详细考虑消费者的质量要求、企业技术装备能力、商品标准化要求以及有关法律、法规，对开发设计方案进行科学的可行性分析论证，以确保商品开发质量。在开发设计中，要力求商品结构具有良好的工艺性。美国小弗兰克·格里纳（Frank M. Gryna）教授曾经做过大量调查，调查发现：产品使用中，故障的40%出自设计原因，30%出自制造原因，其余的30%则是由维修保养不好或使用不当造成的。因此，提出了产品可靠性、安全性、设计保证措施等要求。在欧美各国，通常由产品（系统）设计师担任产品可靠性改进工作，可靠性工程师协助他来确定改进方向，并帮助他选择改进方案。如果产品要销售到国际市场，设计者还要了解有关国家的安全法规。设计保证措施的落实，一般采用两种方式，即召开设计评审会议及对样品或样机进行试验。前者是从纸面上进行审查，后者则是通过实物进行鉴定。在实物鉴定时，样品可以是一个机器零件或电气元件，或是它们的组合件，其质量特性可以是化学的，也可以是其他方面的。这是把实验室得到的产品质量水平过渡到小批量试制的手段。因此，在设计中要严格把关，以便能制造出优质产品，满足市场需求。

2. 原材料

原材料是商品生产过程中所使用的原料、材料及辅助物的总称。它是构成商品的基本物质，是商品质量的决定因素。原材料的成分、结构、性质不同，决定着所形成的商品质量不同。例如，含硅量高的硅砂可制成透明度和色泽俱佳的玻璃制品，而含铁量高的硅砂只能制出透明度和色泽较差的玻璃制品。以细嫩鲜叶制成的绿茶和花茶，有效成分含量高，色、香、味、形俱佳；而以老叶制成的茶叶则质量差。在其他条件相同的情况下，原材料品质的优劣直接影响制成品的质量和品级。因此，在选购原材料时，必须研究原材料的成分、结构和性质等对半成品或成品的影响，以确定选择原材料的标准，把好原材料质量验收关。在不影响商品质量的前提下，选用原材料时还应考虑资源的合理使用和综合利用。例如，选用资源丰富的代用物料，可以降低原材料成本和扩大原材料来源。

3. 生产工艺和设备

生产工艺和设备是形成商品质量的重要因素。要使设计质量真正转化为商品的实际质量，生产工艺是关键。商品的内在性能和外观质量都是在生产过程中形成和固定下来的，生产工艺的合理性和设备的先进性是商品质量的重要保证。生产工艺不但可以提高产品质量，也可以改变产品质量，同样的原料在不同的工艺路线下会形成不同的商品质量。例如，相同原料的茶叶，由于制作中工艺先进程度不同，导致生产出同一品种的茶叶在质地上有很大差异；在棉布生产工艺中增加精梳工序，可以使棉布的外观和内在质量明显地得到改善；机器压制玻璃杯和人工吹制玻璃杯在厚度、透明度、耐温急变性等方面均不同。

设备质量也是影响商品质量的一个环境因素。设备的故障往往是出现不合格品的重要原因之一。因此，加强设备管理与设备保养工作，防止故障发生和降低故障发生率，保持设备加工精度，是保证商品质量的必要条件。

4. 质量检验与包装

质量检验是保证商品质量的主要手段之一。检验是对既定成果而言的，因而它有事后把关的意义。但在质量的形成和实现过程中，每个环节的检验对于下一个环节又是事前的控制。即不合格的原材料或零部件不投料或不组装，不合格半成品不转入下道工序，不合格成品不进入流通和消费领域。因而它又有事前预防的意义。质量检验的水平取决于检验测量方法和检测量具、仪器等。提供准确、真实可靠的检验数据，对于人们掌握商品质量状况和变化规律，进而改进设计、加强管理、提高质量，具有重要作用。

商品包装是决定和影响商品质量的又一因素，包装质量本身又是商品质量的重要组成部分。通过商品包装（运输包装和销售包装），既能有效防止或减少外界因素对商品内在质量的不良影响，又能装饰和美化商品，从而便于商品的储运、销售和使用。商品包装已经成为商品不可缺少的附加物，其质量直接影响着商品质量。

【案例】

血燕变"毒燕"

燕窝是一种名贵食品,按颜色分为血燕、黄燕和白燕。血燕以颜色鲜红、营养丰富、产量稀少被追捧为燕窝中的珍品。真血燕的形成需要各方面条件的契合,存在极大的偶然性,其铁质、矿物质等营养素较为丰富。其主要功效就是滋阴、润肺、补虚、美容养颜、调节内脏经脉紊乱、缓解压力、补充体力等。

国家强制性标准《食品安全国家标准 食品添加剂使用标准》(GB 2760—2011)严格限制添加亚硝酸盐,仅允许生产烟熏肉等制品有微量残留,限量为30mg/kg(以亚硝酸钠计),最高熏制火腿残留量也不得超过70mg/kg(以亚硝酸钠计)。而目前市场上的燕窝存在亚硝酸盐严重超标的现象。2011年8月,浙江全省工商机关集中开展了燕窝市场血燕产品专项清查行动。各级工商机关共检查血燕经销商491家,抽检血燕产品537批次,分别由6家检测机构进行检测。已经出具检测报告的303批次的结果显示亚硝酸盐含量普遍偏高。检测发现,有几家经销商经销的血燕亚硝酸盐含量最高达11 000mg/kg,严重超标。

(资料来源:《中国消费者报》,第4610期,2011年8月17日,头版)

二、流通过程中影响商品质量的因素

除生产过程外,流通领域各环节也存在影响商品质量的因素,如运输与装卸、堆放储存、销售服务等。

1. 运输与装卸

运输与装卸商品是从产地进入销地的必要环节,也是影响商品质量的因素。商品在运输过程中会受到冲击、挤压、颠簸、震动等物理机械作用,也会受到气候因素如温度、湿度、风吹、日晒、雨淋等作用,在装卸过程中还会发生碰撞、跌落、倒置、破碎、散失等问题,这些都会导致商品损耗或质量下降。运输对商品质量的影响与运输工具、装卸工具、运输方式、运程的远近、时间的长短、运输环境等因素有关。

2. 堆放储存

堆放储存是指商品在离开生产领域进入消费领域的过程中的停留存放。商品在储存期间的质量变化,客观上讲与堆放储存的场所、方位、时间、技术措施、商品存放量等因素有关。商品本身的性质是商品质量发生变化的内因,储存环境因素如阳光、温度、湿度、氧气、水分、腐蚀性物质、尘土、微生物、害虫等是商品储存期质量发生变化的外因。为此,需要采取一系列保养和维护仓储商品质量的技术和管理手段,有效地控制储存环境因素,减少或减缓外界因素对仓储商品质量的不良影响。

3. 销售服务

销售服务过程中的进货验收、入库短期存放、提货搬运、装配调试、技术咨询、包装服务、送货服务、维修和退换服务等项工作的质量，都是最终影响消费者所购商品质量的因素。技术咨询是指导消费者对复杂、耐用性商品和新商品进行正确安装、使用和维护的有效措施，如果技术咨询不到位，销售不及时，装配调试技术水平低下，维修、退换服务跟不上，都会直接或间接地影响商品质量，损害消费者利益。因此，良好的销售服务质量，已逐渐被消费者视为商品质量的重要组成部分。

三、使用过程中影响商品质量的因素

1. 使用范围和条件

商品都有其一定的使用范围和使用条件，使用中只有遵从其使用范围和条件，才能发挥商品的正常功能。

2. 使用保养

为了保证商品质量的实现和延长商品使用寿命，充分发挥商品的效能，消费者必须在了解商品结构、性能等特点的基础上，掌握正确的使用和保养方法，使商品的可靠性、耐用性、安全性等性能得以发挥，最大限度地满足消费者需求。通常，商品在使用中发生的质量问题，在很多情况下不是商品本身所固有的，而是由于使用者缺乏商品知识或未按照商品使用说明书的要求，操作错误或操作不当以及缺乏科学的保养维护所导致的。

3. 废弃处理

使用过的商品及其包装物作为废弃物被丢弃，有些废弃物可回收利用，有些废弃物则不能或不值得回收利用而成为垃圾，还有些废弃物会对自然环境造成污染，甚至破坏生态平衡。对于商品废弃物，首先应分门别类尽量加以回收利用；其次要积极开展综合利用、变废为宝的处理工作；最后应逐步限制和严格禁止可能产生公害的商品生产，努力寻找无害的替代商品，以保护人类的生存环境。

由于世界各国越来越关注环境问题，不少国际组织积极建议，把对环境的影响纳入商品质量指标体系中。因此，商品（包括包装）废弃物是否容易处理以及是否对环境有害，将成为决定商品质量的又一重要影响因素。

第三节　商品质量管理

一、质量管理的发展

随着科学技术和生产力的不断发展，顾客对商品质量提出越来越高的要求，在国际贸易竞争日趋激烈的今天，各国都极为重视商品质量，把商品质量视为关系到企业生存的重要因素。企业如果不能提供有效的质量保证，在市场竞争中就会被淘汰。保证和提高商品质量，关键在于严格的、科学的质量管理。因此，商品质量管理和质量保证在世界范围内

得到迅速发展。

商品质量管理是指对商品确定和达到质量要求所必需的职能和管理活动。商品质量管理大体上经历了三个阶段，即质量检验、统计质量控制和全面质量管理阶段。

1. 质量检验阶段（20世纪初期~20世纪40年代）

20世纪以前，产品的质量检验，主要靠手工操作者的手艺和经验对产品质量进行鉴别、把关。有人称之为"操作者的质量管理"。随着工业化的到来和生产的发展，相应地，提出了设置检验工序的要求，出现了专职检验工人。特别是在以泰勒（Taylor）为代表的"科学管理运动"开展起来以后，大多数企业都开始设置专职检验部门，配备一定数量的专职检验人员，制定了产品的检验制度，添置了必备的检验仪器，对企业生产的产品进行检验。其特征主要是按既定质量标准要求对产品进行检验，管理对象限于产品本身质量，管理领域限于生产制造过程。因此，它存在着许多缺点：一是检验质量管理是一种消极防范型管理，依靠事后把关，杜绝不合格产品进入流通领域，无法在生产过程中起到预防、控制作用；二是出现问题容易扯皮、推诿；三是要求全部检验，在经济上不合理。

随着生产规模的不断扩大和生产效率的不断提高，质量检验的这些缺点也就越来越显得突出。随着数理统计原理在质量检验中的应用，质量管理进入了统计质量控制阶段。

2. 统计质量控制阶段（20世纪40年代~20世纪50年代末）

20世纪30年代前后，由美国贝尔电话研究所工程师、统计学家休哈特（W. A. Shewhart）提出了"统计过程控制"（SPC）概念，创作了质量控制图，统计质量控制方法开始推广，其基本思路是根据某种过去情况来预测它将来的变化，从而进行管理，使其处于统计管理状态。统计质量控制是一种预防型事先监控型管理，依靠生产过程中的质量控制，把质量问题消灭在生产过程中，而且能定量地分析研究和预测产品质量的变化。

这个阶段质量管理已从单纯依靠检验把关，逐步转为检验把关和工序质量控制预防两者并重。其特点是利用数理统计原理在生产工序间进行质量控制，从而可以预防不合格品的大量产生；管理对象包括产品质量和工序质量；管理领域从生产制造过程扩大到设计过程。与质量检验相比，它更加适合企业的需要，提高了管理水平，推动了生产的发展。但由于这个阶段过分地强调了数理统计的理论，没有注意数理统计方法的通俗化和普及化工作，使人感到理论深奥不好学，或误认为"质量控制就是质量管理工程师的事，与自己无关"，从而限制了这些方法的进一步推广，影响了其作用的进一步发挥。

3. 全面质量管理阶段（20世纪60年代至今）

人们运用数理统计方法对产品进行质量控制，使废、次品得到了有效的预防性控制，生产管理有序。然而，随着现代科学技术的发展，对产品质量提出了更高的要求，这样原来的统计质量控制已经不适应需要。同时，大型、复杂的产品不断涌现，对产品质量提出了安全性、可靠性、可维修性、经济性等要求，产品质量有了更深刻的含义。系统工程广泛应用于管理领域后，质量活动也开始向生产过程前后延伸，使人们从产品质量形成的规律中,逐步认识到人——这一不可缺少的因素在质量管理中的重要作用,从而进入了全面、全过程、全员的质量管理阶段。1961 年,美国通用电气公司质量经理菲根堡姆(Feigen baum)出版了《全面质量管理》一书,强调执行质量职能是公司全体人员的责任,应使全体人员都具有质量的概念和承担质量的责任,并明确指出:"全面质量管理是为了能够在最经济的水平上,并考虑到充分满足用户要求的条件下进行市场研究、设计、生产和服务,把企业各部门的研制质量、维持质量和提高质量的活动构成为一体的有效体系。"

20 世纪 60 年代以来,全面质量管理理论已被世界各国广泛接受,并得到了不断完善和提高,其理论也日渐丰富和成熟,已经逐渐成为一门单独的学科。全面质量管理是一种全面、全过程、全员参与的积极进取型管理,强调调动人的一切积极因素,根据系统论的观点把管理对象看成一个整体,分析系统各要素相互联系、相互作用的相关性,采取相应对策,使商品的设计、开发、生产、流通和消费的全过程均处于监控状态,从而保证商品质量符合消费者或用户需要。其特点是:①全过程管理。它把满足消费者或用户需要放在第一位,运用以数理统计方法为主的现代综合管理手段和方法,对商品开发、设计、生产、流通、使用、售后服务及用后处置的全过程进行全面管理;防检结合,以防为主,重在分析各种因素对商品质量的影响。②它既管产品质量,又管工作质量、工序质量;不仅要保证产品质量,还要做到成本低廉、供货及时、服务周到。它要求追求价值和使用价值的统一,质量和效益的统一,用最经济的手段生产用户满意的产品。③它强调全员参与,实行严格标准化,使商品设计、开发、生产、流通和消费的全过程均处于监控状态,从而保证商品质量符合消费者或用户需要。

全面质量管理的基本思想体现在如下几个方面:

(1) **用户满意**。企业的质量管理必须强调以用户满意为出发点,以符合用户要求的质量为目标进行全面质量管理。

(2) **实行严格的标准化、制度化生产管理**。全面质量管理按标准组织生产,并根据用户的需求,可超越现有标准或提高标准,改进与提高产品质量。

(3) **用数据说话**。全面质量管理要求尽量用数据来揭露质量问题,评价质量水平,分析生产过程中的质量状态,管理产品的生产过程。要运用科学的数理统计和系统工程方法,进行质量控制和质量分析。只有质量管理数据化,才能客观、科学地反映质量问题。

(4) **预防为主**。产品质量主要是在设计、生产、销售、服务等全过程中逐步形成的,质量管理贯穿产、供、销全过程。全面质量管理重点从事后检验转移到事先控制上来,以预防为主。预防为主应当注意相关信息的反馈。一方面是生产各环节之间互通信息;另一方面是生产者之间和生产者与管理者之间必须建立信息传递系统,及时发现、反映和解决质量问题,只有这样,才能把不合格品消灭在生产过程中。

(5) **建立、健全组织机构**。企业要组织制定质量方针(政策)、质量目标、质量计划，对企业质量状态进行经常性的评价；组织企业各部门的全体人员共同参与质量管理。

(6) **建立、健全企业的质量保证体系**。质量保证体系是全面质量管理的核心，是系统工程的理论、方法在质量管理中的具体运用。有效的质量保证体系要求组织合理化，即任务、职责、权限明确，各环节联系紧密。在一个企业总体系下有许多分体系、子体系，甚至对某一工作细节、某一零件加工都可以构成小的质量保证体系。同时，为了使质量保证体系正常运行，还须建立审核、评价和考核奖励办法。

二、质量管理的基本概念

在商品质量管理工作中，经常用到质量方针、质量管理、质量保证、质量控制、质量体系、质量改进、质量环等基本概念。要做好商品质量管理工作，必须正确地理解和使用这些基本概念。

1. 质量方针

质量方针是指组织的最高管理者正式发布的该组织总的质量宗旨和质量方向。

质量方针体现了组织对质量总的追求。质量方针必须由最高管理者批准，并正式颁布执行。质量方针应紧密联系本单位所提供的产品及人员等实际情况合理制定，既要追求高水准，又要能够实现并评价，要保证组织的全体员工对质量方针能正确理解和执行。为了便于全体员工掌握，通常质量方针运用通俗易懂、简明扼要的语言表达。质量方针是组织总体经营方针的一个组成部分，它与组织的总方针及并行的其他方针应协调，如投资方针、技术改造方针、人事方针等。

 【案例】

"质"者无敌——海信电器

海信的质量方针是"海纳百川，信诚天下"，多年来海信一直恪守的质量理念是"质量不能使企业一荣俱荣，却足以使企业一损俱损"。海信认为，企业的核心竞争力在于技术和质量，质量是企业的生命，是产品赢得市场的关键；而诚信就是企业的立身之本，是树立良好品牌形象的基石。

作为质量道德的坚守者，海信收获颇丰。在美国市场，海信从为别人代工开始到自主品牌，产品质量始终如一。海信平板电视年度平均维修率仅为4%左右，远低于10%的行业平均水平，而且优于世界知名品牌的产品质量水平。正因其客户检验零缺陷以及用户较高的满意度，美国最大的家电零售商BBY（百思买）在2010年年会中对海信产品质量给予了高度评价。在澳大利亚，基于可信赖质量的口碑传播，海信逐渐取得了消费者的信任，2009年市场占有率超过10%。2010年8月，澳大利亚权威调查机构康奈克斯公布了对本国不同消费领域的产品满意度的调查结果，海信在液晶电视门类中满意度排名第一。

（根据资料http://hxdq.hisense.com/zxdt_1703/mtjj/201012/t20101207_8702.html整理）

2. 质量管理

质量管理包括质量策划、质量控制、质量保证和质量改进四个方面，其首要任务是确定组织机构的质量方针、质量目标以及为了实现这一方针和目标所涉及的各种责任。质量管理活动是在质量体系内开展的。也就是说，一切影响质量目标实现的直接或间接的因素均为管理的对象，都在质量管理的范围之内。质量管理是各级管理者的职责，但必须由最高管理者领导，它的实施涉及组织中的所有成员，各级管理人员均有进行质量管理的责任。

3. 质量保证

质量保证的定义为："为了提供足够的信任表明实体能够满足质量要求而在质量体系中实施并根据需要进行证实的全部有计划和有系统的活动。"

质量保证是一项活动，而这项活动是在一个机构内部，在质量体系所覆盖的所有部门、人员和区域中针对某种产品所展开的。质量保证的目的是取得"人们"的信任。质量保证活动是有计划、有系统地实施的。质量保证活动包括影响产品质量的全部阶段、全部因素、所有部门、全部人员和全部过程。根据不同的需要，由第一方（机构自身）、第二方（客户）或第三方（评审机构）进行审核和验证，向"人们"提供信任。

4. 质量控制

质量控制的定义为："为达到质量要求所采取的作业技术和活动。"

所谓"控制"，就是通过一系列的方法和手段，使某一事物按照人们预想的方向发展，纠正在此过程中发生的一切偏差，最后实现并完全达到预先设定的目标，其目的在于预防缺陷或问题的再次发生。质量控制需贯穿质量环中的所有环节，即市场调研、设计、规范的编制和产品的开发、采购、工艺准备、生产制造、检验和试验、包装、储存、销售、发运、安装和运行、技术服务和维护、用后处置等环节。在这些环节中，要排除有关技术活动偏离有关规范的现象，使其恢复，达到控制的目的。

5. 质量体系

质量体系的定义为："为实施质量管理所需的组织结构、程序、过程和资源。"

所谓"体系"，是指完成某一特定目标的所有事物所构成的一个整体，在这一整体中，事物之间既相互联系，又相互制约，综合地对目标的实现产生影响。"质量体系"则是指对实施质量管理这一目的产生影响的各种因素所构成的一个整体，这些因素包括组织结构、职责、程序、过程和资源等。

6. 质量改进

质量改进的定义为："为向本组织及其顾客提供更多的收益，在整个组织内所采取的旨在提高活动和过程的效益和效率的各种措施。"

质量改进的目的是提高本组织的收益，向顾客提供更多的收益，提高质量活动和过程的效益和效率。质量改进是通过改进过程来实现的，采取预防和纠正措施是实现质量改进的重要方法。

7. 质量环

质量环的定义为:"从识别需要到评定这些需要是否得到满足的各阶段中,影响质量的相互作用活动的概念模式。"

质量环始于营销和市场调研(对市场的需要进行识别,根据市场的需要进行产品的开发和设计),同样也终于营销和市场调研(根据市场对其产品的反馈信息,评价市场的需要是否已得到满足)。所以质量环反映的是一种连续不断、周而复始的过程,通过不断循环,而实现持续的质量改进,如图3-1所示。

质量的形成是以识别需要开始,直至通过服务评定这些需要是否已得到满足为止的全过程。在这一过程中,各阶段、各环节全都对质量产生影响,一个循环的结束即为下一循环的开始,周而复始,螺旋式上升,永无止境。即质量是一个永恒的目标。

三、质量管理的基本方法

1. PDCA 循环

美国质量管理专家戴明博士在阐述质量管理方法时提出"计划(Plan)—执行(Do)—检查(Check)—处理(Action)"管理循环法,称为 PDCA 循环,如图3-2所示。PDCA 循环作为质量管理的科学方法,适用于企业各个环节、各个方面的质量管理工作。

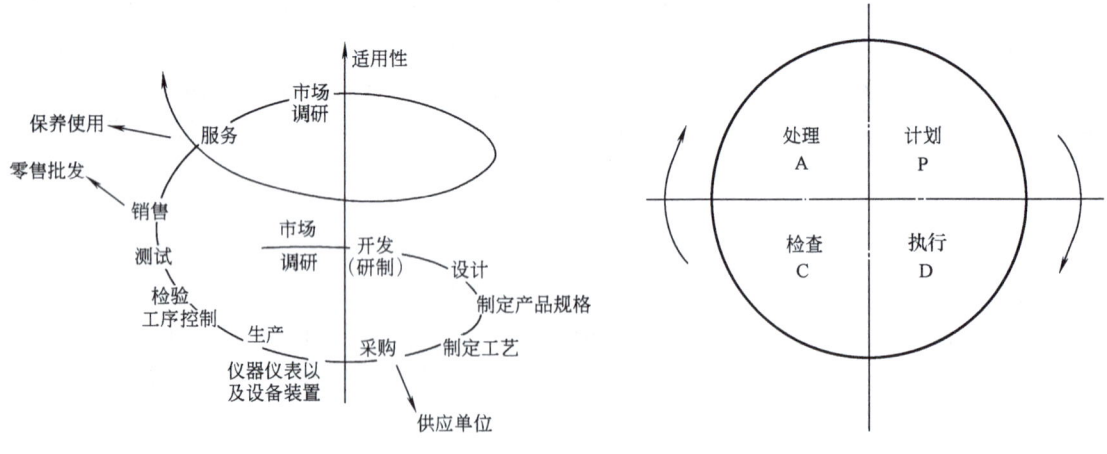

图3-1 质量环示意图　　　　　图3-2 PDCA 循环示意图

PDCA 循环可分为四个阶段,其基本工作内容如下:

(1)计划(P)阶段。其任务是制订计划。根据存在的问题或用户对产品质量的要求,找出问题存在的原因和影响产品质量的主要因素,以此为依据制订措施计划,确定质量方针、质量目标，并明确管理项目。

(2) 执行（D）阶段。其任务是按照阶段计划和标准规定具体实施计划。

(3) 检查（C）阶段。其任务是检查计划的实现，调查实施计划的结果。将工作结果与计划对比，得出经验，找出问题。

(4) 处理（A）阶段。其任务是把实施的结果进行处理总结。把检查阶段实施成功的经验加以肯定，纳入标准或规程，形成制度，以便今后照办。对失败的教训也要总结，以后不再那样做。遗留问题则转入下一个 PDCA 循环。

PDCA 循环中 A 阶段是一个关键阶段，它具有承上启下的作用，通过即时的"Action"，即分析总结，制定规程，既可解决本循环中存在的问题，又可防止类似问题在下个循环中发生，具有积极的扬弃功能。

PDCA 循环的特点是不断循环，周而复始，每循环一周质量就提高一步。每次循环都有新的目标和内容，产品质量水平不断有新的提高。

2. 质量管理中常用的统计方法

全面质量管理的过程，也就是对数据进行收集、整理、分析、判断、处理（采取措施）和改进质量的过程。在质量管理中，常用的统计方法有分类法、排列图法、因果图法、直方图法、控制图法、散布图法、统计调查分析表法等。

(1) 分类（Stratification）法。引起质量波动的原因是多种多样的，因此搜集到的质量数据和意见往往带有综合性。为了能真实地反映产品质量波动的原因和变化规律，就必须对质量数据和意见进行适当归类和整理。

分类法又称分层法、分组法。它是分析影响质量因素的一种基本方法，也是加工整理数据的一种重要方法。它是按照一定的标志，把搜集到的大量有关某一特定主题的统计数据和意见加以归类、整理和汇总的一种方法。分层的目的在于把杂乱无章和错综复杂的数据和意见加以归类汇总，使之更能确切地反映客观事实。

(2) 排列图（Pareto Diagram）法。排列图又称帕累托图，是找出影响产品质量主要问题的一种方法。它是将质量改进项目从最重要到最次要进行排列而采用的一种简单的图示技术。排列图由一个横坐标、两个纵坐标、几个按高低顺序排列的矩形和一条累计百分比折线组成。

排列图建立在帕累托原理的基础上。意大利经济学家帕累托在分析意大利社会财富分布状况时得到了"关键的少数和次要的多数"的结论。应用这一原理，就意味着在改进的项目中，少数的项目往往有主要的、决定性的影响。通过区分最主要和最次要的项目，就可以用最少的努力获得最大的改进。

排列图有两个作用：一是按重要顺序显示出每个质量改进项目对整个质量问题的作用；二是识别进行质量改进的机会。

(3) 因果图（Cause and Effect Diagram）法。因果图又称树枝图、鱼刺图。它是表示质量特性波动与其潜在原因的关系，即分析因果关系的一种图表。运用因果图有利于找到问题的症结所在，然后对症下药，解决质量问题。因果图在质量管理活动中，尤其是在质量分析和质量改进等活动中，有着广泛的用途。

因果图法采用由有关实践者参加的分析讨论会，集思广益，将多方面查出的原因反映在一张图上，通过带箭头的线把质量问题与原因之间的关系表示出来，从中找出主要原因，提出解决质量问题的方法和具体措施。

（4）直方图（Histogram）法。直方图是频数直方图的简称。它是用一系列宽度相等、高度不等的长方形表示数据的图。长方形的宽度表示数据范围的间隔，长方形的高度表示在给定间隔内的数据数。直方图把收集到的质量数据整理后，根据分布情况分成若干组，画出以组距为底边、以频数为高度的许多长方形，再把它们连接起来形成矩形图，通过观察图形，分析质量现状和变动趋势，从而提出控制质量的方法。

直方图的作用是：①显示质量波动的状态；②较直观地传递有关过程质量状况的信息；③当人们研究了质量数据波动状况之后，就能掌握过程的状况，从而确定在什么地方进行质量改进工作。

（5）控制图（Control Chart）法。控制图又称管理图。它是区分由异常或特殊原因引起的波动，或是由过程固有的随机原因引起的偶然波动的一种工具。偶然波动一般在预计的界限内随机重复，而异常或特殊原因引起的波动表明需要对其影响因素加以判别、调查，并使之处于受控状态。

控制图建立在数理统计学的基础上，它利用有效数据建立控制界限，一般分上控制界限（UCL）和下控制界限（LCL）。如果该过程不受异常或特殊原因影响，那么，进一步得到的观测数据将不会超出控制界限。

控制图一般按照数据的性质分为计量值控制图和计数值控制图两大类，其中最常用的是平均值-极差（$\bar{x}$-R）控制图。

（6）散布图（Scatter Diagram）法。散布图又称分散图或相关图，是研究两组或两组以上相关数据之间关系的简单示图。

在散布图中，成对的数据形成点子云，研究点子云的分布状态，便可推断成对数据之间的相关程度。当 x 值增加，相应地 y 值也增加，就称 x 和 y 之间是正相关；当 x 值增加，相应地 y 值减少，就称 x 和 y 之间是负相关。

散布图可以用来发现、显示和确认两组或两组以上相关数据之间的相关程度，常在质量改进活动中得到应用。

（7）统计调查分析表（Data-collection Form）法。统计调查分析表法是用来系统地收集资料和积累数据，确认事实并对数据进行粗略整理和分析的统计图表。它能够促使我们按统一的方式收集资料并便于分析。一般在质量管理活动，特别是质量分析和质量改进活动中得到广泛的应用。

最常用的统计调查分析表法有：调查缺陷位置用的统计调查分析表、工序内质量特性分布统计调查表、按不合格项分类的统计调查表，其他统计调查表。

四、商品质量管理的手段

商品质量管理可分为质量宏观管理和微观管理。质量宏观管理是指政府对质量的管理、调控，其对象是某个国家或地区或整个行业有关质量规划、形成和实现的全过程。质量微观管理是指企业所生产经营商品的市场调研、设计和开发、制造、检验、储运、销售以及售后服务和用后处置全过程。

从根本上说，无论是质量的宏观管理还是微观管理，其最终目的都是使质量满足消费者和用户的要求，并力求使生产和流通的消耗尽可能少，对消费者和用户造成的损失尽可能小。但两者的目标、作用范围和作用手段却不相同。

1. 质量宏观管理

（1）**质量宏观管理的任务**。质量宏观管理的主要任务有两个：一是在国民经济和社会发展规划中，根据经济模式的转变和需求与多元经济结构的客观存在，制订相应的质量发展战略和规划；二是为企业创造适于发展、有利于提高质量的宽严适度的外部环境，引导企业的经营行为。

（2）**质量宏观发展战略**。质量宏观发展战略的基本内容主要有以下四个方面：①质量发展的战略方向，它是指国家或地区或整个行业对于质量发展前景的考虑和发展道路的选择；②质量发展的战略目标，它是指根据产业政策，国家或地区或整个行业提高质量，发展新商品、新品种的中长期目标；③质量发展的规划，它是指国家或地区或整个行业实现质量发展目标的具体步骤，包括提高重点质量，开发新商品、新品种，推广国际先进标准以及各项投资、措施和安排；④质量发展的政策，它包括商品政策、技术政策、市场政策、财政政策、税收政策和金融政策等，这些政策必须协调配套，才能有效。

（3）**质量宏观管理的主要手段**。

1）**法制管理**。质量法规是人们质量行为的准则和规范，是国家强制保证质量的有效手段。我国自1993年9月开始实施的第一部《产品质量法》，从法律的高度全面规定了国家关于产品质量监督管理体制和对产品质量采取的宏观管理与激励引导的措施，规定了关于产品质量的行政责任、民事责任、刑事责任以及处罚方式，是我国质量管理工作向法制管理层次推进的重要标志。

2）**税收管理**。税收是宏观经济运行中的一种强制性杠杆。国家鼓励或限制生产经营何种商品的质量政策，可通过合理的税收，规定高低不等的税率来体现。我国正在完善质量指标体系，为准确、统一、恰当地运用税收杠杆、设计税率和促进质量发展奠定了技术基础。此外，改革和改进不利于质量提高的税种，也是促进质量提高的一种手段。

3）**投资管理**。从投资上控制质量水平。各专业银行在资金贷款政策上，对市场上畅销的优质名牌商品给予保证，鼓励和支持其扩大再生产规模，使有限的资金达到最优分配。另外，可以运用差别利率，扶优限劣。

除上述几种主要管理手段外，系统、科学地利用现有的行政调控手段，也是保证质量稳定与提高所不可缺少的。

（4）**建立宏观质量评价体系**。为了对质量状况进行宏观上的综合分析和定量评估，使宏观调控灵敏、准确、有效，需要建立一套科学的质量指标体系和质量评价体系。通过建立和运用质量指标体系，可以对企业、地区、行业和国家的质量状况和水平进行横向和纵向的比较及综合分析，准确地掌握质量状况，进而为各级宏观经济决策部门对企业、地区、行业的质量进行宏观指导和控制提供依据，并引导企业不断地改进产品质量和服务质量，降低质量损失，提高经济效益。这项工作是政府管理质量的重要基础。

经过多年的研究、试点，我国已初步建立了质量指标体系。我国质量指标体系共有以下五个指标：①质量等级品率；②质量损失率；③产品产销率；④新产品产值率；⑤质量经济效益。

在宏观信息系统中建立质量调控体系、科学的评价和预测模型，将复杂的质量信息量化后，具有定量描述宏观质量的功能，能及时对质量问题进行分析、预测，并通过宏观经济决策系统加以调控解决。因此，将质量评价体系纳入宏观经济决策系统，使之发挥作用，是政府管理部门的一项重要工作。

2. 质量微观管理

质量微观管理主要是企业通过建立和实施质量体系，对商品生产、流通和使用消费的全过程，即对商品生命周期的全部阶段和质量体系中的诸因素进行全面控制和管理。质量微观管理可分为商品生产质量管理和商品流通质量管理。

（1）**商品生产质量管理**。企业要生产出消费者和用户满意的商品，必须建立质量保证体系，对质量形成的各个环节，即从市场调研到商品策划、设计开发、制造、销售、售后服务等进行预防性管理。

1）**市场调研质量管理**。市场调研是商品设计开发的基础。企业能否生产适销对路的商品，及时获得消费者和市场需求信息，调整商品结构来提高市场竞争力，首先取决于市场调研的质量。为了保证市场调研质量，要准确地确定市场对商品的要求，提出商品设想报告，同时要注意消费者和用户信息反馈，并制定相应的程序。

2）**设计质量管理**。在整个质量的形成过程中，设计质量对保证商品满足消费者和用户要求具有决定性意义。为保证和提高设计质量，应控制以下环节，并制定相应的程序：

①采购质量管理。采购质量管理的内容包括：根据原材料、外购件、外协件的质量

要求，编制采购计划；选择合格的外购物资供应单位（分供方或分包方），并签订质量保证协议和验证方法协议；制定进货检验程序；做好进货质量记录；根据生产和资金周转情况制定原材料储备定额；建立原材料的仓库管理制度等。

② 工艺（过程）质量管理。工艺质量主要是指过程的技术准备的质量。它是根据设计和有关技术要求，以及企业现有的资源情况，对生产、安装、服务等过程进行过程控制策划、过程能力验证、过程保障能力研究等，以使质量形成的各个有关过程处于受控状态。工艺质量管理的内容包括：审查商品设计；制定工艺方案；选择加工过程和工序，安排需要的设备和工具；编制工艺规程，提供正确、清晰的工艺条件和技术标准等。

③ 生产过程质量管理。生产过程质量管理的内容主要包括：根据工艺要求进行工序组织和控制；控制制造过程；对进入过程的材料和物品进行验收；在过程中确定产品（包括在制品）的特性；保证过程设备和基本材料的一致性；控制检测过程的适宜性，加强技术检验和不合格品的控制；保持稳定的环境条件；进行适当的人员培训等。

(2) 商品流通质量管理。商品流通质量管理，实际上就是商业经营各环节中的质量管理，因此也可称为商品经营质量管理。它主要包括市场调研质量、采购质量、运输质量、储存质量、销售质量和售后服务质量管理等。

1) 市场调研质量管理。它主要包括：消费者调查、确定经销商品的质量要求以及经营特点和经营范围等。

2) 采购质量管理。它主要包括：建立商品进货管理制度；编制采购计划；选择合格的分供方和分包方并签订质量合同；建立商品验收、检验制度和检验机构，培训检验人员等。

3) 运输质量管理。应遵循"及时、准确、安全、经济"的原则。它主要包括：制订科学的运输计划；选择合理的运输路线；确定适宜的运输条件和运输工具；建立商品交接验收制度，采用先进合理的运输方法；科学堆码、文明装卸等。

4) 储存质量管理。应贯彻"以防为主"的原则，最大限度地减少商品在储存期间的质量变化和损失。它主要包括：制订商品储存计划；建立商品出入库验收制度和仓库管理制度；选择适宜的储存条件和科学的储存养护方法；认真管理仓库温湿度，做好防霉、防虫、防污染等工作；认真做好商品在库检查，及时发现和处理质量问题；加快商品进出库速度，提高经济效益等。

5) 销售质量管理。它主要包括：编制商品销售计划；制定合格销售人员的条件；规定销售过程及其质量要求，编制服务规范、服务提供规范和服务验证规范；培训销售人员，提高服务质量等。

6) 售后服务质量管理。它主要包括：制定和实行三包规定；制定服务规范、服务提供规范和服务验证规范；开展质量咨询和质量信息反馈等。

第四节　商品质量认证

一、质量认证的基本概念

1. 认证的含义

"认证"是指"由第三方确认产品、过程或服务符合特定要求并给予书面保证的程序"。

上述关于认证的定义包含以下几方面基本内容：

（1）**质量认证的对象是产品、过程或服务**。这里所说的"产品"（商品），除有形产品（商品）外，还包括工艺性作业，如电镀、焊接、热处理等。"服务"是指服务行业，如邮政、银行、保险、铁路、餐饮、旅馆、商业等。目前，世界各国实行的质量认证，其对象主要是产品（商品），因此常常称为产品（商品）质量认证或产品（商品）认证。

（2）**质量认证的依据是"特定要求"**。一般来说，是指国际、国家或区域性标准，以及国家或区域的法律、法规和规章。另外，还可以包括合同中顾客提出的一些特殊要求。

（3）**质量认证是第三方从事的活动**。通常把产品的生产者称为"第一方"，把产品的采购者称作"第二方"，把独立于第一方和第二方之外的权威、公证机构称为"第三方"。在质量认证活动中，第三方与第一方和第二方没有任何直接的行政上的隶属关系和经济上的利害关系。世界各国公认的第三方是国家标准化机构、具有独立地位的检验机构、认证机构（认证委员会）等。

（4）**证书和标志是获得认证的书面表达方式**。当产品、过程或服务按规定程序被确认符合特定要求时，认证机构颁发认证证书，生产企业则可在其获得认证的商品上使用产品认证标志，表明该产品已获得了某认证机构的某项合格评定。在商品上使用产品认证标志，一方面便于消费者放心购买已获得认证、质量信得过的商品，另一方面也有利于销售方、顾客等各方对已获得认证的质量进行监督。

2. 质量认证的类型

（1）**质量认证**。国际标准化组织对质量认证的界定是"由可以充分信任的第三方证实某一经鉴定的产品或服务符合特定标准或其他技术规范的活动"。

质量认证的主体是第三方，质量认证的对象是产品或服务。产品是指企业提供的实物产品，而服务是指企业或服务性行业提供的商品的售前、售中、售后服务和公共服务，如邮政、银行、保险、信息等。质量认证的依据是国家正式颁布的标准和技术规范。质量认证的方式是合格证书。

质量认证是世界各国对产品质量和企业质量体系进行评价、监督、管理的通行做法和认证制度。

（2）**质量体系认证**。质量体系认证是指由第三方公证机构依据公开发布的质量体系标准，对供方（生产方）的质量体系实施评定，评定合格的由第三方机构颁发质量体系认证证书，并给予注册公布，证明供方在特定的产品范围内具有必要的质量保证能力的活动。ISO 9000 质量管理和质量保证体系系列标准是各国实施质量体系认证的依据。

（3）**环境管理体系认证**。环境管理体系认证是指由第三方公证机构依据公开颁布的环境管理标准，对供方的环境管理体系实施评定的活动。国际标准化组织于 1996 年发布了 ISO 14000 环境管理系列标准，世界各国正积极实施这一标准，并按 ISO 14000 环境管理系列标准开展环境管理体系认证，这有助于在全球范围内规范企业和其他社会组织的环境行为，减少工业化导致的环境污染，改善生态质量，保持环境与经济的协调发展。

（4）**安全体系认证**。这是指由第三方公证机构依据公开发布的安全体系标准，对供方的安全保证体系实施评定，证明供方具有按规定安全标准要求提供产品的安全保证能力的活动。世界各国都把安全标准作为强制性标准予以执行，并对有关人身安全、健康的商品实行强制性认证，以保证人民生命与财产的安全。

商品认证制度最早出现于英国（1903 年开始使用第一个质量标志——风筝标志或 BS 标志），20 世纪二三十年代，商品质量认证得到了发展，20 世纪 50 年代发达国家普遍采用，后来推广到发展中国家。在经济全球化、一体化的背景下，商品质量认证受到各国政府的重视，商品质量认证证书成为商品进入国际市场的通行证。

通过商品质量认证，可以督促企业不断地改进和完善质量保证体系，提高商品质量，增强其产品在国内国际市场上的竞争力，提高企业商品的市场占有率，从而赢得较好的经济效益。商品质量认证制度的建立，有助于消费者通过认证标志判定商品质量，做出合理的消费决策，促进社会再生产的顺利进行。

（5）**实验室认证**。对商品质量进行认证时，一般是由认证管理部门直辖的检验机构进行商品质量检验，也可以委托其他实验室承担这项任务，如科研单位、大专院校以及生产企业和商业企业的实验室等。但接受承担商品质量检验的实验室，要由认证机构认可，其检验结果才能取得社会公认。实验室认证是指依据认可准则和一定的技术标准，由专家组对实验室的组织管理和技术能力进行审查评定，包括检验人员的业务水平和技术能力，实验室设备条件、管理水平、检验工作质量等。评定合格的由认证机构颁发认证证书，给予注册公布，证明该实验室为认证机构认可的检验实验室。实验室认证也称为实验室认可，主要包括检测实验室认可、检验人员（检查人员或审核人员）及评审人员认可。

3. 产品质量认证的分类

（1）**按认证的法律性质不同，可分为强制性认证和自愿认证**。强制性认证是指通过国家法律、法规或规章规定执行的认证。凡属于强制性认证的产品必须经过认证，否则不准生产、销售和进口。实行强制性认证的产品，主要是指涉及安全、卫生、环境保护方面的产品。

自愿认证是指生产企业根据自身的实际情况，自愿申请认证或取消认证。自愿认证的产品是指除与人体健康、财产安全有关以外的产品。根据我国规定，实施自愿认证的产品，实行合格认证。

（2）按认证的内容不同，可分为安全认证、合格认证和质量、安全同时认证。关系国计民生的重大产品，有关人身安全、健康的产品，必须实行安全认证。此外，实行安全认证的产品，必须符合有关强制性标准要求。凡实行合格认证的产品，必须符合有关的国家标准或行业标准要求。质量、安全同时认证的产品，要同时进行两种认证，产品使用合格标志和安全标志。

（3）按认证范围不同，可分为国际认证、区域性认证和国家认证。国际认证是以国际标准化组织和国际电工委员会通过的标准为依据，以其认证委员会认证原则作为指导的认证。国际认证对消除国际贸易壁垒、促进国际贸易的发展具有明显作用。

区域性认证是指由若干个国家和地区，根据自愿的原则自行组织起来，按照共同认定的标准，以及一定的规范而进行的认证。一般来说，经过本区域性组织成员国认证管理机构认证的产品，其他成员国认证机构就予以承认。区域性认证最典型的是欧盟的区域认证。

国家认证是指在一个国家范围内的质量认证，它是以国家标准为依据的认证。

二、商品质量认证的意义

商品质量认证制度作为一种科学的质量监督制度已被世界上很多国家采用，并收到明显的经济效益和社会效益。质量认证制度之所以得到世界各国的普遍重视，关键在于它是由一个公证机构对产品或质量体系做出正确、可靠的评价，从而使人们对商品质量建立信心。这对供方、需方、社会和国家的利益都具有重要的意义。

首先，企业一旦通过公证机构对其产品或质量体系的认证，获取合格证书和标志，并通过注册加以公布，就可以提高企业的质量信誉，有利于企业取胜于市场的激烈竞争。获认证标志的产品，在市场竞争中处于有利地位，不仅可以占领国内市场，而且可以扩大出口，从而明显地提高企业的经济效益。

其次，企业要获取第三方认证机构的产品质量认证或质量体系认证，就需要对其质量体系进行检查和完善，以提高其对产品质量的保证能力。同时，认证机构在对企业的质量体系和产品质量实施检查、检验和评定以及认证后的监督检查和检验中发现问题，均要求企业及时加以解决和纠正。因此，质量认证对企业建立健全质量保证体系和提高产品质量起到有力的促进作用。

再次，每个需方对于从供方采购的产品都需要进行检验，以验证所购产品是否符合要求。如果所供产品的供方取得了权威第三方的产品质量认证，具有较高的质量信誉，则各需方对购进产品质量的检验均可大大减少，对整个社会而言，可以节省大量的检验费用。

对于技术复杂程度高，事后不易验证其质量，且一旦使用中发生故障风险较大的产品，各需方为了对所购产品质量建立必要的信心，往往需要对同一供方质量体系的保证能力进行检查和评价，如果供方已取得质量体系认证，则各需方实施的检查工作量可以大大减少，从而可以大大省去重复检查的费用。

另外，实施质量认证，对通过产品质量认证或质量体系认证的企业准予使用认证标志或予以注册公布，向消费者和用户提供了正确、可靠的质量信息，使消费者和用户了解哪些企业的产品质量是有保证的，从而指导消费者选购自己满意的商品，特别是那些有关人身健康和安全的商品，起到保护消费者和用户利益的作用。

最后，开展商品质量认证和质量体系认证，可以推动标准的贯彻执行，有利于国家对商品质量开展有效的监督和管理，从而促进商品质量水平不断提高，达到世界先进水平，全面推动经济的发展。

三、商品质量认证标志

质量认证有两种标志，即认证证书和认证标志。通过质量认证合格的产品，除由认证机构颁发认证证书外，准许其在产品上或产品包装上使用认证标志。

1. **认证证书（合格证书）**

这是由认证机构颁发给企业的一种证明文件，证明某项产品或服务符合特定标准或技术规范。认证证书的内容至少应包括：证书编号；认证依据的法规文件和编号；企业名称；产品名称、型号、规格或等级；采用标准的名称和编号；有效期；认证机构名称、印章；颁发日期。

2. **认证标志（合格标志）**

这是由认证机构设计并发布的一种专用标志，用以证明某项产品或服务符合特定标准或技术规范。经认证机构批准，认证标志使用在每台（件）合格出厂的认证产品上。认证标志是质量标志，通过标志可以向购买者传递正确可靠的质量信息，帮助购买者识别认证的商品与非认证的商品，指导购买者购买自己满意的商品。

我国新的国家强制性认证标志名称为"中国强制认证"，英文名称为"China Compulsory Certification"，英文缩写可简称为"3C"标志，如图3-3所示。

强制性产品认证制度是中国政府为保护国家安全、防止欺诈行为、保护人体健康或安全、保护动植物生命或健康、保护环境，依照法律法规实施的一种产品合格评定制度。

《实施强制性产品认证的产品目录》中的产品包括23大类172种，包括家用和类似用途设备、低压电器、玩具、电路开关、电信终端设备、照明设备、装饰装修材料、轮胎产品、信息技术设备、安全玻璃、音视频设备、电焊机、机动车辆及安全附件、医疗器械产品、电动工具、安全技术防范产品等。

国家认证认可监督管理委员会共指定了包括中国质量认证中心、方圆标志认证集团在内的共11家认证机构承担目录内产品的3C实施工作。凡列入目录内的产品，没有获得指定认证机构的认证证书，没有按规定加施认证标志的，一律不得进口、不得出厂销售和在经营服务场所使用。

环境标志又称生态标志或绿色标志（见图3-4）。环境标志用以证明产品从原材料的开发利用、生产、使用以及回收废弃的整个过程符合一定的环境保护要求，对生态环境无害或污染很小，并有利于资源的再生和回收。

国际上比较著名的质量认证标志如图3-5所示。

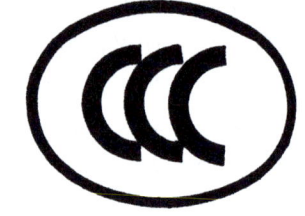

图3-3　强制性产品认证标志

图3-4　中国环境标志产品认证标志

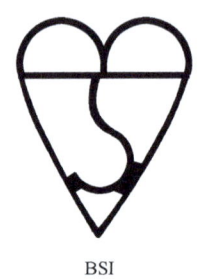

BSI
a) 英国标准协会认证标志

JQA
b) 日本质量保证协会认证标志

图3-5　国际上著名的质量认证标志

四、商品质量认证程序

商品质量认证的一般程序如下：

（1）制定认证用的商品标准。这是开展认证的前提和依据。通常是制定采用国际标准为基础的国家标准，其中应包括对实验设备的要求和检验程序，以便有一个在不同地方对产品做出是否符合标准的相同的外部环境和条件。

（2）申请。生产企业或经销部门按认证机构的规定填写申请书和申请表，正式提出申请。其内容在有关的文件中均有详细规定。

（3）现场检查。其具体内容为：①检查和评价企业的质量管理体系，以鉴定是否具有持续提供符合标准的商品（产品）或服务的质量保证能力；②按照规定标准的全部要求，对样品进行型式试验，确定商品（产品）或服务的质量状况，根据试验结果，做出最终评定。

（4）颁发证书。认证机构完成上述工作后，经审查和评议，如认证合格，由认证机构颁发合格证书，允许使用质量认证标志。

(5) **例行监督**。颁发认证证书后，认证机构将继续对企业的质量保证体系进行监督检查。在认证标志使用有效期内，认证机构可通过在工厂、市场或用户单位抽取样品进行监督检验。经对质量管理体系的复查和样品的监督检查，如发现不符合规定的要求时，认证机构可根据具体情况，做出停止使用认证标志、撤销认证的处理决定，以维护认证机构的信誉。

五、我国的认证认可制度

认证认可是当代国际通行的质量管理与评价制度，国际标准化组织（ISO/IEC）将认证认可和检验检测（统称合格评定）与计量、标准化定位为"全球经济可持续发展"暨质量管理的"三大基础设施（制度）"。在发达国家和实行市场经济体制的发展中国家中，主要依靠认证的方式管理产品和服务质量，政府采信第三方认证机构做出的认证结果对产品质量安全实施监管，同时通过认证推动技术标准特别是强制性标准的贯彻实施；认可则是对从事认证活动的机构的能力和人员的执业资格进行技术性合格评定，以保证认证的有效性。

我国是在改革开放之初引进并建立和发展认证认可制度的，尤其是 2001 年以来，党中央、国务院着眼于完善社会主义市场经济体制，适应我国加入世界贸易组织（WTO）的需要，组建国家认证认可监督管理委员会，履行统一管理、监督和综合协调全国认证认可工作的行政管理职能，解决了各部门各自为政、对外对内不一致导致国外一直诟病的分散管理问题，实行认证认可工作"统一管理，共同实施"新格局。

我国现行的认证认可制度可概括为产品认证、管理体系认证和服务认证，其中产品认证包括强制性产品认证（CCC 认证）和自愿性工业产品认证，有机产品、无公害农产品、绿色食品等食品农产品认证。

产品认证的要素主要包括：型式试验、初始工厂检查（需要时）和证后监督等。型式试验是指检测机构为了验证产品能否满足标准和技术规范的要求所进行的试验，并出具试验报告。初始工厂检查是指认证机构在企业生产现场对工厂质量保证能力和产品一致性进行审查的过程。证后监督是认证机构对企业和产品实施的年度监督检查，包括产品抽样检测和跟踪检查等。

认证产品应满足以下基本条件：

（1）产品符合国家标准或者行业标准要求。

（2）产品质量稳定，能正常批量生产。

（3）生产企业的质量体系符合 GB/T 19000—ISO 9000 质量管理和质量保证系列标准要求。

目前，经国家认证认可监督管理委员会依法批准的认证机构有 180 多家，从事产品认证的机构 80 多家，其中从事强制性产品认证的机构 15 家；认证有效证书总数 130 多万张，覆盖企业等各类组织45多万家，其中各类管理体系认证证书60多万张、CCC认证证书38多万张、其他自愿性产品认证证书27多万张、服务认证证书1200多张。

第五节　商品标准与商品标准化

一、商品标准

1. 商品标准的概念

标准是对重复性事物和概念所做的统一规定。它以科学、技术和实践经验的综合成果为基础，经有关方面协商一致，由主管机构批准，以特定形式发布，作为共同遵守的准则和依据。

商品标准是指为保证商品的适用性，对商品必须达到的某些或全部要求所制定的标准，包括品种、技术要求、试验方法、检验规则、包装、标志、运输和储存等。

商品标准是商品生产、质量评价、监督检验、贸易洽谈、商品使用及维护等的依据和准则，也是对商品质量争议做出仲裁的依据，对保证和提高商品质量，提高生产、流通和使用的经济效益，维护消费者和用户的合法权益等，都具有重要作用。

2. 商品标准的分类与分级

（1）商品标准的分类。随着科学技术的进步和生产的日益现代化，标准已经发展成为种类繁多的复杂体系。目前已经不能按照某一种依据将所有的标准进行划分，只能从不同的目的出发，用不同的划分依据，对标准进行分类。

1）按标准化对象的内容分类。按标准化对象的内容，商品标准可划分为技术标准、管理标准和工作标准。技术标准是对标准化领域中需要协调统一的技术事项所制定的标准，主要包括基础标准、产品（商品）标准、方法标准、安全标准、卫生标准、环境保护标准。管理标准是指对标准化领域中需要协调统一的管理事项所制定的标准，一般包括基础管理、经济管理、生产管理、技术管理、质量管理、安全管理、卫生管理、环境保护管理、行政管理等方面的标准。工作标准是指对标准化领域中需要协调统一的各类人员的工作事项所制定的标准，一般包括基础工作、工作质量、工作程序和工作方法等方面的标准。在这三类标准中，数量最多的是技术标准。

2）按标准的约束性分类。按标准的约束性，商品标准分为强制性标准和推荐性标准。强制性标准是指由法规规定要强制实行的标准，称为法规性标准。推荐性标准是除强制性标准以外自愿采用、自愿认证的标准，又称为自愿性标准。在实行市场经济的国家，大多实施推荐性标准。国际标准也是推荐性标准。我国施行的《标准化法》规定，国家标准、行业标准分为强制性标准和推荐性标准。凡涉及保障人体健康，人身、财产安全的标准及法律、行政法规规定强制执行的标准均为强制性标准，其余标准为推荐性标准。省、自治区、直辖市标准化行政主管部门制定的工业产品的安全、卫生要求的地方标准,在本行政区域内是强制性标准。

强制性标准必须严格执行,凡不符合强制性标准的产品,禁止生产、销售和进口。国家采取优惠措施,鼓励企业自愿采用推荐性标准。

3) 按标准的表达形式分类。按标准的表达形式,商品标准分为文件标准和实物标准。用特定格式的文件,通过文字、表格、图样等形式,表述商品的规格、质量、检验等有关方面技术内容的统一规定,即为文件标准。目前,商品标准中绝大多数都是文件标准。对难以用文字准确表达的质量要求(如色、香、味、手感、质感等),由标准化机构或指定部门用实物制成与文件标准规定的质量要求完全或部分相同的标准样(标样),按一定程序颁布,用以鉴别商品质量和评定商品等级,称为实物标准或标准物质。实物标准分为全国基本标准和地方仿制标准。标准每年更新,以保持各级程度的稳定。例如,粮食、茶叶、棉花、羊毛、蚕茧等农畜产品都需要有实物标准,以在生产、检验、贸易洽谈、收购定级定价时,作为评定其质量和等级的技术依据。

此外,商品标准还可按其适用范围分为生产型标准和贸易型标准,又可分为出口商品标准和内销商品标准;按商品标准的保密程度划分为公开标准和内控标准;按商品标准的成熟程度分为试行标准和正式标准。

(2) 商品标准的分级。商品标准根据其适用领域和有效范围的不同,可以分为国际标准、区域标准、国家标准、行业(专业)标准、地方标准、企业(公司)标准等不同的级别,其目的是为了适应不同生产技术水平、不同管理水平以及满足各种不同的经济技术要求,以便更有效地促进商品质量的提高和管理的改善。各国由于经济社会条件不同,有不同的分级方法。根据《标准化法》,我国的标准划分为国家标准、行业标准、地方标准和企业标准四级。

1) 国际标准。国际标准是指由国际权威组织制定,并为国际承认和通用的商品标准。通常是指由 ISO、国际电工委员会(IEC)制定的标准和其他国际组织所制定的标准。

国际标准化组织公布的国际组织是:国际计量局(BIPM)、国际合成纤维标准化局(BISF)、国际食品法典委员会(CAC)、海关合作理事会(CCC)、国际电气设备合格认证委员会(CEE)、国际照明委员会(CIE)、国际无线电咨询委员会(CCIR)、国际乳品联合会(IDF)、国际图书馆协会联合会(IFLA)、国际制冷学会(IIR)、国际劳工组织(ILO)、国际海事组织(IMO)、国际橄榄油理事会(IOOC)、国际放射防护委员会(ICRP)、国际兽疫局(OIE)、国际法制计量组织(OIML)、国际葡萄与葡萄酒局(IWO)、国际铁路联盟(UIC)、联合国教科文组织(UNESCO)、世界卫生组织(WHO)、世界知识产权组织(WIPO)等。

其他国际组织是指:国际电信联盟(ITU)、万国邮政联盟(UPU)、联合国粮农组织(UNFAO)、国际羊毛局(IWS)、国际棉花咨询委员会(ICAC)。

2）区域标准。区域标准是指由世界区域性组织或标准化机构制定的、在本区域范围内实施的标准。例如，欧洲标准化委员会（CEN）制定的欧洲标准（EN）、欧洲电工标准化委员会（CENELEC）制定的标准等。

3）国家标准。国家标准是指由国家标准化主管机构批准发布，在全国范围内统一实施的标准。国家标准对全国经济、技术发展具有重大意义，主要包括重要的工农业产品标准；基本原料、材料、燃料标准；通用的零件、部件、元件、器件、构件、配件和工具、量具标准；通用的试验和检验方法标准；商品质量分级标准；广泛使用的基础标准；有关安全、卫生、健康和环境保护标准；有关互换、配合通用技术术语标准等。

我国国家标准由国务院标准化行政主管部门编制计划，组织国务院有关主管部门或专业标准化技术委员会提出草案，一般是报国家质量监督检验检疫总局审批和发布；也有由农业部等国务院有关行政主管部门审批和发布的；特别重大的，报国务院审批和发布。强制性国家标准代号为 GB，推荐性国家标准代号为 GB/T，其编号采用顺序号加发布年代号，中间加一横线分开，如 GB 250—1995、GB/T 19000—2008。

4）行业（专业）标准。行业标准又称专业标准，是指由专业标准化主管机构或专业标准化组织批准发布、在某行业范围内统一使用的标准。对没有国家标准而又需要在全国某行业范围内统一技术要求的，可以制定行业标准，包括行业范围内的主要产品标准；行业范围内通用的零件、配件标准；行业范围内的设备、工具和原料标准；行业的工艺规程标准；行业范围内通用的术语、符号、规则、方法等基础标准。

行业标准由国务院有关行政主管部门制定，并报国务院标准化行政主管部门备案。全国约 150 个专业标准化技术委员会在国家质量监督检验检疫总局领导下，承担行业标准以及本行业国家标准的制定、修订和审查的组织工作。在发布实施相应的国家标准后，该行业标准即行废止。行业标准编号形式与国家标准相同。

我国从 20 世纪 50 年代开始制定实行部标准，从 1983 年起不再制定新的部标准，并逐步将一部分对全国技术经济发展有重大意义、需要在全国范围内统一的部标准修订为国家标准，其余的部标准则改定为行业标准。但在没有过渡前，原有的部标准仍有效，与行业标准同级。

5）地方标准。地方标准是指在没有国家标准和行业标准的情况下，需要在某地区内统一制定和使用的标准。对没有国家标准和行业标准而又需要在省、自治区、直辖市范围内统一的对工业产品的安全、卫生要求，可以制定地方标准。在本行政区域内，这类地方标准是强制性标准。

地方标准由省、自治区、直辖市标准化行政主管部门制定、审批和发布，并报国务院标准化行政主管部门和国务院有关行政主管部门备案。在公布和实施相应的国家标准和行业标准之后，该项地方标准即行废止。强制性地方标准的代号由"DB"和省、自治区、直辖市行政区域代码前两位数再加斜线组成，如河北省强制性地方标准的代号为

"DB13/";斜线后再加"T",组成推荐性地方标准代号,如河北省推荐性地方标准的代号是"DB13/T"。

6) 企业标准。企业标准是指由企业制定发布、在该企业范围内统一使用的标准。企业生产的产品没有国家标准和行业标准时,应当制定企业标准,作为企业组织生产、经营活动的依据。已有国家标准和行业标准的,企业也可以制定严于国家标准或行业标准的内控企业标准,以提高产品质量水平,保证产品质量达到国家标准或行业标准的要求,争优质和创名牌。

企业标准原则上由企业自行组织制定、批准和发布实施,报当地政府标准化行政主管部门和有关行政主管部门备案。企业标准代号为"Q/";各省、自治区、市颁布的企业标准应在"Q"前加本省、自治区、市的汉字简称,如北京市为"京Q/",湖南省为"湘Q/";斜线后为企业代号和编号(顺序号—发布年代号)。中央所属企业由国务院有关行政主管部门规定企业代号;地方企业由省、自治区、直辖市政府标准化行政主管部门规定企业代号。

3. 商品标准的基本内容

商品标准一般由三部分构成,如图3-6所示。

我国商品标准的基本内容可归纳为以下几方面:

(1) 适用范围。在商品标准中,首先需简要说明该项标准规定的主要内容、适用范围和应用领域以及不适用的范围。

(2) 商品分类。在商品标准中,商品分类主要规定商品种类和型号,确定商品的基本参数和尺寸,作为合理发展商品品种、规格以及供用户选用的依据。商品分类的内容包括商品品种和规格、结构形式和尺寸、基本参数、工艺特征、型号与标记、原材料或配方、用途或使用范围等。

(3) 质量指标。商品的质量指标和对各类、各级商品的技术要求,是商品标准的中心内容,包括理化指标、感官指标、使用性能、表面质量和内在质量、质量等级、稳定性、可靠性、能耗指标、材料要求、工艺要求、环境条件以及有关质量保证、防护、卫生、安全和环境保护方面的要求等。这是指导商品生产、流通、使用消费以及进行质量检验和评价的主要依据。列入商品标准的技术要求应当是决定商品质量和使用特性,并可以检测或鉴定的关键性指标。通过这些指标,能够全面而准确地判定商品的质量和等级。

(4) 抽样办法和试验方法。科学合理的抽样,是正确判定商品质量的基础,因此商品标准中应明确规定抽样方法。其内容包括:每批商品应抽检的百分率;抽样的具体方法;

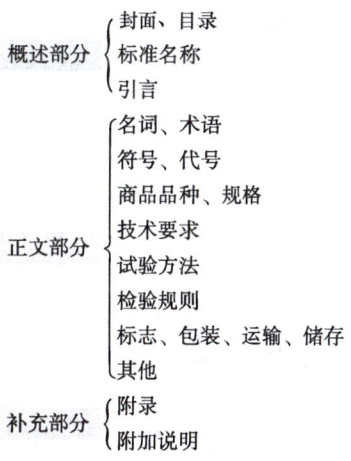

图3-6 商品标准构成

抽样的用具；样品在检验前的处理和保存方法等。

试验方法是对检测每项质量指标，考核与判定商品质量是否符合标准要求所做的具体规定。其内容包括：试验项目、各项质量指标的含义、试验原理和方法、试验用仪器设备、试样和试剂的制备、试验的环境条件、试验程序和操作方法、试验结果的计算与评定等。

除上述内容外，在某些商品检验或验收规则中还规定了生产和购货双方在检验商品质量方面应遵循的条例。

（5）**商品的包装和标志以及运输和储存条件**。在商品标准中必须明确规定商品的包装、标志、运输和储存要求，以保证商品质量从出厂到交付使用的过程中不受损失。对商品包装的要求，一般规定包装材料、包装技术与方式、每件包装中商品的数量及重量或体积、对内包装物的技术要求、包装的试验方法、检验规则等。对商品标志和外包装标志，一般规定标志的位置、内容、制作方法和质量要求等。商品标志的内容包括商品名称、生产厂家或公司名称、商品型号或标记、质量等级或认证标志、商标、主要参数、使用说明、出厂日期、生产批号、有效期限等。外包装标志的内容包括制造厂商名称、商品名称、型号、数量、毛重、储运指示标志和危险品标志等。对运输要求，一般规定合理的运输方式（工具）、运输条件以及运输装卸中应注意的事项等。对储存要求，规定了储存场所、储存条件、储存方法、搬运和堆垛方法、储存期限和抽检时间等。

4. 商品标准的实施

商品标准的实施是整个标准化活动的一个重要环节。贯彻执行标准对搞好国民经济管理和企业管理，保护环境和保证人民的健康与安全，合理利用国家资源，促进企业技术改造与进步，发展商品品种，保证与提高商品质量，满足国家经济发展和人民物质文化生活的需要，提高经济效益等，都具有重要意义。

商品标准的贯彻与实施，要依靠标准化主管部门、产品归口部门、设计部门和企业等各方面相互配合，分工协作，共同努力。商品标准一经批准发布，就成为商品生产、流通、消费领域的技术法规和依据，各部门在贯彻执行中不得擅自更改或降低标准。从事科研、生产、经营的单位和个人，必须严格执行强制性标准。不符合强制性标准的商品，禁止生产、销售和进口。国家鼓励企业自愿采用推荐性标准，凡按国家标准、行业标准、地方标准或企业标准组织生产的企业，应在其产品或说明书、包装物上标注所执行标准的代号、编号和名称。企业研制开发新产品，改造老产品，进行技术改造，应当符合标准化要求，不允许没有标准依据的产品上市销售。质量监督检验部门要严格按照标准进行商品质量监督与认证，这是保证标准贯彻实施的重要手段。对因违反标准造成不良后果以至重大事故者，由标准化行政主管部门或有关行政主管部门按照《标准化法》和《标准化法实施条例》的有关规定，根据不同情节进行处理。

第三章 商品质量与商品标准

在贯彻实施商品标准过程中，还要做好信息反馈、调查研究等工作，为将来的修订准备条件。

二、商品标准化

1. 商品标准化及其作用

（1）标准化与商品标准化。

1）标准化。标准化是指在经济、技术、科学及管理等社会实践中，对重复性事物和概念通过制定、发布和实施标准，达到统一，以获得最佳秩序和社会效益的全部活动过程。

2）商品标准化。商品标准化是整个标准化活动中的重要组成部分，是指在商品生产和流通的各环节中制定、发布及实施商品标准的活动。它主要包括名词术语统一化，商品质量统一化，商品质量管理与质量保证标准化，商品分类编码标准化，商品零部件通用化，商品品种规格系列化，商品检验与评价方法标准化，商品包装、储运、养护标准化和规范化等内容。

商品标准化水平是衡量一个国家生产技术水平和管理水平的尺度，是现代化的一个重要标志。现代化水平越高，就越需要商品标准化。

（2）商品标准化的作用。标准化是商品经济的一项重要基础工作，对促进贸易经济发展、提高商品质量水平、提高社会经济效益等方面，都具有重要作用。

1）标准化是现代化商品生产和流通的必要前提，是巩固和发展专业化协作生产的基本条件。组织现代化商品生产和流通离不开标准化。现代化商品生产是以先进的科学技术和生产高度社会化为特征的复杂的生产组合。生产的连续性和节奏性要求日益增强，专业化协作的深度和广度日益提高，社会生产各部门和企业内部各工序间专业分工越细，协作联系就越密切。这种社会化大生产必然要求以技术上的高度统一和广泛协调为前提，单靠行政手段是不行的，而标准化是实现这种统一和协调的有效手段。在现代化商品生产和流通中，只有通过标准化，才能使各部门及各环节有机地联系起来，从而使社会再生产过程得以顺利进行，以获得最佳经济效益。

2）标准化是建立最佳秩序、实现现代化科学管理以及全面质量管理的基础。商品标准是企业管理目标在质量方面的具体化和定量化；各种商品质量标准是生产经营活动在时间和数量方面的规律性反映。因此，商品标准可以为企业编制计划、商品设计和制造、商品检验、商品质量管理、商品质量监督、质量仲裁等提供科学依据。质量管理是企业管理的核心，而商品标准化是全面质量管理的一个重要组成部分，没有标准就没有管理，要科学管理，就必须制定标准。通过制定各种技术标准和管理标准，建立生产技术和物流技术上的统一性，可以保证企业整个管理系统功能的发挥。因此，只有推行标准化，才能实现管理的现代化和全面质量管理。

3) 标准化是提高商品质量和合理发展商品品种、提高企业竞争力的技术保证。商品质量标准既是企业管理的目标，又是衡量商品质量高低的技术依据。根据商品标准，企业能够发现质量差距，制定措施来提高产品等级或开发新品种。在商品设计中贯彻标准化，简化多余或低功能的商品品种；通过系列化能够以最佳的品种构成满足广泛的需要；根据组合化原则能用少量的要素组合成较多的新品种；等等。这对于提高商品质量、合理开发新品种、降低商品成本、提高企业竞争力和应变能力，都有重要的意义。

4) 标准化是合理利用国家资源、保护环境、增产节约、促进经济全面发展和提高社会经济效益的有效手段。合理利用国家资源、保护环境和资源、节约原材料是一项重要的经济技术政策，也是制定商品标准的重要原则。商品标准化的任何一种形式，都会产生增产节约效果，有助于合理利用国家资源和保护环境，并可促进经济的全面发展，获得社会经济效益。

5) 标准化是积累实践经验、推广应用新技术、促进技术进步的桥梁。标准化是连接商品研制、开发、生产、流通、使用各环节之间的纽带。新工艺、新材料、新技术、新产品研制成功，通过技术鉴定后，就被纳入相应的标准，从而能得到迅速的推广和应用，收到显著的经济效益。

6) 标准化是国际经济、技术交流的纽带和国际贸易的调节工具。国际贸易离不开标准化。积极采用国际标准，可以消除国际贸易技术壁垒，提高本国商品在国际市场上的竞争力，发展对外贸易。在国际贸易中，商品标准是进行仲裁的依据，利用标准化可以保护本国的利益。因此，标准化在国际贸易中可起到协调、推动、保护、仲裁作用。

2. 商品标准化的形式与方法

商品标准化形式就是指商品标准化的存在方式，也就是标准化过程的表现形态。标准化有多种形式，每种形式都表现不同的标准化内容，针对不同的标准化内容和任务，采用不同的方法，可达到不同的目的。

商品标准化的形式是由标准化的内容决定的，并随标准化内容的发展而变化。但标准化的形式又有其相对的独立性和自身的继承性，并反作用于内容，影响内容。标准化过程就是标准化的内容和形式的辩证统一过程。

商品标准化形式和方法主要有：简化、统一化、系列化、通用化、组合化和模数化。

(1) 简化。简化是指在一定范围内缩减商品的类型数目，使之在一定时间内满足特定需要的商品标准化形式。简化是商品标准化的初级形式，也是实践中应用较广泛的一种形式。它是控制复杂性、防止多样性自由泛滥的一种手段。由于需求的增长、科学技术的进步以及企业之间的竞争，商品的种类等有急剧增多的趋势，如果不加控制和引导，就会导致生产混乱，浪费社会财富。

简化一般是事后进行的，也就是商品的多样化已经发展到一定规模以后，才对商品的类型数目加以缩减。这种缩减是在一定时间和空间范围内进行的，其结果必须保证在特定的时间内满足一般需要。在现代化大生产中，人们通常所说的简化指的是品种规格的合理简化。主要有以下几种类型：①产品品种规格的简化；②原材料品种规格的简化；③工艺装备品种规格的简化；④零部件的简化。

在科学的基础上，通过合理的简化，去掉不必要的商品类型以及同类商品中多余的、重复的和低功能的商品品种，使商品的功能增加、性能提高、品种构成合理、趋于优化和形成系列，从而为新的商品类型、品种、规格的出现扫清障碍，为商品多样化的发展和满足社会的多样化需求创造条件。因此，简化是商品系统发展的外在动力，是对商品类型、品种进行有意识控制的一种有效形式。

（2）统一化。统一化是指把同类商品两种以上的表现形式归并为一种或限定在一定范围内的商品标准化形式。它是商品标准化活动中内容最广泛、开展最普遍的一种形式。统一化的目的是为消除由于不必要的多样化而造成的混乱，为正常的经济活动建立共同遵循的秩序。统一化的实质是使商品的形式、功效或其他技术特征具有一致性，并把这种一致性通过商品标准以定量化的方式确定下来。

统一化与简化有密切联系，但也有区别。前者着眼于取得一致性，后者着眼于精练。在统一化活动中，要运用预测技术和经济效果分析等方法，正确地确定统一的时机；通过调查研究，合理地规定商品的哪些指标应统一，哪些指标不应统一，哪些指标要严格统一，哪些指标应灵活；正确规定指标的水平和灵活度。

统一化有两类。一类是绝对的统一，它不允许有什么灵活性，如各种编码、代号、标志、名称、单位、运动方向等；另一类是相对的统一，它的出发点或总趋势是统一，但在统一中还有灵活性，根据情况区别对待。在商品统一化工作中，概念、符号、代号、术语、标志、商品质量指标、检验方法、操作规程、包装、储运条件、质量管理等都需要统一。随着社会生产的日益发展，生产经营过程之间的联系日益复杂，尤其在国际经济、技术交流日益扩大的情况下，需要统一的对象越来越多，统一的范围也越来越广。

（3）系列化。系列化是指对同一类商品中的一组商品同时进行标准化的一种形式。它是标准化的高级形式。通过对同一类商品发展规律的分析研究和对国内外产需发展趋势的预测，结合我国生产技术条件，经过全面的技术经济比较，将商品的主要参数、型式、尺寸、基本结构等做出合理的安排与规划，以协调同类商品和配套商品之间的关系。因此，也可以说系列化是使某一类商品系统的结构优化、功能最佳的标准化形式。

商品系列化一般包括制定商品基本参数系列、编制商品系列型谱和进行系列设计等三方面内容。商品的基本参数是商品基本性能或基本技术特性的标志，是选择或确定商品功能范围、规格尺寸的基本依据。商品基本参数系列是将商品的基本参数按一定的规律排列形成的数列，是指导生产企业发展品种、指导用户选用商品的最基本依据。基本参数系列确定得是否合理，不仅关系到这种商品与相关商品之间的配套协调，而且在很大程度上影响企业的经济效益以及社会效益。制定基本参数系列包括选择基本参数和主参数、确定主参数和基本参数的上下限、确定参数系列等步骤。主参数是各项参数中起主导作用的参数，它应是商品中最稳定的、能反映商品基本特性的参数。经过技术、经济比较，从几个可行方案中选定最优参数系列方案。

（4）通用化。在相互独立的系统中，选择和确定具有功能互换性或尺寸互换性的子系统或功能单元的标准化形式称为通用化。通用化要以互换性为前提。

对于具有功能互换性的复杂商品来说，通用化的程度越高，生产的机动性越大，对市场的适应性也越强，商品的销路就越广。提高商品的通用化水平，对防止不必要的多样化，增强企业竞争能力，组织专业化生产，提高国民经济效益，都有明显作用。

通用化的一般方法是：在商品系列设计时要全面分析商品的基本系列和变型系列中零部件的共性与个性，从中选择具有共性的零部件定为通用件或标准件；在单独设计某一商品时，尽量采用已有的通用件；新设计零部件时，要充分考虑到能为以后的新商品所采用，逐渐发展为通用件或标准件；对现有商品进行革新改造时，可根据生产、使用、维修过程中积累的经验，将可以通用的零部件经过分析、试验达到通用，这也是对老商品革新改造的一项内容。

（5）组合化。组合化是按照标准化的原则，设计并制造出一系列通用性较强的单元（标准单元），根据需要组合成不同用途的商品的一种标准化形式。

组合化是建立在系统的分解与组合的理论基础上的。把一个具有某种功能的商品看作一个可以分解为若干功能单元的系统，由于某些功能单元不仅具备特定的功能，而且可以与其他系统的某些功能单元通用、互换，于是这类功能单元便可以分离出来，以通用单元或标准单元的形式存在，这就是分解。为了满足一定的要求，把若干准备好的标准单元、通用单元和个别的专用单元按新系统的要求有机地结合起来，组成一个具有新功能的新系统，这就是组合。

在商品设计、生产和使用过程中，都可以运用组合化的方法。组合化的内容主要是选择和设计标准单元与通用单元，又称"标准组合元"。组合化的原理和方法已广泛应用于机械类商品和仪器仪表的制造、家具和工艺装备的制造与使用、建筑业等，取得了明显的效益。

（6）模数化。模数化是指在系统的设计、计算和结构布局中，制定和使用尺寸协调的标准模数的活动。模数是指在某种系统（如建筑物、构件或制品）的设计、计算和布局中普遍、重复地应用的一种基准尺寸。例如，国际标准化组织中央秘书处和欧洲各国确定的物流基础模数尺寸为600mm×400mm。而物流模数尺寸（集装基础模数尺寸）

以 1200mm×1000mm 为主，也允许 1200mm×800mm 及 1100mm×1100mm。应用标准模数使产品和建筑物的结构尺寸达到模数配合，当所有的配合尺寸都是模数或是基本模数的倍数时，称为完全的模数配合。模数配合可作为尺寸指南，不但给制造单位提供了一套协调的产品尺寸，而且给设计人员提供了可供选择的最佳尺寸，使产品或建筑物具有最佳结构。

由于模数具有优良的尺寸拼加性，在外包物与内包物之间具有良好的容纳性，因此，它在仪器仪表工业中，在元件、器件、零部件与机箱、机柜之间，集装箱与包装箱之间等具有尺寸对接关系的积木组装结构制品中，具有广泛的应用前景。

3. 商品标准化的经济效果

标准化的主要效果可概括为以下几个方面：
（1）具有合理简化商品品种规格的效果。
（2）具有促进互相理解、相互交流、提高信息传递效率的效果。
（3）在商品生产、流通、消费等方面，具有全面节约人力、物力和时间的经济效果。
（4）在商品交换与提高服务质量方面，具有保护消费者利益和社会公共利益的效果。
（5）在安全、卫生、环境保护等方面，具有保障人类生命安全与健康的效果。
（6）在国际贸易中，具有消除国际贸易技术壁垒的效果。

从实质上看，标准化所产生的效果可概括为技术效果、经济效果和社会效果三大方面。技术效果与经济效果、社会效果密切相关，技术效果是产生经济效果、社会效果的前提和基础。从这个意义上来说，标准化的效果也可视为实施某项标准化所产生的技术、社会、经济效果的总和。而一切技术效果、社会效果最终将转化为经济效果。

标准化的经济效果是指制定和贯彻标准所获得的有用效果与所付出的劳动耗费的比较。这种比较可以用下面两种公式表示：

$$\frac{标准化经济效果}{} = \frac{制定和贯彻标准所获得的有用效果}{制定和贯彻标准所付出的劳动耗费}$$

$$标准化经济效益 = 制定和贯彻标准所获得的有用效果 - 制定和贯彻标准所付出的劳动耗费$$

上式表明，标准化经济效果是相对值，表示劳动的有效性。标准化经济效益是一个绝对值，表明收益的大小。

评价标准化经济效果常采用直接比较法和动态分析法。直接比较法是按国家规定的主要指标进行评价，其中最主要的指标有：总产量和增长率、产品质量稳定提高率、原材料和燃料动力消耗降低率、产品优质品率、每万元产值消耗的能源和降低率、定额流动资金周转天数和加速率、可比产品成本降低额和降低率等。动态分析法主要是通过对效益和费用的动态变化进行分析和对时间因素的分析，确定最佳经济效益。

 **案例分析**

标准与品牌

前不久,香港一家商行从南京订购了2万只盐水鸭,其收购价是南京的几倍,但对方对鸭子的质量要求很高,要求成品标准化,每只鸭子大小只能是1000g,大了不要,小了也不要,个个都要符合标准。这说明,商品标准化是名牌品质的重要内核。

品牌是优良的品质、独特的工艺、诚实的服务,且其量化又符合既定的模式、统一的标准。这便是品牌的特色、品牌的形象。遍布全球的麦当劳,一样的M形拱门,一样的憨态可掬的麦当劳小丑,一样的窗明几净的店堂,一样的笑容满面的服务员,一样的新鲜可口的汉堡包、炸薯条,一样的食品过时不售的硬性规定。这些"一样",便是麦当劳的标准化。正是名牌的标准化,才使其与众不同、非同凡响。

遗憾的是,标准化这个命题,在我们不少的经营者乃至企业家的头脑中,尚未达成共识,更未形成一个"标准",因而名牌总是难以成名,更别奢望"一名"惊人了。江苏的高邮双黄蛋、新疆的库尔勒香梨等,由于在营养成分、规格大小、品牌标识、包装式样等诸多方面不够统一,缺乏标准,因而往往无鲜明的特色、强烈的个性,形不成气势,所以在市场竞争中,难免"名落孙山"。可见,增强"标准"意识,采取科技手段提高品牌的"标准度"已迫在眉睫、刻不容缓了。

问题:

根据案例说明商品质量与商品标准在经济贸易中的作用。

 **扩展阅读**

商品质量方面的法律法规(部分)

	名　称	简　介
法律	《中华人民共和国产品质量法》	为了加强对产品质量的监督管理,提高产品质量水平,明确产品质量责任,保护消费者的合法权益,维护社会经济秩序,制定本法,自1993年9月1日起施行,现行为2000年修订版。
	《中华人民共和国标准化法》	为了发展社会主义商品经济,促进技术进步,改进产品质量,提高社会经济效益,维护国家和人民的利益,使标准化工作适应社会主义现代化建设和发展对外经济关系的需要,制定本法,1988年12月29日中华人民共和国主席令第11号公布

第三章 商品质量与商品标准

(续)

	名称	简介
法规	《产品质量监督抽查管理办法》	为规范产品质量监督抽查工作,根据《中华人民共和国产品质量法》等法律法规规定,制定本办法,自2011年2月1日起施行
	《中华人民共和国工业产品生产许可证管理条例》	为了保证直接关系公共安全、人体健康、生命财产安全的重要工业产品的质量安全,贯彻国家产业政策,促进社会主义市场经济健康、协调发展,制定本条例,自2005年9月1日施行
	《进出口玩具检验监督管理办法》	为规范进出口玩具的检验监管工作,加强对进出口玩具的管理,保护消费者人身健康和安全,根据《中华人民共和国进出口商品检验法》及其实施条例和《国务院关于加强食品等产品安全监督管理的特别规定》等有关规定,制定本办法,自2009年9月15日起施行
	《国务院关于加强食品等产品安全监督管理的特别规定》	为了加强食品等产品安全监督管理,进一步明确生产经营者、监督管理部门和地方人民政府的责任,加强各监督管理部门的协调、配合,保障人体健康和生命安全,制定本规定,自2007年7月26日起施行
	《产品质量监督试行办法》	为了加强对产品的质量监督,促使企业贯彻执行产品技术标准,提高产品质量和经济效益,以适应社会主义现代化建设和人民生活的需要,根据《中华人民共和国标准化管理条例》的有关规定制定本办法,现行为2011年修订版

思考练习题

1. 简述质量管理发展的几个阶段。
2. 简述"PDCA"的基本概念。
3. 何谓商品质量认证?质量认证的主要类型有哪几种?
4. 简述质量认证的程序。
5. 你认为推行质量体系认证对中国加入WTO后克服技术性贸易壁垒能够起到哪些作用?
6. 如何从不同角度理解商品质量的概念及其影响因素?
7. 商品标准有哪些基本内容?
8. 商品标准和标准化的定义是什么?商品标准化有哪些主要形式?
9. 我国对标准的划分方法和标准分类主要有哪几种?
10. 试论商品标准化在经济发展中的意义和作用。

第四章

商品检验

商品检验在商品生产和流通中是一个不可缺少的重要环节和内容。

本章主要介绍商品检验的概念、种类,商品检验的内容;抽样的概念,抽样的方法,抽样检验方法,抽样检验方案;商品品级的概念、作用,商品品级的分级方法。

【案例】

奶粉中的三聚氰胺

2008年,对于中国乳制品行业来说,是黑暗的一年。由于造成大量婴幼儿出现肾结石等严重病症,三鹿集团生产的"三鹿牌婴幼儿奶粉"含有三聚氰胺这种对人体有害的化工原料的事情东窗事发。随后,其他著名乳制品生产企业的奶粉也被查出含有三聚氰胺。一时间人心惶惶,国人对乳制品的恐慌达到了前所未有的高度,整个乳制品行业也陷入最低谷。

为什么要用三聚氰胺呢?在原版本奶粉检测的国家标准中,主要进行蛋白质、脂肪、细菌等检测。但是直接测量蛋白质含量在技术上比较复杂,成本也比较高,不适合大范围推广,所以业界常常使用一种叫作"凯氏定氮"(Kjeldahl Method)的方法,通过食品中氮原子的含量来间接推算蛋白质的含量。也就是说,食品中氮原子含量越高,蛋白质含量就越高。而三聚氰胺的氮含量是牛奶的151倍,奶粉的23倍,而且价格低廉。这就造成了部分奶农铤而走险,在牛奶中添加三聚氰胺来牟利。

除了谴责掺假者的道德外,我们迫切需要建立一个更加完善的商品检验体系,强化检测能力建设,健全质量管理制度。运用各种科学的检测手段评定商品质量,并确定商品是否符合规定标准的要求,以免再次发生毒奶粉这样的悲剧。

第四章 商品检验

第一节 商品检验概述

一、商品检验的概念

商品检验是指商品的供货方、购货方或者第三方在一定的条件下，借助某种设备仪器、试剂或采用感官等手段和方法，按照合同、标准，或国际、国家的有关法律法规、惯例，对商品的质量、规格、重量、数量以及包装等方面进行检验，并做出合格与否或通过验收与否以及等级判定；或为维护买卖双方的合法利益，避免或解决各种风险损失和责任划分的争议，便利商品交接结算而出具各种证书的业务活动。

国家标准 GB/T 19000—2008 中对检验的定义为："通过观察和判断，适当时结合测量、试验或估量所进行的符合性评价。"简单地说，商品检验就是根据商品标准和合同条款规定的质量指标，确定商品质量高低和商品等级的工作。其中商品的质量检验是商品检验的核心内容，故而狭义的商品检验就是指商品的质量检验。

商品的质量检验在早期质量管理的发展阶段发挥了保证商品质量的"把关"作用，在全面质量管理不断发展、完善的今天，由于预防、控制并非总是有效，所以商品检验仍然是商品质量保证工作的一项重要内容。

商品质量检验包括成分、规格、等级、性能和外观质量等，是根据合同和有关检验标准规定或申请人的要求，对商品的使用价值所表现出来的各种特性，运用人的感官或化学、物理的手段进行测试、鉴别，其目的就是判别、确定该商品的质量是否符合合同中规定的商品质量条件和标准。

商品的质量检验包括以下四项具体工作：

（1）度量。包括测量与测试。可借助某种设备仪器、试剂或采用感官等手段和方法。

（2）比较。把度量结果与质量标准进行对比，确定质量是否符合要求。

（3）判断。根据比较结果，判断被检商品是否合格，或是否符合规定的质量标准。

（4）处理。对单件商品决定是否可以转到下道工序或是否准予出厂；对批量商品决定是接收还是拒绝，或重新进行全检和筛选。

二、商品检验的种类

1. 根据检验内容的不同划分

（1）外观检验。外观检验是指对商品的外观质量进行检验。例如检验造型的艺术性、附件装饰的合理性、结构的先进性和牢固性、色泽的调和性以及外观有无缺陷等。

（2）微观检验。微观检验多是指对商品的内在质量进行检验。例如商品的成分、理化力学性能、卫生安全性等。由于商品类别不同，其内在质量检验要求各不相同。

（3）包装检验。商品包装检验就是对商品的包装标志、包装材料、种类、包装方法等进行检验，查看商品包装是否完好、牢固，内外包装质量是否符合销售、储存、运输的要求，对商品质量有无污染或影响，包装标志是否清晰等。

2. 按商品检验目的不同划分

（1）生产检验。生产检验是指商品的生产者为了维护企业信誉，达到保证质量的目的，而对原材料、半成品和产成品进行的检验活动。

（2）验收检验。验收检验是指商品的购买方（包括商业、外贸和工业用户等）为了维护自身及消费者的利益，保证其所购商品符合合同或规定的标准所进行的检验活动。在实践中，购买方还要派员驻厂，对商品质量形成的全过程进行监督，及时发现问题，及时要求生产方给予解决。

（3）第三方检验。第三方检验是指处于买卖利益之外的第三方，为了维护买卖双方各自的合法权益、国家权益及消费者的权益，协调各方矛盾，促使商品交易活动的顺畅进行，以公正、中立、权威的身份，根据有关法律、合同或标准而对商品所进行的检验活动，如公证鉴定、仲裁检验和国家质量监督检验等。第三方检验由于具有公正性，其检验结果被国内外所公认，具有法律效力。

3. 按检验有无破坏性划分

（1）破损性检验。破损性检验是指为取得必要的质量信息，经测定、试验后的商品遭受一定程度破坏的检验。例如加工食品罐头、饮料等的检验。

（2）非破损性检验。非破损性检验是指经测定、试验后的商品仍能发挥其正常使用性能的检验，也称无损检验。例如电器类、纺织品类的检验等。

4. 根据检验商品的流向不同划分

（1）内销商品检验。内销商品检验是指国内有关部门（如商品经营者、用户及其相关部门的商品质量管理机构与检验机构，或国家质量监督检验检疫总局及其所属的商品质量监督管理机构，以及它认可的商品质量监督检验机构），依据国家法律、法规、有关技术标准、合同等对内销商品进行的检验。

内销商品检验的依据是技术标准或合同中的技术要求。技术标准分为国际标准、国家标准、行业标准、地方标准和企业标准。例如，食品检验的依据是食品的国家标准和食品卫生标准及相应的标准检验方法，若企业生产的产品没有国家标准、行业标准、地方标准时，应建立产品的企业标准，作为组织生产、开展检验的依据。

（2）进出口商品的检验。进出口商品检验是由国家设置的检验管理机构（如国家质量监督检验检疫总局或经政府注册批准的第三方民间公证鉴定机构），依据有关法律、法规、合同、标准、国际贸易惯例与公约等对商品的质量、数量、重量、安全、卫生、包装、运输等所进行的法定检验、鉴定和监督管理检验工作。

根据进口商品登记规定，进口商品的检验分以下两大类：

1）列入《商检机构实施检验的进出口商品种类表》和合同规定由我国商检机构检验出证的进口商品。进口商品到货后，由收货、用货或其代理接运部门立即向口岸商检机构报验，填写进口货物检验申请书，并提供合同、发票、提单、装箱单等有关资料和单证，检验机构接到报验后，对该批货物进行检验，合格后在"进口货物报关单"上加盖印章，海关据此放行。

2）未列入《商检机构实施检验的进出口商品种类表》中的进口商品，由收货、用货或代理接运部门向所在地区的商检机构申报进口商品检验，自行检验或由商检机构检验，自行检验须在索赔期内将检验结果报送商检机构。若检验不合格，应及时向商检机构申请复验并出证，以便向外商提出索赔。

法定检验的出口商品的发货人应当在国家质量监督检验检疫总局统一规定的地点和期限内，持合同等必要的凭证和相关批准文件向出入境检验检疫机构报检。法定检验的出口商品未经检验或者经检验不合格的，不准出口。出口商品应当在商品的生产地检验。国家质量监督检验检疫总局可以根据便利对外贸易和进出口商品检验工作的需要，指定在其他地点检验。

进出口检验的内容包括：出口商品品质检验、出口商品包装检验、进口商品品质检验、进口商品残损检验、出口动物产品检疫、进出口食品卫生检疫、进出口商品重量鉴定、运输工具检验以及其他国家或商品用户要求实施的检验、检疫。

检验检疫的法律法规依据主要是"四法三条例"：

"四法"为《中华人民共和国进出口商品检验法》《中华人民共和国进出境动植物检疫法》《中华人民共和国国境卫生检疫法》以及《中华人民共和国食品安全法》，"三条例"为《中华人民共和国进出口商品检验法实施条例》《中华人民共和国进出境动植物检疫法实施条例》和《中华人民共和国国境卫生检疫法实施细则》。

进出口商品检验环节如下：

1）接受报验。报验是指对外贸易关系人向商检机构报请检验。报验时需填写"报验申请单"，填明申请检验、鉴定的工作项目和要求，同时提交对外所签买卖合同、成交小样及其他必要的资料。

2）抽样。商检机构接受报验之后，及时派员赴货物堆存地点进行现场检验、鉴定。抽样时，要按照规定的方法和一定的比例，在货物的不同部位抽取一定数量的、能代表全批货物质量的样品（标本）供检验之用。

3）检验。商检机构接受报验之后，认真研究申报的检验项目，确定检验内容，仔细审核合同（信用证）对品质、规格、包装的规定，弄清检验的依据，确定检验标准、方法，然后进行抽样检验，如仪器分析检验、物理检验、感官检验、微生物检验等。

4）签发证书。在出口方面，凡列入《商检机构实施检验的进出口商品种类表》内的出口商品，经商检合格后签发放行单（或在"出口货物报关单"上加盖放行章，以代替放行单)。凡合同、信用证规定由商检部门检验出证的,或国外要求签检证书的,由商检机构对检验合格的商品签发检验证书;不向国外提供证书的,只发放行单。《商检机构实施检验的进出口商品种类表》以外的出口商品,应由商检机构检验的,经检验合格发给证书或放行单后,方可出运。在进口方面,进口商品经检验后,分别签发"检验情况通知单"或"检验证书",供对外结算或索赔用。凡由收、用货单位自行验收的进口商品,须在索赔有效期内将检验结果报送商检机构。若检验不合格,应及时向商检机构申请复验并出证,以便向外商提出索赔。对于验收合格的,收、用货单位应在索赔有效期内把验收报告送商检机构销案。

【案例】

出口鞋类产品富马酸二甲酯超标

2011年5月,据温州市检验检疫局透露,爱沙尼亚发布了2011年欧盟国家首个对华鞋类产品富马酸二甲酯超标的通报。对此,该局提醒温州出口欧洲的鞋企要提高警惕,防止因富马酸二甲酯等成分超标而蒙受损失。

富马酸二甲酯是20世纪80年代国际上兴起的高效、低毒防霉剂,在我国家具业、制鞋业广泛使用,但超过正常使用量时可能引起消费者皮肤过敏、皮疹或灼伤。GB/T 26713—2011《鞋类 化学试验方法 富马酸二甲酯(DMF)的测定》对此做出了明确的规定。

2008年,法国、波兰、芬兰、瑞典和英国等国相继发生消费者过敏事件。同年11月,欧盟发布首个鞋类产品富马酸二甲酯超标通报。

此次通报再次给鞋企一个提醒,仍不能放松鞋类产品富马酸二甲酯项目监管,为此,检验检疫部门再次提醒输欧鞋企加强防霉剂、防霉片、防霉纸、干燥剂等防霉产品和合成革进货检测,选择合格的供应商,确保富马酸二甲酯项目安全。

2009年7月28日公布的欧委会决议第2009/563/EC号,建立了欧盟的鞋类生态标签新准则,当时使用的准则2002/231/EC,于2010年3月31日后失效,本次修订的新决议强调,所指的鞋类包含所有拥有接触地面的固定外鞋底以及旨在保护或覆盖脚部的服装。

除此以外,新准则明确提出了对最终产品的包装规定。纸板箱须使用百分之百循环再造物料,塑胶袋也须含有至少75%的循环再造物料,或者必须是生物降解或可腐化物质。

5. 根据检验商品的相对数量划分

(1) 全数检验。全数检验是对被检批的商品逐个(件)地进行检验,也称百分之百检验。其特点是能提供较多的质量信息,给人一种放心感;缺点是由于检验量大,费用高,易造成检验人员疲劳而导致漏检或错检现象。全数检验适用于批量小,质量特性少且不稳定,较贵重、非破损性检验。例如照相机、手表、彩电、冰箱等的检验。

(2) 抽样检验。抽样检验是按照事先已确定的抽样方案,从被检批商品中随机抽取少量样品,组成样本,再对样品逐一测试,并将检验结果与标准或合同技术要求进行比较,最后由样本质量状况统计推断受检批商品整体质量是否合格的检验。其特点是,检验的商品数量相对较少,节约费用,具有一定的科学性和准确性;缺点是提供的质量信息少。抽样检验适用于批量大、价值低、质量特性多且质量较为稳定,具有破坏性的商品检验。例如天然矿泉水、糕点、乳制品的检验。

(3) 免于检验。免于检验是指对生产技术和检验条件较好、质量控制具有充分保证、成品质量长期稳定的生产企业的商品,在企业自检合格后,商业和外贸部门可以直接收货,免于检验。为了鼓励企业提高产品质量,减轻企业负担,扶优扶强,给企业创造一个宽松、良好的外部经营环境,依据国家有关法规和规定,原国家质量技术监督局自2000年8月中旬起,开始实施产品免于质量监督检查工作,有数百种产品获得国家免检资格。获得免检的产品,可按规定自愿在商品或其品牌、包装物、使用说明书、质量合格证上使用免检标志,并在三年内免于各地区、各部门各种形式的质量监督检查。对于法定检验的进出口产品,根据《产品质量国家免检工作规范(国质检监〔2007〕176号)》规定,当企业满足有关条件后可以申请产品免检。但是,2008年以后,由于三鹿事件,国家质量监督检验检疫总局废止了免检申请。

三、商品检验的内容

1. 商品质量检验

商品质量检验包括外观质量检验、内在质量检验与特定质量检验。如前所述,商品质量检验是根据合同和有关检验规定标准或申请人的要求,对商品的使用价值所表现出来的各种特性,运用人的感官或化学、物理的手段进行测试、鉴别,其目的就是判别、确定该商品的质量是否符合合同中规定的商品质量条件和标准。

(1) 外观质量检验。外观质量检验主要是对商品的外观形态、样式、尺寸规格、造型、花色、表面加工、装饰水平、表面缺陷等的检验。

(2) 内在质量检验。内在质量检验主要包括成分检验(如有效成分的种类及含量、杂质及有害成分的限量等)、力学性能检验(如抗压、抗拉、冲击、振动等)、实用性能检验(如完成规定的动作,特定的使用效果,如汽车的车速、制动要求,电视机的声响、图像效果,机器生产出完好的产品等)、理化性能检验(如导电性、耐热性等物理性能和抗腐性、溶解性、耐酸碱性等化学性能)。

(3) 特定质量检验。特定质量检验是指为了安全、卫生和环境保护等目的而对某些商品提出特别要求的质量检验。例如,对危险商品的安全性能的检验,对食品卫生的检验(如食品中是否含有有害微生物、食品添加剂、农药残留量、重金属含量等),对动物的检疫检验,对废水、废气、噪声的限量检验,对飞机、汽车、船舶的安全防护检验等。

【案例】

瘦肉精事件

2011年3月15日，中央电视台新闻频道对饲喂有"瘦肉精"的生猪流入某食品有限公司进行了报道，事件随即引起广泛关注。

消费者喜欢瘦多肥少的猪肉，这成为了养殖户使用瘦肉精的一个借口。被访者表示：瘦肉精问题其实是行业的公开秘密，饲料里面是不会有瘦肉精的，国家对饲料的监管十分严格，饲料的合格率多年来一直在99%以上，高于任何其他行业，瘦肉精一般是由养殖户自己往里面添加的。事实上，添加瘦肉精会给每头猪增加50元左右的养殖成本，但是不添加就卖不出去，猪贩子不收。

瘦肉精又名盐酸克伦特罗，是一种白色或类白色的结晶粉末，无臭、味苦，20世纪90年代初国外曾用于饲料添加剂。猪食用瘦肉精后，在代谢过程中促进蛋白质合成，加速脂肪的转化和分解，可以提高猪肉的瘦肉率。但是，食用含有过量瘦肉精的食品会影响人体的健康安全，我国明确规定不得在猪的养殖过程中使用瘦肉精，并在强制性国家标准中规定，瘦肉精在畜禽肉中的含量不得超过 0.01mg/kg。

SH集团在其网站上就"瘦肉精"事件给消费者带来的困扰深表歉意，并责令相关公司停产自查。此外，针对媒体曝光的"瘦肉精"猪肉事件，相关部门迅速采取行动，涉及此事的违纪人员遭到停职或开除公职处理。

问题：商品检验的依据有哪些？

2. 商品重量和数量的检验

商品的重量和数量是成交商品的基本计量与计价单位。因其直接关系到买卖双方的利益，商品的重量和数量检验是商品的主要检验工作之一。

(1) 重量检验。重量检验就是根据合同规定，采用不同的计量方式，对不同的商品，计量出它们准确的重量。

1) 计重方式。常见的计重方式有：

毛重：指商品本身的重量加上包装的重量。

净重：商品本身的重量，即商品的毛重减去包装（皮重）的重量。大部分商品都按净重计价，但具体计算时也有以毛作净的情况。

以毛作净：此时以商品的毛重作为净重，即不必再扣除皮重，一般用于包装相对于货物本身而言重量很轻，或包装本身不便计量等情况。

2) 计重单位。多使用千克（kg）为单位，也有使用磅、盎司等单位的。

3) 计重方法。常见的计重方法有：衡器计重、水尺计重、容量计重、流量计计重等。

衡器计重是使用最多的计重方式，使用天平、台秤、吊钩秤、皮带秤、定量秤、汽车衡、轨道衡、料车秤等衡器，经校准后对不同商品衡重。天平的精密度很高，精密天平的误差为十万分之一或更低,大型衡器的允许误差可在 ±0.2%。

水尺计重的方法是测量出船只在装货前、后或卸货前、后的吃水差,计算出船舶的排水量,扣除船上其他物料的重量及修正后得出所装货物的重量,是适用于散装矿石、粮谷等低值散装物料重量检验的一种快速方法,其允许误差为 ±0.5%。

容量计重是用于散装液体商品(如原油、成品油、植物油等)的一种计量方法,通过测量油舱、油罐在装货前、后,或卸货前、后的液位,计算出装货或卸货的实际重量,计算时要考虑到液体物料的温度、密度、罐体变形等因素,其允许误差为 ±0.4%。

流量计计重是一种仪器计重方法,通过流量计直接测得装或卸的液体或气体商品的重量,使用简单方便,其允许误差为 ±0.4%。

(2) 数量检验。数量检验是按照发票、装箱单或尺码明细单等规定,对整批商品进行逐一清点,证明其实际装货和数量。

对外贸易合同中常用的数量计量方式有:①对机电仪器类产品、零部件、日用轻工品常用个数计量,如个、只、件、套、打、台等,这种方式简单明确,检验方便,直接清点即可;②一些纺织品、布匹、绳索等用长度计量,计量单位为米、英尺等;③玻璃、胶合板、地毯、塑料板、镀锌(锡)钢板等常用面积计量,计量单位为平方米、平方英尺等;④木材多按体积计量,使用立方米、立方英尺等计量单位。有些液体、气体产品用容积计量,使用升、加仑等计量单位。

3. 商品包装检验

商品包装检验是根据贸易公司或契约规定对商品进行的检验。它具体包括包装标志、包装材料、种类、包装方法等的检验,查看商品包装是否完好、牢固等。商品包装检验就是对商品的销售包装和运输包装进行检验。

对列入《商检机构实施检验的进出口商品种类表》和其他法律、法规规定必须经检验检疫机构检验的出口商品的运输包装,必须申请检验检疫机构或检验检疫机构指定的检验机构进行性能检验,未经检验或检验不合格的,不准用于盛装出口商品。

对出口危险货物包装容器实行危包出口质量许可制度,生产单位须向检验检疫机构登记,申请办理出口质量许可证。危险货物包装容器须经检验检疫机构进行性能鉴定和使用鉴定后,方能生产和使用。

依据联合国制定的"危险货物运输建议"和国际海事组织制定的国际海运危险货物规定,危险货物共分为9大类:爆炸类;压缩、液化或加压溶解的气体;易燃液体;易燃固体;氧化剂和有机过氧化物;有毒物质和有感染性的物质;放射性物质;腐蚀品;其他危险货物。列入近3 000种危险货物。凡属于上述所列的危险货物,必须实施包装性能检验和使用鉴定。

运输包装性能检验的典型项目有跌落试验、堆码试验、气密试验、液压试验等。

4. 安全、卫生检验

根据《中华人民共和国食品安全法》和《进出口食品安全管理办法》规定，为保证食品安全，保障公众身体健康和生命安全，食品生产经营者应当依照法律、法规和食品安全标准从事生产经营活动，对社会和公众负责，保证食品安全，接受社会监督，承担社会责任。国务院设立食品安全委员会，国务院卫生行政部门承担食品安全综合协调职责，国务院质量监督、工商行政管理和国家食品药品监督管理部门，分别对食品生产、食品流通、餐饮服务活动实施监督管理。

商品安全检验主要是指电子电器类商品的漏电检验、绝缘性能检验和X光辐射等。商品的卫生检验是指商品中有毒有害物质及微生物的检验，主要包括：①细菌检验：不得检出沙门氏菌、志贺氏菌、猪丹毒、炭疽菌、肉毒杆菌、大肠杆菌等杂菌符合限量要求；②霉菌检验：对黄曲霉毒素等20多种可致癌霉菌毒素严格限量；③农药残留量检验：包括有机氯农药滴滴涕、六六六等数百种农药残留量严格限量；④食品添加剂检验：如防腐剂、发色剂、增香剂、发泡剂、漂白剂、乳化剂等严格限量；⑤有毒有害金属检验：对铅、锡、锌、砷、汞等有毒有害金属严格限量等。有的国家对有些食品还要求检验抗生素、雌激素、亚硝胺等有害物。一切食品中都不得有猪毛、苍蝇、鼠类、蚂蚁等杂质。对于进出口商品的检验，除上述内容外，还包括货损鉴定、集装箱检验、进出口商品的残损检验、出口商品的装运技术条件检验、产地证明、价值证明以及其他业务的检验。

四、商品检验工作程序

商品检验工作程序如图4-1所示。

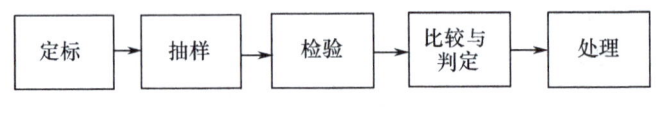

图4-1 商品检验工作程序

1. 定标

定标是指检验前根据合同或标准规定，明确技术要求，掌握检验手段和方法以及商品合格判定原则，制订商品检验计划，并确定检验批。

检验批是指一次检验所有商品构成的整体。正确确定检验批，对于简化检验结果的处理工作、确切反映商品的质量，有着重要的意义。

确定检验批必须遵循如下准则：①同一检验批的商品必须同品种、同规格、同花色、同进货批次；②对标有质量等级的商品，必须是同一质量等级。

2. 抽样

抽样是按合同或标准规定的抽样方案，随机抽取样品，使样品对商品批总体具有充分的代表性,同时要对样品进行合理的保护。在实际工作中,对商品质量进行抽样检验,首先要确定抽样方案。按质量特征,可分为计数抽样和计量抽样;按商品批量,可分为百分比抽样和随机抽样。

3. 检验

检验是在规定的环境条件下,使用规定的试验设备和试验方法,检测样品的质量特性。

4. 比较与判定

比较与判定是指通过将检测的结果与合同及标准所规定技术要求进行比较,根据合格判定原则,对被检商品合格与否做出判定。

5. 处理

处理是指对检验结果出示检验报告,反馈质量信息,并对不合格的商品及不合格商品批做出处理。

第二节 商品的抽样与抽样检验

商品抽样检验是在对商品进行质量检验时被普遍采用的一种检验方式。正确的商品抽样方法是保证获得准确检验结果的重要因素。

一、商品抽样的概念

商品抽样是指按合同或标准所确定的方案,从被检的商品批次中抽取一定数量具有代表性的、用于检验的单位商品(称样品)的活动。抽样又称取样或拣样。抽取的用于检验的样品的全体叫样本,样本中所含有的样品数量称样本量,通常用 n 来表示。

二、抽样的方法

用哪种方法抽样,对准确判定整批商品的平均质量有重要影响。因此,在不同的情况下应选择不同的抽样方法。常用的抽样方法有随机抽样法、典型抽样法和百分比抽样法。

1. 随机抽样法

随机抽样法是指抽样时不带任何主观因素进行抽样,而是随机地抽取样品,使检查批次中每个单位商品被抽到的概率都相等的抽样方法。常用的随机抽样有如下四种:

(1)简单随机抽样。简单随机抽样是指在批量为 N 的商品批中随机抽取 n 个样品的抽样方法。共有 C_N^n 种抽法,每个样品被抽中的可能性都相同。此种方法适合于批量不大的商品。当批量较大时,操作起来比较复杂。

(2)系统随机抽样。系统随机抽样是指将商品批各单位商品编号,再按一定的规律(如一定的时间、一定的空间等)进行抽样。此种方法是一种比较科学的方法,可避免抽样人员的主观因素影响。但因有一定规律，所以此法不适合于产品质量缺陷呈规律性变化的商品。

（3）**分层随机抽样**。分层随机抽样首先把商品批划分成若干个小批（也叫层），使每层内商品质量尽可能均匀整齐，然后在每层按简单随机抽样抽取样品，最后将这些样品集中起来组成一个样本进行检验。这种方法能克服简单随机抽样法可能错过的集中性缺陷，尤其适用于批量较大且质量也可能波动较大的商品批，是目前使用最广、最多的一种抽样方法。

（4）**分段随机抽样**。分段随机抽样对于批量大、到货期不同且堆放地点较多的商品可分不同的时间段和地点随机抽取样品，将抽取的样品按先后顺序排列进行检验。

2. 典型抽样法

典型抽样法是按照商品的质量状况，抽取典型的样品，以较少的样品分析估计整批商品的质量状况。这种方法简便，但需要抽检人员经验丰富、抽验技巧好，带有一定的主观性。

3. 百分比抽样

按检验标准或合同规定的数量百分比从商品批中抽取样品，称百分比抽样。此种方法简便易行，易于操作，适用于批量大的商品。

三、抽样检验方法

科学的抽样检查是建立在数理统计基础上的抽样检查，已有60多年的发展历史，国际上对它的研究日益广泛深入，许多国家制定了抽样检查标准，如美国军用标准MIL-STD-105D，日本工业标准JIS 9015等。国际标准化组织早在1974年就决定采用美国军用标准105D作为国际标准，代号为ISO 2859—1974，1981年又通过了计量抽检标准ISO 3951—1981，1999年通过了国际标准ISO 2859.1：1999。我国于1981年第一次颁布了抽样检查标准GB/T 2828和GB/T 2829，以后又颁布了GB/T 8053、GB/T 8054、GB/T 6378，这些标准一直在修订，而新的抽样标准还在继续制定中。常用的抽样检验方法大致可为如下几类：

1. 依据商品质量特性不同划分

（1）**计量抽样检验**。计量抽样检验是从批量商品中抽取一定数量的样品（样本），检验此样本中每个样品的质量，然后与规定的标准值或技术参数进行比较，据此确定该批商品是否合格的方法。ISO 3951：2013和我国GB/T 6378—2008都属于这类方法标准。

（2）**计数抽样检验**。计数抽样检验是从批量商品中抽取一定数量的样品，通过对样品品质的检验，用计数方法来表示商品质量状况的抽样检验方法，如检验纺织布的疵点数。ISO 2859和我国GB/T 2828.1—2012、GB/T 2829—2002都属于这类方法标准。

2. 按方案是否随产品质量变化而调整划分

（1）**调整型抽样检验**。调整型抽样检验是指随着产品质量变化，按照规定原则，调整检查的宽严程度，从正常检查向加严检查或放宽检查转移的检验方法。该种方法适合于各批质量有联系的连续批商品的质量检验。

（2）**非调整型抽样检验**。非调整型抽样检验是指抽样检验方案不考虑商品批的质量变化，也没有转移规则，而是以确定的商品检验方案对商品批进行抽样检验的方法。此种方法对孤立批的商品质量检验较为适宜。

3. 依据抽取样本的个数划分

（1）**一次抽样方法**。一次抽样方法是指只需要抽取检验一个样本就可以作出该批商品是否合格判断的抽样方法。此法简单易操作，应用广泛，但平均样本量较对应的多次抽样方案量大。

（2）**二次抽样方法**。二次抽样方法是指同时抽取两个大小相同的样本，先对第一个样本 n 进行检验，若检验不合格品数 d 小于或等于预先指定的某个数值 A_c，则判定该批商品合格，若不合格品数大于或等于预先指定的另一某个数值 R_e，则判定该批商品不合格，如果检验不合格品数介于两个预先指定的数值之间，即 $A_c < d < R_e$，则对第二个样本进行检验，用两次检验结果综合在一起判断该批商品合格与否的抽样方法。

（3）**多次抽样方法**。多次抽样方法是指抽样检验时需要抽取三个或三个以上样本，才能对商品批做出合格与否判断的抽样方法。这种方法要求每次抽取的样本大小相同，但抽样检验次数多，合格判定数与不合格判定数也多。此种方法抽取的平均样本量少，能节省检验费用，但管理较复杂。对于产品批质量较好时，采用多次抽样法为宜。例如，我国 GB/T 2828.1—2012、GB/T 2829—2002 都采用五次抽样检验方法，ISO 2859 采用七次抽检方法。

（4）**逐次抽样方法（又叫序贯抽样方法）**。逐次抽样方法是指从商品批中每次抽取一个产品进行检查，根据检查结果，决定商品批合格与否或继续抽检，一直到能做出批合格与否的判定为止的抽样方法。

第三节　商品检验的方法

商品质量的检验方法是指获取商品质量检验结果所采取的检验器具、检验原理和检验条件的总称。商品质量检验的方法有很多，通常根据商品质量检验所利用的检验器具、检验原理以及检验条件，可将检验方法划分为感官检验法、理化检验法和实际试用观察法三大类。在实际检验工作中，可以根据商品的质量特性进行方法的选择或者将这些方法相互配合使用。

一、感官检验法

感官检验是由人的感觉器官的不同功能和实践经验,并借助一定的器具来测试评价商品的外形、外观、色泽、硬度、弹性、气味、手感、音色等质量特性做出评判的方法。简而言之,感官检验就是以人的感受刺激对商品质量做出评价,如图4-2所示。这种方法可以用"望、闻、问、切"由表及里、由此及彼、全面审评来概括。

由于感官检验法简便易行,快速灵活,成本较低,特别适用于目前还不能用仪器定量评价其感官指标的商品和不具备组织昂贵、复杂仪器进行检验的企业、部门和消费者,所以感官检验法的应用较为广泛。目前,它被广泛地用于食品、纺织、日用工业品、医药、家用电器等领域的检验。

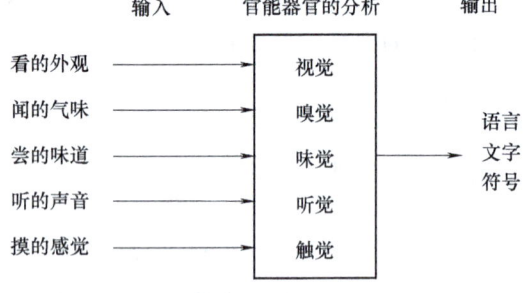

图4-2 感官检验示意图

【案例】

如何感官检验棉花

检验棉花品级,就是借助棉纤维的某些外观特征,利用人的感觉器官,观察纤维的组织形态、颜色、光亮度、手感弹性大小、拉力强弱等情况,经过迅速推理、判断分析,得出相应的品质结论。但是我们在日常的感官检验工作中有时会遇到一些品级可上可下、模棱两可的样品,与标准不符,难以把握而无法界定。遇到这种情况时可以用综合分析的方法来权衡质量条件予以处理。此法可以叫作五步综合类比法。其具体步骤如下:

"一抓"。首先用单手五指抓起小样。用力握紧放松,再握紧,再放松,如此反复多次,以手感回弹力的大小为依据,弹力大的应从上,弹力小的从下。

"二看"。看棉样的基色是否与标准相符,看棉样表面的光泽如何,色好光泽差的从下,丝光良好基色略差的不宜从下。看轧工好坏和染污重点多少,丝团、索丝等疵点多的从下,丝团、索丝很少,纤维松散舒畅的从上。染污多、重点明显的从下;反之,从上。

"三扯"。用双手平分法抽取一薄层纤维缓缓用力将其扯断,手感强力大的从上,小的从下。

"四揉"。用双手将棉样反复揉搓,好棉花不怕揉搓,次棉花经不住揉搓,会因色泽降低而原形毕露,应从下。

"五排比"。①将样品和国家标准排比;②将小样和标准左右交换位置排比;③和本批棉花已定级的小样对照排比；④将棉样撕开分上、中、下三个平面排比；⑤和本批小样中上下相邻的品级反复排比。经过"五排比"，再判定从上或从下。

（资料来源：魏振. 浅谈棉花临界品级的界定 [J]. 中国纤检，2005（9）：20）

当然，由于感官检验法可能会受检验者的生理条件、心理因素、文化素质、工作经验以及外界环境的影响，所以难免带有主观性，但它仍具有不可替代性。为了减少检验结果的误差，可采取实物标准法、多人评审法等方法来弥补不足。

根据感觉器官的不同，可将感官检验分为视觉检验、嗅觉检验、味觉检验、听觉检验和触觉检验。

1. 视觉检验

视觉检验是指利用人的视觉器官来检验商品的外形、结构、颜色、光泽以及表面状态、外观疵点、式样、包装的结构等来评定商品质量特性的检验方法。

视觉检验需要一定的条件，它对光线的强弱、照射方向、背景对比以及检验人员的生理、心理和专业能力等都有一定的要求，通常应在标准照明（非直射典型日光或标准人工光源）条件下和适宜的环境中进行。例如鉴定茶叶的汤色时，应在反射光线下进行。另外，检验人员不能有色盲等病态，而且应对检验人员进行必要的挑选和专门的培训。

视觉检验是一种应用极为广泛的检验商品的方法。例如检验茶叶的外形、叶底；水果的果色和果形；棉花色泽的好坏、疵点粒数的多少；罐头容器外观情况和内容物的组织形态；玻璃罐的外观缺陷；食品的新鲜度、成熟度和加工水平等。

2. 嗅觉检验

嗅觉检验是指利用人的嗅觉器官来鉴定商品的气味，以评定商品品质的检验方法。

嗅觉检验受检验人员的生理条件、检验经验及环境条件的影响很大，所以必须对检验人员进行测试，严格选择和培训。在检验中，还应避免检验人员的嗅觉器官长时间与强烈的挥发物质接触；鉴定场所、盛样器皿、鉴定者的手和衣着等物均不应有不利于嗅觉鉴定的异种气味；检验顺序应从气味淡向气味浓的方向进行，并注意采取措施防止串味等现象。

嗅觉检验广泛应用于食品和某些日用工业品（如医药、化妆品、香精、香料等）的商品检验。嗅觉检验对鉴别纺织纤维、塑料等燃烧后的气味差异也起到重要作用。

3. 味觉检验

味觉检验是指利用味觉器官，通过品尝食品的滋味与风味来鉴定食品品质的检验方法。

食品滋味检验人员对所检验食品滋味方面的知识和经验的丰富程度，是鉴定结果准确程度的基本条件。味觉检验要求检验人员注意被检验样品的温度与对照样品的温度一致，食品温度过高或过低，均能影响味觉鉴定的准确性。为保证滋味审评的准确性，检验用的样品应保持适宜的温度。例如，审评茶叶和植物油脂滋味时，茶汤和植物油脂的温度应保持在50℃左右。在一些检验细节上必须遵循一定的检验规程，如检验时不能吞咽物质，应使之在口中慢慢移动，每次检验前后必须用清水漱口等。

味觉检验主要用来鉴定食品，如糖、茶、烟、调料等味觉食品。食品的滋味和风味是决定食品品质的重要因素。同一原料来源的食品，由于加工调制方法的不同，滋味和风味也不同。质量发生变化的食品，滋味必然变劣，产生异味。所以味觉检验是检验食品品质的重要手段之一。

4. 听觉检验

听觉检验是指利用听觉器官，通过对商品发出的声音是否优美或正常来评判商品质量的检验方法。

听觉检验和其他感官检验一样，需要适宜的环境条件，即力求安静，避免外界因素对听觉灵敏度的影响。

听觉检验一般用来检查玻璃制品、瓷器（常敲击瓷器或陶器，根据声音判断品质是否正常，声音清脆悦耳，表明品质正常，声音嘶哑，是有裂纹的反映）、金属制品有无裂纹或其内在的缺陷；评价以声音作为质量指标的乐器、家用电器等商品；评定食品成熟度、新鲜度（如根据鸡蛋是否有水声，判断鸡蛋的新陈）、冷冻程度等。此外，听觉检验还广泛地用于塑料制品的鉴别、纸张的硬挺性与柔韧性、颗粒状粮食和油料的含水量及罐头食品变质的检验。

5. 触觉检验

触觉检验是检验者用触觉器官（手）触摸、按压或拉伸商品，根据商品的光滑细致程度、干湿、软硬、有无弹性、拉力大小、凉热等情况，判断商品品质的检验方法。

触觉检验时，应注意环境条件的稳定和保持手指皮肤处于正常状态。

触觉检验主要用于检查纸张、塑料、纺织品以及食品和其他日用工业品的表面光滑细致程度、强度、厚度、弹性、紧密程度、软硬等质量特性。

在感官检验过程中，由于种种原因可能会存在感官差别。为了对商品做出比较准确的评价，可以采用如下感官检验评价方法：

（1）差别检验。此种方法用于判定两种样品之间是否存在感官差别。例如检验某种商品样品与标准样品在感官特性上是否存在差别，或检验经过一段时间的储存后商品的风味是否改变等。

（2）使用标度和类别检验。此种方法涉及两种以上的商品。在经过差别检验并确定其具有明显差别的基础上，为进一步估计差别的顺序或大小，或估计样品应归属的类别而采用此种方法。它们主要有排序、量值估计、评分、评估、分类等。

（3）分析或描述性检验。此种评价方法要求评价员对构成商品的各个特性指标进行定性、定量描述，尽可能地完整描述商品品质。

（4）敏感性检验法。此种方法常用于选择与培训评价员。具体方法有检验和稀释检验两种类型。检验用于确定评价员的不同值,稀释检验用于确定可感觉到的混入食品中的其他物质的最低量。

二、理化检验法

理化检验法是在实验室的一定环境下,利用各种仪器器具和试剂作为手段,运用物理的、化学的及生物学的方法来测试商品质量的方法。它主要用于检验商品的成分、结构、物理性质、化学性质、安全性、卫生性以及对环境的污染和破坏性等方面。

理化检验技术性较强,对检验设备和检验条件要求严格,同时对检验人员有较高的素质要求。但因其能用数字定量地表示测定结果,客观、准确地反映商品质量情况,对商品质量鉴定具有较强的科学性,较感官检验客观和精确,因此理化检验法的应用越来越广泛。

理化检验根据其原理可分为物理检验法、化学检验法和生物学检验法。

1. 物理检验法

物理检验法是运用各种物理仪器来测定商品的各种物理性能和指标的一种检验方法。根据检验内容的不同,通常又分为一般物理检验法、光学检验法、热学检验法力学检验法和电学检验法等。

(1) **一般物理检验法**。这即运用各种量具、量仪、天平及专门仪器来测定商品的长度、宽度、细度、厚度、面积、体积、质量、密度、黏度、表面粗糙度等一般物理特性的一种方法。例如,检验棉纤维的长度和细度、水果个体的体积和重量、纸张和干燥无浆的纺织品每平方米的重量等。

(2) **光学检验法**。光学检验法是通过各种光学仪器(如光学显微镜、X 射线机、折光仪、旋光仪等)来检验商品各种光学特性的一种方法。检验的主要内容包括商品的微观结构、物理性质以及品质缺陷等。例如利用光学显微镜可观察、测量商品的细微结构(如观察纺织品中各种纤维的纵向及端断面形状),从而判断其性质。用 X 射线机可鉴定商品的内部结构(如观察金属制品内部是否有裂痕)。用折光仪可测定液体的折光率(如通过测定油脂的折光率,来判断油脂的新陈、掺假或变质)。

(3) **热学检验法**。热学检验法是通过热学仪器测定商品热学特性的一种方法。热学特性包括凝固点、熔点、沸点、耐热性、耐寒性、抗冻性、导热性、保温性等。玻璃和搪瓷制品、金属制品、化妆品、化工品、塑料制品、橡胶制品、皮革制品、建筑材料、石油产品和部分食品等,它们的热学性质都与商品的质量和品种有关。例如,搪瓷制品的耐热性测定,是将搪瓷制品加热到规定温度后,迅速投入冷水中,以珐琅层在突然受冷时不致炸裂和脱落的温度表示,温度差越大,耐热性越好。

(4) **力学检验法**。力学检验法是通过各种力学仪器(如万能试验机、拉力试验机、冲击试验机、扭转试验机、硬度试验机等)来测定商品的力学性能的一种检验方法。力学性能主要包括抗拉强度、抗压强度、抗疲劳强度、耐磨强度、硬度、弹性、塑性、脆性等。商品的力学性能与其耐用性密切相关。

(5) 电学检验法。电学检验法是通过电学仪器测定商品电学特性的一种检验方法。电学特性通常有电流、电压、电阻、电容、电导率、电功率、磁性、静电性等。通过商品的某些电学特性的测定（如电阻、电容等的测定），往往还可以间接测定商品的其他特性（如吸湿性、材质的不匀率等）。电学检验法可节省大量的材料，能迅速得出较准确的结果或数据，使用简便。

2. 化学检验法

化学检验法是通过各种化学试剂和仪器对商品的化学成分及其含量进行测定，从而判断商品品质的一种检验方法。根据具体操作方法，可分为化学分析法和仪器分析法两类。

(1) 化学分析法。化学分析法是根据检验过程中商品在加入某种化学试样和试剂后所发生的化学反应来测定商品的化学组成成分及含量的一种检验方法。该方法不仅设备简单，经济易行，而且结果也准确，是其他化学分析方法的基础。它适用于食品检验，包括营养素、食品添加剂、有毒有害物质及发酵、酸败、腐败等食品变质的成分变化指标测定；纺织品与工业品主要有效成分、杂质成分、有害成分的含量，以及耐水、耐酸碱、耐腐蚀等化学稳定性质方面的测定。

化学分析检验法分定性分析法和定量分析法两种：

1) 定性分析法。这是根据反应结果所呈现的特殊颜色或组合，在化学反应中生成的沉淀、气体等来判定商品成分的种类及其性质的一种方法。在定性分析中，多使用灵敏度高的鉴定反应。为了能正确判断结果，往往还要做空白试验和对照试验；同时还应注意反应溶液的温度、浓度、酸度干扰物质等影响。

2) 定量分析法。定量分析是在定性分析的基础上，准确测定试样中商品的成分含量的分析方法。按测定方法的不同，定量分析分为重量分析和容量分析。重量分析是根据一定量的试样，利用相应的化学反应，使被测的成分析出或转化为难溶的沉淀物，再将沉淀物滤出，经洗涤、干燥或灼烧后，准确地称其重量而计算出试样中某成分含量的分析方法。容量分析即用一种已知精确浓度的标准溶液与被测试样发生作用，由滴定终点测出某一组分含量的分析方法。常用的分析方法有氧化还原法、综合滴定法、沉淀法、酸碱滴定法等。

(2) 仪器分析法。仪器分析法是采用光、电等方面比较特殊或复杂的仪器，通过测量商品的物理性质或物理化学性质来确定商品的化学成分的种类、含量和化学结构以判断商品质量的检验方法。它包括光学分析法和电仪学分析法。

1) 光学分析法是通过被测成分吸收或发射电磁辐射的特性差异来进行化学鉴定的。常见的方法有比色法、分光光度法、发射光谱法、色谱分析法等。

比色法是用比较有色物质溶液的颜色作为确定含量多少的分析方法。它包括目视比色法和光电比色法。目视比色法是用眼睛比较被测溶液与标准溶液颜色深浅差异的方法。该法可以在复合光下进行测定，但标准溶液不能久存，经常需要在测定时同时配制。光电比色法是采用光电比色计测试的，即利用光—电效应测量光线通过有色溶液的强度的方法。这两种方法都是在可见光区内测定物质对光吸收强度来进行定量分析的。

分光光度法包括原子吸收光谱、红外光谱等。原子吸收分光光度法是一种基于物质所产生的原子蒸气对特定谱线（通常是待测元素的特征谱线）具有吸收作用而进行分析的方法。由于这种方法测定灵敏度高，特效性好，抗干扰能力强，稳定性好，适用范围广，加之仪器较简单，操作方便，因而应用日益广泛。

发射光谱法是根据原子所发射的光谱测定物质的化学组成的方法，即试样在外界能量的作用下转变成气态原子，并使气态原子的外层电子激发至高能态。当从较高的能级跃到较低的能级时，原子将释放出多余的能量而发射出特征谱线。对所产生的辐射经过摄谱仪进行色散分光，按波长顺序记录在感光板上，就可呈现出有规则的光谱线条，即光谱图。然后根据所得光谱图进行定性分析和定量分析。

色谱分析是一种分离技术。它的分离原理是，使混合物中各组分在两相间进行分配，其中一相是固定不动的，称为固定相，另一相是携带混合物流过此固定相的流体，称为流动相。当流动相中所含混合物流过固定相时，就会与固定相发生作用。由于各组分在结构和性质上的差异，流动相与固定相发生作用的大小、强弱也有差异，因此，在同一推力作用下，不同组分在固定相的停留时间有长有短，从而按先后不同的次序从固定相中流出，达到分离的目的。试样中各组分被分离后，再分别检测，最后由记录仪记录，得到色谱图。气相色谱仪应用相当广泛。但对于难挥发和热稳定性能差的物质，此法的应用仍受到一定限制。

近年来，随着基础理论研究和新技术的应用，还出现了许多其他新型的光学仪器法，如核磁共振波谱法、红外线检验法、紫外线检验法、X射线检验法、质谱仪检验法、荧光光谱法等。它们大都用于测定商品的成分和结构，特点是快速简便、准确、自动、灵敏。但由于样品前处理费时，仪器价格昂贵，对操作人员要求高，故其应用受到一定的局限性。

2）电化学分析法是利用被测商品的化学组成与电物理量（电极电位、电流等）之间的定量关系来确定被测商品的组成和含量。具体包括极谱法、电导滴定法、电位滴定法、电解分析法等。

电化学分析法的灵敏度和准确度均很高，由于测试中得到的是电学信号，因而易于实现自动化和连接电子计算机及连续分析。

3. 生物学检验法

生物学检验法是食品类、药类和日用工业品类商品质量检验常用的方法之一，一般运用于测定食品的可消化率、发热量和维生素的含量、细胞的结构与形状、细胞膜的特性、有毒物品的毒性大小等。它包括微生物学检验法和生理学检验法两种。

(1) 微生物学检验法。微生物学检验法是利用显微镜观察法、培养法、分离法和形态观察法等，对商品中所存在的有害微生物（如大肠杆菌、沙门氏菌、炭疽菌等）的种类和数量进行检验，并判断其是否超过允许限度的一种检验方法。由于微生物的形体很小，所以此法一般是借用显微镜进行的。

(2) 生理学检验法。生理学检验法是检验食品的可消化率、发热量及维生素和矿物质等营养素对机体的作用，以及食品和其他商品中某些成分的毒性等的一种检验方法。该法一般先用活体动物（如鼠、兔等动物）来进行试验，从而测定出食品的营养价值、有害物质的毒性等。只有经过无毒性（包括急性毒性及慢性毒性）试验，视情况需要并经有关部门批准后，才能在人体上进行试验。

三、几种常见商品的质量检验

1. 面粉质量的检验

面粉的检验通常采用感官检验。面粉的感官检验是通过鉴别其外观、气味、口味和色泽来判断面粉质量。

(1) 视觉检验。取少量面粉在手掌上，在白天散射光下，对着光线观察，正常的面粉呈白色或微黄，无杂色，不正常的面粉呈灰白色或深黄色，发暗、色泽不均匀。将面粉轻轻按平，对照标准样品观察鼓量，如果鼓量大且分布密，说明加工精度未达到要求。

(2) 嗅觉检验。正常面粉具有面粉固有的清香味。如面粉发酸，有苦味、霉味、哈喇味或其他异味，则属不合格面粉。

(3) 味觉检验。手捏一点干面粉放在嘴里，如果有牙碜现象，说明面粉含沙量高；如果味道发酸，说明面粉酸度高。味觉检验最好能将面粉做成熟食品尝，正常的面粉制成熟食后品尝有淀粉的"回香味"，口感细腻。

(4) 触觉检验。手抓一把面粉稍用劲捏，若面粉呈粉末状、无颗粒感，手捏后不松开不结块，可以判断面粉水分含量适中。若手捏后易成团、结块、发黏，则可以判断面粉含水分高，遇高温天气易发热、发霉变质。

2. 宝石真伪的鉴别

市场上出售的天然宝石有数十种之多，人造宝石也有十多种。用感官判断其真伪是最简便的方法。一般从如下几个指标来鉴别其真伪：

(1) 色泽。每种宝石都有其固有的色泽特征，但总的来说鲜明清澈不发暗的是真品。

(2) 透明度。各种宝石的透明度不一，如翡翠和祖母绿两者虽然极为相似，但透明度不同，祖母绿透明度差，钻石不透明。

(3) 色散。色散也叫出火。利用色散光琢成的天然宝石只有翠榴石、钻石等少数几种，大多数出火的宝石都是人工合成的宝石。

（4）裂开、断口。钻石、锂辉石等少数几种有裂开纹，一般的宝石断口呈贝壳状，有玻璃光泽。

（5）真宝石边棱锐利，手摸有冷感，表面有微小凹凸和裂纹及特殊花纹，密度较大。背面或表面有铸痕、密度较小的为假宝石。

3. 优质大米的鉴别

常用感官来判断大米质量的好坏，主要检验指标包括外观特征和米香味：

（1）外观特征。粒形有圆、中长、细长之别。优质大米米粒饱满，颗粒整齐均匀，质地透明或半透明，洁净，有光泽，纵沟较浅。气味喷香者为优质大米。品质较差的米，粒形不一，有断碎粒，不透明，无光泽，质地松软，有的米粒腰腹部和中心部位有不透明的白点。发霉的米粒多呈绿色、黄色、灰褐色、赤褐色，且光泽差，组织疏松。

（2）米香味。优质大米闻之有清新气味，放在口中细细咬碎，有清香甜润味道，蒸熟后米粒油亮，有嚼劲，香味四溢，油润可口。次米则无此特征。

4. 纤维材料的检验

纺织品纤维材料检验的方法很多，有手感目测法、燃烧法、显微镜观察法、溶剂溶解法、试剂显色鉴别法等。在一般情况下，一种方法大多不能准确地检验出纤维种类，需采用几种方法进行综合检测。

（1）手感目测法。通过用眼看和手摸面料的光泽色彩、光滑程度、黏涩干爽性、折皱性、弹性、柔软悬垂性等来鉴别面料的质量。进一步的还可从面料上拆下纱线，解捻后根据纤维的长短、长度的整齐度、柔软或粗糙等特征确定质量。例如棉织物手感柔软，布面干爽，色泽暗淡；毛纤维细而柔，毛织物手感温暖、滑糯挺爽、活络丰满、富有弹性，手捏放松后皱褶迅速恢复，光泽柔和，毛纤维较长，有卷曲；麻织物手感粗硬、坚韧、挺括、易皱、凉爽，布面有经纬向随机分布的节，麻纤维长度长、粗硬，因有胶质而集成小束；丝织物手感柔软、光滑爽洁、富有强力，揉搓时发出特有的丝鸣，丝纤维为长纤维，且有特殊的光泽；再生纤维织物手感平滑柔软，有湿冷感，色彩鲜艳，光泽柔和，用手捏紧放松后皱褶较多，且恢复慢，湿强力低，有光再生纤维长丝有金属般的光泽；不同品种合成纤维强度在外观手感上很相近，用手感目测法区别较难，一般用其他方法进行鉴别。

（2）燃烧法。从织物上拆下几根纱线或纤维，用镊子夹住，慢慢移近火焰，仔细观察纤维接近火焰、在火焰中以及离开火焰时燃烧的程度、气味和灰烬等的特征，据此可大致判断纤维种类。这种方法只适用于纯纺织物的鉴别，不适宜对混纺和交织织物以及经过防火、防燃等特殊处理后织物的鉴别。

（3）显微镜观察法。借助显微镜观察纤维的纵向和横截面形状，或配合染色等方法，可以区分纤维种类。

（4）溶剂溶解法。溶剂溶解法是利用各纤维在不同的化学溶剂中的溶解性来鉴别纤维的方法。这种方法应用较广泛。在手感目测和显微镜观察等初步鉴别后，再用溶剂溶解法加以证实,可以确定各种纤维的具体品种。利用溶剂溶解法鉴别纤维时,必须注意纤维溶解性能不仅与溶剂的种类,而且与溶剂的浓度、溶解时的温度与作用时间等都有关。因此,在具体测定时,必须严格控制试验条件。

第四节　商 品 品 级

商品品级是商品质量检验活动中的一个重要环节,它是对商品内在质量和外在质量的综合判定。

一、商品品级的概念

根据商品质量标准(包括实物质量标准)和实际质量检验结果,将同类同种商品划分为若干等级的工作,称为商品品级。

商品品级通常用"等"或"级"的顺序来表示,其等级顺序反映商品质量的高低,如一等(级)、二等(级)、三等(级)或甲、乙、丙等。商品质量等级的确定,主要依据商品的标准和实物指标的检测结果,由行业归口部门统一负责。

商品品级的合理划分有利于企业完善质量管理,不断提高商品质量,有利于对企业进行合理的效益评价,维护企业和消费者双方的利益,同时有利于物价部门的管理和监督,以形成优质优价、公平竞争的市场秩序,促进经济的健康发展。

二、商品品级的指标内容

商品种类不同,品级的指标内容也不一样。例如食糖按其主要成分(蔗糖)含量和杂质含量分等;鸡蛋按十个重量分级;茶叶按色、香、味、外形等感官指标分级;纺织布料以实物质量、物理指标、染色牢度和外观疵点四项综合定等(以其中最低一项指标定等);日用工业品的分级,一是根据商品外观疵点多少和这些疵点对质量的影响程度,二是根据商品理化性质与标准相差的程度来分级;乳和乳制品须同时按感官指标、理化指标、微生物指标进行分级等。对每种商品每一等级的具体要求和分级方法,通常在该商品标准中都已有明确规定。

许多商品还同时以特殊的标记来表明自身的质量等级。例如,瓷器是以底部的印记来表示等级的。图形印记"○"为一等品,印记"□"为二等品,印记"△"为三等品,不合格底部则印有"次品"字样。又如,布匹上字的颜色表示不同等级,红色字为一等品,绿色字为二等品,蓝色字为三等品,黑色字为等外品。

三、商品品级方法

商品品级的常用方法有记分法和限定缺陷法两种。

1. 记分法

常用的记分法有百分记分法和限定记分法两种。

（1）百分记分法。百分记分法是按照商品的各项质量指标的标准要求，规定各项指标一定的分数，再根据各项指标对商品品质的影响程度划分权重（重要的质量指标所占的权重大，次要的质量指标所占权重小）。如果商品的各项质量指标都符合标准规定的要求，则其总分就为100分；若其中某些指标达不到标准要求，则其相应的总分就低。分数总和达不到一定等级的分数线，等级也应降低。这种方法在食品和部分日用工业品的品级当中被广泛采用。

（2）限定记分法。限定记分法是将商品的每种疵点（即质量指标不符合质量标准）规定为一定的分数，据累计的疵点总分来确定商品的等级。疵点越多，总分越高，商品等级就越低。这种方法一般在纺织品和日用工业品进行品级时采用。例如，棉色织布的外观质量主要取决于其布面疵点，标准中将布面各种疵点分为七项，分别为破损性疵点、油污疵点、边疵点、径向疵点、纬向疵点、整理疵点和其他疵点。按疵点对布面影响程度确定各项疵点的分数，分数总和不大于10分为一等品，大于10分不大于20分的为二等品等。

2. 限定缺陷法

限定缺陷法是指通过在标准中规定商品的每个质量等级所限定的疵点种类、数量、不允许出现的疵点及成为废品的疵点限度来确定商品质量等级的方法。此种方法多用于工业品品级之中。例如全胶鞋13个外观指标中，一级品不准有鞋面砂眼；二级品中，砂眼直径不超过1.5mm，深不超过鞋面厚度。

案例分析

案例1　某公司出口半漂布遭索赔

我某外贸公司与欧洲G国签订了出口半漂布合同。根据双边贸易协定，我出口到对方的货物按我国国家标准验收。但是这批出口半漂布合同的品质条款规定交货品为一等品，每100m允许10个疵点以下，每个疵点让码10cm。我国出口后即遭对方索赔，G国认为我出口的500多万米半漂布不符合合同品质条款，提出高达110万美元的索赔要求。G国也承认，这个合同的品质要求实际做不到，但已签订了合同，就要赔偿，最后我方公司赔偿相当金额后了结此案。

分析

本案例材料涵盖了以下知识点：

（1）验收商品需要依据双边贸易协定的标准来进行检验，而本案例中的合同签订者则是另外定了一套品质规格和检验标准。

（2）合同签订者应有较高的业务素质，但我方的合同签订者实际上不懂业务，事实上我国标准规定每30cm允许10个疵点，而合同却完全离开了我国标准。这样就造成了本可以避免的损失。

案例2　更换包装袋遭索赔

我某公司出口某种化工原料，共500t，合同规定以"单层新麻袋，每袋50kg"包装，但我方装船发货时发现新麻袋的货物只够450t，剩余50t货物用一种更结实、价格也比新麻袋贵的涂塑麻袋包装，结果被对方索赔。

分析

本案例材料涵盖了以下知识点：
（1）包装也是贸易合同的要素之一，如果所用的包装材料与规定不符，就是违约。
（2）如果违约，买方有权拒收并提出索赔。

思考练习题

1. 什么是商品检验？其内容有哪些？
2. 什么是商品抽样？常用的商品抽样方法有哪些？
3. 感官检验法和理化检验法各有何特点？
4. 什么是商品品级？商品品级的方法有哪些？
5. 运用所学知识，结合自己的体验，对所熟悉的某一食品进行质量检验。
6. 查看某一日用工业品商品的质量标志，并对其质量做出评价。
7. 如何识别和防范假冒伪劣商品？
8. 观察分析你所生活的环境中使用的家用电器的质量状况。
9. 案例题：质量监督管理中的抽样取证

　　5月18日，H公司购得直径为10mm硬度为335HR的钢筋混凝土用热轧带肋钢筋19.5t，在运回过程中，被M市公安局交巡警中队检查时发现该批货无任何手续，遂移交市工商部门查处，该工商部门以H公司的上述货物无进货发票及质检报告，涉嫌销售不合格钢材，违反《产品质量法》的规定立案。同日，工商部门对上述公司的有关人员进行调查核实，确认上述事实后，依据《产品质量法》第十八条第一款第四项的规定，对上述货物予以扣押，并与H公司的代理人戴某共同从上述物品中以随机抽样方式抽样三根，每根1.2m，其中一根留样，两根送检，戴某在抽样取证记录上签名并注明"对抽样无异议"。

　　5月19日，该工商部门委托某产品质量监督检验机构进行检验。

　　5月20日，该质量监督检验机构出具检验报告，该报告的检验项目中纵肋高、间距、重量偏差三项的检验结果判定为不合格，其他项目均为合格，遂得出"样品经检验，不符合GB 1499.2—2007标准规定的要求，判该样品不合格"的检验结论。该检验报告同时注明"本所仅对来样负责，检验结果供委托者了解样品品质之用"。

5月21日,工商部门将检验报告送达H公司,该公司的代理人朱某签收,并注明"无异议"。

5月22日,工商部门对上述货物进行封存,其后履行处罚前的告知程序。

7月15日,工商部门以上述公司销售不符合国家标准的产品违反《产品质量法》为由,做出行政处罚决定,责令停止销售,没收被封存的货物。

H公司不服该处罚决定,向法院提起行政诉讼。经审理,法院认为:工商部门抽样鉴定程序违法,判决撤销行政处罚决定。

问题:如果让你对这批货物进行检验,检验的依据是什么?应注意什么问题?

第五章

商品包装与运输

商品包装对保护内装商品、提高运输质量、促进商品销售、合理指导消费等都有着不可替代的作用。本章通过阐述包装的概念和作用，分析了商品包装的种类，商品包装材料的选用应注意的事项，并在此基础上进一步分析了销售包装涉及的主要内容、商品包装标识与商标，同时论述了商品运输的有关内容。

【案例】

一个价值600万美元的玻璃瓶

说起可口可乐的玻璃瓶包装，至今仍为人们所称道。1898年，当时可口可乐公司的决策者钱德勒（Asa Chandler）在市场上看到一种玻璃瓶，该瓶子的结构中大下小，刚好能装下一杯水，瓶形的中下部采用扭纹形设计，易握不易滑落，安全实用，而且瓶子的整体设计十分美观，因此钱德勒认为该瓶子非常适合作为可口可乐的包装。于是他主动向瓶子的设计者亚历山大·山姆森提出购买这个瓶子的专利。经过一番讨价还价，最后可口可乐公司以600万美元的天价买下此专利。

在100多年前，600万美元可是一项巨大的投资，然而实践证明可口可乐公司这一决策是非常成功的。自从采用亚历山大·山姆森设计的玻璃瓶作为可口可乐的包装以后，可口可乐的销量飞速增长，在两年的时间内，销量翻了一倍，自此采用山姆森玻璃瓶作为包装的可口可乐开始畅销美国，并迅速风靡世界。600万美元的投入，为可口可乐公司带来了数以亿计的回报。

（资料来源：http://bschool.hexun.com/2010-12-13/126144342.html）

第一节　商品包装概述

一、包装的概念

包装的概念是随着包装的发展而发展的。早期的观点认为，包装是容纳物品的器具，或是对物品进行盛装捆扎以对容纳物施予保护的材料。这种观点是从静态的角度来看待包装，即包装是一种手段。现代的包装定义是用整个物流环节中的动态观点表达的。

国家标准 GB/T 4122.1—2008《包装术语　第 1 部分：基础》中对包装的定义为："包装（package，packaging）为在流通过程中保护产品，方便储运，促进销售，按一定技术方法而采用的容器、材料及辅助物等的总体名称。也指为了达到上述目的而采用容器、材料和辅助物的过程中施加一定方法的操作活动。"

这一定义除了说明包装是一种技术和方法外，进一步强调包装在商品流通中的作用，明确指出包装是一种活动，它可以使商品处于稳定状态，使商品在运输、保管、装卸搬运时保持完好无损并便于销售。

二、包装的基本功能

商品的发展，对包装的功能要求越来越多。但包装最基本的功能有四个，即容纳功能、防护功能、便利功能和促销功能。

1. 容纳功能

容纳功能是商品包装最基本的功能。有些商品本身没有一定的集合形态，例如纯净水、医用氧气等液体、气体或粉末状商品，借助包装的容纳作用可使这些商品聚成特定的形态。如果没有包装，这些商品就很难运输、储存和销售。即便是固定的商品，通常也需要用包装包裹起来。例如，对一些结构复杂的商品，包装的容纳功能使其外形整齐划一，形成标准单元，便于组合成较大的包装；对一些质地松散的商品，如果可以将包装的容纳功能与合理压缩等包装技法相结合，如真空包装的茶叶，就可以充分利用包装容积，节约包装费用，节省储运空间，实现效用最大化。

我们日常见到的集装箱、托盘等具有集合化功能的物品，是包装容纳功能的延伸，它把许多个体或个别包装物统一集合起来，化零为整，化分散为集中，这种集合的容纳不仅有利于商品运输，同时也可以减少流通费用。

2. 防护功能

包装的防护功能有两方面的含义。一方面，包装能够防止被包装物在物流过程中受到质量和数量上的损失；另一方面，包装能够防止危害性内装物对与其接触的人、生物和环境造成危害或污染。

被包装物在流通过程中，最易受到外来因素的影响。维护商品质量，保护商品安全，是包装的主要目的，也是商品正常流转的必要条件，因此防护是包装的最基本功能。一般要求包装能够保持被包装物化学成分的稳定性及鲜活物的正常生理活动，防止其在流通中的损坏、变质；防止由于潮气及光线所引起的商品劣化以及来自鼠虫的危害；对物品施加保护，防止运输中的振动、装卸时的碰撞等各种外力所带来的损伤，保持物品的技术性能；防止由于封装不当造成散失、丢失和盗失；保护人、生物和流通环境的安全，对那些具有易燃、易爆、易腐、有毒、放射性物品，应采用特殊包装并打上危险货物标志和说明文字，防止流通过程中污染环境，保障人和生物安全。为此，应根据商品的特性和运输、储存条件，选择适当的包装材料、包装容器和包装技法，对商品进行合理包装，充分发挥包装的防护功能，最大限度地减少商品损耗。

3. 便利功能

商品包装的实施对商品在流通领域的流转和消费领域的使用都提供了便利，这对于提高工作效率和生活质量，都有着重要作用。包装的便利功能应体现在以下几方面：

（1）便于流通。包装为商品流通提供了条件和方便。将商品按一定的数量、形状、规格、大小以不同的容器进行包装，而且在商品包装外面通常都印有各种标志，反映被包装物的品名、数量、规格、颜色以及整体包装的体积、毛重、净重、厂名、厂址及储运中的注意事项等，这样既有利于商品的分配调拨、清点计数，也有利于合理运用各种运输工具和仓容，提高运输、装卸、堆码效率和储运效果，加速商品流转，提高商品流通的经济效益。

（2）便于储运。经过适当包装的商品，包装件的外形符合一定的规格，这便于仓库存储的堆码叠放，提高仓库利用率和增加车船等运输工具的装载能力，因此能够较合理地利用物流空间。整齐规矩的包装外形也便于运输搬运，为装卸活动提供方便，因此能提高装卸作业效率。包装件外表面的储运标志能方便商品的清点，减少货差，从而提高验收工作效率。

（3）便于使用。合适的包装，应使消费者在开启、使用、保管、收藏时感到方便。如用胶带封口的纸箱、易拉罐、便携式包装等，以简明扼要的语言或图示，向消费者说明注意事项及使用方法，以方便使用。

（4）便于处理。便于处理是指部分包装具有重复使用的功能或者可以回收再生。例如各种材料的周转箱，装啤酒、饮料的玻璃瓶，包装废弃物（纸包装、木包装、金属包装等）的回收再生，利于环境保护，也有利于节省资源。

总之，正确、适当的包装，可以缩短各流通环节的作业时间，加速商品流转速度，提高工作效率，降低商品的流通费用。

4. 促销功能

精美的商品包装，可起到美化商品、宣传商品和促进销售的作用。包装既能提高商品的市场竞争力，又能以其新颖独特的艺术魅力吸引顾客、指导消费，成为促进顾客购买的主导因素，是商品的无声推销员。一方面，包装尤其是特异包装的形状及构造，具有吸引顾客的魅力；另一方面，包装运用文字、图案、色彩等手段引起顾客的购买欲望，通过装潢艺术的特有语言，在瞬间引起顾客的注意，起到宣传介绍商品、推销商品的作用。另外，有些包装还具有潜在价值。例如，美观适用的包装容器，在内装物用完后还可以用来盛装其他物品；造型独特别致的容器，印刷精美的装饰，不但能提高商品售价，促进商品销售，同时还可以作为艺术鉴赏品收藏。优质包装在提高出口商品竞销力、扩大出口创汇、促进对外贸易的发展等方面，均具有重要意义。

这四大功能是最基本的功能。一般而言，包装的四大基本功能是彼此联系、相辅相成的，它们通过包装容器被融为一体，并通过包装容器而共同发挥作用。

三、包装的种类

1. 按包装在流通领域的作用分类

按包装在流通领域的作用不同，可分为物流包装和商流包装两大类。

（1）物流包装。物流包装主要包括运输包装、托盘包装和集合包装。

1）运输包装。根据国家有关标准，运输包装被定义为：以运输贮存为主要目的的包装。它具有保障商品的安全、方便储运装卸、加速交接和点验的作用。

2）托盘包装。根据国家有关标准，托盘包装定义为：以托盘为承载物，将包装件或产品堆码在托盘上，通过捆扎、裹包或胶粘等方法加以固定，形成一个搬运单位，以便使用机械设备搬运。

3）集合包装。将一定数量的包装件或商品，装入具有一定规格、强度，适宜长期周转使用的大包装器内，形成一个合适的装卸搬运单位的包装。例如集装箱、集装托盘、集装袋等。

集合包装的出现一方面进一步提高了物流效率和顾客服务水平；另一方面也是对传统储运的更大改革，使传统的物流发生了较大的变化。

（2）商流包装。商流包装就是我们所说的销售包装，根据我国国家有关标准的定义，商流包装为：是直接接触商品，并随商品进入零售网点和消费者或客户直接见面的包装。

商流包装在设计时重点考虑的是包装造型、结构和装潢。因为与商品直接接触，因此，对于包装材料的性质、形态、式样等因素，都要从保护商品着想，结构造型要有利于流通。包装的图案、文字、色调和装潢要能吸引顾客，刺激顾客的购买欲，为商品流通创造良好的条件。另外，包装单位要适宜顾客的购买量和商店设施条件，同时具有一定的保护功能和方便功能。

2. 按包装形态层次分类

按包装形态层次分为单件包装、内包装、外包装。

（1）单件包装。单件包装又称小包装、个体包装，是指直接用来包装物品的包装，通常是包装和商品形成一体，在销售中直接到达用户手中。单件包装属于销售包装。包装上的标识和图案、文字起到指导消费、便于流通的作用。

（2）内包装。内包装是指包装物品的内部包装，即考虑到水分、潮湿、光射、热源、碰撞、振动等因素对物品的影响，选择相应的材料或包装物对物品所做的保护性包装。内包装在流通过程中起到保护产品、简化计量和方便销售的作用。

（3）外包装。外包装通常是指包装货物的最外层包装。外包装起到保护商品、简化物流环节等作用。

3. 按包装材料分类

以包装材料作为分类标志，一般可分为以下几类：

（1）纸制包装。它是以纸与纸板为原料的包装，包括瓦楞纸箱、其他纸箱、纸桶、纸盒、纸袋、纸管等。纸制包装作为一种传统包装在现代商品包装中扮演着重要角色，在环境保护和包装材料回收利用方面有着广阔的发展前景。

（2）木制包装。它是以木材、木材制品和人造板材（如胶合板、纤维板等）制成的包装，主要包括木箱、木桶、胶合板箱、胶合板桶、木制托盘等。精密仪器、设备等多采用木制包装。

（3）金属包装。金属包装是指以黑铁皮、白铁皮、马口铁、铝箔、铝合金等制成的各种包装，主要有金属桶、金属盒、钢瓶等。

（4）塑料包装。塑料包装是指以人工合成树脂为主要原料的高分子材料制成的包装。目前主要的塑料包装材料有聚乙烯（PE）、聚氯乙烯（PVC）、聚丙烯（PP）等。塑料包装制品主要有塑料桶、塑料盒、塑料瓶、塑料袋等。

（5）玻璃与陶瓷包装。玻璃与陶瓷包装是指以硅酸盐材料玻璃与陶瓷制成的包装，主要有玻璃瓶、玻璃管、玻璃杯、玻璃罐、陶瓷罐、陶瓷坛等。

（6）纤维制品包装。纤维制品包装是指以棉、麻、丝、毛等天然纤维和以人造纤维、合成纤维的织品制成的包装，主要有麻袋、布袋、编织袋、纺织网等。

（7）复合材料包装。复合材料包装是指以两种或两种以上材料粘合制成的包装，也称为复合包装，主要有铝箔与纸、纸与塑料、塑料与铝箔、塑料与木材等制成的复合包装。

4. 按包装容器的特征分类

（1）按照包装容器的变形能力分为软包装和硬包装。

（2）按照包装容器的形状分为包装袋、包装箱、包装盒、包装瓶、包装罐等。

（3）按照包装容器的结构形式分为固定式包装、折叠式包装、拆解式包装。

（4）按照包装容器使用的次数分为一次性使用包装、多次使用包装、固定周转使用包装。

5. 按包装的内装物分类

商品包装可按商品种类不同而区分成建材商品包装、农牧水产品商品包装、食品和饮料商品包装、轻工日用品商品包装、纺织品和服装商品包装、化工商品包装、医药商品包装、机电商品包装、电子商品包装、兵器包装等。

各类商品的价值高低、用途特点、保护要求都不相同，它们所需要的运输包装和销售包装都会有明显的差异。

四、包装选用的原则

在包装选用上应遵循三个基本原则：

一要符合国情。包装选用从宏观上应遵循的原则是符合国情。也就是说，包装要符合一个国家的实际商品生产、流通、销售条件，要符合广大消费者的消费特点，要符合一个国家的资源条件等。

二要满足消费者消费商品的需要。包装选用从微观上应遵循的原则是看它是否满足消费者消费商品的需要，包括物质、精神和经济三方面的需要。

三要取得最佳社会经济效益。包装选用应遵循社会经济效益原则。这里，效益是指所有的社会经济效益，包括社会整体、企业、个人三方面所取得的效益。

第二节　商品包装材料与包装技法

一、包装材料的概念

1. 定义

包装材料是指用于制造包装容器和构成产品包装的材料的总称。包装材料是不断发展的。为了满足流通的需要，早期人类采用天然材料作为包装材料，制成如皮囊、箩筐、陶器等包装物来容纳、保存和运输商品。随着科技的发展，包装材料也就由天然材料更多地发展为工业化材料，如纸、金属、玻璃和塑料等。包装材料既包括运输、包装装潢、包装印刷中所使用的材料以及包装辅助材料，如纸、金属、塑料、玻璃、陶瓷、竹木与野生藤类、天然纤维与化学纤维、复合材料等，又包括缓冲材料、涂料、胶粘剂、捆扎和其他辅助材料等。

2. 分类

包装材料可以从下列不同的角度进行分类：

（1）按材料的来源可分为天然包装材料和加工包装材料。

（2）按材料的软硬性质可分为硬包装材料、软包装材料和半硬（介于软硬中间）包装材料。

（3）按材料的材质可分为木材、纸与纸板、塑料、玻璃与陶瓷、金属、复合材料和其他材料。

二、包装材料的性能要求

包装材料的性能涉及许多方面，为满足包装功能的需要，从现代商品包装所具有的使用价值来看，包装材料应具有以下几个方面的性能：

1. 安全性能

安全性能是指包装材料与内装商品特别是食品直接接触时，不能给内装物带来污染，不能危害使用者的健康。这就要求包装材料本身应无毒、无异味、无菌，甚至具有杀菌作用。目前更应该引起人们重视的是包装材料成分迁移的安全性。在一定条件（温度、溶剂、接触面、长时间储存）下，塑料包装材料中的增塑剂、抗氧化剂以及金属包装材料中的锡等有害物质，会通过扩散迁移到内装商品特别是食品上，形成潜在毒性。因此，各种包装材料成分的迁移最大值应在其安全要求范围内。

2. 适当的保护性能

保护性能主要是指保护内装产品，防止其损伤、散失、变质等。为保证内装产品质量，防止其变质，应根据不同商品采用不同的包装材料。商品包装保护性能的优势，主要取决于包装材料的机械强度、防潮、防水性、耐酸、碱腐蚀性、耐热、耐寒性、透光、透气性、防紫外线穿透性、耐油性、适应气温的变化性、无毒、无异味等。

3. 易加工操作性能

易加工操作性能主要是指材料根据包装要求，容易加工成容器且易包装、易充填、易封合、效率高并适应自动包装机械操作的性能。这些性能主要取决于包装材料的刚性、挺性、光滑度、易开口性、切削钉着性、可塑性、可焊性、可锻性、可粘（缝）性、可涂覆印刷性、防静电性等。

4. 外观装饰性能

外观装饰性能主要是指材料的形、色、纹理的美观性。外观装饰性能好的材料可以产生陈列效果，提高商品档次，满足不同消费者的审美需求和激发消费者的购买欲望。外观装饰性能的发挥主要取决于包装材料的透明度、表面光泽、印刷适应性、不因带电而吸尘等。

5. 方便使用性能

方便使用性能主要是指由材料制作的容器盛装产品后，消费时便于开启包装和取出内装物，便于再封闭而不易破裂等。

6. 节省费用性能

包装材料应来源广泛，取材方便，成本低廉。节省费用性能主要是指经济合理地使用包装材料，从而达到节省包装材料费用、包装机械设备费用、劳动费用、储运费用，提高包装效率、自身质量等目的。

7. 易回收处理性能

易回收处理性能主要是指包装材料要有利于环保，有利于节省资源，对环境无害，尽可能选择绿色包装材料。对此要研究包装废弃物的回收、复用和再生等。

包装材料的有用性能，一方面来自材料本身的特性，另一方面还来自各种材料的加工技术。随着科学技术的发展，各种新材料、新技术的不断出现，包装材料满足商品包装的有用性能在不断完善。

三、包装材料的选用

商品包装首先考虑的问题是如何选择包装材料。选择包装材料应当同时兼顾以下三个方面：①用备选材料制成的容器必须保证内装物在经过流通和销售的各个环节之后，最终能质量完好地到达消费者手中；②包装材料必须满足包装成本方面的要求，经济可行；③备选材料必须兼顾生产厂家、运输销售部门和消费者的利益，使得三方面都能接受。因此，在选用包装材料时，应注意以下几点：

1. 包装材料能有效保存包装物

延长商品的有效保存期，是选择包装材料最重要的目的之一。现代商品的大批量生产、大范围的销售与产品质量的稳定性，都要求延长商品的有效保存期。一般来说，商品的有效保存期与流通期之比为2:1。也就是说，商品有效保存期的一半是消耗在流通过程中的。为了使产品在流通期间不发生变质，容器的材料选择很重要。在商品流通过程中，经常会发生气候条件和运输条件的变化，有些地区鼠害与虫害严重，因此有些包装物（如粮食和食品），应该选用强度和阻隔性能较好的包装材料，以防止鼠害与虫害。

2. 包装材料能适应流通环境

流通环境条件在很大程度上左右着包装材料的选择，它包括流通环境的气候条件、运输方式、运输范围、流通周期四个方面。

就气候条件而言，我国从南到北历经多个温度带，气候变化很大。南北方冬季温差超过30℃，相对湿度也相差悬殊。商品流通期间，包装材料的选用要注意其对高温、高寒的适应性以及耐湿性。

就运输方式而言，飞机、火车、汽车、船舶运输以及人工挑运等不同的运输方式对包装材料性能要求不同，水上、陆地、空中运输过程，除温、湿度情况相差甚大外，物体振动情况大不一样，因此，选用包装材料既要考虑材料耐温、耐湿性能，又要考虑材料的强度和可塑性等。

就运输范围而言，不同的国家（或地区）由于其民族的生活习惯及宗教信仰的不同，对于商品的包装要求不同，他们有自己的运输和包装法规，如色彩标志、包装材料规格以及检疫法等，因此在选用包装材料时，除要考虑地理因素外，还要考虑国情的不同。

就流通周期而言，由于消费习惯的差异，不同的商品在不同的地区流通时，商品的流通周期是各不相同的。选用包装材料要适应预计流通周期的要求，还要注意流通周期有随季节变动而变动的特点。

3. 包装材料能与包装单元相协调

内包装与外包装对于包装物所起的保护作用是不相同的。某种包装材料用于哪一方面才能充分发挥其包装功能，必须认真加以探讨。

内包装所使用的材料直接与产品相接触，所以包装材料必须能起到保护产品质量的作用。内包装所用的材料通常是软包装材料，如塑料薄膜、纸、箔材、布以及复合材料。内包装还具有装潢与缓冲功能，要求适于装潢印刷、表面有光泽、易于机械加工、填装方便、容易封装等。外包装是商品最外层的包装，除了要求有装潢与缓冲作用外，还要能承受运输过程中发生的冲击、撕裂等，常采用硬性包装材料，如瓦楞纸板、塑料、胶合板等。

常见的三种包装单元是：以重量为单元的包装、以价格为单元的包装和集合包装。以重量为单元的包装，如化肥、粮食、食品等，每一个独立包装是具有一定重量的若干产品的集合，一般要求包装材料的密度要小，重量要轻；以价格为单元的包装，如服装、玩具、日用品等，每一个独立包装是具有一定价格的若干产品的集合，一般要求包装材料的费用尽量小；集合包装可以降低流通费用，减少流通过程对包装物的损伤，对内装物与外包装材料的强度要求也可进一步降低。

4. 包装材料与包装物的档次一致

被包装物的种类及价格等的不同，所采用的包装材料有很大区别。

贵重被包装物（如精密仪器仪表、高档电器、照相器材、金银首饰等）一般选用性能良好的高档包装材料，主要考虑到能使被包装物得到完好的保护，以确保商品流通时的安全，至于包装材料费和包装作业费就是次要问题了。

一般包装物只要根据其种类、形状大小和质量，着眼于降低包装材料费和包装作业费、方便开箱作业，选用适当的包装规格和包装材料。

日用品和盥洗用品多属于低档商品，应当尽量降低包装材料费、包装作业费和运输费用，使消费者感到经济适用、货真价实。

5. 包装材料应能满足市场营销活动的要求

在激烈的市场竞争中，商品销售的成败，与商品的包装有着一定的联系。精美的包装可以起到促进销售的作用。商品包装材料的选择是包装设计的基础，它主要考虑材料的颜色、挺度、透明性以及价格等因素。

(1) **颜色**。从材料的颜色来看，不同的颜色会使人产生不同的联想。在食品包装上，使用色彩艳丽明快的粉红、橙黄、橘红等颜色可以强调出食品香、甜的嗅觉、味觉和口感。烟酒类食品常用典雅古朴的色调，给人在生理上产生味美、醇厚的感觉，在心理上表明它有悠久历史的名牌感受。

（2）**挺度**。从材料的挺度来看，挺度越好的材料，货架陈列效果越佳，与相应的颜色相配合，给消费者带来的视觉冲击越大，无形中会使商品的外观给人以美观大方的感觉。

（3）**透明性**。从材料的透明性来看，透明包装材料更加便于消费者了解内装物的形状、颜色等特点，尤其是一些小商品，包装的透明性可以使商品直接做广告。

（4）**价格**。从材料的价格来看，价格对内装物的销售有很大影响，特别是礼品包装，材料价格高、装饰效果好、保护性好是一般人的心理期望。但是对于日常消费品，包装材料价格越低，越易受到消费者的欢迎，使消费者产生货真价实、物有所值的感觉。

四、主要包装材料

1. 木材

木材主要是指由树木加工成的木板或片材。木材是一种优良的结构材料，长期以来，一直用于制作运输包装，适用于大型的或较笨重的机械、五金交电、自行车以及怕压、怕摔的仪器和仪表等商品的外包装。近年来，木材虽然有逐步被其他材料所代替的趋向，但仍在一定范围内使用，在包装材料中约占25%左右。包装工业越发达，木制包装在整个包装材料中的比重会越低。

2. 纸和纸板

纸和纸板作为传统包装材料，发展至今仍是现代包装的重要支柱材料之一。纸属于软性薄片材料，无法形成固定形状的容器，常用来做裹包衬垫和口袋。纸板属于刚性材料，能形成固定形状，常用来制成各种包装容器。以纸和纸板为原料制成的包装，统称为纸制包装。纸制包装应用十分广泛，其产值约占整个包装材料产值的45%左右，不仅用于百货、纺织、五金、电信器材、家用电器等商品的包装，还适用于食品、医药、军工产品的包装。在现代商品包装中，用纸和其他材料复合给商品销售包装增添了异彩；用纸加工成高强度瓦楞纸板，给运输包装开辟了新路。

瓦楞纸板是将原纸先压成瓦楞状，然后利用胶粘剂将两面粘上纸板制成的。其纸板中间呈现一个个相连的小拱形门状的空心结构，从平面上能承受一定的压力，因而富有弹性，缓冲力强，能起到防振和保护内装商品的作用。瓦楞形状可分为U形、V形、UV形三种。瓦楞纸板又分为单面、双面、双瓦双面和三瓦双面四个种类，如图5-1所示。

3. 塑料

塑料包装是指各种以塑料为原料制成的包装的总称。塑料是20世纪中叶发展起来的新材料，为现代商品包装提供了变革性的材料基础。它的大量出现改变了整个商品包装的面貌。进入21世纪，塑料更是以其巨大的优越性席卷了包装的各个领域，出现了全面取代或部分取代纸、木、玻璃等包装材料的趋势。也可以说，现代包装技术是随着塑料工业的发展而发展起来的。

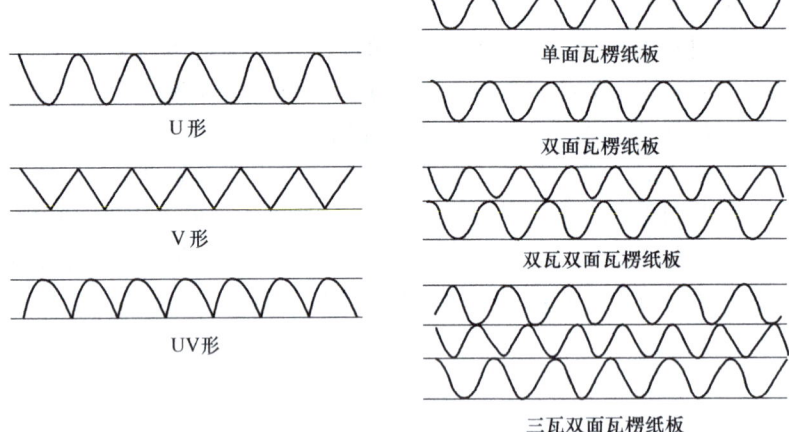

图 5-1　瓦楞纸板示意图

塑料是一类多性能、多品种的合成材料。塑料作为新颖别致的包装材料，大大改变了整个商品包装的面貌。塑料在整个包装材料中的比例仅次于纸和纸板，包装用塑料的占有量占塑料总消费量的 1/4，在许多方面已经取代或逐步取代了传统包装材料。

4. 金属

金属包装材料也是传统包装材料之一。我国早在春秋战国时期，就采用青铜制作各种容器，南北朝时期有以银作为酒类包装容器的记载。金属包装发展速度快、品种多，包装用金属材料主要是钢材、铝材及其合金材料。包装用钢材包括薄钢板、镀锌低碳薄铁板、镀锡低碳薄钢板（俗称马口铁）；包装用铝材有纯铝板、合金铝板和铝箔。

【案例】

包装选材不当引起货物运输途中变质

HJ 物流公司承运了装有某客户一批出口小五金的四个 20ft（1ft = 0.3048m）集装箱，当箱子经过海上漫长的航行最终交到收货人之手时，收货人发现仅有一个集装箱的货物完好无损，其他箱子中的货物表面都有不同程度的霉点和锈蚀。收货人当即与发货人交涉，将两个集装箱受损较轻的货物做半价处理，然后将货物受损最严重的集装箱原箱退还，致使发货人直接损失 40 多万元人民币。发货人蒙受如此严重的损失，当即向 HJ 物流公司提出索赔。

HJ 物流公司曾为此客户运输过多批同类货物，从未发生过这类事故。当退运箱子在港口由国家检验机构进行公证检验时，在现场调查取证中未发现该箱子上有洞，没有箱外水分侵入箱内的证据，可以排除外水入侵。但是箱内确有大量水汽，因为在箱门打开时发现箱顶水珠密布，箱子地板上也是水渍严重，而且地板四周比中间水印深，摆放在四周的货物受损也比在中间的严重一些,可见这些水分正是致使箱内货物受损的元凶。

装箱时货物都是好好的,密封的集装箱内的大量水分是从哪里来的呢?为何同一工厂生产的同类货物,同一批发运有的货物完好无损,有的严重受损呢?经过仔细分析这四个箱子的装箱单,发现由于这批小五金货物品种、批号和规格都不同,轻重不一,因而采用了不同的包装,一些较轻的五金件用纸箱包装,较重的则用木箱包装。其中一只集装箱全是纸箱包装,货物完好无损;两只受损较轻的箱子中则是部分用纸箱包装,部分用木箱包装;而退还的箱子中的货物几乎全是木箱包装,受损也最为严重。因此,从不同的包装上很可能追查到货物受损的原因。

经过仔细调查,发现该批货物的包装木箱是为赶工期突击加工出来的。为赶工期就无法严格按照工艺要求生产,加工这批木箱用的板材能否烘干到工艺要求以控制水分就会很成问题。如上述,已排除了外水入侵,箱内所装货物均为金属制成,本身不含水分。现场开箱时发现的大量水分只可能有一个答案:就是这些不符要求的木箱带进去的。

那么仅仅一些木箱木材水分超标就能带进这么多水分吗?有关资料显示,一般自然干燥的木材含水量在15%左右;刚砍伐下来的木材含水量35%。如果一个集装箱里装了300只木箱,每只木箱以毛重3.5kg计算,若木材中含有20%的游离水分(即可以挥发或蒸发掉的水分),箱内共有游离水分210kg,因此在箱内出现这么多水分就不奇怪了,而且在适当的条件下足以引发严重后果。

(资料来源:http://wenku.baidu.com/view/918bbbc18bd63186bcebbc56.html)

思考与讨论:
1. 案例中涉及的包装材料有哪些主要种类?各自有什么特点?
2. 案例中造成货物受损的责任该由谁承担?为什么?

五、商品包装技法

商品包装技法是指包装操作时采用的技术和方法。只有通过包装技法,才能使包装与商品形成一个整体。包装技法与包装的各种功能密切相关,特别是与保护功能关系密切。采用各种包装技法的目的,是有针对性地合理保护特性不同的商品的质量。有时为了取得更好的保护效果,也将两种或两种以上技法组合使用。随着科学技术的进步,商品包装技法正在不断发展完善。商品包装技法很多,常用的包装技法有以下几种:

1. 泡罩包装与贴体包装

泡罩包装是将商品封合在用透明塑料薄片形成的泡罩与底板之间的一种包装方法。

贴体包装是将商品放在能透气的、用纸板或塑料薄片制成的底板上,上面覆盖加热软化的塑料薄片,通过底板抽真空,使薄片紧密包贴商品,且四周封合在底板上的一种包装方法。

泡罩包装与贴体包装多用于日常小商品、药品的包装，如图 5-2 和图 5-3 所示，其特点是透明直观，保护性好，便于销售。

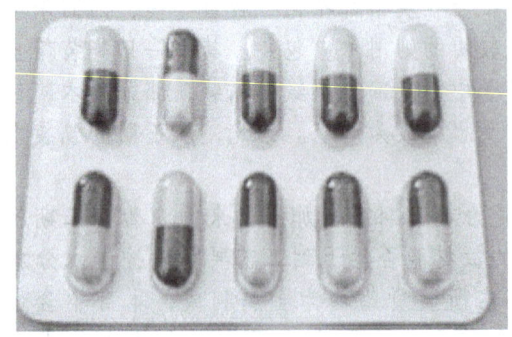

图 5-2　使用泡罩包装的胶囊药

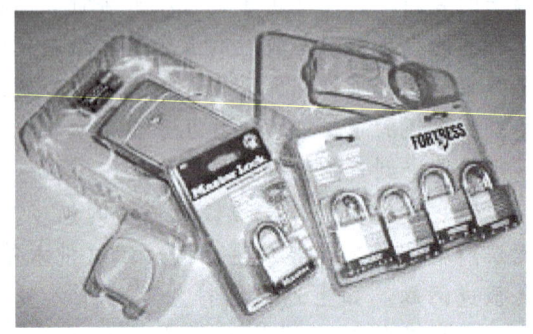

图 5-3　使用贴体包装的小商品

2. 真空包装与充气包装

真空包装是将商品装入气密性包装容器，抽去容器内部的空气，使密封后的容器内达到预定真空度的一种包装方法。真空包装可避免内装物氧化，从而抑制霉菌或其他好氧生物的繁殖。

充气包装是在真空包装的基础上发展起来的。它是将商品装入气密性包装容器中，用氮、二氧化氮等惰性气体置换容器中原有空气的一种包装方法。充气包装的特点是可以保护内装物不受挤压，保持原有形状，包装表面光滑平展，商品的货架展示效果好；但包装件的体积稍大。它主要用于儿童小食品、奶粉、糖果等的包装。

3. 收缩包装

收缩包装是以收缩薄膜为包装材料，包裹在商品外面，通过适当温度加热，使薄膜受热自动收缩紧包商品的一种包装方法。一般应使收缩薄膜的尺寸比被包装物大 10% 左右。收缩包装适用于单件、多件商品或异形商品的包装，如纺织品、小五金等。其特点是用于销售包装时，商品形体突出，可以充分显示商品的外形，便于销售；而用于运输包装时，它又具有包装方便、简捷，气密性、防潮性、防污染性强等特点。

4. 拉伸包装

拉伸包装是用具有弹性（可拉伸）的塑料薄膜，在常温和张力下，裹包单件或多件商品，在各个方向牵伸薄膜，使商品紧裹并密封的一种包装方法。

5. 无菌包装

无菌包装适于液体食品包装，是在罐头包装基础上发展而成的一种新技术。无菌包装是先将食品和容器分别杀菌并冷却，然后在无菌室进行包装和密封，可满足消费者安全、卫生、可口等要求。

6. 硅窗气调包装

硅窗气调包装是在塑料袋上烫接一块硅橡胶窗，通过硅橡胶窗上的微孔调节袋内气体成分组成的一种包装方法。

7. 防潮包装

防潮包装是选用气密性材料对商品进行包装，阻隔水蒸气对内装商品的影响，使商品在规定期限内处于低于临界相对湿度的环境中，以确保商品在保质期内质量的一种包装方法。防潮包装适用于易受潮湿影响、不允许含水分变化的商品。常采用的防潮包装材料有耐油纸、铝箔纸、玻璃纸、塑料薄膜以及金属、玻璃器皿等。

8. 缓冲包装

缓冲包装是指为了减缓商品受到冲击和振动，确保其外形和功能完好而设计的具有缓冲减振作用的包装。它通常用于金属制品、电器、精密机械零件、工艺品、玻璃陶瓷制品、食品、药品等。用于充当缓冲材料的一般有木丝、纸丝、塑料丝、泡沫塑料、瓦楞纸板、弹簧等。

9. 集合包装

集合包装是指将若干包装件或商品组合成一个合适的运输单元或销售单元。从商品销售角度来看，集合包装或称为组合包装，能节约消费者分别购物的时间，同时有扩大销售的作用。从商品运输角度来看，集合包装具有安全、快速、简便、经济、高效的特点。常见的集合包装有集装箱和托盘集合包装。

集装箱是集合包装最主要的形式。集装箱是指具有固定规格和足够强度，能装入若干件货物或散装货的专用于周转的大型容器。

托盘集合包装是指在一件或一组货物下面附加一块垫板，板下有角，形成插口，方便铲车的铲叉插入，进行搬运、装卸、堆码作业，这种货物与特制垫板的组合称为托盘集合包装。托盘集合包装兼备包装容器和运输工具双重作用，是使静态货物转变为动态货物的媒介物。它的最大特点是使装卸作业化繁为简，完全实现机械化；同时可以简化单体包装，节省包装费用，保护商品安全，减少损失和污染；还能够进行高层堆垛，合理利用存储空间。托盘按制作材料可分为木托盘、胶合板托盘、钢托盘、铝托盘、塑料托盘和纸托盘等。托盘按组合形式分为平板式托盘和非平板式托盘。非平板式托盘包括箱式托盘、立柱式托盘和框架式托盘等。近些年国际上出现了集装滑片。这是一种新型托盘，其作用与一般托盘一样，都是用来集装货物，以便使用机械进行装卸和搬运作业。滑片的形状不同于普通托盘，它在片状平面下方无插口，但在操作方向上有突起的折翼，以便于配套的铲车进行操作。滑片托盘质轻体薄，成本低廉，功能也完好，故目前正得到发展。

第三节　销售包装装潢

一、包装装潢的概念

包装装潢是指包装的造型和表面设计，在科学合理的基础上，加以装饰和美化，使包装的外形、图案、色彩、文字、肌理、商标品牌等各个要素构成一个艺术整体，起到传递商品信息、表现商品特色、宣传商品、美化商品、促进销售和方便消费等作用。

根据包装装潢的概念可知，包装装潢主要由三项基本要素组成：

（1）外形。外形要素是指产品销售包装展示面的外形，包括展示面的大小、尺寸和形状等。

（2）构图。构图要素主要是指销售包装上由图形、纹样、色彩、文字构成的有机组合所形成的一个完整画面。一个好的构图能代表商品的形象和个性。

（3）材料。材料要素主要是指销售包装所用材料表面的纹理和质感。构图要素中的纹样，常常要与材料质地所具有的纹理相结合；而构图要素中的色彩部分，要依附于图形、文字、纹理、质感等才能得到充分表现。

可见，外形、构图、材料三大部分互相制约而又紧密联系，形成一个整体，三者必须协调和统一。一般来说，构图要素是包装装潢的主体部分，它本身必然具有一定的外形，外形要素和构图要素不能离开材料的限制范围去表现。

二、包装装潢的设计

包装装潢的设计主要包括造型设计、图案设计、文字设计和色彩设计四个方面。通过这四个方面的内容，达到商品信息传递和视觉审美传送相结合的效果。

（一）造型设计

包装造型是体现装潢效果的基础，是表现装潢艺术风格的主题。造型首先要实用，其次要美观，最后要富于变化。做到外部轮廓个性鲜明，总体结构科学合理，重点突出，动静有效，在整体上给人以生动、和谐、完美的感觉。

包装的造型设计不是一个简单的外观形态美化过程，而是一个综合设计的过程。它通过多种工艺手段，由表及里，在功能、材料、工艺、经济等多种条件的制约下，创造出功能与美感、技术与艺术相统一的造型艺术形象。

包装造型设计的三要素为功能、物质技术条件和造型形象。其中功能是目的，它对包装形象有着决定性的影响；材料、技术是造型的物质技术保证；包装造型既是功能的载体，同时又载荷着审美信息，它不仅要实现实用、经济、高效的目标，而且要满足不同人群的审美情趣及习俗爱好。

需要说明的是，简化原则对包装造型设计尤为重要，这是由大批量生产和包装的实用性决定的。繁赘的造型不适于大批量生产，不符合经济节约的原则，也不便使用；同时，它也与现代人的审美情趣相悖，简洁明快的造型易于被感知，自然、流畅、有创意的造型是现代人所青睐的。

【案例】

香水瓶成为艺术品

1921年5月，当香水创作师恩尼斯·鲍将他发明的多款香水呈现在香奈尔夫人面前让她选择时，香奈尔夫人毫不犹豫地选出了第五款，即现在誉满全球的香奈尔5号香水。然而，除了那独特的香味以外，真正让香奈尔5号香水成为"香水贵族中的贵族"的却是那个看起来不像香水瓶反而像药瓶的创意包装。

服装设计师出身的香奈尔夫人，在设计香奈尔5号香水瓶形上别出心裁。"我的美学观点和别人不同：别人唯恐不足地往上加，而我一项项地减除。"这一设计理念，让香奈尔5号香水瓶简单的包装设计在众多繁复华美的香水瓶中脱颖而出，成为最怪异、最另类，也是最为成功的一款造型。香奈尔5号以其宝石切割般形态的瓶盖、透明水晶的方形瓶身造型、简单明了的线条，成为一股新的美学观念，并迅速俘获了消费者。从此，香奈尔5号香水在全世界畅销90多年，至今仍然长盛不衰。

（资料来源：http://wenku.baidu.com/view/915c2c1b964bcf84b9d57b10.html）

（二）图案设计

包装装潢正面中的照片、绘图、装饰纹样及浮雕等形式，都称为包装画面的图案。包装和开窗包装中所显示出来的商品实物，也是装潢画面的一个组成部分。图案设计常常运用多种艺术手法，如装饰画、国画、油画、水彩画、卡通画、素描、书法、剪纸等多种艺术形式，并采用多种艺术技巧，如具体和抽象、提炼和夸张、比喻和联想、工笔和写意、变化和统一、对称和均衡、对比和调和等，使艺术主题得以淋漓尽致地展现。

图案设计的要点包括以下三个方面：

（1）注意准确的信息性。图形作为设计的语言，要注意把话说清楚。在处理中必须抓住主要特征，注意关键部位的细节，否则差之毫厘，谬以千里。比如苹果、西红柿、橘子等体量差不多，但实际上却有很大不同，这就要在处理中抓住它们各自不同的特征。

一种形象的特征往往是在与其他同类形象的比较中显现得更为鲜明，所以，在比较中把握特征是一个有效的方法。

（2）注意鲜明而独特的视觉感受。现代销售中包装装潢实际上也是一种小型广告设计，不仅要注意内容物的特定信息传达，还必须具有鲜明而独特的视觉形象。

所谓独特，并不在于简单或复杂。简单的可能是独特的，也可能是平淡的；复杂的可能是新颖的，也可能是陈旧的。要做到简洁而有变化，复杂而不烦琐，简而生动、丰富，繁而单纯、完美，才能新颖独特，富有个性。

（3）注意有关的局限性与适应性。图形传达一定的意念，对不同地区、国家、民族的不同风俗习性应加以注意。同时也要注意适应不同性别、年龄的消费对象。

（三）文字设计

包装设计有时可以没有图形，但是不可以没有文字。文字是传达包装设计必不可少的要素。许多好的包装设计都十分注意文字设计，甚至完全以文字变化来处理装潢画面。文字设计的主要作用是宣传商品、介绍商品，同时在画面中起装饰作用。文字的构思和设计应根据商品物质和销售地点的特点，尽量做到既形美又达意，语言要简练真实，用词要严谨，文字和译文要准确，字体风格和装饰画面要统一协调，并合理布局。包装装潢的文字内容主要有以下几个方面：

（1）基本文字。基本文字包括牌号、品名和生产企业名称。一般安排在包装的主要展示面上，生产企业名称也可以编排在侧面或背面。牌号字体一般进行规范化处理，这有助于树立产品形象。品名文字可以加以装饰变化。

（2）资料文字。资料文字包括产品成分、容量、型号、规格等。编排部位多在包装的侧面、背面，也可以安排在正面。设计要采用印刷字体。

（3）说明文字。说明文字用来说明产品用途、用法、保养、注意事项等。文字内容要简明扼要、字体应采用印刷体。一般不编排在包装的正面。

（4）广告文字。这是宣传内容物特点的推销性文字，内容应做到诚实、简洁、生动、切忌欺骗与啰唆。其编排部位多变。但是，广告文字并非包装上的必要文字。

（四）色彩设计

包装上的色彩是影响视觉最活跃的因素，是消费者选购商品的视觉导向。色彩能传递各种信息，表达丰富的寓意，唤起人们的美好想象，从而对商品销路产生直接的影响。色彩设计要服从画面主题，要根据商品的性质、特点去表现，尤其要考虑基本色、流行色和习惯色的运用。

每个国家和地区都有其喜好的传统色彩，即基本色。研究不同国家在色彩上的爱好和禁忌，是装潢色彩设计能否成功的前提。各个国家的人民对色彩的感觉往往受地理条件、宗教信仰、民族传统、政治因素、生活方式等影响。

流行色是某一时期、某一地区为广大群众所接受、所喜爱的带有倾向性的色彩，它的发展具有一定的规律性。人们对流行色的追求，反映了人们渴望变化、顺应潮流、自我完善、勇于追求的精神状态，是现代人类生活的一个特征。

习惯色是不同商品长期以来习惯采用且消费者习惯接受的色彩。习惯色在消费者心目中有根深蒂固的印象。习惯色的选用有时容易造成商品之间的雷同，而雷同是不利于商品销售的，所以，选用色彩既要善于吸收传统，也要善于创新。

三、包装装潢设计的总体编排

1. 包装展示面的构成关系
包装展示面的构成关系主要包括以下内容：
（1）图形与图形的关系。
（2）图形与文字的关系。
（3）文字与文字的关系。
（4）不同色块的关系。
（5）不同包装展示面的关系。
（6）包装内外展示面的关系。
（7）不同包装单元的系列关系。

2. 包装总体编排的注意事项
（1）注意统一的整体性。根据构思、表现要点，包装要具有一定的整体形象，一定要有一种基本格局和一个构成基调，进而支配局部成分的具体处理。
（2）注意各局部成分的量的比例，如面积大小、色彩的轻重等。
（3）注意联系性，如对称、响应、依托、遮挡、渐变、造型等。
（4）注意变化的生动性。没有统一的基础谈不上变化，没有变化的差异性也就谈不上统一。所谓变化，就是要突破单调性，使构成关系富有生机。
（5）利用差异取得艺术效果。这种差异包括分与合、松与紧、齐与乱、断与连、直与曲、多与少、正与反、巧与拙、轻与重、鲜与灰、明与暗、大与小等。

第四节　商品包装标识与商标

为了便于商品的流通、销售、选购和使用，在商品包装上通常都印有某种特定的文字或图形，用以表示商品的性能、储运注意事项、质量水平等含义，这些具有特定含义的图形和文字称为商品包装标志。它的主要作用是便于识别商品，便于准确迅速地运输货物，避免差错，加速流转等。

一、销售包装标志

销售包装标志是指赋予商品销售包装容器的一切附签、吊牌、文字、符号、图形及其他说明物，它是生产者、销售者传达商品信息、表现商品特色、推销商品的主要手段，是消费者选购商品、正确保存养护商品及科学消费的指南。

（1）**销售包装的一般标志**。此类标志一般用文字标识，标识的基本内容包括：商品名称、商标、规格、数量、成分、产地、用途、功效、使用方法、保养方法、批号、品级、商品标准代号、条码等。

（2）商品的质量标志。商品的质量标志就是在商品的销售包装上一些反映商品质量的标记。它说明商品达到的质量水平，主要包括：优质产品标志、产品质量认证标志、商品质量等级标志等。

（3）使用方法及注意事项标志。商品的种类用途不同，反映使用注意事项和使用方法的标志也各有不同。例如我国服装已采纳国际通用的服装洗涤保养标志等。

（4）产品的性能指示标志。这类标志用简单的图形、符号表示产品的主要质量性能，如电冰箱用星级符号表示其冷冻室的温度范围。

（5）销售包装的特有标志。这类标志是指名牌商品在其商品体特定部位或包装物内的让消费者更加容易识别本品牌商品的标记。它由厂家自行设计制作，如名牌西服、衬衫、名优酒等都有独特的、精致的特有标识。

（6）产品的原材料和成分标志。这类标志是指由国家专门机构经检验认定后，颁发的证明产品的原材料或成分的标志。目前已实施的属于此类的标志有绿色食品标志、纯羊毛标志、真皮标志等。其中，绿色食品标志与纯羊毛标志如图5-4所示。

a) 绿色食品标志　　b) 纯羊毛标志

图5-4　绿色食品标志与纯羊毛标志

二、运输包装标志

运输包装标志是用简单的文字或图形在运输包装外面印刷的特定记号和说明事项，是商品运输、装卸和储存过程中不可缺少的辅助措施。运输包装标志主要是赋予运输包装件以传达功能。其目的是：①识别货物，实现货物的收发管理；②明示物流中应采用的防护措施；③识别危险货物，暗示应采用的防护措施，以保证物流安全。运输包装标志可分为收发货标志、包装储运图示标志和危险货物包装标志。

1. 收发货标志

收发货标志是指在商品外包装上的商品分类图示标志、文字说明、排列格式和其他标志的总称，也叫识别标志。国家标准《运输包装收发货标志》中均有具体规定，主要内容如表5-1所示。

2. 包装储运图示标志

包装储运图示标志是根据产品的某些特性而确定的，如怕湿、怕振、怕热、怕冻等。其目的是为了在货物运输、装卸和储存过程中，引起从业人员的注意，使他们按图示标志的要求进行操作。

表 5-1 收发货标志

项　目	代　号	含　义
分类标志	FL	用几何图形和简单的文字表明商品类别的特定符号
供货号	GH	供应该批货物的供货清单号码（出口商品用合同号码）
货号	HH	商品顺序编号，以便出入库、收发货登记和核查商品价格
品名规格	PG	商品名称或代号，标明单一商品的规格、型号、尺寸、花色等
数量	SL	包装容器内含有的商品数量
重量	ZL	包装件的重量（kg），包括毛重和净重
生产日期	CQ	产品生产的年、月、日
生产厂家	CC	生产该产品的工厂名称
体积	TJ	包装件的外径尺寸长×宽×高（厘米）
有效期	XQ	商品有效期为××月
收货地点和单位	SH	货物到达站、港和某单位（人）收（可用贴签和涂写）
发货单位	FH	发货单位（人）
运输号码	YH	运输单号码
发运件数	JS	发运的件数

（1）小心轻放标志。小心轻放（handle with care）标志用于货物的外包装上。如图 5-5 所示，表示包装内货物易碎，不能承受冲击和振动，也不能承受大的压力，如灯泡、电表、钟表、电视机、电冰箱、陶器、瓷器、玻璃器皿等，要求搬运时必须小心轻放。

（2）向上标志。向上（this way up）标志用于货物的外包装上。如图 5-6 所示，表示包装内货物不得倾倒、倒置。例如，墨水、洗净剂、电冰箱等产品在倾倒的情况下会受损以致影响使用，要求在搬运和放置货物时注意其向上的方向。

图 5-5　小心轻放标志（白纸印黑色）

图 5-6　向上标志（白纸印黑色）

(3) 由此吊起标志。由此吊起（lift here）标志用于货物的外包装上。如图 5-7 所示，表示吊运货物时挂链条或绳索的位置，可在图形符号近处找到方便起吊的起吊钩、孔、槽等，避免在装卸过程中发生破箱等损坏现象，也有利于提高装卸效率。

(4) 重心点标志。重心点（centre of gravity）标志用于货物重心所在平面及货物外包装上，指示货物重心所在处，如图 5-8 所示。重心点标志提示操作者在移动、拖运、起吊、堆垛等操作时，避免发生倒箱等损坏现象。

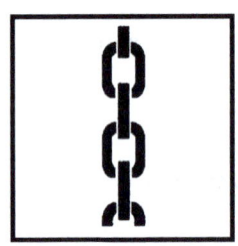 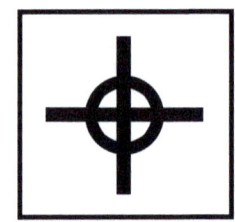

图 5-7　由此吊起标志（白纸印黑色）　　图 5-8　重心点标志（白纸印黑色）

(5) 重心偏斜标志。重心偏斜（centre of gravity off-set）标志用于货物重心所在平面及货物外包装上。如图 5-9 所示，表示货物重心向右偏离货物的几何中心，货物容易倾倒或翻转。如符号变为其镜像，则表明重心容易向左偏移。

(6) 易于翻倒标志。易于翻倒（liable to tip）标志表示货物易于倾倒，在搬运放置时要注意安全，如图 5-10 所示。

图 5-9　重心偏斜标志（白纸印黑色）　　图 5-10　易于翻倒标志（白纸印黑色）

(7) 怕湿标志。怕湿（keep away from moisture）标志用于怕湿的货物。如图 5-11 所示，表示包装件在运输过程中要注意防雨或防止直接洒水，在储存中要避免存放在阴暗潮湿或低洼处。

（8）怕热标志。怕热（keep away from heat）标志用于货物的外包装上。如图 5-12 所示，表示包装内货物怕热，不能曝晒，不许置于高温热源附近。

图 5-11　怕湿标志（白纸印黑色）　　　　图 5-12　怕热标志（白纸印黑色）

（9）怕冷标志。怕冷（keep away from cold）标志用于货物的外包装上。如图 5-13 所示，表示包装内货物怕冷，不能受冷、受冻。

（10）堆码极限标志。堆码极限（stacking）标志用于货物的外包装上。如图 5-14 所示，表示货物允许最大堆垛的重量，按需要在符号上添加数值。

图 5-13　怕冷标志（白纸印黑色）　　　　图 5-14　堆码极限标志（白纸印黑色）

3. 危险货物包装标志

国家标准 GB 190—2009《危险货物包装标志》，规定了危险货物包装图示标志的种类、名称、尺寸及颜色等，适用于危险货物的运输包装。危险货物包装标志图形共 21 种，19 个名称，主要的图形如图 5-15 所示。

标志的尺寸一般分为四种，见表 5-2。如遇特大或特小的运输包装件，标志的尺寸可按规定适当扩大或缩小。

符号：黑色；底色：橙红色　　　　符号：黑色；底色：白色

符号：黑色或白色；底色：正红色　　符号：黑色；底色：白色红条

图 5-15　危险货物图形举例

表 5-2　危险货物标志的尺寸

尺寸 号别	长/mm	宽/mm
1	50	50
2	100	100
3	150	150
4	250	250

使用方法如下：

（1）标志的标打，可采用粘贴、钉附及喷涂等方法。

（2）标志的位置规定。

1）箱状包装：位于包装端面或侧面的明显处。

2）袋、捆包装：位于包装明显处。

3）桶形包装：位于桶身或桶盖。

4）集装箱、成组货物：粘贴四个侧面。

（3）每种危险品包装件应按其类别贴相应的标志。

（4）区分储运的各种危险货物性质及其应标打的标志。

（5）标志应清晰，并保证在货物储运期内不脱落。

（6）标志应由生产单位在货物出厂前标打，出厂后如改换包装，其标志由改换包装单位标打。

三、商标

早在1883年，世界上一些主要工业发达国家相互之间就签订了《保护工业产权巴黎公约》对商标进行有效的保护。目前，各国的商标法规日趋完善，对保护和促进商品经济发展起到了十分重要的作用。

1. 商标的含义

商标是商品的标记，它是商品生产者或经营者为把自己生产或经营的商品与其他人所生产或经营的同类商品显著地区别开来，而使用在一定的商品、商品包装及其他宣传品上的专用标记。

商标是一个专门的法律术语。品牌和品牌的一部分在政府有关部门依法注册之后，便称为"商标"。因此，商标是受法律保护的品牌，注册者有专用权。国际市场上著名的商标，往往在许多国家注册。因为商标具有价值，是企业的一项无形资产，因此商标的专用权可以按价买卖。西方经济学家认为，商标是指"用来表示买方或卖方集体的商品、服务的并与其竞争者的商品、服务相区别的名称、用语、符号、象征、设计或这些要素的组合"。商标包含了除受图案设计法保护的商品包装、型号等以外的所有商品识别标志。

它通常具有如下三种特征：①商标具有从属商品经济的属性；②商标具有显著性；③商标是一种具有产权意识的标记，享有专有性。

综上所述，商标可用来区别卖方或卖方集团与其竞争者的商品、服务的差异。商标一经注册，便受到法律的保护，即商标持有者便可以不受任何阻挠地将其注册的商标，用于指定的商品与劳务，并向全国发售。未经商标权所有者的允许，擅自使用与其注册的商标同样的或类似的商标者，是对商标所有者的侵权，这时商标权所有者可要求侵权者停止侵害行为、赔偿损失，为商标所有者恢复名誉；若是故意侵害商标权，有关部门则可据情节轻重对侵害者处于不同程度的处罚。

2. 商标的功能与作用

（1）商标的功能。商标具有识别功能，这是最本质的功能，它能使其在无数商品中与其他同类商品或不同类商品区别开来。商标具有保证质量功能，以保护用户的利益，便于有关部门对产品质量进行监督管理；若质量发生问题，便于追究责任。现在许多经济发达国家规定大多数产品，甚至水果、蔬菜等食品，都必须有商标。商标具有促进销售功能。在依靠各种媒体进行广告、宣传的商品世界中，商标作为语言符号担负着信使的作用。因此，商标和牌名在包装图案的画面中占据十分显著的地位，画面的布局，色彩的运用，字体的选择，都是紧紧围绕着商标与牌名这一主体的。商标具有竞争功能。经过注册的商标受到法律保护，具有排他性，可保护产品特色，防止他人假冒。一旦发现仿冒者，可立即依法追究责任，加以索赔。有商标的商品易于被购买者、贩卖者优先选购，有时能带来维持价格的好处。保护注册商标的商品不受替代品竞争的危害，易于介绍新产品并将其推向市场。

（2）商标的作用。商标与品牌对于企业经营管理、提高产品的市场竞争力具有相当重要的作用。例如在做广告宣传和签订买卖合同时，可凭据商标与品牌而使交易手续简化；可建立稳定的顾客群，吸引那些具有品牌忠诚性的消费者，使企业的销售额保持稳定；有商标的商品易于被购买者、贩卖者优先选购，甚至反复购买，使企业的效益不断提高。注册商标的专用权可保护企业间的公平竞争，使得商品流通有序进行，对促进整个社会大经济健康稳步地向前发展具有十分重要的作用。企业生产的产品经注册后，提高了生产者的责任心。由于购买者按商标、品牌购物，生产者必须关心并重视其品牌的声誉，加强质量管理，促进质量不断提高，从而使全社会产品质量普遍提高，同时也激励生产者在竞争中不断创新，使市场上的产品更加丰富多彩、日新月异，以满足人们日益增长的物质需求。

3. 商标的分类

（1）按商标结构组成划分。商标按照结构组成可以分为文字商标、图形商标和组合商标等。

1）文字商标。文字商标是以文字为唯一形象构成的商标。中文、外文、拼音、数字组成的商标都属于文字商标。

2）图形商标。图形商标是由单纯的图案构成的商标。图形商标不受国家、地区的语言限制，形象易懂易记，但不便于呼叫。

3）组合商标。组合商标是由文字和图形相结合构成的商标。组合商标有图易于识别，有字易于呼叫，便于视听转换，便于广告宣传。组合商标在现代商标设计中占有重要地位。

（2）按商标使用的目的划分。

1）联合商标。联合商标一般是指同一商标所有人在同一种或类似商品上注册的若干近似商标。这些商标中首先注册的或者主要使用的为主商标，其余的则为联合商标。

2）防御商标。防御商标是指较为知名的商标所有人在该注册商标核定使用的商品（服务）或类似商品（服务）以外的其他不同类别的商品或服务上注册的若干相同商标，以防止他人在这些类别的商品或服务上注册使用相同的商标。原商标为主商标，其余为防御商标。

3）证明商标。《商标法》（2013年8月30日修正）第三条对证明商标的定义为："本法所称证明商标，是指由对某种商品或者服务具有监督能力的组织所控制，而由该组织以外的单位或者个人使用于其商品或者服务，用以证明该商品或者服务的原产地、原料、制造方法、质量或者其他特定品质的标志。"

证明商标的特征为：①地理标志。原产地名称在一定情况下也可以作为证明商标注册，因此，证明商标有原产地证明商标和品质证明商标两种类型。②证明商标应是由某个具有检测和监督能力的组织注册和控制，由注册人以外的其他人使用，注册人自己不能使用该注册的证明商标。③证明商标不是表示商品或服务来源于某个经营者，而是用以证明商品或服务本身出自某原产地，或具有某种特定品质的标志。④证明商标的准许使用程序是一个公平开放的程序，只要当事人提供的商品或服务达到证明商标所要求的标准，履行了必要的手续之后，就可以使用该证明商标，证明商标所有人无权拒绝。⑤证明商标是由多个人共同使用的商标，其注册、使用及管理必须制定统一的管理规则公之于众，让社会各界共同监督，以保护商品与服务的特定品质，保障消费者利益。⑥在商标的转让上证明商标有着独特之处，其所有权可以转让给具有相应检测和监督能力的法人。⑦以地理标志作为证明商标注册的，其商品符合使用该地理标志条件的自然人、法人或者其他组织可以要求使用该证明商标，控制该证明商标的组织应当允许。

4. 商标名称与标志设计

商标名称与标志设计必须注意以下几点：

（1）要符合市场所在地法律规范，以便于向所在地的有关部门申请注册以取得专用权。

（2）文字或图案力求简明，易识读与记忆；应与产品密切联系，且暗示产品质量或效用。例如"美加净"牌化妆品商标，贴切自然。

（3）要反映企业或产品与众不同的特色，但不宜直接反映商品本身属性。例如钟表的种类有成千上万个牌号，它们的起码要求是走时准确，但商标中的文字不必提及"准确"，以免误解。

（4）保持商标的相对稳定性。商标一旦注册就享有专用权。一个声誉卓著、已经在市场上有信誉度，并在顾客心中扎下了根、有深远影响的商标，一般不要随意变动，例如美国饮料"可口可乐"商标，100多年来没有变动过，其产品遍及世界各地。

（5）商标设计要符合各地区、各民族风俗习惯和心理特征，要尊重当地传统习俗，切勿触犯禁忌。

第五节　商品运输

一、商品运输的概念

商品运输是商品流通中的重要环节，是商品实体运动，即物流活动。它不同于通过商品购销活动而发生的商品价值形态转化而产生的商流，但两者之间是相互制约、相互促进的。商品运输是指构成商品实体的物质在运力的作用下而进行的空间转移。商品生产和消费在空间上往往是非同位的。在经济全球化趋势下，商品生产和消费的空间非同位性加大，这就需要运输这一媒介来沟通和解决商品生产和消费之间的空间错位，实现社会生产的最终目的。

二、商品运输的种类

1. 按运输设施及运输工具分

（1）**公路运输**。这是指主要使用汽车，也使用其他车辆（如人、畜力车）在公路上进行商品运输的一种方式。公路运输主要承担近距离、小批量的商品运输和水路运输、铁路运输难以到达地区的商品运输。由于公路运输有很强的灵活性，近年来，在有铁路、水路运输的地区，较长途的大批量商品运输也开始使用公路运输。

公路运输是现代运输的主要方式之一，它的主要优点是机动、灵活性强，而且对货运量大小具有很强的适应性。由于公路运输灵活方便，可实现门到门的直达运输，因而不需要中途倒装，既加速了中短途运输的送达速度，又加速了资金周转，有利于保持商品的质量和提高商品的时间价值。

公路运输的主要优点是灵活性强，公路运输的经济半径一般在200km以内。

（2）**铁路运输**。这是使用铁路列车运送商品的一种运输方式。铁路运输主要承担长距离、大数量商品的运输，在不具备水路运输条件的地区，几乎所有大批量商品都是依靠铁路。铁路运输是在干线运输中起主力运输作用的运输形式。

铁路运输与其他各种现代化运输方式相比较，具有运输能力大、能够负担大量商品运输的特点，每一辆列车载运商品的能力比汽车和飞机大得多。速度快是铁路运输的另一特点，铁路货运速度也比水路运输快。此外，铁路运输成本也比公路、航空运输低，运距越长，运量越大，单位成本就越低。

铁路运输的主要缺点是灵活性差，只能在固定线路上实现运输，需要以其他运输手段配合和衔接。铁路运输经济里程一般在200km以上。

（3）**水路运输**。这是使用船舶运送商品的一种运输方式。水路运输主要承担大数量、长距离的商品运输，是在干线运输中起主力作用的运输形式。在内河及沿海，水路运输也常作为小型运输工具使用，担任补充及衔接大批量商品干线运输的任务。

一般来说，河运的平均运输成本比铁路运输略低，而海运成本比铁路运输更低，这是水路运输的一个突出优点。

水路运输的输送能力相当大。在海洋运输中，目前世界上超巨型油船的载重量达55万t，巨型客船已超过8万t。海洋运输在条件允许的情况下，可改造为最有利的航线，因此，海洋运输的输送能力比较大。

水路运输由于具有占地少、运量大、投资省、运输成本低等特点，在运输长、大、重件货物时，与铁路运输、公路运输相比，具有更突出的优点。但水路运输速度通常比铁路运输等慢，而且受自然条件的限制较大，冬季河道或港口冰冻时即须停航，海上风暴也会影响正常航行。

（4）航空运输。这是使用飞机或其他航空器进行商品运输的一种形式。航空运输的单位成本很高，因此，主要适合运载的商品有两类：一类是价值高、运费承担能力很强的商品，如贵重设备的零部件、高档商品等；另一类是紧急需要的商品，如救灾抢险物资等。

航空运输缺点是载运能力小，重量受限制，能源消耗大，运输成本高。

航空运输的主要优点是速度快，货损货差很少，不受地形的限制。在火车、汽车都达不到的地区也可依靠航空运输，因而有其重要意义。

（5）管道运输。管道运输是使用管道输送流体货物的一种运输方式。它是随着石油工业发展而兴起并随着石油、天然气等流体燃料需求的增加而发展，逐渐形成沟通石油、天然气资源与石油加工场地及消费者之间的输送工具。管道不仅修建在一国之内，还连接国与国之间，甚至达到洲与洲之间，成为国际、洲际能源调剂的大动脉。

管道运输在最近几十年得到了迅速的发展。主要以石油、天然气、成品油为输送对象，之后发展到输送煤和矿石等固体物质，将其制成浆体，通过管道输往目的地，再经脱水处理转入使用。管道运输具有输送能力大（管径为 1200mm 的原油管道年输送量可达 1 亿 t）、效率高、成本低及能耗小等优点。管道运输也存在一些缺点，它适于长期定向、定点、定品种输送，合理输量范围较窄，若输量变化幅度过大，则管道的优越性就难以发挥，更不能输送不同品种的货物。

管道运输的主要优点是，由于采用密封设备，在运输过程中可避免散失、丢失等损失，也不存在其他运输设备本身在运输过程中消耗动力所形成的无效运输问题。另外，管道运输运输量大，适合于运输量大且连续不断运送的物资。

2. 按运输商品种类分

（1）普通商品运输。被运输的商品本身性质普通，在装卸、储存、运送过程中没有特殊要求，称为普通商品（货物）运输。普通商品种类繁多、数量大，在货物运输中占有重要地位。许多商品（货物）运输法规、标准都是针对普通商品（货物）运输制定的。不同类别的普通货物，运输的特点和方法不尽相同。普通商品（货物）运输的细化是市场运行的需要，有利于根据不同商品采用不同的运输组织方法，制定相应的运输经济政策，同时对运输经营者选择市场提供依据。

（2）特种商品（货物）运输。同普通商品（货物）相对应，特殊商品（货物）运输是指被运输商品（货物）本身的性质特殊，在装卸、储存、运送过程中有特殊要求，以保证完整无损及安全，称为特殊（或特种）商品（货物）运输。这种商品（货物）运输又分为长大笨重商品（货物）运输、贵重商品（货物）运输、鲜活易腐商品（货物）运输和危险商品（货物）运输四种，每种又分为若干类。各类运输都有不同的要求和不同的运输方法。

3. 按货运组织方式分

（1）**整车运输**。凡托运方一次托运商品（货物）在 3t 及 3t 以上的，称为整车商品（货物）运输。这里的"一次托运"，是指同一托运人、同一运单、同时托运、同一到达站的货物。整车运输的货物通常是工业、农业、建筑、商业等国民经济各部门生产和消费的商品，如煤炭、钢材、矿石、水泥、砖瓦灰砂石、日杂货、机械电器设备等，一般都是大宗货物，其流量、流向比较稳定，分布广泛，道路和车辆运行环境不一。整车运输货物量大，多是单向运输，因此，组织回程货源，提高回运系数，是提高运输效率和经济效益的关键。

（2）**集装箱运输**。集装化运输也称成组运输或规格化运输，是指以集装单元为运输单位的货物运输。"集装单元"是指把一定数量的货物，按照一定的标准质量或体积，汇集成便于储运、装卸的单元。组成集装单元货物的形式通常有四种：①按照一定的要求或规格捆扎而成的集装单元，如锌块、氧气瓶、带钢、棉包等；②以集装袋、集装网为单元的集装单元，通常用来盛装成件杂货；③以集装箱为单位的集装单元；④以托盘为单位的集装单元。集装化运输是一种新型货运形式，能保证货物在整个运输过程中无损失，提高运输质量，有利于组织搬运装卸机械化作业，以及不同运输方式之间的货物联运。集装化运输的主要形式是托盘运输和集装箱运输。托盘运输是将成件货物码放在托盘上，一并装入车辆进行运送。

（3）**零担运输**。根据规定批量，按零担货物（指托运人一次托运的货物，计费重量不足 3t）办理承托手续、组织运送和计费的货物运输为零担运输。

三、商品运输的质量管理

商品运输质量管理的宗旨是要尽可能保证商品质量，维护商品使用价值，防止或降低商品损耗和质量劣变。商品运输质量管理应遵循"及时、准确、安全、经济"的原则。

1. 及时原则

及时是指运输商品应尽快及时发运，按时到达指定地点，以及时供应市场，满足消费者需求，并确保运输过程中的商品质量。为达到及时供货的目的，应做到：

首先，应缩短商品在途时间，减少周转环节。由于商品运输中常存在迂回、重复和对流等不合理的运输现象，商品在途时间过长，流转环节多，装卸次数频繁，增加了商品损耗和商品劣变的可能。为此，应采取直达、直线运输方式，以尽可能短的运输时间和运输路程将商品从产地运往销地，以减少过多的运输环节对商品造成的不利影响，从而维护商品质量，降低运输成本，及时满足市场需求。

其次，应采用先进的现代化运输工具。集装箱是一种现代化的运输工具，用集装箱进行运输有利于机械化装卸作业，简化运输环节，缩短商品运输时间，保证商品运输的安全。

最后，还应加强运输管理，提高运输速度。通过有效的现代化商品运输管理措施，尤其是信息管理，科学调度运输工具，采用先进的条码技术对商品进行迅速的清点和核对，以加快商品的集结和送达速度，提高运输效率。

2. 准确原则

准确就是按照商品流向组织商品运输。在商品运输过程中，通过加强各级岗位责任制，防止各种差错的产生（如同类商品不同品种、规格、等级的互串；系列、组合商品部分配件的丢失，造成成套商品的不配套；商品到达地点错误等），保证商品发货准确、按时送达、地点准确。

3. 安全原则

安全是指商品在运输过程中应保持完好，不发生霉烂、残损、腐蚀、丢失、爆炸和燃烧等事故，保证人身、商品和设备的安全。为维护安全原则，应采取以下措施：

首先，应合理选择商品的运输包装。即根据运输商品的特性要求，合理确定运输包装，避免商品运输过程中受各种环境因素影响而出现商品散落、破损、爆炸、燃烧和变质现象。例如对于易受潮、易霉变、易锈蚀的商品，应选用防潮包装、防霉包装和防锈包装；而对于受振动会引起商品质量变化的商品，运输包装则应选用缓冲防振包装，提高商品运输的完好率。

其次，应选择合理的运输路线、工具和方式。选择合理的运输路线，可以缩短商品的在途时间，减少或避免运输途中各种意外因素对商品质量以及商品安全的影响。选择合理的运输工具，可以维护内装商品使用价值，减少商品的损失，大大提高商品的安全性。合理运输方式的选择，可以满足商品对运输条件的要求，避免各种性质不同的商品在运输中相互污染等，保证商品安全抵达。

再次，应提倡文明运输，反对野蛮装卸。商品在运输过程中要经历多次装卸搬运，如果作业不当，会给商品造成很大的损失。特别是玻璃、搪瓷、家用电器一类的商品，在运输过程中由于野蛮装卸或作业不当，损坏率是相当高的。所以，要求商品在装卸运输过程中严格执行操作规范，文明运输。

最后，还应加强安全质量管理。要确立商品安全质量意识，制定一套安全质量管理行为规范，明确责权利，落实到运输管理工作的每一个环节。

4. 经济原则

经济原则就是节约的原则，效益的原则。即采取经济合理的商品调运方案，合理选择运输路线和运输方式，妥善利用运输设备，这样不仅可以节省运输能力，发挥各种运输方式的优势，提高运输效率，而且可以减少货物的中转环节和装卸次数，减少货物损耗，缩短货物在途时间，加速货物周转，以最经济的费用，确保商品增加值合理，减轻企业负担和消费者的负担，满足消费需求，提高社会经济效益。

案例分析

月饼包装

月饼包装文化是从纸盒包装开始的。中国月饼包装的发展大致分为以下几个阶段：

一是求温饱阶段。时间为中华人民共和国成立之后到"文革"结束。这一阶段的特点是实惠。农村几乎都是自家制作月饼，根本没有包装，城乡则由黄油纸包装加上一块方红纸再用纸绳一系，便是最好的包装。

二是温饱年代。改革开放给月饼业带来了一股春风，我国港台食品业进入大陆，给大陆月饼包装业注入了活力，新潮月饼与月饼包装同步进行，月饼包装开始向礼品方向发展，消费者从历来只重视月饼品质转向品质和包装并重，促使月饼包装多元化。月饼的形状除方形外，还有圆形、椭圆形、多角形等。月饼包装材料在以往传统的纸盒、铁盒基础上，塑料礼盒也被广为采用，装潢选材由千篇一律的嫦娥、明月，延伸到花卉、神话、风景等。

三是准小康年代。百花齐放的 20 世纪 90 年代中期，生活水准的准小康年代提前到来，月饼包装精制化、高档化、品味化日趋强烈，与此同时，为获得消费者的青睐，月饼包装十分注意多功能性、观赏性、应景性，呈现百花齐放、繁花似锦的喜人景象，包装已成为知名企业吸引消费者的重要手段，市场各种月饼提篮礼盒盛行，月饼吃完，包装还有实用性。

四是小康年代。人们生活富裕，消费也讲究品牌，一些食品企业开始突出品牌形象。大酒店、酒家、饼业公司利用企业形象在食品的品牌地位采用月饼来宣传自己，如广州酒家、趣香园、华美等。月饼包装形象也都申请注册，企业用法律手段保护品牌。专业化、系统化、知识化的包装已形成规模。

随着新北京、新奥运以绿色环保为主的新世纪的到来，人们的生活走向了富裕，月饼包装必然走向绿色环保。回归自然、追求健康、保护环境，不单单是对月饼品质的要求，也是对包装的必然要求，以精美的纸品包装为主流，带动竹编、藤器、木质礼盒的发展，给节日生活带来了更多的乐趣。随着环保材料的开发和利用，真空包装高技术的突破，传统文化与新潮文化的组合，以绿色为主的月饼包装，给中国食品文化增添了更亮丽、更迷人的风采。

然而，近些年月饼包装出现了过度包装、搭配的问题，如天价月饼的出现，以及在销售月饼时搭售其他商品，同其他产品混合包装、销售。虽然有关部门下达了公告，明确禁止月饼搭售其他物品，但是从一些月饼商家的宣传画册上看到，仍有不少月饼搭售洋酒、茶叶、茶具，且售价不菲。

"天价"月饼和过度包装现象虽然数量不多，但影响极坏。造成"天价"的主要原因是在月饼盒内搭售贵重物品，如手机、照相机、金银饰物、名烟名酒等，使销售价格与月饼的实际价格严重背离。国家有关部门曾联合发布规范月饼价格、质量、包装及搭售等行为的公告，对遏制"天价"月饼和过度包装现象起到了积极的推动作用。但全面解决月饼奢华包装问题，不仅需要有关部门发挥职能作用，更需要出台国家强制性包装标准，同时完善相关立法。

针对这一问题，国家质检总局和国家标准化管理委员会于 2005 年 9 月 2 日发布了《月饼》强制性国家标准（GB 19855—2005），对月饼产品分类、技术要求、标签标志、包装、运输和储存等多个方面做出了规定。

《月饼》强制性国家标准主要内容有：

(1) 将"主要原料和辅料""卫生指标""月饼名称""配料清单"等作为强制性条款，并倡导月饼生产企业定量标示配料含量和对月饼采用单个包装。

(2) 包装成本应不超过月饼出厂价格的25%。

(3) 单个包装的空位应不超过单个容积的35%。

(4) 单个包装与外盒包装内壁及单个包装的平均距离应不超过2.5cm。

(5) 对月饼进行了明确的分类，如月饼可分为广式月饼、京式月饼和苏式月饼等。

(6) 对月饼的保质期也做出了明确规定：从生产之日起算，冷加工散装月饼不低于3天，盒装月饼不低于20天；热加工散装月饼不低于10天，盒装月饼不低于35天等。

另外，2006年7月4日，国家发改委、商务部、工商总局、质检总局联合下发公告指出，经营者生产销售月饼，不得以任何形式搭售其他商品，也不得将月饼同其他产品混合包装、销售。在月饼包装中，搭售物品的市场价格如果明显超过月饼自身价格，专用名称就不应该标示为月饼。

（资料来源：中国食品产业网、《新闻晨报》等）

问题：

1. 分析本案例中月饼包装存在的问题。
2. 您如何看待月饼包装标准的出台？

思考练习题

1. 简述商品包装的概念及功能。
2. 常用包装材料的特点及主要用途是什么？
3. 商品包装的种类有哪些？
4. 运输包装标志的种类及作用有哪些？
5. 简述销售包装的主要标志及作用。
6. 如何发挥销售包装"无声推销员"的作用？
7. 请归纳食品、日用工业品、家用电器、工艺品等包装的主要技术要求。
8. 简述常用包装方法的原理。
9. 请收集五种不同商品的包装标志，并说明这些包装标志的含义。

第六章

商品储存与养护

商品储存和养护是商品流通过程中非常重要的作业环节,担负着保证库存商品质量完好、数量完整的重要任务。

本章涉及的重要概念有商品储存、相对湿度、呼吸作用、气调防霉腐、气相防霉腐、老化等。本章的全部内容具有明显的自然科学的特征,这一特点也应引起重视。

【案例】

不当存储,险酿事故

2011年7月5日19时许,HBWY公司库房冒出白烟,随后附近居民闻到浓烈的刺激性气味。安监、消防、环保等部门迅速赶到现场,疏散50多名群众,于6日0时30分控制现场,事故没有造成人员伤亡。通过对事发地点30m内进行监测,确定一氧化碳、二氧化硫等有害气体未超标。

该事故系厂家储存不当,导致普通化学品二氧化硫脲受潮"变身"有毒有害气体二氧化硫,并四下扩散。

据了解,当天最高气温达35℃,最大相对湿度80%。由于该公司库房通风不畅,再加上气温高、湿度大,所储存的5t二氧化硫脲受潮分解,产生二氧化硫气体。二氧化硫脲本是普通化学品,白色晶体粉末状,用于造纸、漂白等,须储存在干燥洁净、通风条件良好、室温30℃以下的环境。虽然它不属于危险化学品,但环境条件改变后,也会挥发出有毒有害物质。

该公司在仓库中存放的商品由于储存管理不当,多次发生危险,险些酿成事故,那么在商品的储存过程中应该注意些什么?商品的养护又包含哪些内容呢?

第一节 商品储存与养护的意义

商品储存是指商品在离开生产领域尚未进入消费领域之前,在流通领域中暂时停滞的

第六章 商品储存与养护

存放。商品储存期间,客观上处于静止状态,但商品本身不断发生各种各样的运动变化,这些变化都会影响到商品的质量,如不加以控制,就会由量变发展到质变。商品储存养护就是根据商品在储存期间的质量变化规律,针对商品的不同特性,创造一个适宜商品储存的环境,控制外界因素的影响,达到防止或减弱商品的质量变化、降低商品的损耗、防止商品损失的目的。强化商品储存管理,运用科学养护方法,是实现保持商品使用价值的重要手段。只有这样,才会保质、保量、安全有效地将商品送到消费者手中,为社会创造经济利益。

一、商品储存与养护是进行社会化大生产的必要条件

产品的合理储存是保证企业生产经营活动不断连续进行的必要条件,特别是在现代化大生产条件下,专业化程度的不断提高,使越来越多的产品需要经过各种不同形式的储备。为使这些产品按质、按量、及时、准确地供应给消费者,每个企业都必须搞好产品的储存管理。

商品储存是适应生产本身需要而产生的。马克思指出:"生产过程和再生产过程的不断进行,要求一定量的商品不断处在市场上,这就形成了储备。"**商品储存在形式上是生产的中断,实质上是生产的继续**。它们处于社会生产总过程中,为了保证社会化大生产的需要,就应该实行严格的科学的储存管理。

二、商品储存与养护是商品质量的可靠保证

任何一种商品处在储存时期时,表面是处在静止状态,但从物理和化学的角度来看,商品仍在不断地发生着变化。这种变化,因商品本身的性质和所处的条件以及与外界的接触不同而有差异,除极少数情况外,一般对商品的使用价值都有损害作用。这种现象有些学者称之为"劣化"。为了保存和保管好商品,使它们免受有害因素的影响,就必须对其进行合理的保养维护,通过科学的储存管理保持商品的使用价值。

研究各类商品在不同储存环境条件下的质量变化规律,采取有效的技术措施和科学管理方法,控制不利因素,创造优良的储存环境条件,从而保护商品质量,减少商品损耗,是商品养护工作的目的和任务。

研究储存商品质量劣变和损耗的原因以及防止或减少商品损失的养护措施和方法,及时地采用先进的科学技术和现代化管理手段,不仅可以使商品使用价值充分实现,进一步满足人们日益增长的物质和文化生活需要,而且还能增加国家和企业的资金积累,促进国民经济的快速发展。

三、商品储存与养护是降低商品流通费用的重要途径

商品的储存总是需要有一些费用开支的,即需要耗费一定资产、原材料、设备、能源

以及劳动力等。尽管商品储存和养护是必要的，支出相应的费用也是必然的，但由于不创造使用价值，因此事实上表现为社会财富的扣除，必须从社会产品中得到补偿，计入到产品成本中去。所以，这种费用应该是越少越好。因此，只有依靠科学的储存管理，才能在保证储存期间商品质量的前提下，不断地提高储存效率，降低储存费用。

四、商品储存与养护是影响商品流通速度的重要因素

商品储存时间是商品流通时间的重要组成部分。商品储存时间的缩短必然会减少整个商品流通的总时间，也就使更多的商品投入生产，并在生产过程中发挥作用，从而提高企业的经济效益和社会效益。

第二节 商品储存

商品在储存过程中发生的质量变化，其根本原因在于商品自身的成分及其性质。但这种质量变化只有通过仓库内外一定的环境因素作用才会发生。这样，在商品的储存过程中，要加强商品的质量管理，必须贯彻"预防为主"的指导思想，从商品入库到商品的出库实施全过程和全员管理，确保商品质量在储存期间保持不变。

一、严格验收入库

要防止商品在储存期间发生各种不应有的变化，首先在商品入库时要严格验收，明确商品的种类、品种、规格、数量，检查商品的质量状态及其包装状况。对有异常情况的商品要查清原因，针对具体情况进行处理和采取救治措施，做到防微杜渐。

1. 检验单货是否相符

商品入库时，先点大数，再检查单据上所列的产地、货号、品名、规格、数量、单价等与商品原包装标签上所列各项内容是否一致，即使有一项不符，也不能入库。

2. 检验包装是否符合要求

在清点商品数量的同时，还要检查包装，如包装箱、盒、桶、袋等是否符合要求，有无破损、拆封、玷污等现象，有无受潮或水浸的痕迹，包装上的图形或文字标志是否清楚等。对包装异样的商品应重点检查其质量是否有变，如可以接收，应注意在入库前恢复包装，否则按合同或有关规定处理，如退货、索赔等。

3. 检查商品质量是否合格

商品验收时，除查看包装外部情况外，还要适当开箱拆包，查看内部商品是否生霉、锈蚀、溶化、虫蛀、鼠咬等，同时还要测定商品的含水量是否正常，是否超过安全水分率等。对液体商品，要检查有无沉淀。有时还需检验商品的内在质量是否合格，有质量问题的商品暂不入货区。

二、商品在库管理

1. 商品分区分类管理

储存商品的分区分类,要以安全、方便、节约为原则,在商品性能一致、养护措施一致、消防方法一致的前提下进行管理。分区分类管理方法一般有如下三种:一是按商品种类和性质进行分区分类管理,具体有同类商品的同区储存和单一商品的专仓专储两种方法,前者适用于同性质的普通商品,后者适用于贵重商品和化工危险品;二是按发往地区进行分类管理,此法适用于储存期不长而进出数量较大的商品,但对化工危险品、性能相互抵触以及运价不同的商品,应分别存放;三是按商品危险性质进行分类管理,此法适用于特种仓库,根据危险品本身具有不同程度易燃、易爆、毒害等特性进行分类储存管理,以防止互相接触而发生燃烧、爆炸或腐蚀等。另外应特别注意,即使是同类商品,若要求的防火条件或要求的灭火剂不同,也不能同区储存。

2. 商品货位选择

货位是指仓库中实际可以堆货的面积。货位的选择是在商品分区分类管理的基础上进行的。分区分类保管是对仓库商品的合理布局,货位选择则是具体落实每批入库商品的储存点。合理选择货位必须遵守商品安全、方便吞吐发运、提高库容利用等原则。在选择货位时,既要掌握不同的商品特性,又要认真考虑存货区的温湿度、风吹、日晒、光照等条件是否适应商品性能的储存。对怕潮、易霉、易锈的商品,选择干燥或密封的货位,对怕光、怕热、易溶的商品,应选择低湿干燥的货位;对怕冻的商品,应选择温度比较高的货位;对各种化工危险品,应存放在郊区仓库分类专存;对性能互相抵触和挥发串味的商品,不能同区储存;对外包装含水量过高而可能影响与其相邻商品安全的商品,不能同区储存;在同一货区储存的商品中,应无虫害感染。

3. 商品堆垛

货垛高度是反映仓库空间利用率的重要指标,一般而言,货垛越高,一定面积的仓库储存的商品就越多,仓库的利用效率就越高。影响货垛高度的因素较多,在确定堆垛高度时,一是不超过商品包装允许的层数,二是库房地坪负载范围内不超重,三是库房高度范围内不超高。

堆垛的方法取决于商品性能、包装质量和仓储设备等条件。根据包装形状、批量的大小和仓库搬运机械化程度不同,大体可分为整体商品堆垛法、货架堆垛法和散商品堆垛法三种。在具体堆垛时,对含水量高、易霉腐变质,但适合通风的商品,在雨季应堆通风垛,堆垛不宜过高;对易渗漏商品,应堆成间隔式行列垛,以便于及时检查;对易弯曲变形的商品,应堆成平直交叉式实心垛等。

地面潮湿是引起商品变质的一个主要原因,因此,商品在堆垛时要注意做好地面的防潮工作。底层库房、货棚堆放商品时,一定要垫底,并用苇席、油毡或塑料薄膜等铺垫隔潮。垛底距地面一般在 30~50cm 之间，以便垛底通风、散热、降湿。

4. 仓库温、湿度控制与管理

仓库的温度和湿度，对商品质量变化的影响极大，是影响各类商品质量变化的重要因素。各种商品由于其本身特性，对温、湿度一般都有一定的适应范围，有安全湿度和安全温度的要求。因此，应根据库存商品的性能要求、质量变化规律、本地区的气候条件与库内温湿度的关系，适时采取密封、通风、吸潮和其他控制与调节温、湿度的办法，力求把仓库温、湿度保持在适应商品储存的范围内，以维护商品质量安全。

（1）仓库温度、湿度的概念。温度是指物体的冷热程度。仓库温度通常是指库房内的气温，即库内空气的温度，有时简称库温。仓库温度是商品储存重要的环境条件，鲜活商品只有在适当的仓库温度条件下才能保持其鲜度。即使是非鲜活商品，其氧化变质、霉变、老化的速度也与仓库温度有很直接的关系。因此，很多商品都对储存环境的温度有严格要求。

湿度是指空气的含水量。由于空气中的含水量是一个很复杂的现象，因此常用的空气湿度概念有：绝对湿度、饱和湿度、相对湿度。

绝对湿度是指单位体积空气中实际含有的水蒸气重量，可用 g/m^3 表示。但由于空气中的实际含水量很难测定，因此常用空气中的水蒸气压力表示。从绝对湿度的概念可以看出，空气中含有的水蒸气量越大，其绝对湿度就越高。

饱和湿度是指在一定温度和气压条件下单位体积空气中所能容纳的最大水蒸气含量。空气中的水蒸气是由液态水蒸发而来，而水的蒸发既与气压有关，气压越高，蒸发越不容易进行，又与温度有关，温度越高，水分子的平均热运动动能就越高，摆脱其他水分子的吸引游离到空气中成为水蒸气的可能性就越大。由于蒸发是可逆的，因此在一定气压和温度条件下，空气中的水蒸气含量会出现平衡，这时空气中的水蒸气量达最大值，即饱和。饱和湿度的意义在于，空气的实际含水量越接近于饱和值，水蒸气还原成液态水的可能性就越大，即越潮湿；反之就越干燥。由此可见，绝对湿度仅能反映控制的实际含水量，并不能反映水蒸气还原成液态水的可能性，从这种意义上看，也可以认为不能反映空气的潮湿程度。由此，人们引入了第三个湿度概念——相对湿度。

相对湿度是指在当时的气压和温度条件下，绝对湿度和饱和湿度的百分比。可表示为

$$R = \frac{e}{E} \times 100\%$$

式中　R——相对湿度；

　　　e——绝对湿度，即单位体积空气中实际含有的水蒸气重量；

　　　E——与绝对湿度、气压相同的饱和湿度。

相对湿度综合了绝对湿度、饱和湿度两个概念的不同特点：绝对湿度仅反映了单位体积空气中实际含有的水蒸气量，但并不能反映其所含的水蒸气还原成液态水的趋势。而饱

和湿度实际上是一种理论状态,并不是当时空气的实际状态。因此可以说,相对湿度是一个能准确反映空气潮湿程度的指标,相对湿度越高,空气就越潮湿;反之就越干燥。

常见的几种商品的温湿度要求见表 6-1。

表 6-1 几种商品的温湿度要求

种 类	温度/℃	相对湿度（%）	种 类	温度/℃	相对湿度（%）
金属及制品	5~30	≤75	重质油、润滑油	5~35	≤75
塑料制品	5~30	50~70	轮胎	5~35	45~65
压层纤维塑料	0~35	45~75	布电线	0~30	45~60
树脂、油漆	0~30	≤75	仪表、电器	10~30	70
汽油、煤油、轻油	≤30	≤75	轴承、钢珠、滚针	5~35	60
牛羊肉	-24~-18	80~95	蛋	-1~-0.5	80~85
苹果、梨	0~1	90~95	菠菜	0	95~100

由于在自然环境中气压的变化很小,就商品养护而言可以近似地认为饱和湿度仅与温度有关。因此,上式除规定了相对湿度的计算方法外,还告诉我们,当绝对湿度即空气中实际含有的水蒸气量不变时,空气温度的变化必然导致空气相对湿度的变化:当气温升高时,相对湿度下降;当气温下降时,向对湿度上升。这是相对湿度变化极其重要的规律,也是仓库温湿度控制必须遵守的法则。

(2) 密封。密封就是利用热导率小、隔潮性好或透气性较小的材料,将库房、货垛或商品尽可能严密地封闭起来,以防止或减弱外界空气的影响,达到商品安全保管的目的。密封措施应用得当,可以收到防潮、防霉、防溶化、防热、防冻、防干裂、防虫、防锈等方面的效果。

1) 密封的形式。常用密封形式有整库密封、库内小室密封、货垛密封、货位密封、单件密封等方法。上述各种密封形式,可以单独使用,也可以结合使用,在实际工作中,应根据商品的性质、仓库的条件及各地气候特点,因地制宜,就地取材,灵活地运用。

2) 影响密封效果的因素。密封的目的是控制商品的储存湿度,以防止仓库的温度与湿度变化对库存商品的影响。为保证密封的效果,必须研究以下因素:

一是检查商品和商品包装水分含量是否符合质量要求和储存条件的要求,检查商品是否有虫、霉、锈等异常现象。

二是科学选择密封时间。应根据商品的性质和当地气候变化来确定。对受潮易溶、易霉的商品,应在雨季到来之前密封,对怕热、怕冻的商品应在夏季或冬季到来之前密封。

三是密封后的效果检查。密封后,要定期或者不定期地对商品进行检查,如发现商品包装有破损,或温度变化不正常时,都要及时采取措施,进行调节和处理。

最后应注意,密封空间内的绝对湿度是恒定的,但温度是变化的,当气温下降时,可能引起相对湿度升高，因此在实际工作中，还需要放置适当数量的吸湿剂，以保证在环境温度下降时密封空间内的气象条件仍能满足商品的要求。

（3）通风。通风是指根据商品养护的目的和空气自然流动的规律，使仓库内外空气定向流动交换，以达到调节库内温湿度的目的。

1）通风原理。

① 温压通风。温压通风是利用气压压力差的作用，使空气从气压高的地方向气压低的地方流动。由于库内、外的温度高低不同，致使库房上部和下部的空气密度、压力不同，形成了压力差，空气就能够开始流动，湿热的空气从库房上部的气窗流出，温度较低并且比较干燥的库外空气从库房下部的气窗流入，完成库房内外空气的交换。温压通风对仓库建筑物的高度和上下气窗的高度差有一定的要求，这一条件不是所有的仓库都具备的。

② 风压通风。风压通风的原理很简单，当有自然风时，仓库迎风面的气压较高，背风面的气压较低，如果两侧的气窗同时开启，就可以实现库房内外空气的交换。

2）通风时机的选择。仓库通风必须根据库存商品对空气温湿度的具体要求进行，而仓库内外的气象条件是决定通风效果的根本因素。只有认真对比、分析库内外温湿度情况，并参考当时的天气、风力、风向等因素，选择适宜的时机进行通风，才能保证库内的气象条件满足库存商品的养护要求。当通风的目的仅限于降低库内的温度时，在库外气温低于库内时通风即可。若利用通风来降低库内相对湿度，根据相对湿度的变化规律，必须综合仓库内外的气温和当时的湿度条件加以共同考虑，否则可能适得其反。

3）通风方法。仓库通风多半采用自然通风方法，根据气候和仓库条件具体确定。但自然通风由于受到条件限制，不一定完全达到满意的通风效果。因此，在条件比较好的库房中，都采用机械通风的方法进行通风，可以达到理想的通风效果。

（4）吸潮。吸潮是指在梅雨季节或在库内外湿度较大、不宜进行通风防潮时，可在密封库内利用机械或吸潮剂降低库内湿度的方法。

1）去湿机排潮。去湿机是机械排潮的主要机械，适用于空气水分过多、仓库湿度过大条件下的排潮，速度快、效果好。它对库房不仅有排湿效果，同时有降低库温的作用。

2）吸湿剂吸潮。吸湿剂有吸附剂和吸收剂两种。吸附剂本身具有大量的毛细管，具有较好的吸附作用。在同等温度下，吸附剂毛孔表面水汽分压力比空气分压力低，故有吸附空气中水分的能力，使空气中的水汽向毛细管空腔中扩散、凝聚，从而达到降湿作用。吸附剂主要有硅胶、铝胶、分子筛、活性炭等。

3）气幕。气幕俗称风帘、风幕，是目前保温、保湿、隔热、隔凉普遍应用的简单机械设备。它是利用机械鼓风产生的强气流，在仓库门口形成一道气帘，阻止库内外空气自由流动交换，从而达到阻止库内外空气随意无控制交换的目的。

第六章　商品储存与养护

5. 商品在库检查

对商品在储存期间的数量和质量动态进行检查,是储存业务管理的一项综合性措施。库存商品质量会因各种因素的影响而发生变化,如不能及时发现并采取措施进行救治,就会造成或扩大损失。因此,对库存商品的质量情况,应进行定期或不定期的检查,切实维护商品安全。检查应特别注意商品温度、水分、气味、包装物的外观、货垛状态是否有异常等。

储存业务管理,要求保管人员必须对其所保管的商品做到账、卡、物数量清,质量性能清,主要用途清,价格资金清等。在库检查的内容也是多方面的,主要包括:①检查账、卡、物是否相符;是否做到账账相符,账卡相符,账物相符,钱物相符,日清月结。②检查各类商品的堆码是否坚固合理;货垛是否苫垫严密;库房有否漏雨;货场有无积水;库房温、湿度或通风是否得当等。③检查商品质量的变化动态,即检查有没有锈蚀、发霉、干裂、结疤、虫蛀、鼠咬等现象;检查各种安全防护和消防设备、用具是否齐备,药剂是否有效等。

6. 仓库清洁卫生管理

储存环境不清洁,不仅会使商品受沾污,影响商品的外观,还会引起微生物、虫类寄生繁殖,危害商品。因此,对仓库内外环境应经常清扫,彻底铲除仓库周围的杂草、垃圾等物,必要时使用药剂杀灭微生物和潜伏的害虫。

三、商品出库管理

为了保证出库商品在数量上和质量上的准确和完好,商品出库时必须检查商品的品名、数量、规格等与出库凭证是否相符;包装不牢或破损以及标签脱落或不清的,应修复后再出库交付货主。为了避免商品因储存期过长而发生质变的危险性,出库同种商品时,要贯彻执行"先进先出"原则。易燃、易爆等商品出库时,应根据公安部门的有关规定办理相关手续。

第三节　商品养护

【案例】

能像乒乓球一样弹起蛋黄

2011年12月4日,鲍女士从家附近的一家规模较大的超市里购买了两盒促销的品牌鸡蛋。回家将鸡蛋煮熟后,发现蛋黄很有韧性,用手捏也不碎,甚至往桌上拍还能像乒乓球那样弹起。

"因为当时把最后剩下的三枚蛋全煮了,我想去超市再买一盒同品牌的鸡蛋与其他鸡蛋做对比，但是那种鸡蛋卖光了。"鲍女士又买了其他品牌的鸡蛋，煮好后与疑似假蛋的"残骸"进行比较，发现真鸡蛋的蛋黄用手一捻就成粉末状，而疑似假蛋却捻不出粉末。另外，同样煮好后放置了四天的鸡蛋，真鸡蛋已经散发出臭味，而疑似假蛋却几乎无味。

这几天她一直为家人误吃了"问题"鸡蛋而感到担忧。后来，经国家食品安全监督检验中心海淀检验所经验丰富的曹所长检查后，认定该疑似假蛋应该为真鸡蛋。曹所长说，鸡蛋放的时间比较长，尤其是在低温条件下长时间冷藏，蛋黄会变得更"结实"。

显然，该鸡蛋在存储期间发生了质量变化，那么存储期间的质量变化有哪些种类？我们又应该如何对商品进行养护呢？

商品的养护是根据其本身的理化性质以及所处的具体保管条件，采取行之有效的措施来保证商品质量和数量的技术性工作，其目的是保全商品原有的使用价值。要维护好商品质量，应该运用商品养护技术知识，创造适宜的储存环境，保养好商品，延长商品的寿命，以利商品使用价值的实现。

一、商品储存期间的质量变化

商品在储存过程中的质量变化，归纳起来有物理机械变化、化学变化、生理生化变化及某些生物引起的变化等。

1. 商品的物理机械变化

商品物理变化是只改变商品本身的外表形态，不改变其本质，不生成新物质的质量变化现象。商品的机械变化是指商品在外力的作用下，发生形态变化。物理机械变化是由于自然环境因素与商品本身特性的正常作用和非正常的人为原因而造成的，结果是数量损失，或质量降低，甚至使商品失去使用价值。商品常发生的物理机械变化有商品的挥发、溶化、熔化、渗漏、串味、脆裂、干缩、沉淀、沾污、破碎、变形与散落等。

（1）挥发。挥发是低沸点的液体商品（如白酒、香水等）或经液化的气体商品（如液态氮）迅速蒸发到空气中的现象。

挥发的速度与气温的高低、空气流动速度的快慢、液体表面接触空气面积的大小成正比关系。液体商品的挥发会降低有效成分，增加商品损耗，降低商品质量，还容易引起燃烧或爆炸，挥发的蒸气有毒性或麻醉性，容易造成大气污染，对人体有害。常见易挥发的商品如酒精、白酒、香精、花露水、香水、化学试剂中的各种溶剂等。防止商品挥发的主要措施是加强包装密封性。同时，要注意控制仓库温度，保持较低温度条件下储存，以防其挥发。

（2）溶化。溶化是指具有吸湿性和水溶性性能的固体商品在保管过程中，吸收空气或环境中的水分达到一定程度时溶化成液体的现象。常见易溶化的商品有食糖、糖果、食盐、明矾、氯化钙、氯化镁、尿素、硝酸盐、硫酸铵等。

商品溶化与空气温度、湿度及商品的堆码高度有密切关系。在保管过程中，应对易溶化商品采取吸潮和通风相结合的温、湿度管理方法来防止商品吸湿溶化；按商品性能，分区分类存放在干燥阴凉的库房内，不与含水分较大的商品同时存放；堆码时要注意底层商品的防潮和隔潮，同时注意堆码不宜过高。

（3）熔化。熔化是指低熔点的商品受热后发生软化甚至熔融为液体的现象。商品的熔化除受气温高低的外界因素影响外，还与商品本身的熔点、商品中杂质种类和含量高低等内因密切相关。熔点越低，越易熔化；杂质含量越高，越易熔化。常见易熔化的商品有香脂、蛤蜊油、发蜡、蜡烛、圆珠笔芯、松香、石蜡、油膏、胶囊、糖衣片等。商品熔化会造成商品流失、粘连包装、沾污其他商品，有的因熔解而使体积膨胀，使包装破损，有的因商品软化而使货垛倒塌。在保管过程中，一般可采用密封和隔热措施，选择阴凉通风的库房储存，加强库房的温度管理，防止日光照射。

（4）渗漏。渗漏主要是指液体商品，特别是易挥发的液体商品，由于包装容器不严密，包装质量不符合商品性能的要求，或在搬运装卸时碰撞振动破坏了包装，而使商品发生跑、冒、滴、漏的现象。商品渗漏主要与包装材料性能、包装容器结构、包装技术优劣以及仓储温度变化有关。因此，对液体商品应加强入库验收和在库商品定期检查及温、湿度控制和管理。

（5）串味。串味是指吸附性较强的商品吸附其他气体、异味，从而改变本来气味的变化现象。具有吸附性、易串味的商品，主要是由它的成分中含有胶体物质，以及疏松、多孔性的组织结构所致。影响商品串味的因素有商品表面状况、与异味物质接触面积的大小、接触时间的长短，以及环境中异味的浓度等。常见易被串味的商品有大米、面粉、食糖、茶叶、卷烟等。常见的引起其他商品串味的商品有汽油、煤油、樟脑丸、肥皂、化妆品以及农药等。对易被串味的商品应尽量采取密封包装，在储存和运输中不得与有强烈气味的商品同车、船并运或同库储藏，注意运输工具和仓储环境的清洁卫生。

（6）脆裂和干缩。这是指某些吸湿性商品如纸张、木制品、糕点等，在干燥的空气中严重失水而引起商品质量变化的现象。储运中应注意防日晒、风吹，注意控制环境的相对湿度，使其含水量保持在合理的范围内。

（7）沉淀。沉淀是指含有胶质和易挥发成分的商品，在低温或高温等因素影响下，引起部分物质的凝固，进而发生沉淀或膏体分离的现象。常见的商品有墨汁、雪花膏等。对于易产生沉淀的商品，应根据其特点，防止阳光照射，做好商品冬季保温工作和夏季降温工作。

（8）沾污。沾污是指商品外表沾有其他脏物，染有其他污秽的现象。商品沾污主要是由生产、储运中卫生条件差及包装不严所致。对一些外观质量要求较高的商品，如绸缎呢绒、针织品、服装、精密仪器、仪表类等要特别注意。

（9）破碎、变形与散落。破碎、变形与散落是商品在外力作用下所发生的形态上的改变，是常见的机械变化。对于容易发生破碎和变形的商品，主要注意妥善包装，轻拿轻放，在库堆垛高度不能超过一定的压力限度。

2. 商品的化学变化

商品的化学变化是构成商品的物质发生变化后，不仅改变了商品的外表形态和商品的本质，并且有新物质生成，且不能恢复原状的变化现象。商品化学变化过程即商品劣变过程，严重时会使商品失去使用价值。商品的化学变化形式主要有氧化、分解、水解、聚合、裂解、老化、曝光、锈蚀等。

（1）**氧化**。氧化是指商品与空气中的氧或其他能放出氧的物质，所发生的与氧相结合的变化。商品发生氧化，不仅会降低商品的质量，有的还会在氧化过程中产生热量，发生自燃，有的甚至会发生爆炸事故。易于氧化的商品有某些化工原料、纤维制品、橡胶制品、油脂类商品等。此类商品要储存在干燥、通风、散热、避光和低温的库房，避免与氧接触。

（2）**分解、水解**。分解是指某些性质不稳定的商品，在光、电、热、酸、碱及潮湿空气的作用下，由一种物质生成两种或两种以上物质的现象。商品发生分解反应后，不仅使其数量减少、质量降低，有的还会在反应过程中产生一定的热量和可燃气体而引起事故。过氧化氢（双氧水）是一种不稳定的强氧化剂和杀菌剂，在常温下会逐渐分解，高温条件下能迅速分解成水和氧气，从而失去效用。漂白粉遇到空气中的二氧化碳和水汽时，就能分解出氯化氢、碳酸钙和次氯酸，所生成的新生态氧，具有很强的氧化能力，不仅能够加速对其他商品的氧化，还会破坏商品的质量，降低其有效成分和杀菌能力。

水解是指某些商品在一定条件下，与水作用所发生的复分解现象。棉纤维在酸性溶液中，尤其是在强酸的催化作用下，容易发生水解，使纤维的大分子链节断裂，分子量降低，被分解成单个的纤维分子，大大降低了纤维的强度。而棉纤维在碱性溶液中却比较稳定，这就是棉纤维怕酸而耐碱的原因所在。对于易发生分解、水解的商品，在包装、运输、储存的过程中，应尽量避免发生这些变化所需的外部条件，要注意包装材料的酸碱性，尤其不能与酸或碱性商品同库储存，以防止商品的人为损失。

（3）**聚合**。聚合是指某些商品在外界条件的影响下，能使同种分子互相加成后结合成一种更大分子的现象。例如，桐油表面的结块、福尔马林的变性等现象，均是发生了聚合反应的结果。储存和保管养护此类商品时，要特别注意日光和储存温度的影响，防止发生聚合反应，造成商品质量的降低。

（4）**裂解**。裂解是指高分子有机物（如棉、麻、丝、毛、橡胶、塑料等），在日光、氧气、高温条件的作用下，发生了分子链断裂、分子量降低，从而使其强度降低，力学性能变差，产生发软、发黏等现象。例如天然橡胶是以橡胶烃为基本单体成分的高分子化合物，在日光、氧气和一定温度的作用下，就能发生链节断裂、分子结构被破坏，而使橡胶制品出现变软、发黏而变质。此类商品在储存保管过程中，要防止受热和日光的直接照射。

(5) 老化。老化是指以高分子有机物为主要成分的商品（如橡胶、塑料、合成纤维等），在日光、氧气、热等因素的作用下，性能逐渐变坏的过程。商品发生老化后，化学结构遭受破坏，物理性能发生改变，力学性能变差，出现变硬发脆、变软发黏等现象，而使商品失去使用价值。合成纤维织品发生老化，是在日光、氧、高温等因素的作用下发生变色，强度降低的结果，严重时能逐渐变质脆化。容易老化的商品，在保管养护过程中，要注意防止日光照射和高温的影响，堆码时不宜高，以防底层制品受压变形。

(6) 曝光。曝光是指某些商品见光产生分解，引起变质或变色的现象。例如照相用的胶片见光后，即成为废品。漂白粉储存场所不当，易受日光、热或二氧化碳的影响逐渐发生变化而降低氯的有效成分。对能够产生曝光的商品在保管和养护过程中，要特别注意防止光线照射以及空气中的氧和温、湿度的影响，其包装要做到密封严密。

(7) 锈蚀。锈蚀是指金属或金属合金同周围的介质相接触时，相互间发生了化学反应或电化学反应而逐渐遭到破坏的过程。金属商品之所以会发生锈蚀，其一是由于金属本身不稳定，在其组成中存在着自由电子和成分不纯，其二是由于受到水分和有害气体（SO_2、HCl 等）的作用。锈蚀是金属商品的主要破坏形式。

3. 商品的生理生化变化及其他生物引起的变化

(1) 呼吸作用。呼吸作用是指有机商品在生命活动过程中，不断地进行呼吸，分解体内有机物质，产生热量，维持其本身的生命活动的现象。呼吸作用可分为有氧呼吸和缺氧呼吸两种类型。

不论是有氧呼吸还是缺氧呼吸，都要消耗营养物质，降低食品的质量。有氧呼吸所产生的热，会促使霉腐微生物生长繁殖，使食品腐败变质。缺氧呼吸则会产生酒精积累，引起有机体细胞中毒，造成生理病害，缩短储存时间。对于一些鲜活商品，缺氧呼吸往往比有氧呼吸要消耗更多的营养物质。因此，鲜活商品的储藏应保证它们正常而最低的呼吸，维持有机体的基本生理活动，使其本身具有一定的抗病性和耐储性，利用它们的生命活性，减少商品损耗，延长储藏时间。

(2) 发芽、抽苔。发芽、抽苔是指有机体商品在适宜条件下，冲破"休眠"状态，发生的发芽、萌发现象。其结果会使有机体商品的营养物质转化为可溶性物质，供给有机体本身的需要，从而降低有机体商品的质量，导致组织粗老、空心，失去鲜嫩品质，并且不耐储藏。对于能够发芽、抽苔的商品，必须控制它们的水分，并加强温、湿度管理，防止发芽、抽苔现象的发生。

(3) 胚胎发育。胚胎发育主要指的是鲜蛋的胚胎发育。在鲜蛋的保管过程中，当温度和供氧条件适宜时，胚胎会发育成血丝蛋、血环蛋。经过胚胎发育的禽蛋新鲜度和食用价值大大降低。为抑制鲜蛋的胚胎发育，应加强温、湿度管理，最好是低温储藏或限制供氧条件，也可采用石灰水浸泡、表面涂层等储藏方法。

(4) 后熟作用。后熟是指瓜果、蔬菜等类食品在脱离母株后，生理活动仍在继续，逐渐达到成熟过程的现象。瓜果、蔬菜等的后熟作用，能改进色泽、香气、口味以及适口的硬脆度等食用性能。但当后熟作用完成后，则容易发生腐烂变质，难以继续储藏甚至失去食用价值。因此，对于这类鲜活食品，应在其成熟之前采收并采取低温储运和适当通风，来调节其后熟过程，以达到延长储藏期、均衡上市的目的。

(5) 霉腐。霉腐是商品在霉腐微生物作用下所发生的霉变和腐败现象。商品霉变是由于霉菌在商品上生长繁殖而导致的商品变质。腐败主要是腐败细菌作用于食品中的蛋白质而发生的分解反应。常见危害商品的微生物主要是一些腐败性细菌、酵母菌和霉菌。在气温高、湿度大的季节，储存的针棉织品、皮革制品、鞋帽、纸张、香烟以及中药材等许多商品易发霉；肉、鱼、蛋类易腐败发臭，水果、蔬菜易腐烂。对易霉腐的商品，储存时必须严格控制温、湿度，并做好商品防霉和除霉工作。

(6) 虫蛀、鼠咬。商品在储存期间，常常会遭到仓库害虫的蛀蚀或老鼠的咬损。虫蛀、鼠咬不仅破坏了商品的组织结构，使商品发生破碎和孔洞，而且还排泄各种代谢废物污染商品，影响商品质量和外观，降低商品使用价值，甚至使其完全丧失使用价值。因此，要搞好运输工具和仓库的清洁卫生工作，加强日常管理，切断虫、鼠来源；同时采用化学药剂或其他方法杀虫、灭鼠。

二、影响商品储存质量的因素

影响商品储存质量的因素可以分为内在与外在两种因素。

1. 影响商品质量变化的内在因素

(1) 商品的物理性质。

1) 吸湿性。商品吸湿性是指商品吸收和放出水分的特性。具有吸湿性的商品在潮湿的环境中能吸收水分，在干燥的环境中能放出水分。商品吸湿性的大小、吸湿速度的快慢，直接影响该商品含水量的增减，其含水的多少以及吸水性的大小与商品在储存期间发生的吸潮溶化、风干及腐败等质量变化有直接关系。储存中应严格控制环境的温、湿度。

2) 导热性。商品的导热性是指物体传递热能的性质。商品的导热性，与其成分和组织结构有密切关系，同时商品表面的色泽与其导热性也有一定的关系。

3) 耐热性。商品的耐热性是指商品耐温度变化而不致被破坏或显著降低强度的性质。商品的耐热性与其成分、结构、不均匀性、导热性、膨胀系数有密切关系。耐热性差的商品如橡胶在温度变化的情况下，易发生成分和结构的变化，产生老化现象。

4) 商品的透气性与透水性。透气性是指商品能被水蒸气透过的性质，透水性是指商品能被液体水透过的性质。这两种性质在本质上都是指水的透过性能，不同的是：前者是指气体水分子的透过；后者是指液体水的透过。商品透气、透水性的大小，主要取决于商品的组织结构和化学成分。

5) 商品的弹性。弹性是指物体承受外力作用时发生形变的性质。弹性较大的商品在储存中不易发生破碎和变相的现象，但超过了弹性变形值则会发生塑性变形。

6）沸点。液体商品的沸点直接影响商品的挥发速度，沸点越低，储存中越易产生挥发，从而造成商品中有效成分的减少和重量的降低。

（2）商品的机械性质。商品的机械性质是指商品的形态、结构在外力作用下的反应。商品的这种性质与其质量关系极为密切，是体现适用性、坚固耐久性和外观的重要内容，它包括商品的弹性、可塑性、强力、韧性、脆性等。

（3）商品的化学性质。商品的化学性质是指商品的形态、结构以及商品在光、热、氧、酸、碱、温度、湿度等作用下，发生改变商品本质相关的性质，包括商品的化学稳定性、毒性、腐蚀性、燃烧性、爆炸性等。

1）商品的化学稳定性。商品的化学稳定性是指商品受外界因素作用，在一定范围内不易发生分解、氧化或其他变化的性质。化学稳定性的大小与其成分、结构及外界条件有关。

2）商品的毒性。商品的毒性是指某些商品能破坏有机体生理功能的性质。

3）商品的腐蚀性。商品的腐蚀性是指某些商品能对其他物质发生破坏性的化学性质，如硫酸能吸收动植物商品中的水分，使它们炭化而变黑。具有腐蚀性的商品，本身具有氧化性和吸水性，因此，不能把这类商品与棉、麻、丝、毛织品以及纸张、皮革制品和金属制品等同仓储存。

4）商品的燃烧性。有些商品性质活泼，发生剧烈化学反应时常拌有热、光同时发生的性质，这一现象称为商品的燃烧性。具有这一性质的商品被称为可燃商品。由于可燃商品燃烧时需要的条件不同，有的极易燃烧，而有的不容易燃烧，因此可燃商品又分为不同类别，易燃烧的称为易燃商品。常见的易燃商品有红磷、火柴、松香、汽油等低分子有机物。易燃商品在储存中应注意防火。

5）商品的爆炸性。爆炸是物质由一种状态迅速变化为另一种状态，并在瞬间以机械功的形式放出大量能量的现象。能够发生爆炸的商品要有严格的管理制度和办法，专库储存。

（4）商品的化学成分。

1）商品的无机成分。商品的无机成分是指构成成分中不含碳，但包括碳的氧化物、碳酸及碳酸盐，如化肥、部分农药商品等。无机成分的商品，按其元素的种类及其结合形式，分为单质商品、化合物、混合物三大类。

2）商品的有机成分。商品的有机成分是指以含碳的有机化合物为其成分，但不包括碳的氧化物、碳酸与碳酸盐。例如棉、毛、丝、麻及其制品、化纤、塑料、橡胶制品、石油产品、有机农药、有机化肥、木制品、皮革、蔬菜、水果、食品等。这类商品成分中，结合形式也不相同，有的是化合物，有的是混合物。

3）商品成分中的杂质。单一成分的商品极少，多数商品含杂质，而成分绝对纯的商品很罕见。商品成分有主要成分与杂质之分。主要成分决定着商品的性能、用途与质量，而杂质影响着商品的性能、用途与质量，给储存带来不利影响。

(5) 商品的结构。商品的种类繁多，各种商品有各种不同形态的结构，概括起来，可分为外观形态和内部结构两大类。商品的外观形态多种多样，在保管时应根据其体形结构合理安排仓容，科学地进行堆码，以保证商品质量的完好。商品的内部结构，即构成商品原材料的成分结构，属于商品体的分子及原子结构，是人的肉眼看不到的，必须借助于各种仪器来进行分析观察。商品结构不同，其性质有很大差别。

2. 影响商品质量变化的外界因素

商品储存期间的质量变化，主要是商品体内部运动或生理活动的结果，并与储存的外界因素有密切关系。外界因素主要包括空气的温度、湿度，环境的气体组成，日光，微生物和仓库害虫，卫生条件等。

(1) 空气的温度。气温是影响商品质量变化的重要因素。高温能够促进商品的挥发、渗漏、熔化等物理变化及各种化学变化，低温容易引起某些商品的冻结、沉淀等变化，温度忽高忽低，会影响到商品质量的稳定性。此外，温度适宜时会给微生物和仓虫的生长繁殖创造有利条件，加速商品腐败变质和虫蛀。因此，控制和调节仓储商品的温度，是商品养护的重要工作内容之一。

(2) 空气的湿度。空气湿度的改变，能引起商品的含水量、化学成分、外形或体态结构发生变化。湿度下降，将使商品因放出水分而降低含水量，减轻重量，如水果、蔬菜、肥皂等的萎蔫或干缩变形，纸张、皮革制品的干裂或脆损。湿度增高，商品含水量和重量相应增加，如食糖、食盐、化肥、硝酸盐等易溶性商品结块、膨胀或进一步溶化，金属的生锈，纺织品、竹木制品、卷烟等的霉变或被虫蛀等。所以，在商品养护中，必须掌握各种商品的适宜湿度要求，创造商品适宜的空气湿度。

(3) 环境的气体组成。空气中含有21%左右的氧气。氧非常活泼，能与许多商品发生作用，对商品质量变化影响很大，如金属商品锈蚀、有机体商品发生霉腐、成为害虫赖以生存的基础、不利于危险品的安全储存等。因此，在养护中，对于受氧气影响比较大的商品，要采用各种方法（如浸泡、密封、充氮等）隔绝氧气对商品的影响。此外，氧气、二氧化碳、二氧化硫和水汽的存在，还会使金属制品因发生电化学锈蚀而质量下降。

(4) 日光。日光中含有热量、紫外线、红外线等，它对商品起着正反两方面的作用：一方面，日光能够加速受潮商品的水分蒸发，杀死杀伤微生物和商品害虫，有利于商品的保护；另一方面，某些商品在日光的直接照射下，又发生破坏作用，如橡胶塑料制品迅速老化、纸张发黄变脆、色布褪色、药品变质、照相胶卷感光等。因此，要注意避免或减少日光的照射。

(5) 微生物和仓库害虫。微生物和仓库害虫存在是商品霉腐、虫蛀的前提条件。微生物在生命活动过程中分泌一种酶,利用它把商品中的蛋白质、糖类、脂肪、有机酸等物质分解为简单的物质加以吸收利用,从而使商品受到破坏、变质,丧失其使用价值。同时,微生物异化作用中,在细胞内分解氧化营养物质产生各种腐败性物质排出体外,使商品产生腐臭味和色斑霉点,影响商品的外观,加速高分子商品的老化。仓库害虫在仓库里,不仅蛀食动植物性商品和包装,有些仓库害虫还能危害塑料、化纤等化工合成商品,影响商品的质量和外观。因此,储存中要根据商品的特征,采取适当的温湿度控制措施,防止微生物、害虫的生长,以利商品储存。

(6) 卫生条件。卫生条件是保证商品免于变质腐败的重要条件之一。卫生条件不良,不仅使灰尘、油垢、垃圾、腥臭等污染商品,造成某些外观疵点和感染异味,而且还为微生物、仓虫等创造了活动场所。因此,商品在储存过程中,一定要搞好储存环境的卫生,保持商品本身的卫生,防止商品之间的感染。

三、商品的养护技术

1. 防霉腐方法

商品的成分结构和环境因素,是霉腐微生物生长繁殖的营养来源和生活的环境条件。因此,商品的防霉腐工作,必须根据微生物的生理特性而采取适宜的措施进行防治。首先立足于改善商品组成、结构和储运的环境条件,使它不利于微生物的生理活动,从而达到抑制或杀灭微生物的目的。

(1) 药剂防霉腐。药剂防霉腐是利用化学药剂使霉腐微生物的细胞和新陈代谢活动受到破坏或抑制,进而达到杀菌或抑菌、防止商品产生霉腐的目的。药剂防霉腐要和生产部门密切配合。在生产过程中,就把防霉剂、防腐剂加到商品中,这样既方便又可收到良好的防霉腐效果。此外,对批量小的易霉腐的工业品商品如皮革制品等,也可在储存时把防霉腐药剂加到商品表面。用于工业品防霉腐的药剂有三氯酚钠、水杨酸苯胺、多菌灵及洁尔灭、福尔马林等,它们常被用于纺织品、鞋帽、皮革、纸张、竹木制品及纱线等商品的防霉腐。用于食品的防霉腐药剂有苯甲酸及其钠盐、山梨酸及其钾盐等,常被用于汽酒、汽水、面酱、蜜饯、果味露、罐头等食品的防霉腐。防霉腐药剂的选用,应遵循低毒、高效、无副作用、价格低廉等原则,而且在使用时还必须考虑对使用人员的身体健康无不良影响和对环境不造成污染等。

(2) 气相防霉腐。气相防霉腐是通过药剂挥发出来的气体渗透到商品中,杀死霉菌或抑制其生长繁殖的方法。这种方法效果较好,应用面广。常用的气相防霉腐剂有:环氧乙烯、甲醛和多聚甲醛等,主要用于皮革制品等日用工业品的防霉腐。应注意的是,气相防霉腐剂应与密封仓库、大型塑料膜罩或其他密封包装配合使用,才能获得理想效果。另外,使用中要注意安全,严防毒气对人体的伤害。

(3) 气调防霉腐。气调防霉腐根据好氧性微生物需氧代谢的特性,通过调节密封环境

（如气调库、商品包装等）中气体的组成成分，降低氧气浓度，来抑制霉腐微生物的生理活动、酶的活性和鲜活食品的呼吸强度，达到防霉腐和保鲜的目的。

气调防霉腐有两种方法：一种是靠鲜活食品本身的呼吸作用释放出的二氧化碳来降低塑料薄膜罩内的氧气含量，从而起到气调作用，称作自发气调；另一种是将塑料薄膜罩内的空气抽至一定的真空度（$8.0 \times 10^3 \sim 2.1 \times 10^4 Pa$），然后再充入氮气或二氧化碳气的气调方法，叫作机械气调。据研究，塑料薄膜罩内的二氧化碳含量达到50%时，对霉腐微生物就有强烈的抑制和杀灭作用。气调还需要有适当低温条件的配合，才能较长时间地保持鲜活食品的新鲜度。气调防霉腐可用于水果蔬菜的保鲜。近年来也开始用于粮食、油料、肉及肉制品、鱼类、鲜蛋和茶叶等多种食品的保鲜。

【案例】

农产品冰温气调保鲜技术

国家农产品保鲜工程技术研究中心经过较长时间跟踪研究国内外保鲜装备的研究动向和最新进展，确定以具有世界领先地位的保鲜技术手段"农产品冰温气调保鲜技术"作为突破口，全面提升国内保鲜行业保鲜设施的技术水平，开创高品质保鲜的新局面。

2008年9月中心研发成功"农产品冰温气调保鲜技术"，随后建成了国内首座具有自主知识产权、达到国际领先水平的农产品冰温气调保鲜库，填补了我国在农产品高新设施保鲜领域的空白，同时也标志着我国农产品保鲜技术水平步入国际先进行列。

农产品冰温气调保鲜技术是目前最先进的物理设施保鲜技术，是将食品储藏在0℃以下接近其结冰点保鲜，属于非冻结保存，是对冷藏和气调技术进一步的深化和潜力的进一步挖掘，是继冷藏、气调储藏后的第三代保鲜技术。

实施农产品冰温气调保鲜技术要求储藏库内温度差及温度波动均在±0.2~±0.3℃，这在通常的保鲜库里是不可能达到的，要求在库体、制冷设备、传感器、补风系统、控制系统等方面采用多种尖端、先进技术和新材料、新设备来实现，必须准确计算、精心设计、科学施工、认真实验。并且引入气调系统后，气体传质过程对温度的影响更增加了项目技术难度。通过中心科技人员的创新研究和辛勤工作，同时实验研究，同时完善设计，同时中试施工，终于完成了农产品冰温气调保鲜库的建设。经测试，各项技术指标均超过或达到设计要求，取得了理想的效果。

（资料来源：http：//www.snerc.gov.cn/index/ndbg/workdetail.aspx?id=24）

思考与讨论：和传统的保鲜技术相比，农产品冰温气调保鲜技术的优点有哪些？

（4）**低温防霉腐**。含水量大的商品，尤其是生鲜食品，如鲜肉、鲜鱼、鲜蛋、水果和蔬菜等，多利用低温抑制霉腐微生物繁殖和酶的活性，以达到防霉、防腐的目的。按降低温度的范围，分为冷却和冷冻两种。冷却法又称冷藏法，其温度控制在0~10℃，此时商品并不结冰。此法适用于不耐冰冻的商品，尤其是水分含量大的生鲜食品和短期储存的食

第六章 商品储存与养护

品。冷冻法其温度经过两个阶段的控制，先经过速冻阶段，即在短时间内将温度降到 $-25 \sim -30℃$，当商品深层温度达到 $-10℃$ 时，再移至 $-18℃$ 左右的温度下存放。此法适用于长期存放或远距离运输的生鲜动物性食品。

（5）**干燥防霉腐**。干燥防霉腐是通过各种措施降低商品的含水量，使其水分含量在安全储存水分之下，抑制霉腐微生物的生命活动。这种方法可较长时间地保持商品质量，且商品成分的化学变化也较小。干燥防霉腐有自然干燥法和人工干燥法两种。自然干燥法是利用自然界的能量，如日晒、风吹、阴晾等方法，使商品干燥。该法经济方便，广泛应用于原粮、干果、干菜、水产海味干制品和某些粉类制品。人工干燥法是在人工控制环境条件下对商品进行脱水干燥的方法。比较常用的有热风干燥、喷雾干燥、真空干燥、冷冻干燥及远红外和微波干燥等。该法因要用一定的设备、技术，故费用较高，耗能也较大，在应用上受到一定的限制。

（6）**辐射防霉腐**。辐射防霉腐是利用放射性同位素（钴 -60 或铯 -137）产生的 γ 射线照射商品的方法。γ 射线是一种波长极短的电磁波，能穿透数英尺厚的固体物，它能杀死商品上的微生物和害虫，抑制蔬菜、水果的发芽或后熟，而对商品本身的营养价值并无明显影响。针对不同商品的特性和各种储存目的，辐射防霉腐有低剂量、中剂量和大剂量辐照三种类型。

对于已发生霉腐的商品，为避免进一步变化造成更大的损失，应及时采取措施救治。霉腐商品的救治方法很多，常用的有晾晒、烘烤、熏蒸、机械除霉及加热灭菌等。使用时应根据实际情况合理选择。

2. 防治害虫的方法

商品储存过程中害虫的防治工作应贯彻"以防为主，防治结合"的方法。对某些易生虫的商品如原材料，必须积极地向厂方提出建议和要求，在生产过程中对原材料采取杀虫措施。例如竹、木、藤原料，可采取沸水烫煮、汽蒸、火烤等方法，杀灭隐藏的害虫。对某些易遭虫蛀的商品，在其包装或货架内投入驱避药剂，如天然樟脑或合成樟脑等。此外，商品储存过程中害虫的防治还常采用化学、物理、生理等方法，杀灭害虫或使其不育，以维护商品的质量。

（1）**化学杀虫法**。化学杀虫法是利用化学药剂来防治害虫的方法。在实施时，应考虑害虫、药剂和环境三者之间的关系。例如，针对害虫的生活习性，要选择其抵抗力最弱的虫期施药，药剂应低毒、高效和低残毒，且对环境无污染。在环境温度较高时施药，可获得满意的杀虫效果。化学杀虫按其作用于害虫的方式，主要有熏蒸法、触杀杀虫和胃毒杀虫三种。

（2）**物理杀虫法**。物理杀虫法是利用各种物理因素，如热、光、射线等破坏储存商品上害虫的生理活动和机体结构，使其不能生存或繁殖的方法。主要有高、低温杀虫法，射线杀虫与射线不育法，远红外线与微波杀虫法和充氮降氧杀虫法等。

此外，还可采用生物防治，即利用害虫的天敌（寄生物、捕食者、病原微生物）来防治害虫，以及利用昆虫的性引诱剂来诱集害虫或干扰成虫的交配繁殖等。

3. 防鼠与灭鼠的方法

防鼠与灭鼠，要针对鼠类的特性和危害规律，采取防治与突击围剿相结合的方法，要揭其巢穴，断其来路，消其疑忌，投其所好，进行诱捕。防鼠的主要方法是，保持库房内外清洁卫生，清除垃圾，及时处理堆积包装物料及杂乱物品，不给鼠类造成藏身的活动场所。灭鼠有多种方法，一般有机械捕杀、毒饵诱杀、生物法、驱除法等。

4. 防老化方法

老化是高分子聚合物及其制品的固有特点，任何高分子材料或商品无论是在使用过程中还是储运过程中，都会受到环境中有害因素如光、热及有害元素和化合物的影响而老化。防老化是根据高分子材料性能的变化规律，采取各种有效措施以减缓其老化的速度，达到提高材料的抗老化性能、延长其使用寿命的目的。高分子商品的老化有其内因和外因，所以防老化应从两方面着手。

(1) **提高商品本身的抗老化作用**。高分子材料防老化，首先应提高高分子材料本身对外界因素作用的抵抗能力。例如，通过改变分子结构，减少不稳定结构，或除去杂质，可提高高分子材料本身对外界因素作用的抵抗能力。还可以在加工生产中，用添加防老剂（抗氧剂、热稳定剂、光稳定剂、紫外线吸收剂等）的方法来抑制光、热、氧等外界因素的作用，提高其耐老化性能。此外，还可以在高分子材料商品的外表涂以漆、胶、塑料、油等保护层，有显著的防老化作用。例如塑料商品可用某些塑料粉末在其表面涂一层薄膜，可提高耐磨、耐热和耐气候等性能。

在上述防老化方法中，添加防老化剂是常用而又有效的一种方法。防老化剂是一种提高高分子材料和制品的热加工性能和储存、使用寿命的化学物质，其添加量很小，但能使材料和成品的耐老化性能提高数倍乃至数千倍。

(2) **控制储存中引起老化的因素**。高分子聚合物老化最主要的形式有光氧老化和热氧老化，即在光、火、热的作用下物理、化学性能逐渐下降。因此，储运过程中应根据高分子聚合物商品或材料的质量变化规律，严格控制温度和防止阳光直接照射，妥善包装，合理堆码，才能有效控制其老化。

第四节　商品储存与养护示例

一、食品储藏

1. 食品的储藏性能

食品储藏就是根据食品的储藏性能、质量变化和影响质量变化的各种因素，采用科学的储藏方法和条件来维护食品质量,减少损耗,延长食品储藏期的工作。

食品在储藏期,由于其本身的特性及环境因素的影响,会在化学成分、物理状态和组织结构方面发生不同程度的变化,进而引起食品质与量的改变。食品的储藏性能就是指食品本身所具有的能够阻止或延缓上述各种变化的性能。一般来说,储藏性能良好的食品,储藏寿命长;储藏性能差的食品,储藏寿命就比较短。

2. 食品在储藏中的质量变化

(1) 腐败。腐败多发生在那些富含蛋白质的动物性食品中,如肉类、鱼类、蛋品等,植物性食品中的豆制品也容易发生腐败。

(2) 霉变。霉变是霉菌在食品中繁殖的结果。霉菌能分泌大量的糖酶,因此富含糖类的食品容易发生霉变,如粮食、糕点、面包、饼干、水果、蔬菜、干果、干菜、茶叶、卷烟等。

(3) 发酵。发酵是在微生物酶的作用下,使食品中的单糖发生不完全氧化的过程。食品储存中常见的发酵有酒精发酵、醋酸发酵、乳酸发酵和酪酸发酵等。

3. 食品的储藏方法

食品的储藏方法很多,除传统的高温杀菌、干燥、低温等储藏方法外,近年来还发展了气调、辐射等一些新的储藏方法。根据食品储藏的基本原理,可将其分为两大类:

第一类,全部或部分杀灭微生物和破坏酶的活性,主要有高温杀菌法、辐射法、紫外线照射法以及化学杀菌剂法等。采用这类方法储藏食品,只要具备良好的包装,就能防止微生物对食品的再次污染,达到在常温条件下长期储藏的目的。但这类方法对食品原有风味有一定影响,只能用于部分食品。

第二类,抑制微生物繁殖和酶的活性及非酶化学变化,主要有低温储藏法、干燥储藏法、盐腌法、糖渍法、气调储藏法等。这类方法在食品储藏中应用广泛,特别是低温储藏法,能较好地保持食品的原有风味,目前仍为国内外普遍采用。

(1) 抑制法。

1) 低温储藏法。低温储藏法是指在 15℃ 以下温度环境中储藏食品的方法。其原理是:利用低温条件,抑制食品中微生物的繁殖和酶的活性,有效地防止微生物引起的食品质量变化,减弱鲜活食品的生理活动和生鲜食品的生物化学变化,降低水分蒸发速度和延缓食品化学成分的变化。它有利于减少食品干耗,保持食品的色、香、味,从而较好地保持食品原有的新鲜度、风味品质和营养价值。

2) 干燥储藏法。干燥储藏法是利用干燥或脱水措施,降低食品中的含水量,使之成为干燥状态的一种储藏方法。食品的干燥或脱水,统称为干制。经干制的食品,称为干燥食品或干制食品。

食品经干制后,由于水分减少,酶的活性受到抑制,细胞原来含有的糖分、盐类、蛋白质等稀溶液浓度升高,渗透压增大,导致微生物细胞脱水,繁殖受阻,甚至死亡,这样就可以延长食品的储藏期。

食品经干燥脱水后，体积与重量显著减小，有利于运输。某些喷雾干燥或冻结干燥的食品，还具有溶解迅速和复水性好的特点。例如速溶咖啡、速溶豆浆晶、速溶奶粉及果珍饮料等，都为运输和食用提供了方便。干燥食品具有多孔结构，具有吸湿性强、易破碎、易氧化等特点，需有隔水和隔氧性好的包装。

3）**气调储藏法**。气调储藏法的基本原理是：在适宜的低温下，改变储藏库或包装中正常的空气组成（正常的空气组成中氧气占21%、氮气占78%、二氧化碳占0.03%），降低氧气含量，增加二氧化碳的含量，以减弱鲜活食品的呼吸强度，抑制微生物的生长繁殖和食品中化学成分的变化，从而达到延长储藏期和提高储藏效果的目的。

气调储藏是以适宜的低温为基础，可以看作低温储藏的一种强化手段。这种方法于1928年第一次用于商业，20世纪40~50年代得到迅速发展，目前已遍及世界各国。它除了能获得一般的冷藏效果外，由于调节了空气中氧气和二氧化碳的比例，还弥补了低温储藏的某些不足。它的优点主要表现在以下两方面：

第一，气调储藏可比冷藏更有效地延缓鲜活食品的生理衰老过程，并且在长期储藏中能较好地保持食品的感官品质，如水果、蔬菜的色泽硬脆度和口味等。

第二，气调储藏的温度可高于一般冷藏温度，可以避免某些原产于热带、亚热带的鲜活食品在过低温度储藏中出现的低温"冷害"。

目前，气调储藏除了被应用于蔬菜、水果的储藏外，还用于粮食、油料、肉及肉制品、鱼类和鲜蛋等多种食品的储藏。

(2) **杀灭法**。

1）**加热灭菌储藏法**。食品以加热处理，可以杀灭引起食品变质的微生物，破坏食品中酶的活性，有利于食品的储藏。加热灭菌的食品，需有密封的包装，使内容物与外界隔绝，防止微生物二次污染和氧气的侵入，以利于食品的长期储藏。

一般在100~121℃之间，即可杀灭食品中细菌、霉菌、酵母菌以及耐热性很强的肉毒杆菌。罐头生产常采用此种灭菌法。传统的巴氏杀菌法，杀菌温度低，只能杀死微生物的营养细胞，不能杀灭它们的孢子或芽孢。通常只用于那些不适合进行高温长时间加热的食品，或者只作短期储藏的食品，如鲜奶、果汁、啤酒、酱油和清凉饮料等。

2）**辐射储藏法**。辐射储藏法是利用穿透力较强的射线照射食品，杀灭食品中的微生物，破坏酶的活性，抑制鲜活食品的生命活动，从而达到防腐保鲜、延长食品储藏寿命的目的。

辐射储藏所用的射线源，主要是同位素钴-60和铯-137。辐射储藏法具有许多优点：能比较彻底地杀灭食品中的微生物和昆虫，防止蔬菜、水果发芽或后熟，使食品在常温下长期储藏不变质。射线可同时对食品的表面及内部消毒灭菌，对包装食品可以包装一起消毒灭菌，因而能有效地防止食品被微生物二次污染。在辐射过程中，食品温度几乎不升高，有"冷杀菌"之称，能较好地保持食品的营养价值和新鲜度。

辐射食品的安全性是人们普遍关注的问题。大量的实验也证明，只要辐照剂量和辐照条件符合要求，辐射储藏的食品对人体是安全的。

3）**化学储藏法**。化学储藏法是指在生产或储藏过程中，添加某些对人体无害的化学物质，增强食品的储藏性能和保持食品品质的一种储藏方法。食品化学储藏采用的保藏剂种类很多，按保藏机理不同，可分为防腐剂、杀菌剂、抗氧化剂和脱氧剂。

食品防腐剂是指能抑制微生物繁殖的物质。其主要是通过抑制微生物酶系统（尤其是呼吸酶）的活性，或者阻碍、破坏微生物细胞膜的正常功能，从而起到防腐作用。

食品杀菌剂是指对污染食品的微生物起杀灭作用的物质，按其灭菌特性可分为氧化型杀菌剂和还原型杀菌剂两类。

食品抗氧化剂是指能防止或延缓食品氧化变质的一类物质。添加适量的抗氧化剂，可提高食品的抗氧化能力，避免食品在储藏期间发生氧化变质，从而延长食品的储藏期限。抗氧化剂的抗氧化作用都是以其还原性为理论依据。有的抗氧化剂通过消耗食品内部和环境中的氧，保护食品品质；有的抗氧化剂则通过抑制氧化酶的活性，防止食品氧化变质。

二、聚氯乙烯的防老化

聚氯乙烯的热稳定性差，在成型加工的温度条件下便极易分解和变色，所以不管有无采取过其他防老化措施，无论生产哪一种制品，都必须添加防老化剂。因此，聚氯乙烯的耐老化性能在很大程度上取决于所采用的稳定体系。

从聚氯乙烯耐老化机理来看，要有效地稳定聚氯乙烯，应采用的稳定体系必须能抑制聚氯乙烯的分解脱氯化氢、断链、交联和产生显色基团的反应，以及能抑制各种因素（氧、氯化氢、过氧化物、金属氯化物、游离基、紫外光、机械力等）对聚氯乙烯老化过程的催化作用。

现在能用于聚氯乙烯的防老化剂，有热稳定剂、抗氧剂、光稳定剂、螯合剂、防辐射剂、机械化学稳定剂（润滑剂）、生物化学稳定剂（防霉剂、驱避剂）等几大类、数十个常用品种。由它们搭配得到具有显著稳定效果的并用体系很多，大体上有三类：

第一类为结合氯化氢的金属类热稳定剂的并用体系。例如金属皂与金属皂（如硬脂酸钡、硬脂酸钙、锌）、盐基性铅盐与盐基性铅盐、锡有机化合物与锡有机化合物、盐基性铅盐与金属皂、锡有机化合物与金属皂等并用体系。

第二类为上述单一的或并用的热稳定剂与抗氧剂、光稳定剂、聚氯乙烯脱氯化氢抑制剂等有机防老化剂搭配而得到的并用体系。

第三类为金属类热稳定剂和有机防老化剂与机械化学稳定剂（润滑剂）、环氧增塑剂（兼作有机防老化剂）、生物化学稳定剂等搭配而得到的并用体系。

聚氯乙烯硬质和软质制品所采用的稳定体系有所不同，分别介绍如下：

1. 硬质制品

硬质聚氯乙烯塑料是不加或少加增塑剂的。这种以聚氯乙烯树脂为主体的塑料，流动性就必然很差。为了保证它具有一定程度的流动性，不得不提高成型加工温度。因此，在配方设计时，必须考虑到硬质制品的成型加工温度与分解温度比较接近的特点，以尽量选用适宜的防老化配方来弥补这个缺陷。

在一般情况下，不论户外使用还是室内使用的硬质制品，只需采用热稳定体系。因为一方面这些热稳定体系既有很好的热稳定效果，又有相当好的光稳定效果；另一方面，硬质制品由于不含或少含增塑剂，以及常添加对紫外光有屏蔽作用的着色剂和填充剂，所以除户外使用的薄细制品之外，一般制品在其稳定体系中不必再添加抗氧剂和紫外光吸收剂。

2. 软质制品

一般软质制品除了添加防老化剂等外，还加有一定数量的增塑剂，以使其具有柔软性。软质制品的性能在很大程度上取决于增塑剂的品种和用量。例如在高温条件下使用的电线电缆，其耐热性与选用的增塑剂的挥发性有关；在低温条件下使用的薄膜，其耐寒性与选用的增塑剂的化学结构有关；软质制品的耐油性、防霉性等也与增塑剂密切相关。因此，增塑剂的合理选用，是软质制品配方设计中很重要的一环。由于加有增塑剂，软质制品的加工流动性较好，所以在一般情况下对于热稳定的要求不及硬质制品那样严格。但是在制品的成型加工和使用过程中，增塑剂和树脂一样也会发生热氧化和光氧化作用，所以在软质制品的稳定体系中常要加入抗氧剂。对于户外使用的软质薄细制品（如农膜），还要添加光稳定剂。

三、金属的锈蚀与防护

锈蚀是指金属与它所接触的物质（气体或液体）发生化学或电化学作用所引起的破坏或变质现象（本质上是金属失去电子被氧化成离子的过程）。多数金属的锈蚀是自然进行的。金属锈蚀根据锈蚀过程的不同，可以分为化学锈蚀和电化学锈蚀两大类。其中，化学锈蚀是金属与环境介质在干燥的条件下直接发生化学作用而产生的损坏，在锈蚀过程中没有电流的生成。电化学锈蚀是金属在溶液中由于发生电化学作用而引起的损坏，在锈蚀过程中有电流产生。仓储金属商品的锈蚀主要是在潮湿的大气中的锈蚀，属电化学锈蚀。

1. 金属的锈蚀原理

（1）化学锈蚀。化学锈蚀的机理可简单概括为：当金属与非电解质相接触时，介质中的有害物质分子被金属表面所吸附，并与金属发生化学反应，从而生成锈蚀产物。锈蚀产物即俗称的"锈"。如果锈蚀产物是挥发性的或结构松散、在金属表面形不成保护性膜，锈蚀反应将继续下去。如果锈蚀的产物可以附着在金属表面上，形成完整的保护膜时，则锈蚀反应被阻止。

金属的化学锈蚀一般只能在环境温度比较高的条件下才能发生。例如铁和氧生成氧化铁的反应温度不会小于800℃。而某些活泼金属在常温下虽然很容易与氧发生反应，但由于反应速度很快，生成的腐蚀产物具有致密的结构，能在金属表面形成一层致密的氧化物薄膜，锈蚀反而被阻止，这种现象称为"自钝化"。活泼金属的这一特性在生产中被利用，例如人为地在铝合金门窗表面生成氧化膜，不仅使铝合金呈现出五彩缤纷的颜色，而且极大地提高了铝合金的防蚀能力。

（2）**电化学锈蚀**。金属电化学锈蚀是由金属和金属表面的腐蚀性溶液发生电化学反应造成的，其原理和原电池的原理相同。即当两种不同金属被电解质溶液覆盖或包围时，电极电位较低的金属首先溶解，金属原子以离子的形式进入溶液而使金属带负电荷。负电荷因两种金属相互接触而不断向电极电位较高的金属扩散，从而使得电极电位较低的金属不断被腐蚀。这种能导致金属锈蚀的原电池为腐蚀电池。只要形成腐蚀电池，金属就会发生氧化反应而遭到电化学锈蚀。电化学锈蚀要比化学锈蚀更普遍，危害性也更大。金属在储运过程中发生的腐蚀可以认为全部是电化学锈蚀。但是需要注意的是，金属在储运过程中发生的腐蚀并非由于两种不同的金属相互接触所致，而是由金属表面的不均匀性导致的。例如，金属表面可能由于金相组织不同、成分不同、应力不同而使不同的区域在溶液中的溶解速度不同，从而形成了正负两极，尽管这样的腐蚀原电池很小，但金属就是被千千万万这样的原电池所腐蚀的。

金属电化学锈蚀既然是金属和溶液共同作用的结果，那么，溶液中腐蚀性介质浓度的不均匀也可导致金属被腐蚀。这种由于溶液浓度不均匀导致的腐蚀称为浓差腐蚀。浓差腐蚀也是金属在储运过程中被锈蚀的重要形式。导致这种腐蚀的原因是金属表面水溶液中氧的浓度不同。浓差腐蚀的机理远较金属不均匀导致的腐蚀复杂，有兴趣的读者可参阅金属防腐方面的专著。

金属商品在储存中发生锈蚀必须具备两个条件，即金属商品表面上的电化学不均匀性与表面上形成电解液膜。

影响锈蚀的内因有金属的性质、合金组分与杂质、金属表面加工方法与表面状态、锈蚀产物的性质与制品的结构、金属表面镀层的影响等。

影响锈蚀的外因即储存环境因素是商品在储存中能否发生锈蚀的决定因素，是防止仓储金属商品锈蚀的主要控制因素。它包括储存环境空气湿度、气温及空气中的有害物质。但在储运过程中，只要有效控制仓库温度和湿度，阻止金属表面水膜的形成，就能有效防止金属的电化学锈蚀。

2. 防止金属锈蚀的主要途径

（1）**提高金属材料自身的抗蚀性**。提高金属材料自身抗蚀性的方法很多，例如可采用均匀化热处理的方法使材料的成分、组织结构均匀化，以防止腐蚀原电池的形成。也可通过表面渗氮、渗铬、渗铝等方法，使钢铁材料表面具有难蚀金属的特征，达到提高金属材料抗蚀能力的目的。

(2) 采用覆盖层法。防蚀覆盖层也称保护层，实质在于把金属同可能引起或促进腐蚀的各种外界条件，如水分、氧气、二氧化硫等，尽可能隔离开来，从而达到防蚀目的。

(3) 采用化学处理法。采用化学处理的方法，使金属表面形成一层钝化膜防蚀。最常见的有氧化膜和磷化膜。

(4) 控制环境法。

1) 干燥空气封存法，也称控制相对湿度法。当空气相对湿度控制在65%以下时，金属就不易生锈。

2) 充氮封存法。氮气的化学性质比较稳定，在产品包装中充入干燥的氮气，隔绝了水分、氧气等腐蚀性介质，从而达到使金属不易生锈的目的。

3) 隔离污染源法，如去氧封存法等。一般在设计、建筑厂房、库房时，应尽量远离有害气体源，以防止金属腐蚀。

(5) 采用缓蚀剂法。这是指在腐蚀性介质中加入少许能减缓腐蚀速度的缓蚀剂，以防止金属腐蚀的方法。通常缓蚀剂可分为气相缓蚀剂、水溶性缓蚀剂及油溶性缓蚀剂三类。

(6) 采用电化学法。电化学锈蚀总是在负极区域进行，而正极材料却受到保护。因此人为地选择一些电极电位负的活泼金属极，安装在基体金属上，或用导线连接，结果活泼金属被腐蚀，而基体金属得到保护。这种用牺牲阳极而保护阴极的方法，称之为阴极保护法。

3. 商品养护常用的防锈蚀方法

金属商品的电化学锈蚀是造成商品损失的重要因素之一。金属商品的电化学锈蚀除内在因素如金属及其制品本身的组成成分、电位高低、表面状况外，还主要取决于金属表面电解液膜的存在。因此，在防止金属商品电化学锈蚀的方法中，相当多的方法是围绕防止金属表面生成水膜而进行的。在仓储过程中使用的主要防锈蚀方法是：改善仓储条件，涂油防锈，气相防锈和可剥性塑料封存等。

(1) 涂油防锈。涂油防锈是流通中常用的一种简便有效的防腐方法。它是在金属表面涂覆一层油脂薄膜，在一定程度上使大气中的氧、水分以及其他有害气体与金属表面隔离，从而达到防止或减缓金属制品生锈的方法。此法属于短期的防锈法，随着时间的推移，防锈油会逐渐消耗，或由于防锈油的变质，而使金属商品又有重新生锈的危险。根据防锈油形成膜的性质，可将其分为软膏防锈油、硬膜防锈油、油膜防锈油三类。除防锈油外，凡士林、黄蜡油、机油等也可作防锈油脂。

(2) 气相防锈。气相防锈是利用挥发性气相防锈剂在金属制品周围挥发出缓释气体，来阻断空气中的氧、水分等有害因素的腐蚀作用，以达防锈目的的一种方法。这是一种很经济的防锈方法，具有使用方便、封存期较长、使用范围广泛、原料来源丰富的特点。气相防锈适用于结构复杂、不易为其他防锈涂层所保护的金属制品的防锈。常用的气相防锈剂有亚硝酸二环己胺、肉桂酸二环己胺、肉桂酸、福尔马林等。

（3）可剥性塑料封存。可剥性塑料是用高分子合成树脂为基础原料，加入矿物油、增塑剂、防锈剂、稳定剂以及防腐剂等加热熔解后制成的。将这种塑料液涂敷于金属制品表面时，能形成可很容易剥去的一层特殊的塑料薄膜，像给金属制品穿上了一件密不透风的外衣，它有阻隔腐蚀介质对金属制品腐蚀的作用，以达到防锈目的。可剥性塑料中，常用的树脂有乙基纤维素、醋酸丁酸纤维素、聚氯乙烯树脂、过氧乙烯树脂和改性酚醛树脂等。这种方法由于施工工艺要求高，需要专用设备，目前在我国的应用尚不很普及，大多用于机械零件精加工表面的保护，如电梯导轨等，或某些高精度金属型材如棒、管、板等。

案例分析

储粮方法革新

安徽省宿州粮库改革传统储粮方法，大胆引进新技术，改用环保、科学的储粮方法，日前已全部消灭历年的陈化粮，在确保国家储备粮质量的同时节约了100多万元资金。

针对传统方法储粮造成的粮食陈化周期短、储存中药物使用量大影响粮食质量等弊端，宿州粮库改变了不发热、不生虫、不霉变、不短少的传统储粮标准，确立了低污染、低药量、保鲜度高的绿色环保储存目标，不断加大投入力度，改革传统储粮方法，大胆引用环保新技术实行科学保粮。

近年来，通过不断增加环流熏蒸、机械通风等环保设施，先后改造陈旧简陋仓库20多幢，使20世纪70年代兴建的老仓库全部得以改造，新、老仓库均具备了科学保粮的基础条件，并在安徽省率先实行粮库低温、低氧"双低"技术。"双低"储存技术的使用，使粮食储存周期由原来的3年延长至5年，保鲜能力提高80%；仓库配置谷物冷却机，使粮库温度由原来的27℃下降到16℃，实现低温状态；同时采用宽幅复合薄膜达到低氧状态，每年冬季实行两次机械通风，夏季进行复合膜压盖下的低温熏蒸。

据这个市粮库的负责人介绍，近两年来，他们多方引资，先后添置了布拉班德粉质仪、降落数值器、面筋指数仪等一批先进设备，粮库全部实现环保电子测温。新技术推行以来，每仓每年仅药物费一项可节约5万元。

分析

本案例材料涵盖了以下知识点：

（1）低温储存。案例中，"仓库配置谷物冷却机，使粮库温度由原来的27℃下降到16℃，实现低温状态"。

（2）气调储存。案例中，"采用宽幅复合薄膜达到低氧状态"。

（3）干燥储存。案例中，"每年冬季实行两次机械通风"。

（4）化学储存。案例中，"夏季进行复合膜压盖下的低温熏蒸"。

【扩展阅读】

大豆的储藏方法

大豆粒圆、种皮光滑、籽粒坚硬、抗虫、霉能力较强，但破损的大豆易于变质。大豆籽粒中含有丰富的蛋白质和脂肪，在空气湿度大时容易吸湿，经夏季高温影响后，易变色变味，严重的发生浸油，同时，高温高湿还易使大豆发芽率降低。而且大豆易走油和赤变。基于大豆的储藏特点，大豆主要有以下储藏方法：

（1）充分干燥。大豆脱粒后要抓紧整晒，降低水分。需要长期储藏的大豆水分不得超过12.5%，含水量再高，就容易霉变。

（2）适时通风。新入库的大豆籽粒间水分不均匀，加之后熟作用，呼吸旺盛，大豆堆内湿热积聚较多，同时正值气温下降季节，极易产生结露现象。因此，大豆入库3~4周左右，应及时通风散热，以增强大豆的耐藏性。

（3）低温密闭。在严冬季节将大豆进行冷冻，采用低温密闭储藏，既可隔绝外界温湿度的影响和害虫感染，又能防止浸油、赤变，有利于保持大豆的品质。

（资料来源：国家粮食局网站，http：//www.chinagrain.gov.cn/n16/n3615/n3676/n4703860/n4704541/index.html）

思考练习题

1. 怎样做好商品的入库验收工作？
2. 如何控制和调节仓库温湿度？
3. 商品在储存过程中的质量变化形式有哪些？
4. 试分析影响商品质量变化的因素。
5. 联系实际说明如何做好商品的储存管理？
6. 简述食品和金属的主要养护技术。
7. 深入学校的食堂进行食品储存调查，分析各类食品储存的方法，并提出改进储存的方法。
8. 深入一个仓库，综合分析仓库商品储存管理状况，并提出改进意见。
9. 案例题：连续高温储存遇困　临沂鲜花价格跳水

    连续几天超过35℃的高温闷热天气，让临沂各鲜花市场大呼"吃不消"。2010年7月，高温给鲜花的储存带来了极大的不便，使得鲜花价格出现大幅回落，在金田花卉市场，由于高温，各鲜花店不得不打开空调为鲜花降温，还有的花店将鲜花全部搬到了地下仓库。由于高温影响，鲜花花期变短不易存储，因此进入7月份之后，鲜花价格一下子下降了不少。

玫瑰批发价为20元/扎（20枝），百合批发价为20~25元/扎（10枝），康乃馨批发价为15元/扎（20枝），价格分别比上月同期下降了10元、15元和5元。零售价方面，昆明产的玫瑰价格为2元/枝，多头百合价格为4~5元/枝，双头百合价格为3~4元/枝，比起上月6~8元的均价缩水4成。

（资料来源：2010年7月9日，http：//yl931.com/Newshow.asp？NewsID＝JHID75B4&classname＝%C6%F3%D2%B5%B6%AF%CC%AC）

问题：从本案例中可以看出气温是影响商品质量变化的重要因素。那么，除了气温，还有哪些是影响商品质量变化的外界因素？试举例说明。

第七章

纺 织 品

纺织品是比较常见的商品种类。本章对纱线的形成、分类，织物的形成，织物的染色和后整理，以及纺织品的主要品种进行论述。这是从事商品交换和商品流通等业务所应具备的基本知识。

【阅读资料】

从养蚕到丝绸

丝绸织品是我国闻名世界的纺织品之一，曾被中国垄断数百年，因其特有的手感和光泽以及编制技术的工艺复杂而受到人们的关注，是工业革命以前世界主要的国际贸易物资。专家们根据考古学的发现推测，距今五六千年前，中国便开始了养蚕、取丝、织绸了。到了商代，丝绸生产已经初具规模，具有较高的工艺水平，有了复杂的织机和织造手艺。中华民族的祖先不但发明了丝绸，而且昌明丝绸、利用丝绸，使其在服饰上、经济上、艺术上及文化上均散发出灿烂的光芒，进而使丝绸衣披天下。因此，从某种意义上说，丝绸代表了中国悠久灿烂的文化。丝绸文化不断从地理、社会方面渗透进入中华文化，并成为中国对外贸易中一项必不可少的高级物品。

纺织品是我们每个人日常生活离不开的商品种类，和我们的生活息息相关，我们的服饰，大多数由纺织品制成。伴随现代经济、科技的发展，社会文明的进步，人们对纺织品的要求也越来越高，如对服饰面料的舒适度、保温度等功能性的要求。

第一节 纱 线

一、纱线的形成

将纤维材料从紊乱状态下，经过一系列的工艺加工，纺制成具有一定细度、强度和其他使用性能的条干，称为纱；两根或两根以上的单纱合并加捻成一股，称股线或简称线。

以上统称纱线。

在纺纱工艺过程中，根据选用纤维种类的不同，可分为棉纺、麻纺、毛纺、绢纺和化学纤维纺，但大致原理是基本相同的。成纱的基本过程分为：①开松，即将紧压成包的纤维块体通过各种开松机械扯、弹、打的作用，得以松散，并去除杂质；②分梳，即将松散的小纤维通过机械分梳成单纤维；③平行牵伸，即通过各种机械作用将纤维排列成平行而均匀的纤维条子；④加捻，即将纤维牵伸到一定的细度后，通过加捻增加纤维间的互相抱合，使其具有一定的强度；⑤卷取，即将纤维制成卷绕成规定的形状和大小，防止纱线紊乱。

二、纱线细度的表示方法

细度是纱线的重要指标。细度不同时，纺纱所用原料的规格、质量不同，纱线的用途及织物的物理力学性能、手感等也不同。纱线细度的表示方法有英制支数、公制支数、号数、旦尼尔，适用于不同的纤维。

1. 英制支数（N_e）

英制支数是指在公定回潮率下，1lb（1lb = 0.4536kg）重纱线长度的840yd（1yd = 0.9144m）的倍数。也就是说，1lb 重纱线正好 840yd 长为 1 支纱，1lb 重纱线长度为 21 × 840yd，纱线的细度为 21 支，写为 21^s。英制支数是定重制，因此支数越大纱线越细。英制支数不是我国当今法定的纱线细度指标，但在企业中仍然被广泛使用，尤其是棉型纺织行业。

2. 公制支数（N_m）

毛、化纤、麻的纱线及其他单根纤维的细度，一般用公制支数表示。公制支数的定义为：在公定回潮率时，重量为 1kg 的纱线 1km 长为 1 支（Nm）。也就是说，1g 重纱线正好 1m 长为 1（公）支纱，1g 重纱线长度为 200m 长，纱线的细度为 200 支。公制支数也是定重制，因此支数越大纱线越细。公制支数在棉纺织、毛纺织行业都有使用。

3. 特克斯（tex）数

特克斯（tex，简称特）数又称"号数"，是指 1000m 长纱线在公定回潮率下重量的克数。也可理解为：每 1km 长度有几克即为几号。号数是定长制，测定时长度固定，称其重量，重量越大，号数越大。特克斯数常用来表示毛纱。

股线的号数是以组成股线的单纱号数乘以根数来表示的，如 14 × 2 表示由 2 根（也称股）14 号的单纱制成的股线。股线中单纱号数不相同时，以各根单纱的号数相加来表示，如 16 + 14 表示是由 16 号和 14 号两股单纱制成的股线。从号数的定义可以看出，号数越大（多），则纱线越粗，这点与支数相反。例如 16 号的纱线要比 14 号的粗。

4. 纤度（N_{den}）

纤度（N_{den}）又称"旦数"或"旦尼尔"（Denier），是指在公定回潮率下，9000m 纱线或纤维所具有重量的克数。它同样是定长制单位,克重越大纱线或纤维越粗,常用来表示化纤长丝、真丝等。由于纤维长丝与纱线形状不规则,且纱线表面有毛羽(伸出的纤维短毛),因此我们不能够用直径表示其细度,所以纺织工作者使用上述指标表示。

表示纱线细度的不同单位是可以换算的,如纱线细度指标计算公式与换算关系为:

$$N_e = \frac{纱线长度码数}{840 \times 纱线重量磅数}$$

$$N_m = \frac{纤维或纱线长度米数}{重量克数}$$

$$N_{tex} = \frac{1000 \times 纤维或纱线重量克数}{长度米数}$$

$$N_{den} = \frac{9000 \times 纤维或纱线重量克数}{长度米数}$$

换算关系:

$N_m = 9000/N_{den}$

$N_{tex} = 1000/N_m$

$N_{tex} = N_{den}/9$

$N_{tex} = 583/N_e$(棉型材料);$N_{tex} = 590.5/N_e$(化纤)

三、纱线的分类

1. 棉纱及棉型混纺纱

(1) 按细度分。按细度不同可分为:

1)粗号纱,32号以上(相当于英制18ˢ以下),适用于制造粗平布、帆布、绒布等。

2)中号纱,30号~21号(相当于英制19ˢ~28ˢ),适用于织造平布、纱卡其、斜纹等。

3)细号纱,20号~11号(相当于英制29ˢ~55ˢ),主要用于细布、府绸、直贡、横贡等。

4)特细号纱,10号及以下(相当于英制60ˢ及以上),主要用于制造高档特细布及其细斜纹、缎纹组织织物。

5)股线,即用单纱合并加捻制成的股线,多为双股(根)。股线主要用于各种较为厚实、坚牢的织物,如华达呢、线卡其、线府绸、线呢等,有的是经纬全线,也有的是经线纬纱。

(2) 按纺纱工艺用纱的品质分。按纺纱工艺用纱的品质不同,可分为普通纱、精梳纱、废纺纱。普通纱即利用普通纺纱系统纺出的纱,精梳纱即利用精梳纺纱系统纺出的纱,废纺纱即利用废棉花作为原料纺出的纱。

(3) 按纱的色相分。按纱的色相不同,可分为本色纱、染色纱、色纺纱、漂白纱、丝光线等。

另外，按纱的结构分还可以分为单纱、一般股线、花式线等。

2. 毛纱及毛型混纺纱

毛纱可以分为精梳和粗疏两种。精梳毛纱是利用优质细羊毛经过精梳工艺多次梳理防制而成，其特点是细软光洁、条干均匀、强力大，外观好，用于制作高档的精纺织品。粗梳毛纱即不经精梳工艺的毛纱，一般用于制作厚重织物，如制服呢、麦尔登、法兰绒等。另外，毛纱又有纯毛与混纺纱。混纺纱是羊毛与毛型化纤混纺而成的纱。还有本色毛纱与染色毛纱等。

3. 麻纱

麻纱有纯麻麻纱，如亚麻纱、苎麻纱等，也有混纺麻纱（麻与其他纤维混纺）和仿麻麻纱，后者为化学纤维经过特殊工艺仿造天然麻纱纺制而成的纱。

4. 绢丝

天然丝织物一般都用蚕茧缫制而成的长丝制成。废茧丝或落脚短茧丝，由于长度和品质不够工艺要求，需要将若干根短丝经纺制成纱才可以使用，这种短丝纺成的纱叫作绢丝，其工艺称为绢纺，主要有桑蚕绢丝和柞蚕绢丝。

第二节　织物的形成与组织

一、织物的分类

从工艺上来看，织物大致可分为有梭织物和无梭织物两种。

1. 有梭织物

有梭织物的形成主要用有梭织机，它将已经准备完梭的织轴和纡子，按织物所需组织，把经纬纱线横纵交叉，依着顺序交织成具有一定组织、密度和宽度的织物。

织机的运动主要由开口、导纬、打纬、卷数和送经完成织物的一个循环。有梭织物具有外观好、布边形成好、织品的品种多等优点。

2. 无梭织物

无梭织物是利用气流、水流、箭杆等织机完成织物的交织过程。这种织物产量高、织机噪声小。

无纺织物不属于无梭织物，它是利用棉、麻、粘胶及各种合成纤维的下脚和再生纤维为原料，再用粘胶液如聚乙烯醇及天然橡胶等为胶粘剂，通过气流成网、浸浆、熔烘工艺而成型的制品，所以它不是经纬交织物。这类织品具有平整、硬挺、组织细密和缩水等特点。

二、织物的组织

纤维材料形成织（制）物有三种方法：交织物、针织物、无纺布。

1. 交织物

交织物（也称梭织物）是由两个系统的纱线相互垂直交织而成的织物，纵向（布的长度方向）叫经纱，横向（布的幅宽方向）叫纬纱。织造时，经纱和纬纱要分别做一系列的工艺处理。织造的基本原理为：经纱开口纬纱穿过，如此往复，形成布匹。传统工艺纬纱以梭子带动。现代工艺取消梭子，靠气流驱动纬纱，称"无梭织布"，是织布工艺的重大改革。

交织物具有如下性能特点：织物纱线经纬分明，张力均衡，布面平滑挺括，不易变形，织物紧密，各项坚牢度高，可织成多种布纹组织，品种繁多，应用广泛，如平纹布、华达呢、绸缎等。缺点是织物弹性比针织物小，设备和工艺复杂，工效低。

2. 针织物

针织物也叫编织物，是由一个系统的纱线自相套扣编结而成的织物。针织物又分纬编和经编两种。纬编由一组纱线横向转圈或横单项编织，成品为筒子布或小片布，如毛衣、背心等。经编由经向系统的纱线同时弯曲自相套结，织成品与交织物相同，为有一定幅宽和任意长度的布匹。

针织物具有如下性能特点：织物柔软，弹性好，伸缩性大，不挺括，容易变形，坚牢度差，一处断线易成片脱落破损。针织物多用来制作内衣、汗衫、秋裤、运动衣。若用来制作外装，则应经定型工艺处理，其优点是设备和工艺简单，工效高。随着科学技术的发展和工艺的改进，定型处理效果不断提高，作为服装面料的应用也越来越多。

3. 无纺布

无纺布严格说来不能称作"纺织品"，因为它不经纺纱也不经织造，而是用短纤维直接制造成的。一般方法是，将短纤维用吹风机或其他方法均匀地吹铺在网上，浸上树脂，用辊筒轧实烘干、定型即成。

无纺布制造简单，工效高，成本低。但现在还制造不出与交织物、针织物性能及风格相同的布匹，只限于某些复制品的用料或辅料，如合成皮革的布基、鞋帽服装的部分衬布。但无纺布大有发展前途。

三、交织物织纹组织

交织物中经纱与纬纱的组织结构叫织纹组织或织物组织。织纹组织可分为原组织（也叫基本组织）、小花纹组织、复杂组织和大花纹组织。

1. 原组织

原组织是基本的织纹组织，各种布匹纷繁、复杂的花纹和结构，都是由原组织组合或变化而成的。原组织包括平纹、斜纹、缎纹三种。

（1）平纹组织。平纹组织是由两根经纱与两根纬纱组成一个完全组织。一个完全组织中有两个经交织点和两个纬交织点，经纬交织情况按一上一下的规律进行，可用1/1来表示。在平纹组织中，经纱和纬纱每隔一根纱线即交错一次。

交织点是指每根经纱与纬纱交叉的地方。平纹组织的交织点比其他组织交织点多，纱线弯曲度较大，所以织物表面平坦，紧密坚牢耐磨。但织物手感不够柔软，品种如各种平纹布、凡立丁、派力司等。

（2）斜纹组织。斜纹组织最少由三根经纬纱组成一个完全组织。斜纹组织的交织点相连续构成倾斜纹路。斜纹倾斜方向不同，分左斜与右斜。从左下向右上倾斜称右斜，用"↗"表示；从右下向左上倾斜称左斜，用"↖"表示。斜纹组织根据用纱根数不同，可分1/2（读作一上二下）、1/3（读作一上三下）。斜纹组织的经纱交错次数比平纹组织少，因而可增加单位长度内的纱线根数，使织物更加紧密、厚实而硬挺，并有较好的光泽，手感比较柔软。但在纱支、密度条件相同时，其织物强力不如平纹结实。常见的斜纹组织如斜纹布、卡其布、华达呢、人字呢等。

（3）缎纹组织。缎纹组织的交织点不相连续，经纱与纬纱在织物中交叉，形成一些单独连续的经交织点或纬交织点。这种组织最少需由经纬各五根组成一个完全组织。如果完全组织中有五个经交织点，其余均为纬交织点，称纬面缎纹，其反面则为经面缎纹。称五枚三飞缎纹组织，可用5/3表示。

缎纹织物具有如下特点：经纬交叉次数少，浮纱较长，百枚数越多纱线浮长越长，因此织物光滑而富有光泽，手感柔软、厚实。其缺点是不太牢固，尤其不耐磨，表面易起毛。品种如缎子、贡呢。

2. 其他组织

其他组织包括小花纹组织、复杂组织和大花纹组织。小花纹组织是以原组织为基础，把交织点加以变化而得（如平纹变化、斜纹变化、缎纹变化），或以两种以上的原组织或变化组织联合而成，如皱组织、蜂巢组织、透孔组织等。复杂组织由两个以上系统的经纱和纬纱所构成，如双层组织、起毛组织等。大花纹组织又称提花组织，可织大型复杂型图案，如提花被面、提花毛毯。

第三节　织物染色和后整理

交织物和针织物的织成品称作坯布，一般包括烧毛、退浆、煮炼、漂白、丝光、毛织物的炭化、染色、印花、后整理和特殊后加工。经过这样处理的织物才可成为服装面料和生活面布。

一、印染

1. 染色

将坯布全部浸于染液，染成一种颜色的布称染色。染色布的成品商品名称叫"色布"。其特征为，布的经纬纱及布面为一种颜色，布的正反面染色效果相同。

在带颜色的布匹中还有一种叫"色织布"，它是先将纱线或纤维染色，而后织成布。织造时经纱和纬纱可各用一种颜色，但多数是经纱和纬纱用多种颜色织成风格独特的织物，如床单布、各种条花呢、格花呢。派力司是用染色纤维（毛条染色）混纹而成，其风格与前述又有所不同。色织布（纤维或毛条染色的除外）与色布的鉴别：色布的经纬纱和布正反面的色泽是一样的；而色织布的布面一般呈多种颜色线条的几何图案，不管布面有几种色泽或图案，经纱或纬纱的单根纱线颜色是一样的。

2. 印花

印花是按照设计将各种颜色及图案印在坯布上的工艺，成品是花布。印花的方法有直接印、防染及拔染。现在工艺多用直接印，优点是效率高、工艺简便，可印多种染色组合的复杂图案。

二、常用染料

染料是能使纤维或其他物体着色的有机物质。作为纺织用染料，除要求有鲜艳明快的色泽外，还要求对纤维有良好的亲和力和各项坚牢度，并且能制成溶液，以利于加工染色。但也有部分染料不溶于水，染色时将颗粒细小的染料制成悬浮液，通过特殊工艺或借助媒介固着在纤维上。

另外，还有一类叫作颜料的物质，属于无机物，它不溶于水，也不溶于媒介液体，与纤维无亲和力，是靠物理机械作用敷遮在纤维表面，与染料和纤维结合的机理不同，在纺织品上使用，但极少，故这里不做介绍。

1. 直接染料

直接染料能溶于水，在水溶液中离解成带有电荷的色素离子，与纤维有很强的亲和力，能直接对棉纤维、粘胶纤维、铜氨纤维染色。在中性和弱酸性染浴中也可对羊毛、蚕丝、锦纶等纤维染色。直接染料色谱齐全，色泽鲜艳，染色工艺简便，价格低廉，但因其染色牢度低，尤其是日晒、水洗牢度很差，因而影响了使用范围。为了提高染色牢度，人们常以金属盐或固色剂进行后处理，各项坚牢度有所提高，但仍不理想。目前直接染料对棉织品应用很少，一般用于粘胶纤维、蚕丝、锦纶及其混纺织物的染色。

2. 还原染料

还原染料是一类高级染料，它不直接溶于水，染色时先在碱液中用还原剂将染料还原成可溶于水的隐色体，被纤维吸附后再氧化恢复成不溶于水的染料。因需用还原剂才能完成染色,故称还原染料。商业上常将还原染料中牢度高的一类称为"士林染料"。

还原染料主要用于棉、麻、丝、毛、粘胶、锦纶、维纶等纤维的染色和印花,对棉织品效果最好,使用也最多。

还原染料色泽鲜艳,色谱齐全,染色坚牢度在各类染料中是最好的一种,尤其日晒、皂洗坚牢度更佳。摩擦牢度随品种而异。一般是染浓色的摩擦牢度较差。有的品种,如黄、橙色染纤维素纤维,时间长久后有光脆损现象。还原染料价格比较昂贵。

可溶性还原染料也叫"印地科素",是还原染料的一种。它是以还原染料为母体,通过化学方法制成可溶性染料,直接用于染色和印花。它的色谱及染色牢度与还原染料相似,但染色工艺大大简便,染料价格比还原染料要贵,大多用于织物印花。

3. 活性染料

活性染料是一种很有发展前途的新型染料,它的化学结构及其与纤维的结合原理不同于其他染料。活性染料结构上含有活性基团,能与纤维的羟基、氨基和酰胺基发生化学反应,生成共价键,使染料与纤维结合成一体。因有这些特点,故称活性染料。

活性染料的坚牢度较高,染料可溶于水,使用很方便,价格低廉,染色均匀性好,色泽也鲜艳。但目前活性染料的品种不够齐全,常用的主要有黄、红、橙、桃红、蓝、紫等色。活性染料中,有的品种坚牢度也不太好,尤其是耐气候坚牢度较差,耐氯牢度也不理想。活性染料可用于棉、麻、丝、毛、粘胶、锦纶纤维。目前主要用在棉、粘胶纤维和丝绸的中、淡色染色和印花。

4. 硫化染料和硫化还原染料

硫化染料不溶于水,染色时一般用硫化钠还原成可溶性的隐色体,被纤维吸附后,再氧化成不溶性的染料而固着在纤维上。因为染料结构都含有硫,又用硫化钠作还原剂进行染色,所以称作硫化染料。因染色是在碱液中进行,故不宜染羊毛、蚕丝。主要用来染棉织品、粘胶纤维及其粘/棉织品,维/棉织品也有应用。

硫化染料价格低廉,应用简便,日晒、皂洗牢度较高,在我国应用很广泛。硫化染料中黑、蓝、草绿、深棕色等占的比重最大。硫化染料的缺点是色泽不够鲜艳,一般光泽较暗,色谱不够齐全,耐氯漂牢度较差。另外,硫化黑染料对棉纤维日久后有脆损现象。

硫化还原染料在分子结构上与硫化染料相似,但在性能和染色牢度上优于一般硫化染料,特别是耐氯漂牢度较好,且无脆损现象。硫化还原染料主要为蓝色和黑色。蓝色在商业上称作"海昌蓝"。硫化还原染料适用于棉、麻、粘胶、维纶等纤维的染色,黑色还可用于印花。

5. 不溶性偶氮染料

不溶性偶氮染料俗称"纳夫妥",因染色时需在低温下进行,故也叫冰染染料。不溶性偶氮染料是由耦合剂(色酚)和显色剂(色基)在纤维上偶合而成,其色谱主要有蓝、大红、酱红、棕色、紫、橙等深色,皂洗及日晒牢度较好,耐漂牢度一般,摩擦牢度较差。

不溶性偶氮染料价格低，使用经济。它主要用于棉织物的染色和印花，是目前深色棉织物的主要染料，化学纤维染色也有应用。但由于染色时在碱液中进行，故不能用于羊毛、蚕丝的染色。

6. 酸性染料

酸性染料是目前蛋白质纤维染色的主要染料。酸性染料能溶于水，需在酸性介质中染色。在酸性介质中染料与蛋白质纤维能够结合，它的主要使用对象是羊毛、蚕丝，也可对锦纶进行染色和印花。酸性染料染蛋白质纤维的色泽鲜艳，色谱齐全，染色牢度也很好。

酸性媒染染料和酸性络合染料，在染料分子结构和染色工艺上与普通酸性染料有所区别，但基本性能和染色牢度与普通酸性染料近似，主要也用于羊毛、蚕丝的染色。

7. 分散染料

分散染料是适用于涤纶及其他化纤染色的一类染料。涤纶、腈纶、丙纶等合成纤维的结构与天然纤维不同，用一般染料难以染色。分散染料是不溶于水的非离子型染料，染色时以极细的颗粒状借分散剂悬浮在染浴中进行染色。涤纶纤维目前主要使用分散染料。染涤纶时，通常采用高温、高压或热溶染色，色泽鲜艳，各项牢度也好。也可对醋酯纤维、纤纶、锦纶、氯纶、丙纶染色。但染锦纶湿牢度较低，染腈纶只能染淡色，因此在这两种纤维上用量不大。

8. 氧化染料

它是用苯胺在其他化学药剂的作用下，在纤维上经氧化生成的黑色染料，所以叫苯胺黑或精元。苯胺黑色泽乌黑发亮，染色牢度也好。但染色工艺要求严格，工艺控制不好，会严重破坏纤维或色泽泛绿。苯胺黑主要用于棉织物的染色，如黑府绸、哔叽等。

9. 阳离子染料

阳离子染料是一种适用于染腈纶的染料。腈纶纤维与一般染料无亲和力，阳离子染料溶于水后可离解成带阳电荷的有色离子，能和腈纶纤维形成盐式键结合。阳离子染料用于腈纶纤维，色泽非常鲜艳，牢度也很好，染色方法简单。近年来也开始应用在涤纶和锦纶纤维的染色。

10. 酞菁染料

酞菁染料是指具有酞菁结构的一类染料，具有鲜艳的色光和较好的色牢度，主要用于棉、麻、粘胶及蚕丝等织物的染色和印花。

三、后整理

为使织物品质不断提高，织物印染后要经过一系列的后加工整理。有的属于常规整理，有的属于特殊整理。近来人们越来越重视后整理工作，不断应用新工艺、新材料、新技术以改进织物性能，满足人们的需要，并提高商品附加值。

常规整理属于织物的常规后加工工艺。不同织物根据用途不同一般都要进行常规整理，如拉幅、预缩、轧光、轧纹、增白、磨绒、柔软整理、煮呢缩绒、起毛剪毛等。其工艺多为机械、物理方法和化学方法。

特殊整理是运用先进科学技术，为改善织物某项性能而进行的特殊处理，有机械方法、物理方法、化学方法等。经特殊整理可使织物与某些化学物质（如树脂）发生物理和化学结合；可使织物的纤维材料性质发生某些变化；也有的可使纤维结构产生某种变化。这些变化的结果，有的使织物外观"改容"，有的使织物"变性"，或两者兼而有之。常用的特殊整理有防缩、防水、防熔融、防火、抗寒、抗污染、防静电、防霉、防蛀、增白、增光、削光、增柔软和弹性、抗皱折、增吸湿和通透性等。

如用低温离子体技术进行织物材料表面改性处理，处理后的织物表面特性将发生变化。如涤纶织物经处理后既保留了挺括、免去熨烫的优点，又可改善织物吸湿性、抗静电性和抗浸染性；可使树脂固着在羊毛表面，改善羊毛织物的外观和服用性能。又如，对腈纶织物做特殊化学处理，使之改变性质，并配置金属离子，使纤维具有难燃、吸湿、抗菌、防霉的性能。近年来市场上出现的"砂洗丝绸"（有真丝和化纤丝两种），它是经砂洗加工，使表面覆盖一层稠密而均匀的短绒毛，手感丰满柔软，缩水率（真丝）也大大降低。

第四节　纺织品的主要品种

【案例】

抗菌纺织品

在现实生活中，人们不可避免地要接触到各种各样的细菌、真菌等微生物。这些微生物在合适的环境条件下会迅速生长繁殖，而纺织品正是这些微生物的良好生存之地。随着工业的迅速发展和人类生活水平的提高，抗菌问题越来越引起人们的重视，加强纺织品的抗菌研究有着极其重要的意义。

抗菌纺织品以其独特的功能赢得了消费者的喜爱，被广泛应用于医疗卫生、家庭生活、服饰、工业、科研等各个领域。医疗卫生方面，有用于手术室、急救室的抗菌织物，如医护人员的衣服、帽子、口罩等，能保持手术室或是其他无菌区的无菌状态。用于家庭生活、服饰方面的，主要有抗菌床上用品、内衣、袜类、婴儿尿布、成人失禁垫等。在工业、科研领域，主要有防护类的抗菌纺织品，比如垃圾处理站、废水处理站等一些直接和高病毒区近距离接触的地方，有害细菌必须和人体隔离，才能保障工作人员的健康，抗菌织物便可满足这一需要，在抗菌的同时，保持其散湿、排汗的性能，尽可能提供舒适的工作环境。

抗菌纺织品主要由两种方法获得：一是直接采用抗菌纤维制成各类织物，二是将织物用抗菌剂进行后处理加工以获得抗菌性能。比较而言，前者抗菌效果持久、耐洗性好，但抗菌纤维的生产较为不易，对抗菌剂的要求较高；而后者加工处理较为简单，但生产中"三废"多，其耐洗性及抗菌效果较差。由于缺乏优良的抗菌纤维，因此在上市的各种抗菌织物中，后处理加工的居多。欧洲科学家们研究开发了一种应用到纺织纤维的微生物调节系统，它能够抑制特定细菌和真菌的繁殖，使有害微生物总量降低在安全范围内，从而减少疾病的发生。消毒和彻底杀死微生物不是理想的目标，高明的办法是控制微生物的总量，这种新的理念也为抗菌织物带来新的前景。

（资料来源：谭文颖，肖卫军，叶尔恭，等．抗菌纺织品的探讨［J］．化纤与纺织技术，2003（4）：28-35.）

一、棉与棉型化纤织品

1. 分类

棉与棉型化纤织品较多，为了便于商业经营，常将棉布分为本色布（又叫本白布或原色布，是利用本色棉纱织成的）、色布（是本色布经过漂白和染色加工的）、花布（是坯布经过炼、漂、印加工的布）、色织布（是将原纱线经染色或漂白后，按设计的纹样织成各种不同彩色花纹图案的布）。棉型化纤织品根据使用的原料分纯纺、混纺、交织三类品种。

2. 织物品种

（1）平布。平布是一种平纹组织的织物，分为细平布、中平布和粗平布。

1）细平布。细平布俗称细布，一般采用14~21特（号）非精梳纱做经纬，按平纹组织交织而成。织品质地细密柔软，布面棉结杂质少，手感光滑，且有天然纤维的光泽。细平布主要用来加工漂白、染色、印花细布。

2）中平布。中平布俗称市布，采用非精梳中号单纱按平纹组织交织而成。织品的断裂强度较好。由于经纬纱交织点多，因此布身平整、耐摩擦力强，但弹性较差。中平布主要用作漂白、染色、印花加工的坯布。

3）粗平布。粗平布俗称粗布，一般采用32~58特（号）粗号单纱作经纬，按平纱组织交织而成。织品坚牢耐磨，但布面常附有较多的棉结杂质，手感粗糙。粗平布主要用作被单、被里、短衫裤、工作服等。

（2）府绸。府绸是一种细纱号高密度的平纹或小提花织物。一般选用条干均匀、棉结杂质少的优质纱线织造，其中高级府绸常选用精梳或精梳烧毛纱线，按平纹组织交织而成，有的还可再提花。府绸的经向密度大于纬向密度，外观细密，经纬纱排列整齐，纱线条干均匀，布面光洁匀整，颗粒清晰丰满，手感柔软挺滑，具有丝绸感。

（3）斜纹布。斜纹布采用24~32特（号）单纱，按二上一下斜纹组织交织而成，布面呈比较清晰的斜向纹路,由右下角向左上角倾斜,呈"N"形,反面则不明显。由于经纬交织次数较平纹少,因此布身显得紧密,手感较厚实柔软。斜纹布的紧度较平纹布大,经纬纱交织次数较平纹布少,因此质地较平纹布紧密而厚实,手感较柔软。哔叽、卡其、华达呢也为斜纹织物,它们均为二上二下规律交织成的。

(4) 哔叽。哔叽有纱哔叽和半线哔叽两类,都是二上二下的双面斜纹组织。纱哔叽织纹斜向呈"N"形左斜,而半线哔叽织纹斜向呈"Z"形右斜。哔叽的特点是经纬密度接近,所以反面纹路也非常清晰,仅斜向相反。哔叽经纬交织次数较平纹少,手感较平纹织品柔软。

(5) 华达呢。华达呢分半线和全线两类,都是采用二上二下斜纹组织织造的。其特点是高经密、低纬密,手感厚实而不发硬,比哔叽挺而不发脆。华达呢的倾斜角度约为63°。

(6) 麻纱。麻纱是以棉纱为原料,采用变纬重平组织形成的织物,其表面呈现出宽窄不同的纹路。由于采取单双经间隔排列,因此经纱呈凸形条纹。麻纱一般采用捻度较大的强捻纱做经,这样可以提高织品的挺爽感。麻纱织物的布面风格应具有纹路清晰、薄爽挺括、风凉透气、布面均净、手感如麻的特点。

(7) 泡泡纱。泡泡纱是利用细平面经浓碱处理,使布面纤维局部受到碱液作用而引起强烈收缩,或在织造中利用松紧两组经纱等办法,形成凹凸起伏的泡泡状织物。这类织物布身纱支较细,故适合作为夏季衣料。其缺点是洗后泡泡易消失。

(8) 灯芯绒。灯芯绒俗称条绒,是由两组经纬纱与一组经纱交织而成的。一组纬纱称为地纬,它与经纱交织形成底布。在地纬与地纬间有一组毛纬织入。毛纬具有较大的浮长,经割绒后将毛纬的浮长线割断,经刷绒整理使绒毛耸立,形成芯状条绒。灯芯绒具有手感柔软、绒条圆润、纹路清晰、绒毛丰满的特点,由于穿着时大都是绒毛部分与外界接触,地组织很少磨损,所以坚牢度比一般棉织物有显著提高。

(9) 线呢。线呢是用染色纱线交织而成的织品,组织变化多,在外观上具有类似毛料的特有风格,故称线呢。它质地较厚实坚牢,富于弹性,染色深透,不易褪色。线呢主要用作外衣衣料。

(10) 绒布。绒布分条绒布、格绒布、衬绒布、印花绒布等品种。凡是绒布的绒毛都是通过括绒而起的,给织物带来绒毛细密丰满、手感柔软、富有弹性、温暖感强的特点。绒布主要用作儿童衣料与衬衣料。

(11) 料花布。料花布又称凸花布,是利用两种混纺纤维不同耐酸牢度的性能,纺包芯纱作经纬织成料花坯布,再经过印染烂花加工处理,即成凹凸透明、花纹新颖的织物,称烂花布。包芯纱以涤棉为例,是利用涤纶丝称作芯纱,表面包覆棉纤维,织成织物后,根据花型设计的要求,使布面某一部位的经、纬纱中一种纤维被酸腐蚀,保留另一种纤维,呈透明网状;另一部位经纬纱中两种纤维则仍保持原状,使布面呈现凸起花纹。烂花布的共同特点是具有透明、凹凸的花纹,烂花部分近似筛网,包棉凸花部分近似烂花丝绒，因此，它具有花型新颖、轻薄透明、轮廓透明、轮廓清晰、手感滑爽的外观。一般多用于装饰品，如台布、窗帘、床罩等，也可作夏令服装、手帕、枕套等。

（12）绉布。绉布是用普通纱作经、强捻纱作纬织制后，通过印染加工的起皱整理，使织物表面具有规则或无规则的皱条或皱纹，所以称为绉布。它具有手感爽滑、松软，穿着舒服、美观大方的特点。绉布适宜用来制作春夏两季服装、妇女衬衫、睡衣、裙子及装饰品。

（13）羽绒布。羽绒布是以精梳纱作经、普梳纱作纬，按平纹组织交织成的织物。目前国内大量的是薄型为主的品种，它纱号细、密度高、透气性适宜、撕破强度高、耐磨性能好，具有组织简单、质地坚牢、布面光洁匀整、手感柔滑和优良的服用性能。因此羽绒布有防寒、量轻、旅行携带方便，并具有防绒、防水、防缩作用。

（14）人棉布。人棉布通常系指粘胶纤维、富纤或其混纺品。纯粘胶纤维织品简称粘纤布，它质地柔软，手感滑爽，布面光洁，色泽纯正，具有良好的吸湿性能，穿着舒适。但缺点是湿强度过低，耐磨强度差，穿着后织品表面易起毛，着水后织品膨胀变硬，洗后缩水大，尺寸稳定性差。纯富纤织品较同规格的粘纤织品结实，光泽好，湿强度较好，缩水较小。粘棉和富棉混纺品一般采用33%的棉纤维、67%的粘纤或富纤，其特点是耐磨强度较纯粘纤织品强，吸湿性能比纯棉布好，手感较柔软，布面较光洁，湿强度下降较少。

（15）涤纶布。纯涤纶织品挺爽，保型性能好，特别因为溶解时所需热量少，因而遇小火星即溶孔。混纺品为35%棉与65%涤纶的织物，抗皱性能较好，吸湿性比纯涤织品好，中原型织物适作外衣，轻薄织物适作衬衣。

（16）维纶布。维纶布由于其维纶强度较高，对化学药物的稳定性比棉好，所以可纯纺制成不同用途的劳保服装和工业用布。此外，可与棉混纺制成针织坯布。混纺品比纯棉织品轻20%左右，保暖性强。维纶的吸湿性在合成纤维中最好，因此穿着没有闷热感。维纶的强度比棉高，所以棉维混纺品的强度比纯棉纺品大，耐磨性强，结实耐穿。维纶的弹性较差，回弹性也不高，因此织品易折皱。维纶的染色性能差，纺织色泽不如棉布鲜艳。维纶不耐湿热，不能长时间在热水中煮，否则易变形。熨烫时不能加垫湿布或喷水，否则易使织品强度下降。

（17）丙纶布。丙纶布以棉混纺品为主，混纺比为1∶1，其成品特点是耐磨强度较好，缩水率小，吸湿性低，快干，尺寸稳定，抗皱性强。缺点是丙纶耐日光气候和耐热性能差，所以织品不宜熨烫，洗涤时不宜用沸水浸泡，洗后于阴凉处干燥，切忌在煤炉旁烧烤，否则织品会变硬。

（18）中长纤维织品。目前生产的中长纤维织品主要有涤粘、涤腈和少量涤腈粘混纺织品。

涤粘混纺中长纤维织品，一般为涤65%和粘35%或涤55%和粘45%混纺的半绒和全绒两种。由于织品一般要经树脂整理，不仅弹性比涤腈织品好，提高了吸湿性（在正常温度下，吸湿可达6%左右，而涤腈仅为1.5%左右），而且由于混入了粘纤，故其混纺品的耐溶孔性能得以大大提高。涤粘混纺品同样具有易洗、快干、免烫的优点，在干态下仍具有耐穿耐磨的特点。

涤腈混纺中长纤维织品，大多采用各半或涤60%左右、腈40%左右的比例。这种织品具有毛感好、较挺爽、成衣后变形很小的特点，适宜于制作男女外衣。但耐磨性不如毛涤纶。

二、麻布

麻纺织品是以麻纤维纺制成的织物。它具有吸湿散湿快、断裂强度高、弹性差和断裂伸长等特性。另外，麻纤维整齐度差，集束纤维多，成纱条干均匀度差，织物表面有粗节纱和大肚纱，这种特殊疵点恰巧构成了麻织物的独特风格。

1. 苎麻及混纺布

（1）爽白纱。爽白纱是纯苎麻细薄型织物的商业名称，因其具有苎麻织物的丝样光泽和挺爽感，又是细号单纱织成的薄型织物，略呈透明，一如蝉翼，相当华丽，故取名"爽白纱"。这类织物其经纬间都是苎麻精梳长纤维组成的 16.67~10 特（克斯）单纱。由于苎麻纤维刚性大，细纱表面的毛羽多而长，延伸度和耐磨性较差，给织造带来困难，尤其是单纱织物的难度更大。过去都是采取单纱烧毛、单纱上浆和大幅度降低织机速度等方法来利织造，生产率很低，重量又少，但在国际市场上属名贵紧俏商品。爽白纱是制作高档衬衣、裙料、装饰用手帕和工业抽绣制品的高级布料。

近年来，研制成未经醛化的水溶性纤维与苎麻长纤维湿纺，用一般织造方法织成布后，在漂白过程中溶除掉维纶纤维，可获得纯麻细号薄型织物。

（2）麻的确凉。麻的确良是以苎麻精梳长纤维与涤纶短纤维混纺成纱织制而成的麻涤织物。两种纤维混纺后既取麻纤维的挺爽感，又可克服吸湿性差等的缺点，是夏令衬衣、上衣及春秋季节外衣等的高档衣料，成衣穿着舒适，易洗快干，在市场上颇受欢迎。

（3）麻涤花呢。麻涤花呢是用苎麻精梳落麻或中长型精干麻等苎麻纤维与涤纶混纺成纱织制而成的中厚型织品。其产品大多设计成隐条、明条、色织、提花，染整后具有仿毛型花呢风格，故以"花呢"命名。这类织物麻的含量大于50%，是近年开发的新品种，成品外观类似毛料花呢，但具有苎麻织物的挺括感，又有"洗可穿"、免烫特点；其成品质量比一般涤粘类化纤织物有身骨，成品缩水率在0.5%~0.8%。麻涤花呢适宜用作男女春秋面料，其单纱织物还可用来制作衬衣。

（4）麻涤派力司。麻涤派力司是按毛织物派力司风格设计的一种麻涤混色织物。布面具有疏密不规则的浅灰或浅棕色夹花纹，形成派力司独有的色调风格，有纱织物、半线及全线织物等。这种织物采用的是苎麻精梳长纤维，涤为 0.333 特×89~102mm 的毛型纤维。混色方法可按产品色泽深浅要求,以有色涤纶与本白色涤纶纤维相混成条,再加苎麻精梳条按额定混纺进行混条,纺成夹花有色纱线后织造。也有纱线轧染方法,染成间断条纹纱线后织造。这种织物既具有麻织物的吸湿放湿快、手感挺爽等特点,又有快干易洗及免烫等特点,改善了一般化织物的穿着闷热感,宜作春末秋初及夏季男女服装用料。

(5)鱼冻布。鱼冻布是我国古代用苎麻与桑蚕丝交织而成的织物,又称鱼冻绸。这类织物起源于我国广东东莞一带,当时从捕鱼的破旧渔网中拆取苎麻纱与桑蚕丝交织成布。丝经麻纬,桑蚕丝柔软,苎麻坚韧,两者均有光泽,织成布后"色白若鱼冻,愈浣则愈白",故称鱼冻布。现在采用苎麻化学脱胶、精炼成单纤维后,取其长纤维纯纺成纱后再与绢丝交织。另外,织物经纬向缩水率及印染效果都存在较大差别,因此需进一步提高织物的后整理技术。目前仅有少量产品供应外销。

(6)夏布。夏布是用手工将半脱胶的苎麻韧皮撕劈成细丝状,再头尾捻绩成纱,织成窄幅的苎麻布,因作夏令服装和蚊帐而得名。夏布服装穿着有清汗离身、透气散热、挺爽凉快等特点。

2. 亚麻及其混纺布

(1)亚麻细布。亚麻细布一般泛指细号、中号亚麻纱织制的麻织物,具有竹节纱形成的特殊外观、吸湿散湿快、有柔和光泽、不易吸附尘埃、易洗易烫等特点。亚麻细布的品种有服装用布、抽绣工艺用布、装饰用布、巾类用布等。这类织物紧度中等,一般经纬向为50%左右,组织以平纹为主,部分采用提花组织。常见品种有半漂白原色、漂白、印花及染色等。

(2)亚麻帆布。亚麻帆布是一种粗厚亚麻织物,大都使用亚麻与纺纱织成,成布通常不经炼漂加工,有的经特殊的拒水、防腐、防火等整理。帆布的种类较多,有帐篷布、苫布、油画布、地毯布、麻衬布、包装布等。这种布的特点是吸湿放湿快,吸湿后织物膨胀,布孔变小,拒水性较好,因散湿快故不易腐蚀。它强度较大,伸长较小,故宜做服装和胶管的衬布。

三、毛与毛型化纤织品

1. 分类

毛与毛型化纤织品俗称呢绒,是利用绵羊毛为主要原料的毛织品,有时也混入部分兔毛、山羊绒、马海毛、驼毛、牦牛毛等其他动物毛。近年来,为了改进产品性能,也混入棉及合成纤维,因此呢绒的品种比较多。

(1)按商业经营习惯分。

1)精纺呢绒。精纺呢绒是用优质细羊毛纺成高支数的精梳毛纱织成的织物,织品细洁、平整、柔软,富有弹性,织纹清晰,色泽鲜明,经久耐用。

2)粗纺呢绒。粗纺呢绒是用分级毛为主要原料纺成支数较低的粗梳毛织成的织物,呢面有丰满绒毛覆盖，手感松软存实，有弹性，保暖性好。

3）**长毛绒**。长毛绒是用分级毛纺成粗支毛纱和棉纱交织成的织物，织纹之间有挺立、平整的毛绒，质地厚实，手感柔软，保暖性好。

4）**驼绒**。驼绒是以粗梳毛纱为原料，用针织法形成的织物。正面有丰满蓬松柔软的拉绒层，质地较厚实，保暖性好。

（2）按使用原料分。

1）**全毛织品**。全毛织品是指用纯羊毛成纱作经纬而织成的织品。

2）**混毛织品**。混毛织品是指织品中的经、纬纱是用羊毛和一种或几种其他纤维的混纺纱线织成的织品。

3）**交织品**。交织品是指织品中经、纬纱分别采用不同纤维纺成的纱线织成的织品。

4）**纯化纤织品**。纯化纤织品是指织品中经、纬纱分别采用纯化纤纱线织成的仿毛织品。

2. 主要品种

（1）**全毛哔叽**。哔叽是精纺呢绒织物，纹路倾角约50°左右。哔叽按织物的厚薄分厚哔叽与薄哔叽两种。厚哔叽纱支多用40支股线作经、36支股线作纬二上二下或三上三下组织形成的，每平方米重295g左右。特点是手感柔软，有身骨，弹性好。薄哔叽又叫细哔叽，一般是用50支股线作经、50支单线作纬，按二上二下组织形成的，织物每平方米重为200g左右。特点是呢面细洁，质地较薄，身骨柔软，色泽以浅色为主。

按呢面光洁度分为光面哔叽与毛面哔叽两种。光面哔叽呢面光洁平整不起毛，疵点少，纹路清晰。毛面哔叽经过轻缩绒工艺，毛绒浮掩呢面，由于毛绒短小、轻薄，其底纹斜条尚能隐约见可。

哔叽类的风格特征是光泽自然柔和，有光亮，无极光，无陈旧感，手感润滑，不糙有身骨，有弹性，不板不烂。哔叽大量用来制作制服、军服、中山装、青年装及西裤等。

（2）**全毛华达呢**。华达呢又名轧别丁，由于最早用于晴雨两用大衣，需采用防水处理，为此译成华达呢。过去商业上习惯以线经纱纬交织物谓华达呢，纱经线纬交织体为轧别丁。

华达呢一般用2/2斜纹变化组织，经纬密度悬殊，经密倍于纬密，呢面上具有清晰凸起的斜纹条子。目前市场上流行的有以下三种规格：

1）中原型华达呢，简称华达呢，是华达呢中的代表品种。它身骨厚实，斜纹条子粗而斜直，每平方米重260~320g，适作女服装或晴雨大衣面料。

2）中薄型华达呢，简称单面华达呢，每平方米重250~270g，是一种重量较轻、身骨结实、实物轻薄、细洁雅致、悬垂性好的织物，适作男、女西服面料，特别是女装面料更为合适。

3）重厚型华达呢，称为缎背华达呢，因织物正面是为急斜纹组织，反面为经面缎纹组织，经纱浮线长，密集排列在织物的背面，所以称为缎背华达呢。每平方米重 310 ~ 330g。该产品身骨丰满、厚实，貌似双层织物，保暖性好，适作气候寒冷地区的西服或大衣面料。

华达呢类的风格特征是呢面光洁平整，不起毛，纹路清晰，挺直饱满，纬影厚薄段少，光泽自然柔和，手感润滑不糙，有身骨，不板不烂，丰厚有弹性，纱支条干均匀，无雨丝痕，边道平整，美观大方。这类织物大量用来制作中山装、青年装、西服、西裤、夹大衣等。

（3）花呢。花呢是呢绒中花色变化最多的品种，按织品的外观可分为分素花呢、条花呢、格子花呢、单面呢和落花呢等。这种花呢要求呢面光洁平整不起毛，花纹清晰，疵点少。

分素花呢是以毛混纺制成毛纱，按斜纹组织形成的织物，每平方米重为 250g 左右；条花呢是一种二上二下斜纹变化组织物，又称变斜花呢，每平方米重 200 ~ 302g，由于是条子花型，使穿着者更显得苗条修长，有翩翩的风度；格子花呢的外观有较明显的以色纱间隔组成变化的格子花型，每平方米重 267 ~ 270g，它有光面与呢面两种风格。

（4）啥味呢。啥味呢与哔叽属于同类产品，因它是呢面的，所以称为啥味呢。它为染色毛条混色纺制品，织物质地细洁紧密，与粗纺法兰绒相似，所以将外文翻译过来叫精纺法兰绒。啥味呢每平方米重为 230 ~ 300g。市场流行的风格有：①风呢面，呢面覆盖短而均匀的绒毛，织纹清晰；②低呢面，呢面覆盖轻而均匀的绒毛，织纹清晰；③亚呢面，呢面覆盖重而均匀的绒毛，织纹隐约可见；④高呢面，呢面覆盖密而均匀的绒毛，织纹不清晰。对啥味呢总的要求是呢绒膘光足，有身骨，弹性好，手感软糯，不硬不糙。大量用来做春秋两用西裤。

（5）凡立丁与派力司。凡立丁为夏令服装面料，采用纱支细、捻度大、经纬密度小、按平纹组织形成的织物。按纱支粗细分为粗支凡立丁和细支凡立丁，每平方米重 187 ~ 208g，呢面要求光洁平整，经平纬直，忌鸡皮皱，光泽自然柔和，滑爽不糙。派力司部分毛条染色后，混入白色毛条的纱作经纬的平纹织品。它的特点是光泽柔和，弹性好，手感爽滑不糙，但因捻度小，所以不及凡立丁坚牢耐穿，外观也不及凡立丁大方。

（6）贡呢。按照有关精纺呢绒产品统一编号办法中的规定，贡呢包括直贡呢、横贡呢、马裤呢、巧克丁、驼丝棉等。

直贡呢和横贡呢又叫礼服呢，是精纺呢绒中经纬密度比较大而且厚重的品种，织品为缎纹组织，呢面有明显的凹凸纹，织纹的纹道之间距离很小，表面平滑，光泽明亮，手感柔软，富有弹性。织品每平方米重为 300 ~ 350g。主要用于鞋面料、大衣、礼服的较多。

斜纹角度在 75°以上的叫直贡呢，斜纹角度在 50°左右的叫斜纹贡呢，斜纹角度在 15°左右的叫横贡呢。

马裤呢与粗纺呢绒中的麦尔登很相似，每平方米重 400g 以上，纱支较粗，呢面具有较粗的凸出斜纹，质地厚实，斜纹粗壮。主要用作大衣、猎装、马裤和军裤等。

巧克丁又称罗斯福呢，其表面为由两根斜线组成的一对斜纹线，每对斜纹线间隔一定凹度，构成了巧克丁表面独有的第一根斜线浅而窄、第二根斜线深而宽的纹线，如此循环而形成特殊的纹形，其反面较平坦无纹。巧克丁适作男女服装和春秋大衣料。

驼丝绵又叫克罗丁，呢面有近似人字花纹，是由间隔的两种直条图组成。有的织品条子的凸出处又宽又平坦，斜线间凹进处细狭如线，如像在平坦的呢面上用小刀划成的凹纹一样，具有独特的风格。驼丝棉的表面有轻微的毛绒，反面光洁，凹缝处的正面宽而清晰。

贡呢类织物呢面要求光洁平整，织纹清晰，手感滋润柔软，身骨紧密，活络，有弹性。

(7) 海力蒙与板司呢。海力蒙是较哔叽高一档的服装面料，织品经向呈重叠的"人"字形条纹，呢身稍厚而紧密，每平方米重270g左右，适作男女西式服装。

板司呢是平纹组织织物，每平方米重400g左右，身骨较厚重，手感略有粗糙，外观呢面呈细斜格或小格状花纹，或用嵌绒织成方花纹。主要作西式服装面料。

(8) 女衣呢。女衣呢过去叫精纺女式呢、叠花呢、女式呢等。织品组织变化复杂，有平纹、斜纹和提花组织，织成各种各样的细致图案花纹。它的经纬都用较高支数的股线，每平方米重200g左右。织品特点是质地细洁，轻薄松软，弹性好，花型别致。好的女衣呢要求织纹清晰，手感软而不松烂，有身骨，弹性好。女衣呢多为春秋季节妇女服装、上衣、连衣裙的面料。

(9) 精梳化纤品。

1) 毛/粘华达呢，是70%羊毛与30%人造毛的混纺品，特点是呢面光滑紧密，坚牢挺括。

2) 毛/粘平厚呢，是40%散毛与28%粗短毛和32%人造毛的混纺品，特点是纱支较粗，呢面厚重。

3) 毛/粘花呢，是70%羊毛与30%人造毛的混纺品，特点是纱支较细，呢面厚实，有素、条、格等花色品种。

4) 毛/涤薄花呢，是50%外毛与45%涤纶的混纺品，特点是呢面细薄，挺括耐皱。

5) 毛涤纶花呢，是45%外毛与55%涤纶的混纺品，特点是呢料毛型感好，比纯毛料结实耐皱。

6) 毛涤纶派力司，是45%回毛与55%涤纶的混纺品，特点是呢面平滑，布身爽挺。

7) 涤毛粘薄花呢，是40%涤纶与30%回毛和30%粘胶的混纺品，特点是毛型感好，弹性较粘毛涤薄花呢好。

8) 粘毛涤薄花呢，是50%粘胶与30%回毛和20%涤纶的混纺品，特点是毛型感好，弹性较涤毛粘薄花呢好。

9）涤毛花呢，是53%涤纶与43%回毛和4%涤长丝的混纺品，特点是精梳加长丝，立体感强。

10）毛涤花呢，是60%回毛与40%涤纶的混纺品，特点是布身挺括厚实，牢度、弹性较好。多为春秋季节妇女服装、上衣、连衣裙的面料。

(10) **麦尔登。**全毛麦尔登使用64支毛占80%以上，精短毛占20%以下；混纺的使用64支毛占50%以上，精短毛占20%以下，化纤占30%，按二上二下斜纹变化组织形成。每平方米重650~680g。呢面经过重缩绒，正反面均有一层毛绒覆盖，形成平厚起绒织物。特点是呢面丰满细洁，平整不露底，身内紧密而挺实，手感有弹性，耐起球。麦尔登是秋冬服装较好的面料。

(11) **大衣呢。**大衣呢是粗纺呢绒中的中厚型织物，品种较多。

1）平厚大衣呢。分全毛、混纺两类。全毛高档大衣呢，一级以上毛占70%，精短毛占30%以下；中档使用二级大衣呢毛占65%~80%，精短毛占20%~35%；低档使用的三级到四级大衣呢毛占65%~80%以上，精短毛占30%以下。混纺高档大衣呢，一级毛占40%以上，精短毛占30%以下，化纤占30%；中档使用三级到四级大衣呢毛占30%以上，精短毛占40%以下，化纤占30%。平厚大衣呢的特点是呢面平整，耐起球不露底，手感丰富不发硬。

2）立绒大衣呢。全毛四级以上大衣呢毛占80%以上，精短毛占20%以下；混纺大衣呢除羊毛外，化纤占30%。立绒大衣呢的特点是绒面丰满，绒毛密立，平齐，手感柔软，弹性好，不松烂，光泽柔和。

3）顺毛大衣呢。全毛四级以上大衣呢毛占80%以上，精短毛占20%以下（包括羊绒、兔毛、驼毛、马海毛等）；混纺四级以上大衣呢毛占50%以上，精短毛占20%以下，化纤占30%。顺毛大衣呢的特点是绒面均匀，绒毛平顺整齐，定型好，不露底，有脱毛，顺滑柔软，不松料，膘光足。

4）拷花大衣呢。分立绒拷花及顺手拷花两种。拷花大衣呢经过洗呢、缩呢、多次起绒、剪绒、烫光等工艺，因而表面有丰满的毛绒，呈现人字形成水浪形凹凸花纹，不仅外观美观，还能保持大量空气增加保暖性，特别适合北方寒冷气候穿用。立绒拷花大衣呢的纹路清晰而均匀，有立体感，手感柔软，丰满厚实，富有弹性。顺毛拷花大衣呢的绒毛较长，排列整齐而紧密，纹路隐晦而不模糊，手感丰满有弹性。用纱范围在7~14支（142.8~71.4特），每平方米重790~1000g。全毛织品使用二级以上毛100%，包括羊毛、马海毛等，用以改善织品的外观细腻感。

5）花式大衣呢。分纹面和绒面两种，主要用花式纱线织成。纹面包括人字、圈、点、条、格等配色花纹组织，纹路均匀清晰，色泽调和，手感不燥硬，有弹性；绒面包括各类配色花纹组织，分立绒和顺绒两种，用纱范围为4~14支（250~71.4特）。全毛高档花式大衣呢用一级毛占70%以上，精短毛占30%以下。低档花式大衣呢用三级以下毛

50%~70%，粗短毛30%~50%。混纺用四级以上毛占70%以下，化纤占30%以上。织品特点是绒面丰满平整，绒毛整齐，手感丰厚，不松料。

（12）海军呢。海军呢外观与麦尔登相似，但品质次于麦尔登。混纺织品掺入粘纤30%左右，纺成9~12支单纱，由经纬交织而成，每平方米重670g左右。织品特点是绒面丰满厚实，平整，基本不露底，手感挺实有弹性。全毛织品使用一、二级毛70%~90%，精梳短毛10%~30%。混纺用一、二级毛40%以上，精梳短毛10%~30%以下，化纤30%。

（13）制服呢。制服呢有粗、细之分，在使用原料、纱支及织物重量上有所区别。一般用三、四级毛，以及部分短毛（或再用毛及回毛）纺成6~9支单纱作经纬，按平纹组织织成。织品每平方米重700g左右。织品表面有毛，但不丰满，略有露底，手感粗糙有抢毛，厚实保暖性好。但穿后经摩擦易落毛、露底，影响外观。全毛织品选用二至四级毛占70%~85%，粗短毛占15%~30%。混纺织品选用三、四级毛与精短毛共占70%，化纤占30%。

（14）法兰绒。法兰绒是混色缩绒织物，生产时将部分羊毛染色掺入部分原色羊毛，纺成9~15支单纱作经纬，按平纹或斜纹组织织成。法兰绒一般用二级散毛60%、精梳短毛40%。混纺织品用二级毛与精梳短毛共占65%，化纤35%。织品特点是绒毛平整略露底纹，手感柔软。法兰绒适作春秋两季服装用，颇受欢迎。

（15）海力斯。海力斯是散毛染色后，混入原色羊毛，纺成4~8支粗纱，按平纹或斜纹组织织成，织品密度较稀，呢身松软，呢面粗糙。使用原料范围为：全毛织品选用三、四级毛占60%~80%，精梳短毛20%~40%；混纺织品选用三、四级毛与精短毛共占60%~70%，化纤占40%~30%。海力斯主要用做春秋两用衫。

（16）粗服呢。粗服呢是属于粗纺呢绒中的棉毛交织品，经用27~28号双股线，纬用下脚毛、粗短毛、染色毛及化纤纺成4.5~6支毛纱，按二上二下斜纹组织织成。每平方米重700g左右，品质无特定要求，呢面有绒毛和粗腔毛，能清楚地看到斜纹组织纹路，手感比较粗糙。

（17）长毛绒。长毛绒又叫"海勃龙"或"海虎绒"，是一种起毛的立绒织物。有衣面绒衣里绒之分。衣面绒的绒毛丰满厚实，毛丛稠密坚挺，保暖性好，手感油润光滑，富有光泽；衣里绒的毛丛较松，保暖性不及衣面绒。

（18）驼绒。驼绒是针织品，按花色品种分有美素驼绒、花素驼绒、条子驼绒等。它们的特点是，质地松软，手感厚实，绒面丰满，色泽鲜艳，富有弹性，保暖性好。

四、丝绸

丝绸是我国的传统产品，数千年来，以其独特的风格闻名于世。丝绸的品种繁多，外观形态千变万化，组织花纹异常复杂，有薄如蝉翼的轻纱，如云雾缭绕的丝罗，富丽飘逸的绡类，绚丽细腻的缎织物，皱纹泛起、富有弹性的绉类，色彩鲜艳、美而大方的丝绒等。特别是织有盘龙、翔凤、游麟、仙鹤等动物图，更是五彩缤纷、万紫千红。

1. 纺类织品

（1）电力纺。电力纺是桑蚕丝生织纺类丝织物，质地紧密细洁，光泽肥亮，以平纹组织交织。最早用土丝为原料，用木机手工织造，后改为厂丝为原料，采用电力织机织造，故得名电力纺。成品幅度为91.5cm，经密60.0根/cm，纬密40根/cm，每平方米重44g，作衣着用时稍厚些，每平方米重50g以上。电力纺可作夏季男女衬衫、裙子、里料、方巾、彩旗及各种工业用绸等。

（2）杭纺。该产品在浙江杭州设计生产，故得名杭纺。它是用3/50/70旦的农工丝作经纬而织成。织品质地粗犷厚实，手感柔挺。成品幅度为73.3cm，经密43.8根/cm，纬度25.5根/cm，每平方米重113g。杭纺可用来作夏季衬衫、裙、裤等的材料。

（3）绍纺。绍纺由浙江绍兴生产而得名，它的经纬均为50/70旦农工丝，3根或2根并合，以平纹组织交织而成。织物质地厚实坚牢，织纹清晰，光泽柔和。成品幅宽为70cm，经密46根/cm，纬密25根/cm，每平方米重101g。织成后经精炼、染色或炼白处理。其产品可作为夏季衬衫、衣裙、裤子等的材料。

（4）洋纺。洋纺为纯桑蚕丝纺类织物，经纬均用1/20/22旦桑蚕丝，或经改为1/28/30旦桑蚕丝，纬用20/22旦桑蚕丝织制而成。织物质地平挺轻薄、细腻、丰满。洋纺的规格较多，幅宽为71~115cm，经密50~68根/cm，纬密39.6~47根/cm，每平方米重21~27g。宜作绝缘、头巾等用绸。

（5）绢丝纺。绢丝纺为桑蚕绢丝白织纺类织物，经纬均为194/2公支桑绢丝，以平纹组织交织而成。绢丝纺具有质地丰满柔软、织纹简洁、光泽柔和、触感宜人的特点，并有良好的吸湿性、透气性。成品幅度为91.4cm，经密41.5根/cm，纬密32.5根/cm，每平方米重76g。主要外销，经染色加工后复制成服装。

（6）华格纺。华格纺是专指用涤纶丝和涤粘混纺纱交织成的色织格子纺。它的经采用[(5.55特) 涤纶丝8S 捻/cm×2] 6Z 捻/cm，染成多种色，根据格形颜色排列成彩条，纬线分甲、乙两组，甲纬为（13.25/2 特）涤粘混纺纱，染色，乙纬为0.8 捻/cm，复色股线，以平纹组织交织，并结合格子色彩甲、乙纬轮换织入。这种织物质地爽挺，格形大方，色彩鲜艳。成品幅宽114cm，经密37.6根/cm，纬密24根/cm，每平方米重97g。产品作为夏季男女衬衣或妇女连衣裙等用料。

（7）华春纺。华春纺是涤纶丝与涤粘混纺纱交织成的平素纺绸。织物经多用（3.33特半光涤纶丝8捻/cm×2）6捻/cm反向，纬为44公支涤粘（65/35）混纺纱。因为是平纹组织，所以织物平挺，弹性好，洗涤后免烫快干。华春纺适作男女服装与刺绣材料。

2. 绉类织品

（1）双绉。双绉是用平经绉纬织制的绉类织物。平纹组织，因用两种不同捻向

(S.Z) 的强捻线以 2S、2Z 交替织入，形成绉效应而得名。此类产品品种较多，经线有 2/2.22/2.442 特、3/2.22/2.442 特、2/1.443/1.665 特等桑蚕丝（平经），纬线为 2/2.22/2.442 特 26 捻/cm，4/2.22/2.442 特 23 捻/cm，5/2.22/2.442 特 27 捻/cm 等桑蚕丝(2S·2Z)。双绉具有手感柔软、富有弹性、轻薄凉爽等特点，但缩水率较大。成品可作衬衫、裙子、头巾、绣衣坯等用。

（2）花绉。花绉是桑蚕丝白织提花丝织物，手感薄而爽挺，绸面色泽柔和，织花与印花结合别有风味。花绉经为 2/2.22/2.442 特桑蚕丝，纬为 3/2.22/2.442 特 26 捻/cm 桑蚕丝，以 2S、2Z 排列。花绉主要用作男女衬衣、连衣裙等。

（3）素碧绉。素碧绉是桑蚕丝白织或半色织条格形绉类织物。它的经为 2/2.22/2.442 特桑蚕丝，纬为 3/2.22/2.442 特 17.5 捻/cm + 1/12.22/2.442 特 16Z 捻/cm 桑蚕丝，以平纹组织织成。织品光泽柔和，皱纹自如，颇有趣味，手感爽挺弹性好。素碧绉主要用来做夏季男女衬衫、中式男裤、长衫或妇女连衣裙、港裤等。

（4）和光绉。和光绉是纯桑蚕丝平纹强捻纬纱白织提花绉类丝织物。它的经为 2/2.22/2.442 特桑蚕丝，纬为 3/2.22/2.442 特 28 捻桑蚕丝，以 2S、2Z 捻向排列，地部和花部呈正、反破四斜纹组织而织成。织物手感柔挺而富有弹性，绸面皱纹细致。和光绉主要用作和服面料和男女衬衫或连衣裙面料。

（5）香岛绉、留香绉和锦合绉。

香岛绉是纯桑蚕丝白织双层高花提花织物，它手感松软，弹性好。织物表面具有凸凹效应，立体感强，风格独特雅致。

留香绉是桑蚕丝与粘胶丝交织的绉类织物，它表面具有水浪形的绉地上呈现两色花纹的特征，色泽鲜艳，质地柔软而富有弹性，多用来作妇女春秋装。

锦合绉是用锦纶丝和粘胶丝交织而成的绉类织物。因以平纹组织交织，绉面外观效果同素碧绉，皱纹较清晰，多用夏季裤料或上装。

3. 锦类织品

（1）桑粘交织织锦缎。桑粘交织织锦缎是桑蚕丝和有光粘胶丝色织的重纬提花锦类丝织物。锦面光洁细致，图案多姿富丽，质地丰满柔挺，是我国传统的品种之一。它主要用作妇女春秋时装，冬季棉袄面料，晨衣、装帧、床罩及装饰等。

（2）彩经缎。彩经缎是用锦纶丝与粘胶丝、金银丝交织的色织提花锦类丝织物。彩经缎质地坚牢，花纹图案艳丽，经向粘胶丝用彩经条子提出花纹，故称经锦。产品多用于制作妇女春、秋、冬季服装或装帧簿册封面。

（3）宋锦、蜀锦和云锦。宋锦是纯桑蚕丝或桑蚕丝和有光粘胶丝交织的纬起花的锦类丝织品。宋锦与四川的蜀锦、南京的云锦称为中国的三大名锦。特点是锦面平挺，结构精细，光泽柔和雅致，色彩图案古色古香。如真丝宋锦和真丝经与纬为粘胶丝相交织的末锦，产品专供名人书画和贵重礼品的高级装帧用。

蜀锦是桑蚕丝色织提花锦类丝织物，其质地坚韧丰满，纹样风格美丽，配色典雅。常见有雨丝锦、方方锦、浣花锦、民族锦和彩晕锦等。蜀锦主要用作被面或妇女服装。

云锦是桑蚕丝与金银皮、粘胶丝色织的提花锦类丝织物，云锦质地紧密厚重，风格豪放饱满，典雅雄浑。其图案配以祥云飞霞，犹如天空多彩变幻的云霞，故名云锦。主要品种有库锦、库缎、妆花三大类。织品广泛用作蒙、藏、满等少数民族的服装及装饰材料。

（4）大锦与小锦。大锦是纯桑蚕丝色织提花的锦类丝织品，又名重锦。它质地紧密丰厚，结构精致，花地分明，显色效果特佳，其织物组织为斜纹组织。大锦多用作书画工艺品的锦盒装潢等。

小锦为宋锦之一种，它的花纹以几何纹和小花纹为主，图案表示吉祥如意的会意写真较多，如八宝（书、画、琴、棋等）、八吉祥（花伞、双鱼、莲花、宝壶等）以及寿字、万字。此种织品多用于庙宇佛幡、书及画册封面。

4. 缎类织品

（1）金玉缎与九霞缎。金玉缎是桑蚕丝和有光粘胶丝色织提花缎类丝织物。金玉缎的经用桑蚕丝，纬用有光粘胶丝按八枚经面缎纹组织织成，质地坚实挺括，光泽柔和，风格古朴。它主要用作妇女秋冬服装面料或旗袍、儿童服装等面料。

九霞缎是平经绉纬的丝织物。九霞缎的色泽柔和光亮，质地柔软，富有弹性，是妇女衣料的最佳产品之一。

（2）真丝缎和薄缎。真丝缎是纯桑蚕丝生织缎类丝织物，用八枚缎组织交织，质地紧密细腻，手感平滑柔软，缎面光亮。真丝缎主要用作妇女礼服及头巾等。

薄缎也是纯桑丝白织薄型缎类丝织物，是缎类中最轻薄的一种，是以八枚缎纹组织形成的织物，其质地轻盈柔软平滑，缎面光泽柔和悦目，多用作羊毛衫的夹里或工艺装饰品。

（3）锦盖缎。锦盖缎是锦纶丝与粘胶丝交织的提花缎类丝织物。因风格接近锦乐缎，被誉为锦缎。织物经用 5.55 特锦纶丝 8 捻/cm，纬为 13.32 特有光粘胶丝，在八枚经缎地上起纬花。织物缎面光亮，丰满细洁，宜作妇女秋、春季服装。

5. 绸类织品

（1）花绒绸与双宫绸。花绒绸是桑蚕丝和粘胶丝、金银皮交织成的纬三重大提花绸类丝织物。织品具有绸身平挺厚实，花部细洁紧密、富有光泽，花纹瑰丽多彩的风格特征。花绒绸宜作妇女春、秋、冬季时装用绸。

双宫绸是纯桑蚕丝素色绸类丝织物。因纬线采用桑蚕双宫丝而得名。织品按平纹组织交织，绸面是均匀而不规则的粗节，质地挺括，色泽柔和。双宫绸宜作西式服装面料和装饰用绸。

（2）绵绸和装饰绸。绵绸是桑蚕䌷丝生织绸类织物。以平纹组织形成的绸面粗犷，丰厚少光泽，绵粒分布均匀，手感柔糯，是服装与装饰的材料。

装饰绸是粘胶丝和棉纱交织的白织提花绸类丝织物。在五枚经缎纹地上起五枚缎纹和三上一下斜纹组织花纹，具有质地厚实、简洁素净、花纹明亮、线条流畅自如等特点。织品主要用作窗帘、床罩或沙发面料。

6. 纱类织物

（1）素月纱与芦山纱。素月纱是纯粘胶丝白织的绞纱类丝织物，经纬均采用 16.65 特粘胶丝，以平纹和绞纹联合构成。绸面纱孔呈小矩形等距离排列，点纹图案别致，质地平挺柔软，悬垂性好。素月纱宜作夏季服装或窗帘、蚊帐、装饰用纱等。

芦山纱是桑蚕丝白织提花绞纱丝织物，以平纹组织为地组织。绸面素洁，直条清晰并略有细小纱孔，透气性好，手感轻薄爽挺。芦山纱宜作夏季中式服装、长衫、衬衫或裤衣料。

（2）窗帘纱与莨纱。窗帘纱是纯桑蚕丝色织提花绞纱丝织物，为一绞一，一顺绞，绞纱地上起平纹花的亮地纱，是经用 2/2.22/2.442 特桑蚕丝、纬用 1.332/2.22/2.442 特桑蚕丝的丝织品。窗帘纱具有质地轻薄平挺，纱孔清晰透明，花、地分明的特点，宜作高级窗帘。

莨纱是经茨莨液浸渍处理的桑蚕丝生织的提花绞纱组织提出满地小花纹，并有均匀细密小孔眼的丝织物，经上胶晒制成的称莨纱。成品穿着凉爽，适宜制作东南亚热带地区的各种便服、旗袍、唐装等。

7. 绢类织品

（1）天香绢。天香绢是桑蚕丝与粘胶丝交织的色织提花绢类丝织物，具有色彩缤纷秀丽、织纹层次丰富、质地柔和挺括等特点。成品多用作妇女春秋服装或棉袄面料。

（2）花塔府绸。花塔府绸是纯桑蚕丝色织提花丝织物。成品具有质地平挺滑爽、织纹紧密细腻、花织纹光亮突出等特点。织品宜作妇女春秋服装、礼服及伞面、鸭绒被套、毛毯滚边及工艺用绸。

8. 绡类织品

（1）真丝绡与条花绡。真丝绡是纯桑蚕丝半精炼的绡类丝织物。以平纹组织交织成后，经过半精炼工艺，脱去部分丝胶，使丝身刚柔糯爽，织物孔眼清晰，质地坚密轻薄。织品多用作绣坯复制、晚礼服或宴会服、婚礼服的兜纱、舞台布景、戏装。

条花绡是纯粘胶丝白织提花绡类丝织物。把经与纬交织成平纹绡地，纹经与纬交织起八枚经花。具有质地平挺、绡地孔眼清晰、条子图案大方、光泽鲜艳等特点。织品宜作妇女衣着与裙料等用。

（2）新元绡与伊人绡。新元绡是纯粘胶丝条子绡，绸面粗犷，质地爽挺，弹性好。织品宜作妇女衣着和裙料用绸。

伊人绡也是纯粘胶丝提花绡类丝织物。产品经加工后质地轻薄透凉，素洁雅致，给人以舒适凉爽的感觉。织品宜用作妇女服装及装饰品等。

9. 罗类织品

（1）**杭罗**。杭罗是纯桑蚕丝白织罗织物，因产在杭州而取名。它质地刚柔滑爽，孔眼清晰。织品宜作男女衬衫和男式长衫与蚊帐等。

（2）**帘锦罗**。帘锦罗是纯桑蚕丝色织的提花罗类织品，表面有直条形孔眼，质地轻薄挺括，悬垂性较好，风格别致。织品主要用作夏季服装或帘装饰等。

10. 葛类织品

（1）**特号葛**。特号葛又称特号绸，是桑蚕丝平经与弱捻纬交织的提花葛类丝织物。由于该种织物是在平纹地上显现八枚经缎纹为主，经花四周用少量纬花侧影色边衬搭，因此，它表现了纹路简洁、质地光滑、光泽柔和的特点。特色葛多用作春秋季服装或冬季棉袄面料。

（2）**明华葛**。明华葛是用纯粘胶丝白织的提花葛类丝织物。地部平纹或嵌入短经浮长细点子，花部为五枚经缎纹组织，纹绸面具有明显横棱纹效果，质地柔软。明华葛大多用作春秋服装及冬季棉袄面料。

11. 绫类织品

（1）**文绮绸**。文绮绸是用纯桑蚕丝白织的提花绫类丝织物。地部组织为平纹或斜纹，花部为斜纹或平纹。文绮绸具有质地手感轻薄、挺括，织花和印花图案相互衬托，风格古朴典雅，类同西汉文绮的特点。文绮绸用作男女衬衣、连衣裙、头巾等。

（2）**美丽绸与彩芝绫**。美丽绸又称美丽绫，是纯粘胶丝绫类丝织物。它具有绸面光亮平滑、斜纹纹路清晰的特点。美丽绸多用作服装里子料。

彩芝绫是桑蚕丝与粘胶丝交织的提花绫类丝织物，质地中型偏厚，地纹星点隐约可见。经纱用两组纱，一组为桑蚕丝，另一组为有光粘胶丝，纬纱用一组有光粘胶丝交织而成。彩芝绫宜作妇女春秋季服装与冬季棉袄面料或儿童斗篷。

12. 绨类织品

（1）**蜡线绨**。蜡线绨是用粘胶丝与蜡纱交织的白织提花绨类丝织物。因它具有绸面光洁、手感滑爽的特点，所以织品多用作秋冬季服装、被面及装饰绸。

（2）**一号绨**。一号绨是用粘胶丝与丝光棉纱交织的白织提花绨类丝织物。它质地坚实丰厚，地纹光泽柔和。因在平纹地上显现出经花，故一号绨多用作春秋季服装或冬季棉袄面料。

13. 呢绒类织品

（1）**大伟呢与新华呢**。大伟呢是桑蚕丝平经、绉纬白织小提花呢类丝织物。它以暗横条浮组织为地纹，呈现具有雕刻效果的皱地暗花。它宜作长衫、短袄、衬衣、连衣裙等。

新华呢是粘胶丝作经与人棉纱作纬交织的白织呢类丝织物。织品采用四季呢皱组织，加工后绸面粗犷少光泽，质地丰厚柔软，具有一定的抗皱能力，多用于棉袄面料及装饰。

（2）**乔其绒与漳绒**。乔其绒是桑蚕丝与粘胶丝交织的双层经起绒的绒类丝织物，采用双层分割法形成绒毛。乔其绒地经和地纬均采用强捻桑蚕丝，绒经为有光粘胶丝。它具有绒毛耸密挺立、手感柔软、富有弹性、光泽柔和等特点。烂花乔其绒地组织为平纹，花地分明，花色绚丽别致，质地透明，别具一格。乔其绒主要作妇女晚礼服及新疆少数民族礼服。

漳绒又名天鹅绒，起源于福建漳州。它是表面具有绒圈或绒毛的单层经起绒绒类丝织物。因经纬纱配置与组织关系，制品具有绒圈或绒毛浓密耸立、光泽柔和、质地坚牢耐磨等特点。漳绒常用作高档服装面料、帽子、沙发和靠垫面料。

14. 被面类织品

（1）真丝被面和软缎被面。真丝被面是纯桑蚕丝单层白织后提花丝织物，经加工后质地轻薄柔软，色泽柔和，织纹简洁。因它在平纹地组织上提出经面缎纹花，专作被面和装饰用绸。

软缎被面是桑蚕丝和有光粘胶丝交织品，绸面平滑光亮，色泽雅致，专作被面和装饰用绸。

（2）线绨被面。线绨被面是粘胶丝与锦纱或蜡纱纬交织的提花丝织物。线绨被面的质地粗厚缜密，织纹简洁清晰。它在平纹地上提八枚经缎花或四枚斜纹花，是装饰性强的被面。

（3）印花、绣花被面。印花被面是以交织素软缎、人丝软缎和独幅大提花被面作为印花坯经印花而成。印花被面以缎面光亮、质地柔软、色彩艳丽以及织印花互衬托为特征，专供制作被面用品。

绣花被面是以素软缎为坯绸，经绣花复制加工而成。它分苏绣、湘绣、蜀绣和瓯绣等多种品种。

第五节　纺织品品种质量的鉴别

一、纺织品的质量分析与质量标准

纺织品的质量内容很多，有的属于内在质量，有的属于外观质量，还有的属于实物质量。

1. 纺织品的质量分析

（1）织品的原材料分析。

1）织品使用的纤维材料。各种织品的外观特征及其基本性能主要由所用纤维材料决定，因而鉴定织品使用的纤维种类、质量及含量具有重要意义。这不仅关系到织品的质量和价格，还影响着织品的使用性能及外观。

2）织品中其他成分含量。本白棉布中的浆料含量、毛织物中的植物夹杂物及油脂含量、丝织品中的丝胶含量、麻织品中的含胶量、漂白织物中的游离氯含量、硫化染料染色品中游离硫及硫酸含量等不仅影响着织物的性能和外观，有些成分的存在还使织品在保管过程中迅速变质，破坏织品的使用价值。

3) **织品中的纱线**。纱线的种类不同，使制成的织品质量、外观及坚牢程度不同。例如用普通梳棉纱和精梳棉纱制成的相同组织规格的织品，其质量、外观特征及耐用性不同。

纱线的粗细不同，会使织品的外观、厚薄、手感、保暖性、耐磨性等不同。

纱线的结构（指纱线的捻向、捻度、合股状况）对织品的外观及质量也有重要影响。纱线的捻向不仅影响着织品的光泽、织纹的清晰程度，还影响着织品的手感和厚度。当织品的经纬纱捻向不同时，织品的光泽好、组织点突出、纹路清晰、手感松软有厚实感。如果使织品中的经纱或经纬纱的捻向呈有规则的变化，可获得隐条或隐格效应。纱线的捻度不同直接影响着纱线的紧度、硬挺度、强度、弹性等，因此对织品的性能产生明显的影响。有些织品还可利用强捻赋予织品特殊的表面风格，如丝织品中的乔其纱就是利用强捻纱及捻向的不同配置形成绢面风格的。合股状况（指股线的股数及合股方式）不仅影响着织品的强度、弹性等性能，有时还使织品获得特殊的外观效应。若其他条件相同，股线制成的织品较单纱制成的织品强度高，利用各种花式捻合线可使织品获得多种多样的外观风格。

(2) **织品的结构分析**。

1) **织纹组织**。织品的织纹组织不同对织品的外观、结构及性能都有一定的影响。此外，织纹组织若出现错乱会形成织物的外观疵点，有时还会影响织物的坚牢度。

2) **厚度、重量和体积重量**。织品的厚度根据织品的用途不同而异，此外还影响着织品的耐用性及原料消耗。若其他条件相同，织品的耐磨性及原料消耗与织品的厚度成正相关关系。

织品的重量一般是指织品单位面积的重量，以 g/m^2 表示，又称平方米重。计算织品的重量均折算成无水干燥重量。对于本色棉布，需测定其无浆干重。织物的重量与其服用性能密切相关，夏装用的织品与冬装用的织品重量明显不同。研究织品重量还可间接地测算原材料消耗及成本。

织品的体积重量以 g/cm^3 表示。一般来说，棉织品的体积重量较大，粗纺毛纺品的体积重量较小一些。体积重量对织品的保暖性能有重要影响。

3) **织品的密度和紧度**。机织品的密度是指织品经向及纬向单位长度内织入的纱线根数。经纱密度简称"经密"，是指织品沿纬向单位长度内的经纱根数，一般以根/10cm 表示。纬纱密度简称"纬密"，是指织品沿经向单位长度内的纬纱根数，一般以根/10cm 表示。织品的经纬向密度以两个数字中间加符号"×"表示。例如 236×220 表示织品的经纱密度为 236 根/10cm，纬纱密度为 220 根/10cm。若将织物使用的纱线粗细与密度同时表示，则写成 29×29×236×220，前两个数字表示织品经纬纱的特数，后两个数字表示织品的经纬纱密度。织品的密度及经纬纱密度的配置对织品的重量、坚牢度、手感、透气性、透湿性影响很大。

机织品的紧度是指织品中经纬纱排列的紧密程度，反映了织品中纱线充满的程度，与纤维的种类、纱线的粗细等密切相关。织品的紧度包括经向紧度、纬向紧度、经纬向紧度比、总紧度等内容。对于多数织品来说，经向紧度高于纬向紧度，它们之间的差异程度用经纬向紧度比来表示。在一般情况下，两者差异不宜过大。织品的紧度对织品的质量、性能、外观、风格有很大影响。

对于针织物来说，其密度用单位面积内所具有的针织线圈数表示。其中横向密度是指5cm内的线圈纵行数，纵向密度是指5cm内的线圈横向数，横向密度与纵向密度的乘积为总密度。针织物的紧度通常采用未充实系数表示，是针织物的线圈长度（mm）与纱线直径（mm）的比值。

4）织品的幅宽和匹长。织品的幅宽和匹长反映了织品的有效使用面积。织品的幅宽应符合品种的规定，并且各部位的宽窄一致。织品的匹长也应根据用途有明确的规定。对于拼件布，还规定了每段的允许长度及块数。

5）织品的歪斜。机织品中的经纬纱不垂直，称为纬纱歪斜，简称"纬斜"。纬斜严重影响裁剪和使用。对于印花织品和色织品，纬斜使花纹图案歪斜，破坏花型，有损外观。

针织物的线圈歪斜不仅影响外观和裁剪，还使制成的服装出现扭转，影响服用。

(3) 织品的机械性能。织品的机械性能不仅影响着织品的耐用性，有些机械性能还影响着织品的尺寸稳定性和手感风格。

1）断裂强度及断裂伸长率。织品的断裂强度通常用拉断规定尺寸的织物试样所需要的力来表示，断裂伸长率一般用断裂伸长的百分率表示。

2）撕裂强度与顶破强度。织品抵抗撕裂的最大能力为撕裂强度，单位为牛顿；顶破强度是指织品抵抗集中的垂直负荷的能力。以上两指标对织品的耐用性影响很大。

3）织品的褶皱恢复率及抗皱度。织品在使用时，受到揉搓挤压后，常产生不同程度的褶皱，不仅影响外观，而且会加剧磨损，降低其耐用性。

织品的褶皱恢复率又称作弹性恢复率，表示织品受到揉搓挤压产生褶皱后恢复原状的能力。织品的抗皱度表示织品压出褶皱所需的力，反映了织品抵抗由于揉搓而引起褶皱的能力。

4）织品的抗磨强度。织品的抗磨强度是指织品抵抗摩擦损坏的能力。织品的使用范围甚广，服用要求也不相同，因此表示耐磨强度的指标不同，一般根据织品承受一定磨损后的某些性状改变来表示其耐磨性。

(4) 织品的服用性能。

1）起毛、起球程度。织品在使用过程中，由于各种摩擦作用，其表面产生绒毛或结聚成球的现象称为起毛、起球。起毛、起球影响织品的外观及服用性能。

2) **缩水**。织品经过水洗后引起尺寸的改变称为缩水。缩水程度用缩水百分率表示，包括经向缩水率和纬向缩水率（即洗涤前后经向或纬向的长度差占洗涤前经向或纬向长度的百分比）。

织品缩水后引起面积缩小、厚度加大、成衣变形，影响外观和使用。

3) **织品的刚挺度及悬垂性**。织品的刚挺度是指织品抵抗形变的能力。它直接影响着织品的手感和风格。不同的织品对其刚挺度要求不同。

织品的悬垂性是指织品从中心提起再自然悬垂下能形成平滑和曲率均匀的曲面的性能，反映了织品的柔韧性。悬垂性好的织品制成的衣服很贴体，且均匀下垂产生美观的线条。裙类织物、舞台帷幕、桌布等要求悬垂性良好。织品的刚挺度高则悬垂性差。

4) **其他服用性能**。影响织品服用性能的其他指标很多，例如透气性、抗静电性、导热性、熔孔性等都对织品的服用性能有很大影响。

(5) **织品的染色指标及外观斑点**。

1) **织品的色泽与色牢度**。织品的染色指标主要是指其颜色及色光是否纯正、光泽好坏、有无色差、颜色的坚牢度等，它们均对织品的质量有重要影响。色牢度是指印染织品的色泽耐受外界影响的坚牢程度。

2) **织品的外观疵点**。织品的外观疵点是指织品上存在的各种缺陷，它们主要影响外观，有些疵点还同时影响着织品的坚牢度和使用。

疵点种类很多，根据其分布情况可分为局部性外观疵点和散布性外观疵点。所谓局部性外观疵点，是指出现在织品部分面积上的疵点，如破损、织疵、斑渍等。所谓散布性外观疵点，是指存在于织品很大面积内或遍及织品全匹中的缺陷，如棉结、杂质、缺经、染色不匀、色差、幅宽不符等。

(6) **织品的实物质量**。织品的实物质量是指织品的内在质量和外观质量项目中没有包含的，但又与服用、使用性能密切相关的一些质量项目。

1) **外观效果**。织品尤其是花色织品的色泽鲜艳度、花型、花型图案的搭配、风格等给消费者的总体印象称为外观效果，它影响着织品的销路和用户的使用。

2) **触感**。手触感觉代表着人体感觉。织品的舒适性一般先由手感来决定，手感是织品弹性、厚度、质地、加工质量等项目的综合体现。手感的好坏也是织品风格的重要项目之一。

3) **质地身骨**。织品的质地身骨是由织品使用的纤维、纱线、密度、紧度、织纹、加工质量等质量项目决定的。织品的质地身骨总体地反映了织品是否达到了设计要求、工艺要求、产品风格要求和使用要求。

2. 纺织品的质量标准

我国的纺织品标准包括技术要求，分等规定，测试方法，以及包装、标志与验收规则四部分内容。纺织品的技术要求一般包括品种分类及编号、织品的用纱要求及组织结构、质量要求以及生产加工的种类及方法等；分等规定是指各等级纺织品所允许的与技术要求规定的有关质量指标的差异程度和外观疵点的允许范围，以及计算方法和疵点程度的解释说明；测试方法是指在质量检验时的具体方法，包括取样规定、测试的标准条件、仪器用具及化学药品的规定、标准操作法以及测试结果的计算等；包装即包装材料、包装大小、包内匹长及零头大小的具体规定，标志是指对每包织品的具体内容的标记，验收规则是收付双方对产品进行验收复验的法规。

评定织品的质量时，以标准中的技术要求为依据，分等规定为准绳，按照标准中规定的试验方法对织品的各项指标进行评定。不同种类的织品在标准中规定的检验内容也有所不同。

（1）本色棉布及本色涤/棉混纺布以物理指标、棉结杂质与布面疵点相结合进行评等。物理指标包括经纬向密度、经纬向断裂强度两项内容，反映了织品的内在质量；棉结杂质、布面疵点属外观质量，它们不仅影响外观，还影响使用。

（2）印染棉布以内在质量和外观质量评等。内在质量包括断裂强度、纬密、缩水率和染色牢度四项内容。外观质量用布面斑点表示，分为局部性疵点和散布性疵点两类。

（3）毛织品和毛型化纤织品以实物质量、物理指标、染色牢度和外观斑点四个方面的情况确定等级。实物（所取织物样品）质量按照织物的呢绒面、手感、光泽、身骨等质量情况比照实物质量标样进行评定。物理指标包括幅宽、断裂强度、重量、含油脂率、其他纤维含量、缩水率等内容。

二、纺织品品种的鉴别

1. 感官鉴别

感官鉴别是利用人的感官来判断纺织品种类的一种比较简便、常用的鉴别方法。通过手感、目测织品的柔软性、弹性、光泽及褶皱情况，再从织品中拆出纱线抽取纤维观察其长度、粗细、弯曲及感觉强力等加以鉴别。

棉纤维：较细较短，弹性较差，手感柔软，无光泽，能攥起折痕。

羊毛纤维：弹性好，卷曲柔软，手摸有温暖感觉。

蚕丝：丝细而长，手感柔软，富有光泽，手摸有凉的感觉。

合成纤维：弹力大，用手不易扯断，弹性好，手感光滑挺括。手攥后涤纶较羊毛涨手，恢复很快不留折痕；锦纶次之。掂量时，锦纶、腈纶轻，粘胶纤维重，涤纶次之。

2. 燃烧鉴别

将织品分别抽出数根经纱和纬纱，用火柴点燃，观察纤维的燃烧特性。由于各种纺织纤维的主要化学成分不同，在燃烧时会产生不同的燃烧现象，据此确定是纤维素纤维（棉、麻、粘胶纤维）、蛋白质纤维（毛、蚕丝），还是合成纤维（涤纶、锦纶、腈纶、维纶、丙纶、氯纶）。

燃烧时，取少许纤维，仔细观察燃烧情况：①先将纤维靠近火焰，观察纤维受热后的变形情况，有无软化、收缩及熔融现象；②观察纤维接触火焰后燃烧的难易程度；③观察纤维离开火焰后能否继续燃烧；④观察纤维燃烧的速度、火焰的大小和颜色，有无声音，是否冒烟及烟的颜色、烟量及气味等；⑤观察灰烬的颜色、形状及坚硬程度等。

（1）纤维素纤维。

1）棉纤维。棉纤维是易燃纤维，当靠近火焰时无软化、收缩及熔融现象。接触火焰时即引起燃烧，开始燃烧时有轻微的噼啪声，燃烧速度快，产生黄色火焰，有气味，稍有灰白色烟，离火后可以继续燃烧，吹熄火焰后仍有火星在延燃，但延燃时间不长。燃烧后能保持原绒形状，手触易碎成松散的灰，灰烬呈灰色细软粉末，纤维的烧焦部分为黑色。

2）麻。麻是易燃纤维，燃烧速度较棉稍慢，燃烧特征与棉相似，灰烬色稍浅。

3）粘胶纤维。粘胶纤维是极易燃烧纤维，燃烧性状基本与棉相似，但粘胶纤维燃烧速度比棉纤维稍快，灰烬更少，有时不易保持原形，粘胶纤维燃烧时会发出轻微的噼啪声。

（2）蛋白质纤维。

1）毛。羊及其他毛纤维是可燃性纤维，当接触火焰时不马上燃烧，先卷缩，后冒烟，然后纤维起泡燃烧。火焰呈橘黄色，燃烧速度较棉纤维慢，离开火焰立即停燃，不易延燃，有烧头发和羽毛的臭味，灰烬不能保持纤维原状，而呈球状有光泽的黑褐色脆块，用手指一压即粉碎，灰烬数量较多，有燃烧时的气味。

2）蚕丝。蚕丝是可燃性纤维，燃烧性状基本与毛纤维相似，燃烧时先缩卷成团，臭味较羊毛稍轻一些，燃烧后灰烬颜色较羊毛稍淡，呈深褐色小球。

（3）合成纤维。

1）涤纶。涤纶是可燃性纤维，与火焰接触时，先引起卷缩熔融，然后燃烧，边燃烧边往下滴熔融物，有黄色明亮火焰，焰边呈蓝色。燃烧时火焰顶端有黑烟，离火焰即停止燃烧。停燃后略带有芳香气味，灰烬呈黑褐色玻璃球状硬块，能用手指压碎。

2）锦纶。锦纶是可燃性纤维，与火焰接近时引起纤维收缩，接触火焰后，纤维迅速卷缩，并熔融成透明的胶状物，同时有小气泡，如趁热用针挑动，可将胶状物拉成细丝。燃烧时无火焰或呈橘黄色的微弱火焰，火焰的边缘呈蓝色，离开火焰则停止燃烧，有烧火漆味。燃后纤维尖端呈浅褐色玻璃球体，坚硬不易压碎。

3）腈纶。腈纶是易燃性纤维，与焰接触时，先熔融，再缓慢燃烧，有黄色火焰并有闪光，离火后能继续燃烧，但速度缓慢，燃烧时发出辛酸的气味，有些像煤焦油味。灰烬呈不规则的黑色硬块，不易压碎。

4）维纶。维纶是可燃性纤维，与火接近后，很快发生大量收缩，由白色变黄到褐，然后接触火的顶端开始燃烧，待纤维大量熔融时，产生较大的深黄色火焰，有电石气味，纤维离开火焰后缓慢停燃，燃烧的一端剩下棕黄色或黑色不定型小块，用手可以压碎，未烧焦处不易压碎。

5）丙纶。丙纶是可燃性纤维，接近火焰后，先卷缩熔融成蜡状物，随后燃烧，燃烧时有胶状物滴下，发出类似石蜡的臭味，离开火焰后仍能燃烧，但有时会熄灭。燃烧速度缓慢，燃烧后在纤维末端有不定型的硬块状物，略透明，似蜡状颜色，不易压碎。

6）氯纶。氯纶是难燃性纤维，接近火焰时纤维软化、收缩，然后熔融，较其他纤维难燃烧，冒黑色浓烟，有氯气刺激臭味，离开火焰立即熄灭，灰烬呈不定型黑色硬块。

由以上所述的燃烧现象可知，若织品在燃烧时无烧毛发臭味，则该织品中不含毛和蚕丝。若燃烧后有硬块出现，则该织品不是天然纤维（棉、毛、丝、麻）及粘胶纤维的纯纺织品，其中含有合成纤维。

三、毛毯真假的鉴别

一是感官鉴别。用眼观察和手摸来判定。凡手感柔软有弹性，表面绒毛长，毛波清晰，为优质正品纯毛毯；反之则是假毛毯或为混纺毛毯。人造毛毯的手感近似于纯毛毯，色泽比较鲜艳，弹性不足，身骨不如纯毛毯挺实。混纺毛毯是用毛、粘胶纤维或毛和腈纶等织成，外观美观，但手感差，价钱相对便宜。腈纶毯的手感丰满，保暖性好，但较纯毛毯轻得多。

二是燃烧鉴别。抽毛毯纤维几根用火点燃，如冒黑烟并成长灰状者是纯毛毯；若烧后有一股怪味，无灰，有胶粘的黑色物质者为混纺或人造毛毯。

三是商标鉴别。纯正高档毛毯的商标上都有国际羊毛局颁布的国际纯羊毛标志，无此种标志者不为正宗品。

四、丝棉真假的鉴别

真品丝棉由蚕丝加工制成，分三个等级：系红色商标牌的为一等，绿色商标牌的为二等，白色商标牌的为三等。真品丝棉颜色为白色带虾肉色，有时带淡黄色斑点，光泽亮而自然，手感光滑、柔软，保暖性能好，可嗅到蛹味；点燃时，有烧毛发气味，形成灰质黑色小球，用手轻轻一捏即成粉末。假丝棉由醋酸纤维仿制，颜色纯白均匀，无杂色，无天然形成的斑点，光泽暗淡不亮；手感发硬无柔性，深嗅可闻到醋酸味；燃烧时，形成有亮光黑色炭块，伴有醋酸气味。

五、羊毛衫鉴别

1. 羊毛衫品种鉴别

（1）**羊毛衫**。羊毛衫是用羊毛针织绒或羊毛单股针织纱织成的针织服装，手感柔软，色泽鲜艳、弹性好、式样美观、穿着舒适，较绒线衫薄。

（2）**绒线衫**。质地厚实，保暖性能好，经久耐穿。

（3）羊绒衫。羊绒衫为一种珍贵的穿着用品，国际市场称开司米衫；较羊毛衫轻，保暖性好，手感特别软糯。外销一般用纯羊绒制成，内销一般用羊绒85%、锦纶15%混纺制成，按该比例混纺，牢度比纯羊绒衫增加一倍。

（4）兔毛衫。兔毛衫是毛衫中具有装饰性的高档品种，采用兔毛或兔毛与羊毛混纺原料制成；质地轻盈蓬松，手感柔轻滑糯，有特殊光泽，保暖性比羊毛衫好；织品表面有较长的毛绒，刚而不刺。

（5）驼绒衫。驼绒衫是毛衫中的高档品种，表面绒毛稠密细腻，手感柔软，弹性、保暖性好，穿着不易起毛起球，洗涤不易收缩、变形。

（6）马海毛衫。富有光泽，拉毛后很美观，一般生产拉毛衫为多。

（7）腈纶衫。采用毛型腈纶纤维纺成纱织成成品，色泽鲜艳，轻盈保暖，坚牢耐穿，易洗快干，但易起毛球，易脏，弹性差。

（8）粘胶衫。采用毛型粘胶纤维纺成纱织成成品，毛型感差。

2. 羊毛衫优劣鉴别

羊毛衫优劣鉴别主要应从四个方面入手：

一是外观。毛衫表面应平整而有毛型感，针路要清晰，无明显粗细纱、厚薄档、毛粒、稀密路针、花纹错纹、污迹及烫迹等疵点者为优质品。

二是罗纹。袖口罗纹、下摆罗纹平服，罗口边齐直，不松不皱，手感丰满、有温暖感、弹性好者为优质品。

三是色泽。色泽鲜艳、悦目，纯毛或毛混纺的毛衫有柔和的膘光，各部位的色泽一致，无明显的花色、色差、色档等疵点者为优质品。

四是缝线。缝线坚固，针迹均匀，缝迹平直，无漏缝和明显稀眼等疵点者为优质品。

实验　纺织纤维的燃烧法鉴别

一、实验目的

（1）了解纤维的热反应与燃烧特征。
（2）练习用燃烧法鉴别纤维，掌握实验方法。

二、实验用具

酒精灯、放大镜、镊子。

三、实验样品

棉花、蚕丝、羊毛、腈纶等纤维或其织物，用作练习并了解燃烧特征的已知材料。

四、实验内容及步骤

（一）实验内容说明

纺织纤维的化学组成不同，所以遇热时的反应和燃烧时的特征也都不同，主要表现在临近火焰、离开火焰和灰烬特征等方面彼此各异。

有些纤维燃烧特征无明显差别，这是因其所含化学组成相同所致，如棉、麻、粘纤的遇热和燃烧的反应特征几乎一样。遇此情况，则需再用其他方法，如显微镜法和溶解法等。

（二）实验步骤

（1）将已知纤维用镊子夹起慢慢放入火焰侧面燃烧。

（2）注意观察热反应和燃烧特征，如燃烧时是否冒烟、烟色、烟量、烟味如何，纤维离开火焰后是否仍继续燃烧，燃烧速度、火焰大小、有无声音；灰烬特征、颜色、形状、坚硬程度、气味等。

五、注意事项

（1）必须使用镊子，防止烧伤手指。

（2）避免吸入过多实验中产生的烟气。

（3）勿让"熔滴"落在皮肤上，以免烫伤。

六、实验报告要求

仔细记录各种已知纤维在燃烧实验中的各种特征，特别把贴近火焰、在火焰中和灰烬等三项特征记录清楚。

附　纺织纤维遇热和燃烧的典型反应

纤维	临近火焰	在火焰中	离开火焰	气味	灰烬特征
棉花	在火焰边灼烧并收缩	快速燃烧不熔融	继续燃烧	烧纸味	色灰，量少，质松软
蚕丝	在火焰边卷曲灼烧	燃烧缓慢稍熔	燃烧很慢，有时自熄	燃羽毛味	色黑，圆珠状，质脆易成粉末
羊毛	熔化卷曲，缩离火焰	燃烧缓慢稍熔	燃烧很慢，有时自熄	燃毛发味	块状，质脆，色黑起泡，易破碎
腈纶	熔化并缩离火焰	在熔融中快速燃烧	继续熔融燃烧	辛酸味或煤焦油味	色黑，质硬而脆，不规则珠形
丙纶	熔化并缩离火焰	在熔融中燃烧	继续熔融燃烧	燃烧蜡烛味	棕褐色，质硬而韧，圆珠状

 扩展阅读

新型的纺织品纤维

纺织品是我们日常生活接触的最常见的商品,随着人们生活水平的提高,人们对衣着服饰的要求也逐渐提升,尤其是对衣着服饰的舒适度要求。针织、化纤行业面对大众对于纺织品的需求,努力提升产品创新能力,推动针织服装、面料进入一个全新的时代。下面几种是近年来比较受欢迎的纺织品纤维,舒适度较高。

1. 莫代尔纤维

莫代尔(Modal)纤维是奥地利兰精公司生产的新一代纤维素纤维,由山毛榉木浆粕制成。浆粕及纤维的生产是在对环境无大量污染的情况下进行的,所以 Modal 纤维被称作新型绿色纤维。Modal 纤维具有光亮型和暗光型两种。弹力较高,条干均匀,可与羊毛、羊绒、棉、麻、丝和涤纶等混纺,Modal 纤维具有棉的柔软、丝的光泽、麻的滑爽,吸水透气性都优于棉。

2. Tencel 纤维

Tencel 纤维是英国 Acordis 公司生产的 LYOCELL 纤维的商标名称,在我国注册为"天丝",是以木浆为原料生产的一种崭新纤维。它有棉的"舒适性"、涤纶的"强度"、毛织物的"豪华美感"和真丝的"独特触感"及"柔软垂坠",无论在干或湿的状态下,均极具韧性。在湿的状态下,它是第一种湿强力远胜于棉的纤维素纤维。百分之百纯天然材料,加上环保的制造流程,让生活方式以保护自然环境为本,Tencel 完全迎合了现代消费者的需求,而且绿色环保,堪称 21 世纪的绿色纤维。使用 Tencel 的有国内知名品牌逸飞、雅戈尔、男士令、恒源祥、汤尼威尔等。

3. 莱卡

莱卡(LYCRA)只是前杜邦全资子公司——英威达(2004 年科氏工业集团以 44 亿美元将其收购)的一个商品名,由于该公司在氨纶领域占据市场垄断地位,莱卡几乎就成了所有氨纶纱的代名词。它完全取代了传统的弹性橡筋线,在体操服、游泳衣这些具有特殊要求的服装中,莱卡几乎是必不可少的组成元素。它可以让你曲线毕露,肢体伸展自如而毫无压迫感。莱卡不仅在日常服装中用途广泛,也是时装设计师制造流行的"万花筒"中的宠物。莱卡因此曾被欣喜不已的人们称为神奇的纤维,冠之以埃及狮身人面像"斯芬克斯"的名字,这使它更添神秘感。

思考练习题

1. 什么是麻织物?它有什么特点?
2. 什么是纺类丝织物?有哪些典型品种?
3. 毛织物中常用的纤维有哪些?
4. 常见的纺织纤维是如何分类的?
5. 如何区别纯毛织物、纯腈纶织物、毛/涤织物、涤/腈织物?

6. 案例题：纺织品的检验

　　一位消费者去某厂家的产品经销部购买面料，家中的老人嘱咐他购买一种缎背华达呢面料，他本人也不清楚缎背面料是什么样子，就在售货员的推荐下购买了一种深蓝色的中厚布料，也是华达呢的一种类型，并在购货发票上注明"缎背（中厚华达呢）"字样。后来家中老人说这并不是她想要的缎背布料，而经销部又不肯退货，无奈此消费者到某技术中心对所购布料进行了技术鉴定。经对该面料做织物组织分析，确定该面料为单面华达呢，因为该织物组织中不含缎纹组织，确认不能称其为缎背。后来该消费者根据技术中心开出的衣料鉴定证明，如愿退换了衣料。

问题：
1. 华达呢类衣料有哪些主要特征？
2. 简述华达呢的分类与各种类型华达呢的特点。

第八章

茶　叶

茶叶是在人们的生活中扮演着重要角色的常见商品，常喝茶有益于身体健康。我国是世界上主要的茶产区，茶叶的种类非常多。本章主要介绍了茶叶的基本知识，通过本章的学习，应了解茶叶的分类方法，掌握各类茶叶的质量特征，能运用所学的知识对茶叶进行质量审评和鉴别。

【案例】

爱喝茶的小陈

爱喝茶的小陈家里备有各种好茶，他对茶叶的性能和功效也颇有研究。一天早上，小陈的好友小张到家里拜访，正巧看见小陈在喝红茶，便问："一大早就喝茶啊？"小陈回答道："嗯，早上适宜喝红茶。人在睡了一夜之后，身体往往处于相对静止的状态，喝红茶则可促进血液循环，同时能够祛除体内寒气，让大脑供血充足。"说完，便和小张一起讨论上周制订的工作计划。

午后，小陈递了杯绿茶给小张，小张又开始好奇了："怎么改绿茶了？"小陈说："午后适宜喝绿茶。在通常情况下，人体在中午时会肝火旺盛，此时饮用绿茶可使这一症状得到缓解。""那晚上不能喝茶了吧？"小张问道。小陈笑着说："晚间可以喝黑茶。人在吃了三餐之后，身体会积聚一些肥腻之物在消化系统内，如果晚饭后能喝一杯黑茶，则有助于分解积聚的脂肪，既暖胃又助消化。黑茶性质较温纯，不会影响睡眠。"小张不禁感慨："原来喝茶也有这么多学问啊！"

第一节　茶叶的分类与品质特点

茶，可以说是中华民族的举国之饮。中国人爱喝茶，从白发老翁到三岁孩童，只要是中国人都知道茶，并且很多人将其作为日常生活中必需的饮品。茶有益于健康。我国第一部记录茶的著作是唐朝陆羽的《茶经》，他认为"茶之为饮，发乎神农氏，闻于鲁周公……滂时浸俗，盛于国朝"，说明我国饮茶历史悠久。如今茶已成为风靡世界的三大无酒精饮料（茶叶、咖啡和可可）之一。茶树原产于我国西南地区，我国是茶的发祥地，是世界上最早发现茶树和利用茶树的国家，被誉为"茶的祖国"。

一、茶叶的主要成分

"茶能明目，茶能提神"，这是中国人饮茶的经验之谈。茶之所以有这么多功效，与茶叶中含有的多种有益于人体健康的物质是分不开的。茶叶中含有人体必需的维生素、蛋白质、糖类、矿物质等。茶叶中所含有的化学成分，经过分离和鉴定的有机化合物已达450种以上，无机矿物质已有15种以上。在这些成分中，绝大部分具有促进身体健康或防治疾病的功效。茶叶的主要成分有生物碱、茶单宁、芳香油、维生素和矿物质、糖类、茶色素等。

1. 茶多酚

茶多酚也称茶单宁或茶鞣质，是一类多酚化合物的总称，包括儿茶素、黄酮、花青素、酚酸四类化合物，其中儿茶素在茶多酚中的比例最大。

（1）茶单宁是茶汤呈色的主要物质，与茶叶中的苦涩味有关。茶单宁并不是一种单一物质，而是由许多种物质混合而成，且很容易被氧化，又拥有很强的吸湿性。越是高级的茶，茶单宁的含量越多。

（2）儿茶素具有杀菌、降压、强心等功效，对尼古丁和吗啡等有毒生物碱有解毒作用。儿茶素与茶叶质量关系十分密切，它既与饮茶的功效有关，也是决定茶叶色、香、味的主要成分。

（3）花青素可使茶叶色泽晦暗、滋味苦涩。

（4）茶多酚极易被氧化。红茶在制作时即是利用了这一特性而使茶叶叶红、汤红。绿茶制作中则应尽量减少其氧化，以保证绿茶的绿叶、绿汤。

一般茶中含茶多酚20%左右，能阻止致癌物的生成，并与茶叶中的维生素C和E、脂多糖、锌、硒等元素协同发挥多种协调机体的作用。

2. 生物碱

茶叶中的生物碱主要是咖啡碱、茶碱和可可碱等，均属于嘌呤的衍生物。其中咖啡碱含量较多，其他物质含量较少。纯的咖啡碱为针状结晶物，微溶于冷水，其溶解度随水温升高而增大，会出现"冷后浑"现象。咖啡碱能使中枢神经系统兴奋，解除大脑疲劳，人们往往在喝完茶后难以入睡，主要就是咖啡碱起作用所致。咖啡碱还具有减轻酒精、烟碱对人体危害的功效，具有提神、抗抑郁的药用价值。咖啡碱在茶叶中的含量一般为3%左右，新鲜茶叶的含量较高。

3. 芳香油

芳香油也叫茶香精，是酯、醇、酮、酸、醛类等有机物的混合物，易挥发，是赋予茶叶香气最主要的成分。茶叶中的香气是判断茶叶品质好坏的重要标志之一。芳香油具有杀菌、镇痛、治疗贫血等药用价值。茶叶中芳香油的含量极少，约为0.003%~0.02%（干茶），一般情况下嫩叶高于老叶，高山茶多于平地茶，红茶多于绿茶。由于芳香油属易挥发成分，故陈茶的茶香较差。

4. 蛋白质和氨基酸

茶叶中含有较多蛋白质，约为17%~20%（干茶）。茶叶中所含的蛋白质，在制造过程中与茶单宁化合而产生沉淀，并因加热而凝固，泡茶喝的时候，几乎不会再出现。氨基酸在茶中的含量一般为1%~3%。氨基酸的存在有利于提高茶汤的滋味，使茶汤具有鲜爽味。氨基酸是属于水溶性的物质，所以用开水冲泡的茶汁中会含有氨基酸。

5. 糖类

茶叶中糖类含量较为丰富，约20%~30%，有单糖、双糖及淀粉、纤维素、果胶质等多糖。单糖和双糖能使茶汤具有甜醇味，还有助于提高茶香。可溶性果胶质可以使茶汤具有醇厚感。研究表明，茶多糖在对糖代谢方面具有与胰岛素相类似的作用，故中低档茶中的较多茶多糖具有降血糖的作用。与浓茶相比，淡茶因含咖啡因等兴奋成分较少，含有大量茶多糖，可对慢性糖尿病患者的治疗有所帮助。

6. 茶色素

茶色素是构成干茶、茶汤、叶底颜色的主要物质。绿茶的色素物质主要是叶绿素，故茶绿、汤绿、底绿；红茶的色素主要是儿茶素的氧化物茶黄素和茶红素等，因此茶红、汤红、底红。茶色素具有抗氧化、降血糖、降血脂、防止心血管疾病等的功效，还具有防止疾病和衰老的功效。

7. 其他成分

茶叶中维生素含量丰富，含有维生素A、C、D、E、B_1、B_2、B_6、B_{12}等，其中维生素C含量最高，每500g绿茶中约含135mg。茶叶中也含有多种矿物质。

二、茶叶的分类

茶叶品种繁多，此前一直没有统一的分类方法：依据制造方法不同和品质差异，可将茶叶划分为绿茶、红茶、乌龙茶、白茶、黄茶和黑茶六大类；根据我国出口茶的类别，可将茶叶分为绿茶、红茶、乌龙茶、白茶、花茶、紧压茶和速溶茶等几大类；其他分类依据还包括按茶叶加工阶段、按茶叶产地、按季节变化等。2014年6月，国家正式发布了《茶叶分类》标准（GB/T 30766—2014）。《茶叶分类》以茶叶加工工艺、产品特性为主，结合茶树品种、鲜叶原料、生产地域确定了茶叶的分类原则，将茶叶划分为绿茶、红茶、黄茶、白茶、乌龙茶、黑茶和再加工茶七大类。根据商业经营习惯，本书重点介绍绿茶、红茶、乌龙茶以及再加工茶中的花茶和紧压茶，然后简要介绍黄茶、白茶和黑茶。目前已经发布的与茶叶分类有关的国家标准如表8-1所示。

表 8-1 茶叶分类的相关标准

编　号	名　称	说　明
GB/T 30766—2014	茶叶分类	—
GB/T 14456—2008	绿茶	GB/T 14456.1—2008 第1部分：基本要求 GB/T 14456.2—2008 第2部分：大叶种绿茶
GB/T 13738—2008	红茶	GB/T 13738.1—2008 第1部分：红碎茶 GB/T 13738.2—2008 第2部分：工夫红茶 GB/T 13738.3—2012 第3部分：小种红茶
GB/T 30357—2013	乌龙茶	GB/T 30357.1—2013 第1部分：基本要求 GB/T 30357.2—2013 第2部分：铁观音 GB/T 30357.3—2013 第3部分：黄金桂 GB/T 30357.4—2013 第4部分：水仙 GB/T 30357.5—2013 第5部分：肉桂
GB/T 21726—2008	黄茶	—
GB/T 22291—2008	白茶	—
GB/T 22292—2008	茉莉花茶	—

1. **绿茶**

绿茶是以鲜叶为原料，经杀青、揉捻、干燥等加工工艺制成的产品。绿茶是未经发酵的茶，由于采用高温杀青而保持原有的绿色，冲泡后色绿汤清，叶底碧绿，滋味浓厚鲜爽，具有"色绿、汤绿、叶底绿"的三绿特点，故名绿茶。主要品种有龙井、碧螺春、庐山云雾、信阳毛尖、珠茶等。绿茶的产量在我国居于首位，产区分布于各产茶省、市、自治区，其中以浙江、安徽、江西三省产量最高，质量最优，是我国绿茶生产的主要基地。其花色品种之多居世界首位，每年出口数万吨，占世界茶叶市场绿茶贸易量的70%左右。由于加工时干燥的方法不同，绿茶又可分为炒青绿茶、烘青绿茶、晒青绿茶和蒸青绿茶。

（1）炒青绿茶。炒青绿茶是指干燥工艺主要采用炒或滚的方式制成的产品。常见的炒青绿茶在初制加工时利用铁锅炒制。其品质特点是条索紧洁光润，汤色叶底碧绿，香气清高，滋味浓厚，耐冲泡。由于在干燥过程中受到机械或手工操作力的作用不同，茶形成了长条形、圆珠形、扇平形、针形、螺形等不同形状，故又分为长炒青、圆炒青、扁炒青等。

1）长炒青。长炒青精制后称眉茶，成品的花色有珍眉、贡熙、雨茶、针眉、秀眉等，各具不同的品质特征。例如，珍眉条索细紧挺直或其形如仕女之秀眉，色泽绿润起霜，香气高鲜，滋味浓爽，汤色、叶底绿微黄明亮；贡熙是长炒青中的圆形茶，精制后称贡熙，外形颗粒近似珠茶，圆叶底尚嫩匀；雨茶原系由珠茶中分离出来的长形茶，现在雨茶大部分从眉茶中获取，外形条索细短、尚紧，色泽绿匀，香气纯正，滋味尚浓，汤色黄绿，叶底尚嫩匀。

长炒青绿茶中，名品茶有洞庭碧螺春、庐山云雾、南京雨花茶、信阳毛尖等。洞庭碧螺春以产于江苏吴县太湖的洞庭山主峰碧螺峰的品质最佳。其外形条索纤细、匀整，卷曲似螺，白毫显露，色泽翠绿油润；清香持久，汤色嫩绿清澈，滋味清鲜回甜；叶底幼嫩柔匀明亮，完整成朵。选用的茶树芽叶极其细嫩，每千克干茶的芽叶多达十万个以上。因其细嫩，冲泡时必须先往杯中注水，后放茶叶。

庐山云雾茶由于受庐山凉爽多雾的气候及日光直射时间短等条件影响，形成其叶厚、毫多、醇甘耐泡等特点，以"味醇、色秀、香馨、液清"而久负盛名。该茶条索粗壮，青翠多毫，汤色明亮，叶嫩匀齐，香高持久，醇厚味甘。庐山云雾中，以五老峰与汉阳峰之间所产之茶为最佳。

2) **圆炒青**。圆炒青绿茶有外形颗粒圆紧如珠、香高味浓、耐冲泡等品质特点。珠茶是圆炒青绿茶中的名品，由条形散茶发展而来，制作圆紧，形似珍珠，故名珠茶。历史上曾以浙江省绍兴县平水镇为珠茶的主要集中地，因而常把珠茶统称为"平水珠茶"。珠茶有"绿珍珠"之美誉。

3) **扁炒青**。扁炒青绿茶又称为扁形茶，成品扁平光滑、香鲜味醇。因产地和制法不同，主要分为龙井、旗枪、大方三种。龙井茶主要产地为杭州市西湖区，又称"西湖龙井"。"茶中之美数龙井"，龙井茶是我国的第一名茶。高级龙井茶的炒制分为"表锅"和"辉锅"两道工序，工艺十分精湛，传统的制作工艺有抖、带、挤、甩、挺、拓、扣、抓、压、磨十大手法，其手法在操作过程中变化多端，制出的成品茶扁平挺直、大小长短均匀，恰似兰花之瓣，别具特色。该茶色泽翠绿，香气浓郁，甘醇爽口，形如雀舌。

旗枪鲜叶采摘细嫩，成品茶外形平扁光洁，苗直匀齐，有芽峰，色泽嫩绿光润，内质香味清高，汤色黄绿明亮，叶底嫩匀，产于杭州龙井茶区四周及毗邻的余杭、富阳、萧山等。大方产于安徽省歙县和浙江临安、淳安毗邻地区，以歙县老竹大方最为著名，形状扁而平直，有较多棱角，色黄绿微褐，香似栗子，汤色淡绿，滋味浓爽，叶底黄绿，叶肉肥厚。大方可供窨制花茶的原料称"花大方"，为山东胶东一带人民所喜爱。

(2) **烘青绿茶**。烘青绿茶是指干燥工艺主要采用烘的方式制成的产品。常见的烘青绿茶采用烘笼或烘干机进行烘干，不直接接触铁锅。烘青毛茶经再加工精制后大部分作熏制花茶的茶坯，香气一般不及炒青茶高，少数烘青名茶品质特优。烘青茶外形较为舒展，色泽翠绿油润，汤色黄绿明亮，香气清纯，味鲜醇，叶底嫩绿匀齐，以其外形也可分为条形茶、尖形茶、片形茶、针形茶等。条形烘青全国主要产茶区都有生产，尖形、片形茶主要产于安徽、浙江等省。烘青茶名品主要有黄山毛峰、太平猴魁、六安瓜片、敬亭绿雪、君山银针、天山绿茶、顾渚紫笋、江山绿牡丹、峨眉毛峰、金水翠峰、峡州碧峰等。

黄山毛峰产于安徽黄山，其茶树生长在海拔 900~1000m 的高山上，这里终年云雾缭绕、雨量充沛，适宜茶叶生长。黄山毛峰外形细嫩稍卷曲，芽肥壮、匀整，有锋毫，形似"雀舌"，色泽金黄油润，俗称象牙色，香气清鲜高长，汤色杏黄清澈明亮，滋味醇厚鲜爽回甘，叶底芽叶成朵，厚实鲜艳。黄山毛峰是我国著名绿茶之一，闻名遐迩。

君山银针产于洞庭湖中的君山，色泽金黄，芽壮匀齐，甘醇清爽，用开水冲泡时，芽尖朝天，直挺竖立，悬浮杯中，每一芽叶含一水珠，宛如雀舌含珠，又似万笔书天，继而缓缓下沉杯底，三起三落，堪称茶中奇观。

（3）晒青绿茶。晒青绿茶是指干燥工艺主要采用日晒的方式制成的产品，主要分布在湖南、湖北、广东、广西、四川、云南、贵州等有少量生产。晒青绿茶以云南大叶种的品质最好，称为"滇青"；其他如川青、黔青、桂青、鄂青等品质各有千秋，但不及滇青。晒青绿茶品质不及炒青绿茶和烘青绿茶，一般香气低，汤色和叶底呈黄色，带有日晒味，主要在产地销售，是制作紧压茶的原料。

（4）蒸青绿茶。蒸青绿茶是指杀青工艺采用蒸汽导热方式制成的产品。蒸汽杀青是我国古代的杀青方法，唐朝时传至日本，相沿至今。蒸青是利用蒸汽量来破坏鲜叶中酶的活性，茶叶不经过揉和炒，因此白毫完好，形如银针。蒸青绿茶具有干茶色泽深绿、茶汤浅绿、茶底青绿"三绿"的品质特征，但香气较闷带青气，涩味也较重，不及锅炒杀青绿茶那样鲜爽。主要品种有产于湖北恩施的恩施玉露，产于浙江、福建和安徽三省的中国煎茶。

2. 红茶

我国红茶以外销为主，是国际市场上的畅销品。红茶以适宜制作本品的茶树新芽叶为原料，经萎凋、揉捻、发酵、干燥等典型工艺过程精制而成。发酵是红茶品质形成的关键工序。因其干茶色泽和冲泡的茶汤以红色为主调，因此称为红茶。红茶在加工过程中发生了以茶多酚酶促氧化为中心的化学反应，鲜叶中的化学成分变化较大，茶多酚减少90%以上，产生了茶黄素、茶红素等新的成分。红茶品质特征有别于绿茶，绿茶以保持天然绿色而引人，红茶则以茶汤红艳而名贵。红汤、红叶和香甜味醇是红茶的主要品质特征。红茶根据加工方法与品质差异分为小种红茶、工夫红茶和红碎茶三类。

（1）小种红茶。小种红茶起源于16世纪，开创了我国红茶的纪元。小种红茶是采用揉捻加工等特定工艺经熏松烟制成的条形产品。小种红茶烘干时用松木熏制，因此成品茶具有独特的松木香味。最早为武夷山一带发明生产。小种红茶是福建省的特产，有正山小种和外山小种之分。正山小种产于武夷山市星村镇桐木关一带，也称"桐木关小种"或"星村"小种。外山小种为除桐木关以外的其他地方出产的小种红茶。桐木关地处武夷山脉之北段，海拔1000~1500m，冬暖夏凉，年均气温18℃，年降雨量2000mm左右，春夏之间终日云雾缭绕，土质肥沃，茶树生长繁茂，叶质肥厚，持嫩性好，成品茶品质特别优异。小种红茶茶条粗实，叶质肥厚，色泽乌黑，汤色红浓，滋味爽口。

（2）工夫红茶。工夫红茶是我国特有的红茶品种，也是我国传统出口商品，因做工精细而得名。工夫红茶在制作过程中很讲究茶的形状和色、香、味,特别要求紧卷、完整、匀称、洁净。工夫红茶的品质特点是条索紧细、色泽乌润、汤色红艳明亮、香气浓郁纯正、滋味甘醇、叶底匀嫩鲜红。我国有十二个省先后生产工夫红茶,其品类多、产地广。按地区命名的有滇红工夫、祁门工夫、浮梁工夫、宁红工夫、湘江工夫、闽红工夫、越红工夫、台湾工夫、江苏工夫及粤红工夫等。按品种又分为大叶工夫和小叶工夫。大叶工夫茶是以乔木或半乔木茶树鲜叶制成,小叶工夫茶则是以灌木型小叶种茶树鲜叶为原料制成。

祁门工夫红茶简称祁红,产于安徽省西南部黄山支脉的祁门县一带,素以香高形秀享誉国际。当地的茶树品种高产质优,植于肥沃的红黄土壤中,而且气候温和、雨水充足、日照适度,生叶柔嫩且内含水溶性物质丰富,以8月份所采收的品质最佳。祁红外形条索紧细匀整,锋苗秀丽,色泽乌黑润泽,香气浓郁且有蜜糖香味,上品茶更蕴含着兰花香,馥郁持久,汤色红艳明亮,滋味甘鲜醇厚,叶底红亮。

(3) 红碎茶。红碎茶是采用揉、切等加工工艺制成的颗粒(或碎片)形产品。我国红碎茶生产始于20世纪50年代后期,近年来产量不断增加,质量也不断提高。红碎茶在国际市场上销量较大。红碎茶制作要经过揉捻、切碎、发酵、干燥等工艺过程,其中揉捻和切碎工序较为重要,使叶子全部轧碎成颗粒状。发酵过程要均匀而迅速,必须及时进行烘干,才能达到汤味浓鲜的品质特征。其品质特征为外形匀齐,色泽乌润,香气较高,汤色泛红,滋味浓厚,叶底红匀。主要产区分布在云南、广东、海南等省区。红碎茶适合添加牛奶、柠檬、糖等,而且由于制作过程的揉切,茶组织被破坏,大量有效成分经一次冲泡就能浸出,这些都很符合西方人的饮用习惯,因而出口量较大。

3. 乌龙茶

乌龙茶也称青茶,属半发酵茶。成品茶外形粗壮松散,呈紫褐色,兼有绿茶的鲜浓和红茶的甘醇,香气清冽,滋味醇厚,浓而不涩,幽香扑鼻,茶汤金黄或橙黄,清澈明亮,叶底具有绿叶红镶边的特点。采摘乌龙茶的鲜叶一般要在嫩梢全部展开,即将成熟,形成驻芽时才采下一芽三四叶,称为"开面采",这种鲜叶最适宜制乌龙茶。制作工艺一般要经过鲜叶萎凋、做青、炒青、揉捻、干燥等工序,制作过程兼有红茶与绿茶的发酵和杀青。乌龙茶的萎凋和发酵工序不分开,这是乌龙茶和红茶加工的主要区别。通过萎凋工序,主要是晒、晾和加温的方法,以水分的变化,控制叶片内物质适度转化,达到适宜的发酵程度。做青是形成乌龙茶特有品质特征的关键工序,是奠定乌龙茶香气和滋味的基础,也是形成"绿叶红镶边"品质特征的重要过程。将茶叶置于摇青机中摇动,叶片互相碰撞,擦伤叶缘细胞,使其破裂,茶汁流出,氧化发酵,发酵至适宜程度后立即杀青,中止发酵过程。叶缘细胞的破坏,使茶叶叶片边缘发生氧化发酵,呈现红色,而叶片中央部分不发酵,叶色由暗绿转变为黄绿,形成所谓的"绿叶红镶边"的独特效果。

第八章 茶 叶

【小故事】

"乌龙茶"的由来

几百年前,安溪西洋乡南岩村,有一位单名"龙"的青年,以种茶、狩猎为生,因饱经风日磨炼,浑身黝黑,人称"乌龙"。一日,上山采茶,晌午回家时打伤了一只山獐,直追至"观音石"附近方把它捕获。到家后又忙于宰杀山獐,忘了制茶。隔天清早才发现搁置一晚的茶叶已萎凋了,有的叶子边缘变成红色且散发出阵阵清香。乌龙赶紧动手炒制,没想到做出来的茶叶一经冲泡,竟然别具风味,甘香异常。乌龙细心琢磨,终于悟出奥秘:原来茶叶在篓中,经一路奔跑时的颠簸,是"摇青";后放了一夜,这是"晾青",所以制作出来的茶叶便与以往不同。后来乌龙按悟出来的方法反复试验,终于创制出一套新的技术。他把技术传给众乡亲,人家为了感谢他,就把这种茶叫作"乌龙茶"。乌龙去世后,乡亲们还在南岩山上盖庙塑像纪念他。

(资料来源:http://www.zisha360.com/news/show/111048.shtml)

乌龙茶的主要品种有武夷岩茶、安溪铁观音、凤凰水仙、冻顶乌龙等,主要产于福建、广东和台湾。其中福建省的产量最大,品种最多,质量最突出,著名品种有闽北乌龙和闽南乌龙。高级乌龙茶还具有特殊的韵味,如武夷岩茶具有"岩韵",铁观音具有"观音韵",冻顶乌龙具有"风韵"等品质风格。乌龙茶对高血压、高血脂等疾病有显著疗效。

武夷岩茶在青茶中采制技术最为精细,质量也最好。岩茶外形粗壮、紧实,色泽油润,红点明显,香味高浓而持久,具有花香,汤色深橙黄而明净,叶底红色比例多于铁观音和水仙。武夷岩茶的品种很多,成品茶中的著名品种有大红袍、小红袍、肉桂。

铁观音属青茶类,是我国著名乌龙茶之一。安溪铁观音产于福建省安溪县,历史悠久,素有茶王之称。据载,安溪铁观音茶起源于清雍正年间(1723~1735年)。安溪县境内多山,气候温暖,雨量充足,茶树生长茂盛,茶树品种繁多,冠绝全国。

安溪铁观音茶,一年可以采摘四个茶期,分春茶、夏茶、暑茶、秋茶,以春茶为最佳。以晴天有北风的天气所采制茶的品质最好。因此,当地采茶多在晴天上午10时至下午3时前进行。铁观音的制作工序与一般乌龙茶的制法基本相同,但摇青转数较多,晾青时间较短。一般傍晚前晒青,通宵摇青、晾青,次日晨完成发酵,再经炒揉烘焙,历时一昼夜。其制作工序分为晒青、摇青、晾青、杀青、切揉、初烘、包揉、复烘、烘干九道工序。

铁观音按照香型可分为清香型和浓香型两类,两类都以铁观音毛茶为原料制成。在工艺上,清香型铁观音用文火烘干制成,茶叶外形紧结、色泽翠润、香气清高、滋味鲜醇;浓香型铁观音以烘焙方式烘干制成,茶叶外形壮结、色泽乌润、香气浓郁、滋味醇厚。

4. 花茶

花茶属于再加工茶。再加工茶是以茶叶为原料,采用特定工艺加工的、供人们饮用或食用的产品。根据 GB/T 30766—2014 中的分类,再加工茶主要包括花茶、紧压茶、袋泡茶和粉茶四类。花茶是以茶叶为原料,经整型、加天然香花窨制、干燥等加工工艺制成的产品。花茶以其特有的花香深受我国人民的喜爱,特别是茉莉花茶。花茶是依据茶叶和香花具有吸香和吐香特性的原理,经两者并和窨制而成。花茶种类多以香花名称命名,如茉莉花茶、珠兰花茶、玳玳花茶、玫瑰花茶、桂花茶等等。用于窨制花茶的茶叶称为茶坯或素坯,通常是绿茶。也有用红茶、乌龙茶等来窨制的。绿茶中又以烘青绿茶窨制花茶品质最好。花茶窨制的基本工艺是茶坯复火、玉兰花打底、窨制并和、通花散热、起花、复火、提花、匀堆装箱等工序。

花茶的品质特点是既有茶叶原有的醇厚滋味,又有鲜花馥郁鲜灵的芳香,其外观、色泽、叶底等方面与所用茶坯有关。高级花茶香气芬芳,滋味浓厚,香而不浮,鲜而不浊,汤色清澈,淡黄明亮,叶底细嫩、匀净、明亮。主要品种有茉莉花茶、茉莉大方、玉兰花茶、珠兰花茶、玳玳花茶、柚花茶、玫瑰花茶、桂花茶等。花茶主要产地有福州、苏州、南昌、杭州等。

苏州茉莉花茶是我国茉莉花茶中的佳品。初创于清代雍正年间,距今已有 200 多年的产销历史。据史料记载,苏州在宋代时已栽种茉莉花,并以它作为制茶的原料。1860 年时,苏州茉莉花茶已盛销于东北、华北一带。苏州茉莉花茶以所用茶坯、配花量、窨次、产花季节等的不同而有浓淡差异,其香气与花期有关,头花所窨者香气较淡,"优花"窨者香气最浓。苏州茉莉花茶主要茶坯为烘青绿茶,也有用炒青绿茶作为茶坯的,高级花茶还以龙井、碧螺春、毛峰作为茶坯窨制。苏州茉莉花茶与同类花茶相比香气清芬鲜灵,茶味醇和,汤色黄绿澄明。苏州茉莉花茶出口量较大,外销东南亚、欧洲、非洲等二十多个国家和地区。

5. 紧压茶

紧压茶是以红茶、绿茶、乌龙茶等为原料经压制而成的各种块状茶,形状以砖形居多,其他有碗形、饼形等。绿茶紧压茶有四川的沱茶、云南的竹筒茶等;红茶紧压茶有湖北的小京砖、米砖等;乌龙茶紧压茶有福建的水仙饼茶等;黑茶紧压茶品种丰富,产量多,主要品种有湖南的茯砖、黑砖、花砖等,云南的紧茶、饼茶、普洱沱茶、方茶、七子饼茶,四川的康砖、金尖、方包茶等,湖北的老青砖及广西的六堡茶等。各种紧压茶加工工艺不完全相同,品质也有区别。例如,茯砖茶压制的基本工艺是原料处理、汽蒸、渥堆、称量、压制成型、退模、包封固型、发花干燥等工序,成品具有色泽黄褐、香气纯正、滋味醇和、汤色深红明亮的品质特点。而广西六堡茶压制基本工艺是初蒸、渥堆、复蒸、装篓、仓储陈化等工序,其品质特点为成品色泽乌黑,香呈槟榔,滋味醇和可口,汤色橙红。紧压茶成品一般硬度高,需要用刀砍下后捣碎煮沸后饮用。

紧压茶由于在制作过程中使用了压紧工艺，成品茶密度大，硬度高，因此具有便于储运的特点。边疆和少数民族地区销量较大，因此又称"边销茶"。

普洱茶是在云南大叶茶基础上培育出的一个新茶种。普洱茶亦称滇青茶，原运销集散地在普洱县，故此而得名，距今已有1700多年的历史。普洱茶的产区气候温暖，雨量充足，湿度较大，土层深厚，有机物含量丰富。茶树多为乔木形态，芽叶极其肥壮，茸毫茂密，具有良好的持嫩性，芽叶品质优异。采摘期从3月开始，可以连续采至11月。在生产习惯上，划分为春、夏、秋茶三期。采茶的标准为二三叶。其制作基本工艺是杀青、初揉、初堆发酵、复揉、再堆发酵、初干、再揉、烘干八道工序。普洱茶的品质特点是香气高锐持久，带有云南大叶茶种特性的独特香型，滋味浓强富于刺激性，耐泡，经五六次冲泡仍持有香味，汤橙黄浓厚，芽壮叶厚，叶色黄绿，有红斑红茎叶，条形粗壮结实，白毫密布。普洱茶有散茶与型茶两种，远销日本、马来西亚、新加坡、美国、法国等十几个国家。

随着茶叶市场需求的多样化，茶叶产品除了上述成品茶类型外，新一代的产品也逐渐出现。例如，袋泡茶主要用于旅店等服务性场所，方便使用；浓缩茶与速溶茶具有方便、无渣、卫生、速溶、便于调制等特点；液态饮料茶具有无渣、不用冲泡、方便饮用等特点；其他如保健茶、有机茶等。

6. 其他茶叶

白茶是以特定茶树品种的鲜叶为原料，经萎凋、干燥等生产工艺制成的产品。白茶不经杀青或揉捻，只经过晒或文火干燥。白茶所用的主要是茶叶鲜芽，并以最自然的工艺来制作，因而具有外形芽毫完整、满身披毫、毫香清鲜、汤色黄绿清澈、滋味清淡回甘的品质特点。白茶主要产区在福建福鼎、政和、松溪、建阳和云南景谷等地。白茶根据茶树品种和原料要求的不同，分为白毫银针、白牡丹和贡眉三种产品。

黄茶是以鲜叶为原料，经杀青、揉捻、闷黄、干燥等生产工艺制成的产品。黄茶属轻发酵茶类，加工工艺近似绿茶，只是在干燥过程的前或后，增加一道"闷黄"的工艺，促使其多酚叶绿素等物质部分被氧化。闷黄是形成黄茶特点的关键，主要做法是将杀青和揉捻后的茶叶用纸包好，或堆积后以湿布覆盖，时间以几十分钟或几个小时不等，促使茶坯在热化作用下进行非酶性的自动氧化，形成黄色。根据鲜叶原料和加工要求的不同，黄茶产品分为芽型（单芽或一芽一叶初展）、芽叶型（一芽一叶、一芽二叶初展）和大叶型（一芽多叶）三种。

黑茶是以鲜叶为原料，经杀青、揉捻、渥堆、干燥等加工工艺制成的产品。渥堆是形成黑茶色香味的关键性工序。渥堆的目的是透过添加菌种的呼吸作用产生水分及温度，使茶叶中的叶绿素被破坏、氧化产生茶黄素及茶红素，并将蛋白质水解成为味道甘甜的氨基酸，使之能够及早适合饮用。这道工序也被称为发酵。黑茶采用的原料较粗老，是压制紧压茶的主要原料。黑茶主产区为四川、云南、湖北、湖南、陕西、安徽等地。按地域分布，黑茶主要分为湖南黑茶（茯茶）、四川藏茶（边茶）、云南黑茶（普洱茶）、广西六堡茶、湖北老黑茶及陕西黑茶（茯茶）、安徽古黟黑茶。

第二节 茶叶的质量特征与审评

一、茶叶的质量特征

茶叶质量的好坏，主要反映在茶叶的色、香、味、形等几个方面。这也是茶叶鉴别和品质评审的主要依据。茶的种类不同，品种不同，表现出来的色、香、味、形也存在着很大的差异。

1. 茶叶的色、香、味、形

（1）茶色。茶叶的色泽包括干茶色泽、冲泡后的汤色及茶渣的色泽三个方面。使茶叶变色的化学物质主要是叶绿素、叶黄素、胡萝卜素、花青素、花黄素和茶多酚的氧化产物等。这些物质在茶叶加工过程中发生一系列化学变化，并通过人为因素科学控制，使各种成分的结构、含量按照各类茶的品质要求发生变化，形成各类茶特有的色泽。

绿茶干茶色有翠绿、嫩绿、嫩黄、墨绿和黄绿等颜色。名优绿茶多呈嫩绿和嫩黄色，主要是由于叶绿素组成比例不同的缘故。绿茶的汤色与茶多酚类物质的被氧化程度密切相关，茶多酚被氧化适度，绿茶汤色绿亮；被氧化不足则汤色青绿；被氧化过度则汤色深黄或泛红。茶渣即叶底的色泽是水不溶显色物质的反映。绿茶叶底色泽因受热程度的高低、受热时间的长短有所差异。名优绿茶在加工时采用高温、短时、快速和透气等技术措施，叶绿素破坏少，茶多酚被氧化程度适宜，从而保持了绿翠的色泽。

红茶干茶色泽呈乌润或棕红色，汤色红艳明亮，叶底红亮，主要取决于茶多酚的酶性和非酶性氧化产物茶黄素、茶红素和茶褐素三种显色物质的含量和相互比例。工夫红茶揉捻较轻，细胞没有被完全破坏，流出的茶汁少，而在揉捻时析出的蛋白质、果胶、糖等有机物质全部凝固于叶表，因而色泽乌润。红碎茶则因细胞被破坏程度较高，附在茶叶表面的茶多酚及氧化产物较多，使茶色多呈棕红色或红褐色。红茶的汤色红艳程度主要取决于茶多酚的含量，汤色的明亮程度主要取决于氧化产物茶黄素的含量。品质好的红茶，冲泡后的茶汤常在杯沿出现金黄色的"金边"，说明茶黄素含量高，收敛性强。品质差的红茶，汤色深暗，没有"金边"，说明茶黄素含量低，茶褐素含量高。红茶叶底色泽是由茶多酚的氧化产物与蛋白质缩合成水不溶性物质的结果。品质好的红茶，茶黄素、茶红素含量高，与蛋白质结合使叶底色泽红艳或红亮；而品质差的红茶，则因茶褐素含量高，与蛋白质结合使叶底色泽呈暗红或暗褐色。

（2）茶香。形成茶叶香气的成分较为复杂，据有关资料显示，茶叶香气成分有500多种，其中鲜叶的成分只有53种，其余的成分是在加工过程中形成的。茶树的生长环境和品种、采茶的季节、芽叶的嫩度及加工方法等，都是决定茶叶香气的因素。一般高山茶比平地茶香气好；中小叶种茶比大叶种茶香气好；嫩叶比老叶香气好；加工及时、原料新鲜的比闷堆时间过长、原料变质的茶香气好而清鲜。

茶叶的香型主要有清香型、栗香型、花香型、鲜爽型和青草气型等。很多高级绿茶具有清新的熟栗香或突出的清香；品质优异的铁观音、乌龙、水仙等具有天然的花香，就像加了鲜花似的；红茶往往具有甜香和果香，著名的祁门红茶具有馥郁独特的玫瑰花香；花茶的香气依所用花种不同有所区别，具有香花的独特香气，也有所用茶坯的特有香气。

（3）茶味。茶汤的滋味是人们对茶叶中可溶于热水的物质所做出的味觉反应。茶叶中有甜、酸、鲜、涩等多种滋味，茶叶的呈味物质主要是茶多酚及其氧化产物茶黄素、茶红素、氨基酸、生物碱、可溶性糖类、有机酸、水溶性蛋白质、芳香油等。

茶多酚是茶叶呈味的主要物质，含量高则茶味浓，未经氧化的茶多酚含量过高则茶味青涩，含量过低或茶多酚被氧化过度则茶味淡。

多种氨基酸是使茶叶具有鲜爽味的主要成分，特别是占茶叶总量50%的茶氨酸，鲜爽味特别高。嫩茶茶氨酸含量高，故滋味清鲜爽口。春茶、名优茶、高山茶的氨基酸含量高，滋味较好，而夏茶、粗老茶的氨基酸含量低，鲜爽味差。绿茶原料中氨基酸含量高，茶多酚含量较低，成品茶滋味鲜爽醇和；红茶的原料茶多酚含量较高，则成品茶滋味浓强。

茶叶中的甜味物质主要是可溶性糖和部分氨基酸，苦味物质主要是生物碱、花青素等，酸味物质主要是有机酸。多种呈味物质的配合，形成了浓醇、鲜醇、醇和、苦涩、青涩、甜醇及浓强等不同的茶味。

中国的茶树分布很广，成品茶滋味各有不同。例如南方的大叶型茶树采摘的鲜茶适宜于加工滋味浓强的红茶；长江流域的中小型茶树所产的鲜叶适宜于加工绿茶，比如浙江、安徽、江西的绿茶滋味鲜醇爽口；有的茶树具有特殊的滋味，如湖南的苦茶有轻微的苦味，而江西的甜茶滋味甘甜。

（4）茶形。茶叶的外形可以称得上是千姿百态。就散茶而言，有扁平的、针形的、卷曲形的、颗粒形的、粉末形的以及花朵形的等。用散茶加工的紧压茶也是形状不一，有圆形团块状的、半球形碗状的、长方砖块状的、方块状的、圆柱状的、枕形柱状、竹节长条状等。除此之外，还有一种将一枝枝的茶叶用丝线捆扎起来的束形茶，有扎成菊花形状的菊花茶，有扎成毛笔形的龙须茶。

茶叶品质的外形主要是指茶叶的造型、匀整度与净度。扁形茶如特级龙井茶的外形扁平光滑，挺直尖削、匀整重实、洁净；三级龙井茶的外形扁平尚光滑、尚挺直、尚匀整、尚洁净。卷曲形如特级碧螺春的外形细秀卷曲如螺，披毫（即有毫毛）、匀整洁净。

茶叶的形状与其品质有很大的关系。一般地，形状细小者芽叶较嫩，条形茶细紧微曲卷者品质较优，粗松者往往品质较差；在颗粒形茶中，圆形紧结者质优，松散不规则者质次；扁形茶以光滑扁平者为优，粗糙欠光滑者为次。

2. 茶叶质量优劣的主要特征

茶叶的质量优劣与人体的健康密切相关。茶叶的质量优劣受采制技术和保管储存等条件的影响，采摘和加工过程的技术水平和制作工艺不同，茶叶的质量也各有不同，保管储存不当，则茶叶的质量也会发生变化。一般地，按茶叶质量的优劣程度可以把茶叶分为正品茶、次品茶和劣质茶三种。正品茶一般符合质量标准和卫生标准。各类茶的主要质量特征为：绿茶类具有色绿汤清的特点；红茶类成品茶色泽乌润，汤色红亮，并且有红茶特有的香气和滋味；乌龙茶成品茶条较为粗壮，稍松散，香气滋味兼有绿茶的鲜浓和红茶的甘醇，茶汤棕红明净，叶底具有绿叶红镶边；花茶类具有鲜花的香气和所用茶坯的质量特征，如使用绿茶作为茶坯的茉莉花茶色绿汤清，香气馥郁芬芳，清鲜甘美；紧压茶茶色较深、汤色较重。次品茶和劣质茶是在采摘、加工、储存等过程中不符合相关标准的要求，使茶叶产生异味，如茶叶中有烟味、焦味、霉味、酸味、馊味等等，对人体健康会造成一定的伤害。

西湖龙井、铁观音、碧螺春、信阳毛尖、都匀毛尖、黄山毛峰、六安瓜片、祁门红茶、武夷岩茶、君山银针并称我国十大名茶，芳名远播，成为品茗上选。

(1) 西湖龙井。茶叶为扁形，叶细嫩，条形整齐，宽度一致，为黄绿色，手感光滑，一芽一叶或二叶；芽长于叶，一般长3cm以下，芽叶均匀成朵，不带夹蒂、碎片，小巧玲珑，味道清香。假冒龙井茶则多呈暗绿色，带青草味，夹蒂较多，手感不光滑。

(2) 碧螺春。银芽显露，一芽一叶，茶叶总长度为1.5cm左右，芽为白毫卷曲形，叶为卷曲清绿色，叶底幼嫩，均匀明亮。假冒的碧螺春为一芽二叶，芽叶长度不齐，呈黄色。

(3) 信阳毛尖。外形条索紧细、圆、光、直，内质香气新鲜，叶底嫩绿匀整，青黑色，一般一芽一叶或一芽二叶。假冒的信阳毛尖为卷曲形，叶片发黄。

(4) 君山银针。由未展开的肥嫩芽头制成，芽头肥壮挺直、匀齐，满披茸毛，色泽金黄光亮，香气清鲜，茶色浅黄，味甜爽，冲泡后芽尖冲向水面，悬空竖立，然后徐徐下沉杯底。假银针为青草味，泡后银针不能竖立。

(5) 六安瓜片。其外形平展，不带芽和茎梗，叶呈绿色，微向上重叠，形似瓜子，香气清高，水色碧绿，滋味回甜，叶底厚实明亮。假的六安瓜片则味道较苦，色比较黄。

(6) 黄山毛峰。外形细嫩稍卷曲，芽肥壮、匀齐，形状有点像"雀舌"，叶呈金黄色，色泽嫩绿油润，香气清鲜，水色清澈、杏黄、明亮，味醇厚、回甘，叶底芽叶成朵，厚实鲜艳。假毛峰茶呈土黄色，味苦，叶底不成朵。

(7) 祁门红茶。颜色为棕红色，味道浓厚，强烈醇和、鲜爽。假祁门红茶一般带有人工色素，味苦涩、淡薄，条叶形状不齐。

(8) 都匀毛尖。茶叶嫩绿匀齐，细小短薄，一芽一叶初展，形似雀舌，外形条索紧细、卷曲,毫毛显露,色泽绿润,内质香气清嫩、新鲜、回甜,水色清澈,叶底嫩绿匀齐。假都匀毛尖茶叶底不匀,味苦。

(9) 铁观音。叶体沉重,形美如观音,多呈螺旋形,色泽砂绿,光润,绿蒂,具有天然兰花香,汤色清澈金黄,味醇厚甜美,入口微苦,立即转甜,耐冲泡,叶底开展,肥厚明亮,每颗茶都带茶枝。假铁观音茶叶形长而薄,条索较粗,无青翠红边,叶泡三遍后便无香味。

(10) 武夷岩茶。外形条索肥壮、紧结、匀整,带扭曲条形,俗称"蜻蜓头",叶背起蛙皮状砂粒,俗称"蛤蟆背",内质香气馥郁、滋味醇厚回苦,润滑爽口,汤色橙黄,清澈艳丽,叶底匀亮,边缘朱红或起红点,中央叶肉黄绿色,叶脉浅黄色,可泡6~8次以上。假武夷岩茶味淡,欠韵味,色泽枯暗。

二、茶叶的审评

茶叶质量的优劣鉴定习惯上称为审评。一般有两种审评办法:一种是感官审评,另一种是理化审评。我国目前对于茶叶的质量审评主要借助视觉、嗅觉、味觉和触觉进行感官审评。感官审评采用"一看""二闻""三摸""四品"来确定茶叶的质量。"一看"就是看茶叶的外形,干看茶叶的条索和色泽,湿看茶汤颜色;"二闻"是指闻茶叶的香气是否纯正;"三摸"是指摸茶叶的"身骨"是重实还是轻飘,是粗壮还是纤细,以及水分含量的高低;"四品"是对冲泡好的茶叶品味,从茶汤的滋味来进行鉴别。

茶叶质量的感官审评分为外形审评和内质审评两方面。外形审评包括外形、嫩度、色泽和净度四项指标,反映采摘鲜叶的老嫩程度和制作工艺过程恰当与否。内质审评包括香气、汤色、滋味和叶底四项指标。茶叶的外形与内质有着密切的关系,把两者结合起来进行审评,能更全面地说明茶叶的质量。

1. 茶叶的外形审评

各种茶因其茶类不同、花色不同,外观形状和茶色也不尽相同,在茶叶外形审评时,应对样茶区别茶类、花色、品名、产地等,然后取样茶进行审评。一般地,审评茶叶需取样茶200~500g,以进行对比分析。茶叶外形审评的操作程序如下:

首先将茶叶放入审茶盘,双手转动审茶盘,作前后左右回旋转动,使茶叶按轻重、大小、长短、粗细不同有序地均匀分布在审茶盘中,茶叶也由于重力作用被分出上、中、下三个层次。一般粗大的茶叶多浮于上层为面装茶,重实较细小的片末和碎茶多沉积于下层叫下段茶,而中层多为较匀整的茶叶称为中段茶。然后对照样茶,依次察看面装茶、中段茶和下段茶,根据各段茶的比重及茶叶的嫩度、净度,对比分析,确定茶叶是否合乎标准规格的要求,确定茶叶的等级。一般来说,面装茶比重较大则说明粗老茶叶多,身骨差;下段茶比重较大则说明茶叶品质较差;中段茶越多则品质越好。

然后进行干茶色泽的审评。首先看干茶的色泽是否纯正,是否符合该类茶应有的色泽；其次看其颜色的深浅、枯润、明暗，有无光泽。

审查茶叶外形时，除了"看"外，还要抓一把干茶，嗅干茶的香味，摸干茶的身骨，测干茶的水分。通过以上的步骤，基本上完成了茶叶的外观审评过程。

绿茶中珍眉条索成眉状，紧结光滑、色绿而带银灰光泽者优；珠茶外形圆结、圆细重实、色绿而带乌黑光泽者质量最好；龙井、旗枪、大方属于扁形茶，外形扁平挺直、碧绿青翠者为优；片茶要像瓜子形，色泽翠绿，成条者次；毛峰条索紧结，白毫多、青绿带嫩黄者为佳。

工夫红茶以外形成条索、紧结、乌黑油润，芽尖呈金黄者为优；卷曲者说明揉捻过重或火工过高；暗黑者说明"发酵"过度；青灰者说明"发酵"不足；色泽枯红者说明鲜叶粗老。工夫红茶是按不同规格的产品混合匀堆而成，所以条索的粗细、长短不能要求完全一致，但碎片和茶末的存在会影响茶叶的质量。

乌龙茶中的岩茶条索虽然较为粗松弯曲，但长短要适中，以紧细、质重优实、青褐色带灰光，条索表面有小白点者为优；水仙的条索较粗大疏松；其他乌龙茶的条索要细小紧实，色泽青翠带铁灰有光泽者为优。

紧压茶外形要求符合规格要求，块形完整、表面、边角整齐光滑，不龟裂，不掉面，不残缺，厚薄均匀，无茶梗露出，压印端正清晰，色泽应符合原料茶的要求。以黑茶为原料的紧压茶，色泽以黝黑者优；以老青茶为原料的青砖，色泽以青褐有光泽者优；以滇晒青为原料的方普洱、沱茶、饼茶等，绿色多毫者优。

2. 茶叶的内质审评

审评茶叶的内质时，首先要"开汤"，即泡茶或沏茶。先从审茶盘中在不同部位称取一定数量的样品茶，样品的重量根据茶类和沏水量的不同有所区别，一般红、绿、花茶称取 3g 左右，每克沏水 50~60mL；毛茶取样较多，一般为 5g，沏水 250mL；乌龙茶称取样品 5g，沏水 80mL；紧压茶采取煮蒸法，取样 3~5g，用水量 150~400mL。沏茶时需要有容量一致的审茶杯。审茶杯要事先洗干净、擦干，按号码顺序依次排列在审评台上。沏茶水要求煮沸，然后以沸滚适度的开水按慢、快、慢的速度冲泡满杯，各杯水量一致，冲完盖上杯盖，并在杯中冲泡 5min 后将茶汤倒于审茶碗中，叶底先留在杯中。开汤后先闻香气，快看汤色，再尝滋味，后评叶底。

(1) **茶叶香气的审评**。茶叶香气的审评靠人的嗅觉来实现。由于是对冲泡完的茶叶进行香气审评，所以也称为湿闻。湿闻茶叶的香气时应一手拿住已倒去茶汤的审茶杯，另一手稍稍掀开杯盖，靠近杯沿用鼻去闻。为了正确判断香气的高低和类型，闻时一般应重复一两次，但每次闻的时间不宜过长，时间过长则容易失去嗅觉的灵敏感，而且当次数较多时，冷热程度有差异，难以评比。闻后要盖好杯盖，把它放回原位。

茶叶香气在热、温、冷时的差别很大，一般情况下热时香气高，但温冷时闻香，可以闻其特殊的香气和审评香气的持久性。因此湿闻时应注意热、温、冷的结合，以温为主，必要时还要抽取杯中叶片放近鼻孔闻香。

香气审评的目的主要是区别香味高低、持续时间的长短、茶叶是否纯正、有无异味等。一般地，高山茶的香气高而持久，春茶的香气要高于夏茶和秋茶。品质差的茶叶可能有不正常的异味和霉味。

(2) 茶叶汤色的审评。茶叶的汤色主要取决于茶多酚和叶绿素的变化。经过"发酵"的茶叶，茶多酚受到不同程度的氧化聚合而产生数量不等的茶红素、茶黄素和茶褐素，使茶汤呈现出各种不同的颜色。

汤色又称水色，俗称汤门或水碗。审评汤色应及时进行，因茶汤中的成分和香气接触后很容易发生变化，所以有的把审评汤色放在闻香气前进行。汤色的审评易受地点光线强弱、茶碗规格、茶碗容量、茶碗的排列次序、茶汤内沉淀物的多少以及冲泡时间长短等各种因素的影响，在审评时要关注这些因素。茶汤冷却后，不仅色泽转深，而且还会出现"冷浑浊"。

茶叶汤色的审评包括确定茶汤色泽的种类、茶汤的明亮度与有无沉淀物等指标。其中茶汤色泽的种类、明亮度必须详细观察。汤色以茶汤色泽的深浅、明暗程度、清浊等评定茶叶的优次。红茶的汤色以红艳明亮者优；绿茶的汤色以碧绿清澈者为优；乌龙茶以橙黄或金黄明亮者优；花茶以浅黄明亮者优；紧压茶的汤色因原料茶不同而有所区别，以明亮浓者优；方普洱茶则以黄亮者为优。

(3) 茶叶的滋味审定。茶叶的滋味是由多种成分形成的，其中最主要的是茶多酚和咖啡碱，氨基酸和糖分也起着积极的作用，茶叶的香气也与滋味密切相关。

品尝茶汤的滋味应在评完汤色后立即进行。茶汤的温度一般以50℃为宜，温度过高或过低都容易使滋味失真。尝滋味时先取汤入口，不要直接咽下，用舌头在口腔内循环打转两三次，以便全面感觉茶汤的滋味。尝味后一般要将茶汤吐出。质量好的茶叶，其滋味入口后稍有微苦涩之感，但很快就有回甜清爽的感觉。

滋味审评包括滋味的类型、浓淡、厚薄和爽涩等方面。例如特级西湖龙井鲜醇甘爽，"甘醇"则包含了类型、浓淡、厚薄三方面。绿茶以鲜爽醇和者为优；红茶以醇厚甘甜者为好；乌龙茶则兼有红绿茶的甜甘醇厚的感觉；花茶的滋味与绿茶类似，但因鲜花香气明显，使滋味鲜爽。

(4) 茶叶的叶底审评。茶叶的叶底审评时，首先将审茶杯中冲泡过的茶叶（称叶底）倒入叶底盘或审评杯盖的反面，也有将其放入白色搪瓷漂盘内的。倒叶底时要注意把细碎的粘在杯壁杯底的茶叶倒干净。然后观察叶底的老嫩度、均匀度和色泽。如果感觉观察不够明显时，可往盘内加少许茶汤撇平，再把茶汁缓慢倒出，注意使叶底平铺。也可以将审茶盘的叶底反扑倒在桌面上观察。用漂盘观察时要往盘中加入清水使叶漂浮。在叶底审评过程中，不但要用眼睛观察茶叶芽叶的含量、叶片卷摊、光糙、色泽和均匀度，还要用手指按撤（轻压），感觉叶底的软硬、厚薄、平卷、壮瘦等。审评叶底的色泽时要将叶底的色泽与茶汤的色泽联系起来。叶底的色泽与汤色有密切的关系，叶底色泽鲜亮与昏暗，往往和汤色的明亮和浑浊是一致的。

  叶底的审评包括叶底的嫩度、色泽和均匀度等指标。茶叶的叶底色泽、软硬程度可以反映茶叶所用鲜叶的老嫩情况。茶叶叶底柔软者，说明鲜叶比较细嫩；粗老的鲜叶，其叶底比较粗硬。例如特级西湖龙井茶叶底的芽叶细嫩成朵、匀齐，嫩绿明亮。绿茶以淡黄绿色为正常的色泽，细嫩的鲜叶，在叶底背面有白色茸毛，绿茶杀青不及时或不彻底，会出现红叶或红梗；红茶叶底以鲜红明亮者为优；乌龙茶的叶底应呈现出"绿叶红镶边"的特征，因乌龙茶的鲜叶嫩度稍差，所以叶底色泽不够鲜明。花茶的叶底与绿茶类似，以黄绿均匀为优；紧压茶的叶底虽因原料不同色泽有所区别，但都以柔软鲜明者优。

三、茶叶的鉴别

1. 真假茶的鉴别

  一般的茶叶商店由于茶叶在进入市场前经过了严格的检查，出现假茶的情况较少。但随着茶叶流通渠道的多样化，茶叶的销售渠道也越来越多，难免会有人利用假茶来蒙蔽顾客。假茶主要是指用非茶树的植物芽叶制成的茶叶，或在真茶中掺入了这种芽叶的茶叶。一般地，假茶外观形态粗看时和真茶区别不大，常用女贞树叶、冬青树叶、桑树叶、柳树叶等掺杂在真茶原料中加工而成，做成形似真茶的条索或颗粒，给消费者鉴别茶叶带来一定的困难。但如果仔细观察，总能发现其与真茶的区别。

  鉴别茶叶的真假时，先看茶叶的外形。真茶条索紧细，身骨较为重实，假茶则较轻松；真茶含有芳香油，闻时有茶香，假茶则无茶香，且有青草味、异味或杂味。进一步的鉴别就是开汤，看冲泡展开的茶叶，即看茶叶叶底。真茶呈椭圆形，主脉明显，支脉生长不到叶缘，每根支脉通常在离叶缘1/3处向上弯曲，与上一支脉相连接，形成一个龟壳状的网状脉。叶缘有细密带钩状叶齿（似锯齿），基部嫩枝梗为圆锥形，背面有茸毛。假茶一般以桑、槐、榆、柳等幼叶充制，叶脉不明显或呈羽毛状脉，支脉生长到边缘，叶齿钝而大或者无叶齿，叶底碎张不整。

  也可以根据茶叶的生化特征，用化学方法鉴别。真茶中含有咖啡碱和锰，而假茶中则不含有或含量很少，因此有条件时可以通过测定茶叶中的咖啡碱和锰的含量来鉴别真假茶。测定咖啡碱时先取可疑茶叶数片，捏碎放入玻璃试管内，然后加蒸馏水 0.5~1mL 煮沸，使茶叶成分溶出，冷却后加氯仿 0.5mL，摇匀振荡后，静置分层，用细玻璃管吸取下层氯仿液少许，置于玻璃片上，晾干置显微镜下观察其是否有针状结晶，若有即是真茶，如果看不到针状结晶，则为假茶。测定锰的含量时，先取可疑茶少许，放入坩埚中灼烧成灰，然后将一端弯成圆圈的铂丝在酒精灯上烧灼，再用铂丝蘸取少许碳酸钠和硝酸钠的混合物，融化成珠形，再蘸取少许坩埚中的灰分继续烧灼，此时如果出现一颗绿色小珠（锰酸钠），则为真茶，否则为假茶。

2. 新陈茶的鉴别

根据茶叶存放时间长短，茶叶分为新茶和陈茶。通常将当年生产的茶叶称为新茶，隔年的茶叶则称陈茶。"茶贵以新"，说明新茶的品质要比陈茶好。因为茶叶在储藏过程中受外界环境的影响会发生一些变化，使茶叶含水量升高，颜色和香味发生变化，也就是平常所说的陈化。

新陈茶的鉴别一般有干看和湿看。干看茶色油润均匀者为新茶，茶色枯黄、灰褐而无光泽者多为陈茶。陈茶含水分，用手不易捏碎；新茶足干，用手指轻轻一捏即碎。湿看汤色清亮、香味正常、新鲜爽口者为新茶，隔年陈茶则汤色深暗，香气平淡，无新鲜感。另外还可以通过测定茶多酚、叶绿素、氨基酸和维生素 C 等成分的含量来判断，含量较少者多为陈茶。

3. 劣质茶的鉴别

在茶叶中，回笼茶、染色茶、日晒茶为劣质茶叶。回笼茶是将已冲泡过的茶叶晒干或烘干，冒充新茶出售。鉴别时可取少许可疑茶放入口中嚼碎，若无茶叶味道，便是回笼茶。染色茶是使用劣质的鲜叶做原料，在加工时放入少量的苏打粉、草木灰等，以加深茶叶的外表色泽。鉴别时可加水冲泡，如茶水浑浊，茶味苦涩，叶底呈蓝绿色，即为染色茶。日晒茶是为了降低成本而用太阳晒干代替烘炒，其制作工艺粗糙，与晒青绿茶质量差异较大。这种茶经冲泡后，部分梗、叶变红，放置时间较长时容易发霉。

另外，花茶中有窨花茶和拌花茶的区分。窨花茶在制作过程中原茶和鲜花经过了充分拌和和窨制，达到茶引花香、相得益彰的目的，可嗅到清鲜持久的花香。拌花茶则是机械地在茶叶内拌入一定数量的花渣（窨花茶的花渣）或在茶叶中喷入香精混合而成，香气不鲜灵，香低不耐泡，经一次冲泡后即基本上闻不到花香。喷过香精的花茶则香气冲而带浊，有酒精味，易挥发，储藏久了香气散失，只留下一些"浮香"。

第三节 茶叶的特性与保管

一、茶叶的特性

茶叶是日常生活中常见的商品，有其独特的性质。

1. 陈化性

茶叶经长时间储存后，随着保管时间的延长，茶叶的质量会逐渐变差，出现香气下降、色泽变暗、滋味变淡等不良变化，即陈化现象。由于茶叶中所含的芳香油易挥发，经长时间储存后，香气就会散失。茶多酚中有些成分发生氧化后变为不溶于水的化合物，使汤色变暗、滋味变淡。茶色素也会因为储存时间过长而减少使茶色变暗。绿茶最易陈化，茶多酚的氧化造成绿茶的碧绿、翠绿、黄绿逐渐变暗变深，绿茶茶汤失去绿而明亮的光泽。红茶的油润色泽会逐渐失去，成为灰褐色，冲泡后色泽变暗，滋味变得淡薄，失去鲜爽味。

2. 吸附性

茶叶具有较强的吸附性。在加工储藏过程中，易吸附环境中的杂异气味，降低其品质。据研究发现，茶叶的类别、嫩度及含水量的不同对茶叶吸附能力的影响不同。茶叶的多孔结构和疏松状态使茶叶具有较强的吸附异味性。正是茶叶的这种特性，才使制作花茶成为可能。由于茶叶具有很强的吸附性，所以在生产、储运、销售与存放过程中应避免与有异味的物质接触，以免影响茶叶质量，甚至丧失饮用价值。此外，有异味的包装材料不能用来包装茶叶。

3. 吸湿性

茶叶具有很强的吸湿性，主要是由于茶叶经干制形成了疏松多孔的组织结构，加之茶叶的很多成分如茶多酚、咖啡碱、糖类、蛋白质等都具有亲水性所致。吸湿后的茶叶，其陈化速度会明显加快，很容易发生霉变。因此，在茶叶的流通渠道中，应避开潮湿的地方和物品。

二、影响茶叶变质的因素

茶叶在存放过程中陈化变质的因素很多，有内因和外因两个方面的因素。内因主要是指茶叶在储存过程中自身所含的化学成分发生氧化作用，导致茶叶陈化劣变。外因主要是指外界的环境因素，水分、氧气、温度和光线等均是影响茶叶变质的外部因素。

1. 内因

茶叶中易变的化学成分主要是叶绿素、茶多酚、维生素、氨基酸和芳香油等。叶绿素在光和热的条件下容易分解，使茶叶色泽失绿；茶多酚在储存过程中被氧化，导致色泽变褐，也可以引起茶叶滋味的劣变；维生素C的氧化变质降低了茶叶的营养价值，同时使色泽变褐，滋味失鲜；氨基酸容易与茶多酚类物质结合生成暗色的聚合物，使茶叶失去收敛性，丧失新茶特有的鲜爽度；芳香油则易挥发，随着储存时间的延长，也可产生一些新的化合物，使茶叶失去应有的香味，同时表现出明显的陈味。

2. 外因

外界环境因素中，水分是导致茶叶陈化的主要因素。当茶叶含水量在3%左右时，茶叶成分与水分子几乎成单层分子关系，对脂质与空气中氧分子起到较好的隔离作用，就像是一层保护膜，是保存茶叶的最适合水量。当水分含量超过一定数量时，水分的保护作用丧失，起到了溶剂的作用，使物质扩散移动、相互反应。当茶叶含水量在6%以上或外界大气相对湿度超过60%时，变质就相当明显。因此，成品茶的水分含量应严格控制在6%

以下,超过这个限度时要复火烘干。

温度是决定茶叶成分发生化学变化的重要因素,温度越高,陈化越快。实验证明,茶叶在储存过程中温度每升高10℃,褐变速度便加快3~5倍。零下10℃以下冷藏茶叶可抑制变质程度,零下20℃以下冷藏则几乎可以完全防止变质。

氧气的影响作用主要是使茶叶中的物质发生化学反应生成氧化物。空气中约含有21%的氧气,一般以分子形式呈游离状态存在,其氧化能力并不强。在没有酶促作用的情况下,物质受分子态氧的缓慢氧化称为"自动氧化"。茶叶在储存过程中的变质与这种氧化有很大的关系。茶叶中的脂类、醛类、还原酮类、茶多酚等较容易自动氧化。氧化后的产物含有影响茶叶品质的成分。目前应用的抽氧充氮储存法效果很好,已在世界各地推广。

光的本质是一种能量,能促进植物色素或脂类物质等氧化。茶叶中叶绿素在光的照射下容易分解褪色,有些成分还会发生光化学反应而产生日晒味。紫外光比一般可见光的影响要大得多,因此茶叶不宜在光能照射到的地方保存。

外界因素的综合作用会使茶叶陈化变质的速度加快,因此储存茶叶时要注意以上几种因素,使茶叶保持应有的品质。

三、茶叶的保管

茶叶的特性告诉我们茶叶具有很强的吸湿性、吸附异味性和陈化性,在保管储存过程中易受光、温度、湿度、氧气、微生物、包装材料等多种环境因素的影响,稍有不当,就会失去茶叶应有的风味,甚至使茶叶变质。因此,为了使茶叶的保管和储存更加科学,我国于2013年12月31日发布了国家标准《茶叶贮存》(GB/T 30375—2013),用于指导茶叶的贮存,以保持茶叶应有的品质。

1. **茶叶保管过程中应注意的问题**

(1) 控制茶叶的含水量。茶叶保管过程中其自身的水分含量应控制在安全水分限量5%以内。在茶叶的加工制造过程中,粗制茶宜采用二次分段干燥较为理想。干燥完的成品茶由于温度较高,必须静置冷却后才能装袋,但不宜暴露太久,以免吸湿回潮。茶叶储运过程中也要严格控制水分,尽量采用封闭式冷藏储运。

(2) 避免光照。茶叶从精制到包装完成应避免光线照射,储运包装应尽量密闭,不宜采用透明塑料袋包装茶叶。

(3) 低温储藏。利用低温保管贮存茶叶被公认为维持茶叶本来品质最有效的方法,不论色、香、味,于低温储藏皆能维持最佳品质。低温储藏一般在0~5℃为适宜温度。表8-2所示为不同茶叶贮存的适宜温、湿度。

表 8-2　不同茶叶贮存的适宜温、湿度

分　类	适宜温度	相对湿度
绿茶	10℃以下	50%以下
红茶	25℃以下	50%以下
乌龙茶①	25℃以下	50%以下
黄茶	10℃以下	50%以下
白茶	25℃以下	50%以下
花茶	25℃以下	50%以下
黑茶	25℃以下	70%以下
紧压茶	25℃以下	70%以下

① 对于文火烘干的乌龙茶贮存，宜控制温度在 10℃ 以下。

（4）利用无氧包装。真空包装、充氮包装、脱氧剂包装是防止茶叶储存过程中氧化的有效途径。

（5）堆码。茶叶堆码应以安全、平稳、方便、节约面积和防火为原则。可根据不同的包装材料和包装形式选择不同的堆码形式。货垛应分等级、分批次进行堆放，不得靠柱，距墙不少于 200mm。堆码应有相应的垫垛，垫垛高度应不低于 150mm。

2. 茶叶的保管方法

（1）生产、流通企业茶叶的保管。生产和流通企业的茶叶数量大，主要采取低温、低湿、封闭式冷库保管储存，保鲜效果好，经济适用。一般仓库温度不超过 5℃，温度越低效果越好，湿度控制在 60% 以下，冷库内设有控湿装置，可以控制库内湿度。由于茶叶的热传导较差，茶叶入库冷藏前最好进行预冷。冷藏后的茶叶出库时要先在冷库预备室或走廊上存放一天，使茶叶温度上升至接近室外温度才可出库。如用密封容器，须在出库 2~3 日后，再行开启为好。茶叶在仓库内储存 8 个月，品质基本可以保持不变。

传统的储存方法是石灰储存法。这种方法是利用石灰石的吸湿性，使茶叶保持充分干燥。储存前要选用口小肚大、不易漏气的陶坛作为容器，洗净晾干，用草纸衬垫坛底。将石灰石装入白细布袋中，把待存茶叶先用软白纸包装，然后外扎牛皮纸包好，置于坛内四周，中间放入 1~2 只石灰袋，再在上面覆盖上茶包，装满为止。陶坛装满后，用数层厚草纸密封坛口，压上厚木板以减少外界空气进入。如天气阴雨较多，石灰袋内灰块呈粉末状时，则应注意换石灰袋。用这种方法储存保管可以使茶叶在一年内保持原有的色泽和香气。

另外，普通的密封储存即将茶叶装于马口铁罐、锡罐等容器中，此法只适宜较短时间的储存。充氮储存是用氮或二氧化碳等取代空气的保管方法，尤以使用氮气为好。保鲜剂储存是加入一种能生成具有阻导性能的生物膜来进行茶叶保鲜的方法。

（2）家庭用茶的保管。家庭选购茶叶一般量小且大多是散装的，启封后不会一次性用完，应进行重新包装储存，才能保持茶叶的原有品质。家庭茶叶的保管，应力求做到防潮、不串味。

普通保管方法是将茶叶放在铁皮制的有双层盖的茶盒内。装茶叶时，最好是连同包装茶叶的纸一起放入盒内，这对保持茶叶的香气效果更好些。

如果茶叶量较大，可以用陶瓷坛或铁罐存放。存放时先把茶叶分成若干小包，用干净的纸包好，码放在陶瓷坛或铁罐的周围，中间放上一些石灰袋或干燥剂，茶叶装满后，用草纸或布垫盖坛口，放在阴凉干燥的地方。坛、罐内的石灰或干燥剂应视情况及时更换。

家庭保管茶叶也可以利用塑料袋，既简便又经济实用。选用的塑料袋应符合食品卫生标准，密度高，有一定的强度，且不应有孔洞和异味。储存时先用较柔软的净纸包装茶叶，再置入塑料袋内。短时间不用的茶叶最好将袋口封严，放于阴凉干燥处。

另外，热水瓶也能储存茶叶，这主要是利用热水瓶的密封和保温性能。储存时将茶叶装满，盖好塞子即可，若一时不饮用，可用蜡封口，这样可以保存数月，仍如新茶。

实验　茶叶的感官审评

一、实验目的

（1）学习茶叶的审评方法、步骤。
（2）了解各类典型茶叶的质量状况和标准。

二、实验用具

审茶盘、审茶碗、审茶杯、水壶、口杯（自带）。

三、实验样品

根据实际条件，可分别选取不同种类的茶叶作为评审的样品，如红茶可选祁红、英德红茶等；绿茶可选龙井、碧螺春、珠茶等；乌龙茶可选铁观音、大红袍等；花茶可选茉莉花茶、牡丹绣球等；紧压茶可选沱茶、普洱茶等。

四、实验内容及步骤

（一）审评内容

1. 茶叶的外形审评

茶叶的外形审评是通过检查、观察各种茶叶的外形（指条索、整碎）、嫩度、净度和干茶色泽，看茶叶是否合乎标准规格的要求。

2. 茶叶的内质审评

茶叶内质审评是通过检查茶叶的香气、汤色、滋味和叶底，看茶叶的内在质量是否合乎标准质量指标。

（二）实验步骤

1. 茶叶的外形审评

分别称取标样茶及样茶250g，放入审茶盘中，双手转动茶盘，使茶叶平铺于茶盘中。由于茶叶的轻重程度不同，能把大小、长短、碎末等有次序地分布在不同层次。用此法可以检查下脚茶、粗老茶占的比例，并通过检查观察茶叶的外形（指条索、整碎）、嫩度、净度和干茶色泽，看是否合乎标准规格要求。

将上述检查项目与标样茶一一对照，看是否符合标样茶的标准规格要求，再将检查结果填写在规定的表格中。

2. 茶叶的内质审评

先从审茶盘中不同部位称取一定数量的样茶，样茶的重量应根据茶类和沏水量的不同而有所区别，同一种审茶杯的规格、容量要一致。

红茶、绿茶、花茶取样茶标准是：每种样茶称取2.5～3g，每克沏水量为50～60mL；毛茶（未经精制的）取样较多，一般为5g，沏水量为250mL。

乌龙茶取样茶标准是：称取样茶5g，每克沏水量为80mL。

紧压茶取样茶标准是：称取样茶3～5g，每克沏水量为150～400mL，且采取煮茶法。

将称量好的样茶倒入审茶杯中，用新煮沸的水依次进行冲泡盖盖。静置5min，然后将茶汤倒于审茶碗中，叶底留在杯内。

按下列审评顺序进行审评：①茶叶香气审评；②茶叶汤色审评；③茶叶滋味审评；④茶叶的叶底审评。

五、实验报告

将上述茶叶感官审评的结果用文字评述填写实验报告。

第八章 茶　叶

案例分析

龙井茶的综合审评[一]

龙井茶是浙江省的名茶，主要分为西湖龙井和浙江龙井两种。龙井茶年产量在14万t以上，其中西湖龙井约900t（含夏秋龙井），约占龙井茶总产量的65%。判断龙井茶品质的好坏，除其卫生指标需进行理化检验外，其他项目全依赖于感官审评。审评按外形、汤色、香气、滋味和叶底五项因子进行，其中外形审评包括色泽、形态、嫩度（等级）、新鲜度等，是审评的重点。

一、龙井茶的级别标准

龙井茶产区地处钱塘江、曹娥江流域的山地、丘陵间。温暖多雨，空气湿润。目前，根据国家标准GB/T 18650—2008《地理标志产品　龙井茶》将茶叶鲜叶质量分为5个等级（见表8-3），低于四级的以及劣变鲜叶不得用于加工龙井茶。

表8-3　茶叶鲜叶质量分级要求

等 级	要　求
特级	一芽一叶初展，芽叶夹角度小，芽长于叶，芽叶匀齐肥壮，芽叶长度不超过2.5cm
一级	一芽一叶至一芽二叶初展，以一芽一叶为主，一芽二叶初展在10%以下，芽稍长于叶，芽叶完整、匀净，芽叶长度不超过3cm
二级	一芽一叶至一芽二叶，一芽二叶在30%以下，芽与叶长度基本相等，芽叶完整，芽叶长度不超过3.5cm
三级	一芽二叶至一芽三叶初展，以一芽二叶为主，一芽三叶不超过30%，叶长于芽，芽叶完整，芽叶长度不超过4cm
四级	一芽二叶至一芽三叶，一芽三叶不超过50%，叶长于芽，有部分嫩的对夹叶，长度不超过4.5cm

二、龙井茶的品质特点

春茶中的特级西湖龙井外形扁平光滑，苗锋尖削，芽长于叶，色泽嫩绿，体表无茸毛；汤色嫩绿（黄）明亮；清香或嫩栗香，但有部分茶带高火香；滋味清爽或浓醇；叶底嫩绿，尚完整。其余各级龙井茶随着级别的下降，外形色泽由嫩绿→青绿→墨绿，茶身由小到大，茶条由光滑至粗糙；香味由嫩爽转向浓粗，四级茶开始有粗味；叶底由嫩芽转向对夹叶，色泽由嫩黄→青绿→黄褐。

夏秋龙井茶，色泽暗绿或深绿，茶身较大，体表无茸毛，汤色黄亮，有清香但较粗糙，滋味浓略涩，

[一] 资料来源：http://www.teaw.com，中国农业科学院茶叶研究所。

叶底黄亮，总体品质比同级春茶差得多。

机制龙井茶，现在有全用多功能机炒制的，也有用机器和手工辅助相结合炒制的。机制龙井茶外形大多呈棍棒状的扁形，欠完整，色泽暗绿，在同等条件下总体品质比手工炒制的差。

三、龙井茶的审评内容

龙井茶的审评内容与其他名优绿茶类同，主要是干评外形，湿评汤色、香气、滋味、叶底。各级龙井茶的感官品质要求见表8-4，理化指标见表8-5。

表8-4 各级龙井茶的感官品质要求

项 目	特 级	一 级	二 级	三 级	四 级	五 级
外形	扁平光润、挺直尖削、嫩绿鲜润；匀整重实；匀净	扁平光滑尚润、挺直；嫩绿尚鲜润；匀整有锋；洁净	扁平挺直，尚光滑；绿润；匀整；尚洁净	扁平、尚光滑、尚挺直；尚绿润；尚匀整；尚洁净	扁平、稍有宽扁条；绿稍深；尚匀；稍有青黄片	尚扁平，有宽扁条；深绿较暗；尚整；有青壳碎片
香气	清香持久	清香尚持久	清香	尚清香	纯正	平和
滋味	鲜醇甘爽	鲜醇爽口	尚鲜	尚醇	尚醇	尚纯正
汤色	嫩绿明亮、清澈	嫩绿明亮	绿明亮	尚绿明亮	黄绿明亮	黄绿
叶底	芽叶细嫩成朵，匀齐，嫩绿明亮	细嫩成朵，嫩绿明亮	尚细嫩成朵，绿明亮	尚成朵，有嫩单片，浅绿尚明亮	尚嫩匀稍有青张，尚绿明	尚嫩欠匀，稍有青张，绿稍深
其他要求	无霉变、无劣变、无污染、无异味 产品洁净，不得着色，不得夹杂非茶类物质，不含任何添加剂					

表8-5 各级龙井茶的理化指标要求

项 目		特级、一级、二级	三级、四级、五级
水分（％）	≤	6.5	7.0
总灰分（％）	≤	6.5	7.0
水浸出物（％）	≥	36.0	
粉末和碎茶（％）	≤	1.0	

四、龙井茶的评分

龙井茶评分只适用于名茶评比，在一般商业中不使用。高档龙井茶评分可参照表8-6进行。

表8-6 龙井茶评分参考表

因子	等级	品质特点	给分	系数
外形	甲	扁平光滑，匀齐，芽长于叶，嫩绿有光泽	94±4	0.30
	乙	扁平光滑，尚绿润	84±4	
	丙	尚扁平，墨绿或青绿	74±4	
汤色	甲	嫩绿亮	94±4	0.10
	乙	黄亮	84±4	
	丙	黄褐	74±4	
香气	甲	嫩香浓郁	94±4	0.25
	乙	清香	84±4	
	丙	纯正老火	74±4	
滋味	甲	鲜醇柔和，嫩鲜	94±4	0.25
	乙	清爽，醇厚	84±4	
	丙	浓略涩，青涩	74±4	
叶底	甲	嫩绿，匀齐，显芽	94±4	0.10
	乙	黄绿	84±4	
	丙	黄熟	74±4	

分析

本案例材料涵盖了以下知识点：

（1）茶叶的品质特点。案例中对浙江省出产的两种龙井茶的质量特点做了详尽的描述，对于认识茶叶这种商品的质量特点和级别标准，提供了实际资料。

（2）案例中主要对龙井茶质量审评过程进行详细说明，从龙井茶的色、香、味、形等方面描述龙井茶质量评审的要点和两种龙井茶的主要区别。

（3）从案例中可以了解到绿茶类特别是高级绿茶应有的品质特点，了解我国名茶的质量特色，加深理解茶叶质量审评的具体方法和基本数据的测定。

扩展阅读

我国少数民族茶风俗

我国是茶的故乡，饮茶是中华民族的传统习俗。不仅汉族人民有着悠久的饮茶历史、饮茶文化和饮茶风俗，生活在祖国大家庭的各少数民族也将茶作为生活必需品，而且每个民族都有各自的饮茶习俗。

（1）蒙古族奶茶。将青砖茶捣碎加水熬成茶汁，然后加入鲜奶、盐以及炒米等辅料煮开，即成奶茶。到蒙古包做客，通常男主人会捧起茶碗送到你面前，并与你一同畅怀痛饮，此时拒绝饮用是极不礼貌的事。居住在甘肃、青海的蒙古族同胞，多饮酥油茶。

（2）回族盖碗茶。盖碗茶也叫八宝茶，就是在茶里放桂圆、杏干和冰糖等食品沏泡而成。盖碗茶有滋阴润肺、清咽利喉的功效。

（3）藏族酥油茶。酥油茶是藏族同胞一年四季早、中、晚都离不开的饮品，也是他们待客的佳品。其制作方法是：将牦牛乳、藏庄茶、食盐或糖，放进特制的木桶里，加入研细的花生米、核桃仁、芝麻，然后冲进沸水，用木杆搅动抽打成雾状，溶入茶中即可。

（4）维吾尔族砖奶茶。维吾尔族同胞，特别是牧民，爱饮砖茶。砖奶茶是将砖茶煮成茶水后加入奶、糖和少许盐。维吾尔族有"无茶即病"之说。

（资料来源：《百姓生活》，2007年9期）

思考练习题

1. 茶叶的主要成分有哪些？
2. 茶叶应如何进行分类？
3. 各类茶有什么样的质量特点？
4. 怎样对茶叶进行质量审评？
5. 茶叶有什么特性？保管茶叶时应注意什么？茶叶的保管方法有哪些？
6. 从茶叶商店购买二两茶叶，想想在选购茶叶时应注意什么问题。
7. 你喜欢饮茶吗？喜欢什么茶？你对茶叶的知识了解多少？你平常怎样保管茶叶？
8. 案例题：普洱茶的生和熟

　　普洱茶有降脂减肥、降血压、防衰老、提高免疫力等功效，这些都是得到很多专家考证的。很多减肥人士听说普洱茶减肥效果很好，都决定饮用普洱茶，采用这样一种健康的方式进行减肥。

　　按发酵工艺，普洱茶可分为生茶和熟茶。生茶是新鲜的茶叶采摘后以自然的方式陈放，未经过渥堆发酵处理。而熟茶是经过渥堆发酵使茶性趋向温和，熟普洱茶具有温和的茶性，茶水丝滑柔顺，醇香浓郁，更适合日常饮用。很多顾客在购买普洱茶时，往往分不清普洱茶的分类，总以为新茶叶比陈茶叶好，买了新采摘的茶叶制作的普洱茶。其实总体上看经过发酵后的普洱茶，无论是人工发酵熟茶还是自然发酵后的生茶，减肥降脂作用要好于新生产出还没有开始转化的生茶，所以专业人士建议，想要达到更好的减肥效果，熟普洱更有效果。

问题：

生普洱与熟普洱的区别是什么？怎样辨别生熟普洱？

（资料来源：http://www.puercn.com/puerchazs/peczs/49062.html）

第九章

饮 料 酒

饮料酒的种类非常多,历史悠久,形成了独特的酒文化。饮料酒在食品类商品中具有代表性。本章从饮料酒的酿造原理、分类、品质特色等方面出发,主要介绍了饮料酒的基本知识,是商品学的知识体系中较为典型的实务课程内容。了解饮料酒的酿造、分类、成分及各类饮料酒的概况,对加深理解商品学的知识具有很大的实践意义。

【阅读资料】

酿酒起源的传说

关于酿酒起源的传说主要有:上天造酒说、猿猴造酒说、仪狄造酒说、杜康造酒说。

(1) 上天造酒说。在古代,往往将酿酒的起源归于某某人的发明,把这些人说成是酿酒的祖宗,由于其影响非常大,以致成了正统的观点。素有"诗仙"之称的李白,在《月下独酌·其二》一诗中有"天若不爱酒,酒星不在天"的诗句;东汉末年以"座上客常满,樽中酒不空"自诩的孔融,在《与曹操论酒禁书》中有"天垂酒星之耀,地列酒泉之郡"之说;窦苹所撰《酒谱》中,也有酒"酒星之作也"的话;《晋书》中也有关于酒旗星座的记载。然而,酒自"上天造"之说也只是传说而已。

(2) 猿猴造酒说。清代文人李调元在他的著作中记叙道:"琼州(今海南岛)多猿……尝于石岩深处得猿酒,盖猿以稻米杂百花所造。"在猿猴的聚居处,多有类似"酒"的东西发现。猿猴在水果成熟的季节,收贮大量水果于"石洼"中,堆积的水果受自然界中酵母菌的作用而发酵。在石洼中将"酒"的液体析出,猿猴居然能在不自觉中"造"出了酒。

(3) 仪狄造酒说。相传夏禹时期的仪狄发明了酿酒。史籍中有多处提到仪狄"作酒而美""始作酒醪"的记载,似乎仪狄乃制酒之始祖。这是不是事实,有待于进一步考证。一种说法叫"仪狄作酒醪,杜康作秫酒"。

(4) 杜康造酒说。还有一种说法是杜康"有饭不尽,委余空桑,郁积成味,久蓄气芳,本出于此,不由奇方"。是说杜康将未吃完的剩饭,放置在桑园的树洞里,剩饭在洞中发酵后,有芳香的气味传出。这就是酒的做法,并无什么奇异的办法。魏武帝曹操也说过:"何以解忧,唯有杜康。"自此之后,就有了酒就是杜康所创的说法了。

(资料来源:根据http://zhidao.baidu.com/资料整理)

第一节 酿酒原理与酒的分类

凡含有酒精的饮品都可以称为饮料酒。酒是一种很特别的商品,与人类的生活密切相关。在世界各国,不同国家、不同民族有着不同的饮酒习俗,形成了不同的酒文化。中国的酒有5000年以上的悠久历史,具有独特的风格。从古至今,酒和政治、经济、文化等人类的生活活动密不可分,可以说上至宫廷,下至市井,都饮酒。自古以来,中国人就有"酒以治病""酒以养老""酒以成礼"等的认识,形成了独特的酒文化。近年来,酒已无孔不入地浸入社会生活的方方面面,与人类的精神生活关系十分密切。酒虽然不是一种生活必需品,但由于其独特的特性和高税利的特点,备受世界各国的重视。

一、酿酒基本原理

酿酒的过程是一个极其复杂的生化过程。不同的酒具有特定的酿造工艺方法。酒的酿造从它的起源到现在经历了几千年的人类生产实践活动,人们积累了丰富的酿酒经验,发展形成了不同酒的不同酿造工艺。但在不同的酿酒方法之中,存在着一些共性的、普遍的规律,这就是酿酒的基本原理。

在酿酒过程中,淀粉吸水膨胀,加热糊化,在淀粉酶的作用下分解为低分子的单糖。单糖在脱羧酶、脱氢酶的催化下分解,逐渐分解形成二氧化碳和酒精。以淀粉为原料酿酒,需经过两个主要过程,一是淀粉糖化过程,二是酒精发酵过程。

1. 淀粉糖化

酿酒过程中需要酒精,而酒精的产生又离不开糖,这就需要将不含糖的原料变为含糖的原料,这就是酿酒的糖化过程。酿酒生产中除果酒、葡萄酒等少数酒品使用大量葡萄糖作为原料直接发酵外,大多数的酒品是以淀粉为原料酿造的。淀粉在水温超过50℃时溶解于水,在淀粉酶的作用下,水解淀粉生成麦芽糖和糊精,再在麦芽糖酶的作用下,麦芽糖产生化学反应,生成葡萄糖。这种变化过程就是淀粉的糖化。糖化过程的化学反应式为:

$$(C_6H_{12}O_5)_n + H_2O \longrightarrow (C_6H_{12}O_5)_{n-2} + C_{12}H_{22}O_{11}$$
$$C_{12}H_{22}O_{11} + H_2O \longrightarrow C_6H_{12}O_6$$

式中,$(C_6H_{12}O_5)_n$为淀粉的分子式;H_2O为水的分子式;$(C_6H_{12}O_5)_{n-2}$为糊精的分子式;$C_{12}H_{22}O_{11}$为麦芽糖的分子式。

淀粉酶来源于酒曲中的微生物。淀粉糖化过程一般需要4~6h,糖化以后的原料可以用来进行酒精发酵。

2. 酒精发酵

酒精是在一定的催化剂下特定物质进行化学反应后形成的。糖分是酒精发酵最重要的物质，而酶是酒精发酵不可或缺的催化剂。淀粉在淀粉酶的作用下转化为葡萄糖，葡萄糖在酒化酶的作用下，被分解成酒精、二氧化碳和其他物质。酒化酶是由酵母菌分泌出来的。多数酒曲中也含酵母菌（除麸曲）。酒精发酵的化学反应过程如下：

$$C_6H_{12}O_6 \xrightarrow{\text{酒化酶}} 2CH_3CH_2OH + 2CO_2\uparrow + 24kcal^{\ominus}$$

式中，$C_6H_{12}O_6$ 为葡萄糖的分子式；CH_3CH_2OH 为酒精的分子式；CO_2 为二氧化碳的分子式。

酒精发酵的原理在各种酿酒工艺中是相同的，但发酵方法很多，如白酒的窖池发酵、黄酒入缸发酵、葡萄酒的发酵室发酵、啤酒的上发酵下发酵等。科技的发展为制造酒精提供了其他的方法，如人工化学合成方法。尽管如此，酒精发酵仍然是最重要的酿酒工艺原理之一。

二、饮料酒的化学成分

酒中最重要的化学成分是乙醇，此外还含有有机酸、酯类、醛类、杂醇油等其他成分。

1. 乙醇

乙醇即酒精，是酒的主要化学成分，化学分子式为 CH_3CH_2OH。乙醇在常温下呈无色透明的液体，易挥发、易燃烧，沸点为78.3℃；刺激性较强，不易感染杂菌；可溶解酸、碱和少量油类，不溶解盐类，可溶于水；乙醇与水相互作用可释放出热量，体积收缩，以53%的乙醇与水分子结合最紧密，此时刺激性相对较小。

乙醇在酒液中的含量用酒度表示。我国规定：酒液温度为20℃时，每100mL酒液中含1mL乙醇酒度为1°。酒度可以用酒精计直接测出。如果酒液温度不是20℃，则可以查对《酒度·温度换算表》，计算出正确的酒度。例如100mL的酒中测得酒精含量为50mL，则此酒的度数为50°。

2. 有机酸

有机酸在酒中含量一般只有1.3g/L。其种类包括醋酸、乳酸、甲酸和琥珀酸等。有机酸均为无色透明的液体，易溶于水，在饮料酒中具有成味和成酯的作用。不同种类的酸及其含量不同，构成酒的不同风味。在储存过程中，酒中的酸和醇反应生成酯类，可以使酒具有酯香气味，味道变得和缓，提高酒的品质。例如醋酸与乙醇反应生成乙酯，乳酸与乙醇反应生成乳酸乙酯等。

$\ominus$ 1cal = 4.1868J。

但是，酒中如果有机酸的含量过高，就会降低酒的品质，使酒变得粗糙，甚至造成酒质劣变。因此，对有机酸的含量有一定的限制。

3. 酯类

酯类是一种芳香成分，由饮料酒中的酸和醇在发酵、蒸馏或储存过程中生成。因此，发酵时间长的酒，香味较浓；储存时间越长，香气越浓，酒的品质越高，正所谓"酒是陈的香"。酒度高的酒可以容纳较多的酯类，因此高度酒比低度酒口感香气要浓。酒中酯类含量指标是名酒、优质酒必备的质量指标之一。近年来，有的酒中人工添加了一些酯，若含量过高则易使酒发生浑浊，品质反而降低。

4. 醛类

饮料酒中的醛类具有强烈的刺激性和辛辣味，一般来说对人体的健康有害。但微量的醛类有助于使酒中的酯香味充分释放。

酒中的醛类主要有乙醛、乙缩醛、丙烯醛和糠醛等，其中乙醛沸点低，蒸馏时酒头中含量较多，应控制含量，即"掐头"。乙醛具苦杏仁味，使酒的辛辣味增强，含量越高酒质越差；乙缩醛大部分在储存中生成，是乙醇和乙醛作用缩合的产物，其本身具有特殊清香味，有助于酒中酯类香味的释放。丙烯醛是在发酵过程中葡萄糖在腐败细菌作用下的产物，毒性大。糠醛刺激性强，但微量的糠醛会使酒具有异香味。

5. 杂醇油

杂醇油是酒中各种高分子醇的混合物，产生于酿酒原料中的蛋白质成分。它在酒中的主要作用是生成酯类并使酒具有水果芳香的滋味。白酒中的甜味就来自于杂醇油。杂醇油的含量过高会使酒具有不良的苦涩味和一种刺鼻的感觉。杂醇油还具有麻醉性，会使饮酒者感觉头晕和呕吐。

6. 其他成分

饮料酒中还含有甘油、甲醇等其他成分。甘油能提高酒的醇厚味，甲醇则有很大的毒性。

饮料酒的成分十分繁杂，仅中国白酒就可以列出 80 余种不同的成分来，至今人们还没有完全掌握酒的所有组成成分。

三、酒的分类

饮料酒的种类繁多，以至于很少有人能说清楚世界各地到底有多少种酒。由于酿酒原料品种较多，酿造方法各有不同，酿造技术各有差异，形成了酒品的千差万别。但总的来说，可以按照以下办法对酒进行分类：

1. 按酿造方法分类

按照酒的酿造方法、制作工艺的特点，可以把酒分为酿造酒、蒸馏酒和配制酒三类。

（1）酿造酒。酿造酒又称压榨酒或发酵原酒，是粮谷、水果、乳类等原料经糖化

（或不经糖化）发酵后采用压榨方法使酒与酒糟分离制成的酒。多数低度酒如啤酒、果酒、黄酒等都属于酿造酒。这种酒基本上保持了原料本身所固有的自然芳香味，营养丰富、酒体醇厚，但不耐储藏，除了黄酒和部分酒度略高的葡萄酒之外，一般不宜长久储存。

（2）蒸馏酒。蒸馏酒是以粮谷、薯类、水果、乳类等为主要原料，经发酵、蒸馏、勾兑而成的饮料酒。这类酒主要有白酒、白兰地、威士忌、伏特加等，酒度较高，一般在40°以上，而且刺激性强，耐储藏。

（3）配制酒。配制酒指的是蒸馏酒的配制酒，它以蒸馏酒和（或）食用酒精为酒基，加入可食用的辅料或食品添加剂，进行调配、混合或再加工制成，已改变了其原酒基的风格。这种酒一般酒度居中，其酒度界于酿造酒和蒸馏酒之间。以芳香原料或直接加水果配制、浸泡而成的酒称为露酒，如青梅酒、玫瑰酒、味美思、桂花陈等；用中草药作为配料的酒称为药酒，如莲花白、五加皮、竹叶青等。

2. 按酒中酒精含量分类

按照酒精含量，可以把酒分为高度酒、中度酒和低度酒。

（1）高度酒。酒精含量在40%以上的为高度酒。这类酒多用蒸馏的方法制成，如各种白酒、威士忌等。

（2）中度酒。酒精含量在20%～40%的为中度酒。露酒和药酒的酒度多在此范围之内，如青梅酒、人参酒、莲花白等。

（3）低度酒。酒精含量在20%以下的为低度酒。这类酒主要包括葡萄酒、黄酒、啤酒等。

值得一提的是，近年来，白酒的度数普遍向低度发展，呈现出明显的低度化的趋势。据了解，目前白酒产品酒精度已普遍降低了10°以上，60°以上的高度酒已不多见，52°的白酒成为高度酒。39°以下的低度白酒已占白酒总产量的40%左右。世界各国普遍将40°以上的酒精饮料定为烈性酒，并征收高关税。加入世界贸易组织（WTO）后，为了开拓世界市场，国内白酒企业都在重点开发40°以下的非烈性酒。优质、低度、多品种、低消耗、无污染是白酒业今后的发展方向。

3. 按糖分含量分类

按酒中糖分含量的多少，可以将酒分为干型酒、半干型酒、半甜型酒和甜型酒四类。这类酒的分类方法通常适用于葡萄酒和黄酒。

（1）干型酒。酒中含糖量较少，包括含糖（以葡萄糖计）小于或等于4.0g/L的葡萄酒，或者当总糖与总酸（以酒石酸计）的差值小于或等于2.0g/L时，含糖最高为9.0 g/L的葡萄酒，如民权干红葡萄酒、沙城白葡萄酒等。每100mL黄酒中含糖量在0.5g以下者即为干型黄酒，如元红酒。

（2）半干型酒。含糖量介于干型酒和半甜型酒之间。主要有含糖大于干葡萄酒，最高为12.0g/L的葡萄酒，或者当总糖与总酸（以酒石酸计）的差值小于或等于2.0g/L时，含糖最高为 18.0g/L 的葡萄酒，如沙城半干葡萄酒、绍兴加饭酒（黄酒）等。

（3）半甜型酒。含糖量介于半干型酒和甜型酒之间。主要为含糖大于半干葡萄酒，最高为 45.0g/L 的葡萄酒，如通化半甜葡萄酒，还有黄酒中的绍兴善酿酒、福建老酒等。

（4）甜型酒。它是指含糖量较高的酒，主要是含糖大于 45.0g/L 的葡萄酒，如烟台红葡萄酒，还有黄酒中的香雪酒等。

4. 按商业习惯分类

按照酒类在商业经营中的习惯，可以将酒分为白酒、黄酒、啤酒、果酒、配制酒和国外蒸馏酒六大类。这也是我国传统的饮料酒的分类方法。

（1）白酒类。白酒是以含淀粉和糖类较多的物质为原料，通过酒曲、酵母的糖化和发酵作用，经过蒸馏工艺而制成的酒。白酒无色、透明，含有高度酒精成分。例如大曲酒、麸曲酒、小曲酒、二锅头酒等。

（2）黄酒类。黄酒是以糯米、黏黄米（黍米）为原料，用麦曲、红曲、酒药进行糖化发酵，经压榨而制成的一种低度酒。例如绍兴加饭酒、红曲酒、福建老酒等。

（3）啤酒类。啤酒是以麦芽、酒花为原料，经过糖化发酵酿造而成的，其酒精含量较低。例如淡色啤酒、浓色啤酒等。

（4）果酒类。果酒是以各种果实为原料，经发酵酿制而成的具有果实风味的一种低度酒。例如葡萄酒、山楂酒、苹果酒、菠萝酒等。

（5）配制酒。配制酒是以葡萄酒或蒸馏酒为酒基，加入各种调香物质配制而成的酒。例如各种露酒、药酒等。

（6）国外蒸馏酒类。蒸馏酒由于酿酒原料不同，酒度不同，除我国的白酒外，世界蒸馏酒还有白兰地、威士忌、伏特加等。

第二节 白 酒

白酒是中国的传统饮料酒，在我国具有很大的市场，特别是在我国北方的广大地区，人们普遍喜爱白酒。"无酒不成席"，这是我国人民饮用白酒的典型写照。白酒的种类繁杂，质量和风味也各有千秋。在我国，由谷物粮食酿造的酒一直处于优势地位，白酒以其丰富多彩的香型风格闻名于世。

一、白酒的原料

白酒以酒曲、酒母为糖化发酵剂，利用淀粉质（糖质）原料，经蒸煮、糖化、发酵、蒸馏、陈酿和勾兑酿制而成。生产白酒的原料包括主要原料、辅料、酒曲、酒母、水等。

1. 主要原料

白酒生产的主要原料是指含淀粉或糖分较高的谷物、薯类和某些含野生淀粉的植物。

谷物是酿造白酒最主要的原料，包括高粱、玉米、大米、大麦等；糖分较高的薯类如白薯、木薯、马铃薯等；含野生淀粉的植物如橡子、土茯苓等。原料中含糖越多，产生的酒精也就越多。

2. **辅料**

辅料又称填充料。制酒工艺中采用固态法发酵时，必须加入一定的辅料，以调整淀粉浓度，有利于糖化发酵。白酒中使用的辅料，主要用于调整酒醅的淀粉浓度、酸度、水分和发酵温度，使酒醅疏松不腻，有一定的含氧量，保证发酵的正常进行，提高蒸馏效率。辅料的选择应不影响白酒风味，符合卫生要求。辅料主要有稻壳、谷糠、高粱壳、花生壳和玉米芯等。

3. **酒母**

纯种酵母经扩大培养后，含有大量酵母菌的培养液称为酒母。酒母的主要作用是使可发酵糖转变为酒精和二氧化碳，也称酿酒中的发酵剂。近年来又加入了产酯能力较强的生香活性干酵母，它不仅能增加酒的香气，而且可以改善酒的风味。酿酒活性干酵母的使用，提高了发酵速度，提高了出酒率。

4. **酒曲**

酒曲又叫曲子，是使用淀粉为原料酿酒的糖化发酵剂。酒曲中生长有各种微生物，能分解出淀粉酶，使原料中的淀粉转化为可发酵糖，并具有一定的发酵作用。酒曲不仅影响到出酒率，而且对酒的质量和风味影响较大，因此选用时既要考虑培菌过程中满足微生物的营养需要，还要考虑原料特性。用于白酒生产的酒曲有很多种，由于所采用的原料及制作方法不同，生产地区的自然条件有异，酒曲的品种丰富多彩。一般选用含有丰富的营养物质、能使微生物生长繁殖，并对白酒风味和质量有益的物质做原料，如制大曲常用小麦、大麦、豌豆、蚕豆等；小曲以麦麸、大米或米糠为原料；麸曲以麸皮为原料等。

（1）大曲。大曲形体较大，是以小麦、大麦、豌豆、蚕豆等农作物为原料，经粉碎加水压成砖形的曲坯，经过自然发酵过程制作而成，因此大曲又名砖曲。大曲中的微生物以霉菌为主，主要是曲霉菌，还含有酵母、根霉、毛霉和少量的醋酸菌、乳酸菌等。曲霉菌是糖化菌种，菌种的好坏与出酒率和产品的质量关系密切。白酒生产中常见的曲霉菌有黑霉菌、黄曲霉、米曲霉、红曲霉等。酵母菌菌种有酒精酵母、产酯酵母等，与酒的产量和酒的香气相关。大曲酿造的白酒，香味浓厚，品质较好，优质酒和国家名酒都是采用传统的方法制成大曲酿造的。但大曲酿酒用量很大，耗费的粮食很多，而且生产周期较长。

（2）小曲。小曲的形体较小，是用麦麸、大米或米糠为原料，加入中草药，接入隔年陈曲经自然发酵制作而成，故又名药曲。小曲中主要的菌种是根霉和少量的毛霉、酵母等。根霉不仅具有糖化作用，还具有酒化酶，故具有酒化作用。小曲酿造的白酒，香味较淡，属于米香型白酒。酿造过程中用曲量少，出酒率高，淀粉利用率高，可达80%以上。

（3）麸曲。麸曲又名块曲，是以麸皮为主要原料，接入纯种的糖化霉菌如黄曲霉、黑曲霉、根霉等，经人工控制温度、湿度培养而成的散状曲。用麸曲酿酒既出酒率高，又节约粮食，便于机械化生产，酿酒周期短，适合多种原料酿酒。

5. 水

水是酿酒的主要原料之一，也是酒的主要成分。水质的好坏直接影响到产品的质量和风味。水源的选择应符合工业用水的一般条件，即水量充沛稳定，水质优良、清洁，水温较低。酿酒生产用水应符合无色透明、无悬浮物、无沉淀、无异味的要求。

二、白酒的酿造工艺

白酒酿造的生产工艺所使用的酒曲有所不同。在白酒生产中，使用的酒曲有大曲、麸曲和小曲，生产的白酒分别为大曲酒、麸曲酒和小曲酒。但生产白酒的基本工艺过程都是先加入酒曲酒母使淀粉糖化发酵，生成乙醇，然后勾兑成酒。白酒的生产方法因其品种不同而有所差异，主要有固态发酵法、液态发酵法、固液结合法等。

1. 固态发酵法生产白酒

固态发酵法生产白酒是采用较低的温度，让糖化作用和发酵作用同时进行，即采用边糖化边发酵工艺。在固态发酵法生产白酒时，入窖糖化温度比较低，一般在 18~22℃，糖化速度缓慢。但这样便于控制，可以防止酵母过早衰老，提高发酵力。我国白酒采用固态酒醅发酵和固态蒸馏传统操作，是世界上独特的酿酒工艺。其主要特点是：

（1）双边发酵。发酵过程中糖化和发酵同时进行，酿酒生产中采用"低温入窖、缓慢发酵"的操作工艺。

（2）续渣发酵。由于是采用固态发酵，淀粉不容易被充分利用，再加上所使用的原料如高粱、玉米等颗粒组织紧密，糖化较为困难，因此蒸酒后的酒醅要进行再次发酵，以使淀粉完全发酵。一般采用减少一部分酒糟，增加一部分新料，配醅反复多次发酵的办法。这样的工艺过程不仅有利于淀粉的完全发酵，还可以改善白酒的品质，提高出酒率。

（3）甑桶蒸馏。固态发酵的蒸馏是将发酵后的酒醅装入传统的蒸馏设备——甑桶中，蒸出的白酒品质较好。这种蒸馏方法简单，既达到了浓缩分离酒精的目的，又使酒中的香味得到了提取和重新组合。

（4）多菌作用。白酒生产过程是多菌种混合发酵的过程。生产过程全部都是敞口操作，除原料蒸煮过程起到灭菌作用外，其他操作都可能把各种各样的微生物，通过空气、水、工具、场地等渠道大量地带入酒醅，它们将与曲中的有益微生物协同作用，产生丰富的香味物质。

固态发酵法生产白酒，主要根据生产用曲的不同及原料、操作法及产品风味的不同，一般可分为大曲酒、麸曲白酒和小曲酒三种类型。全国名白酒、优质白酒和地方名酒的生产，绝大多数是用大曲作糖化发酵剂。麸曲法生产白酒在我国占有很大的比重，一般北方各省都采用麸曲法生产，江南也有许多省份采用。麸曲法生产白酒发酵时间短，淀粉出酒率高。下面以麸曲法生产白酒为例对固态发酵工艺做一简单介绍。

麸曲法生产白酒采用麸曲为糖化剂，以纯种酵母培养制成酒母作发酵剂。麸曲白酒产品酒度为 50°～65°，有一定的特殊芳香，广受大众的喜爱。酿酒原料各地有所不同，大多以高粱、玉米、甘薯干、高粱糠为主。所采用的工艺，南方一般用清蒸法，北方主要用混蒸混烧法。麸曲白酒清蒸法工艺流程如图 9-1 所示。

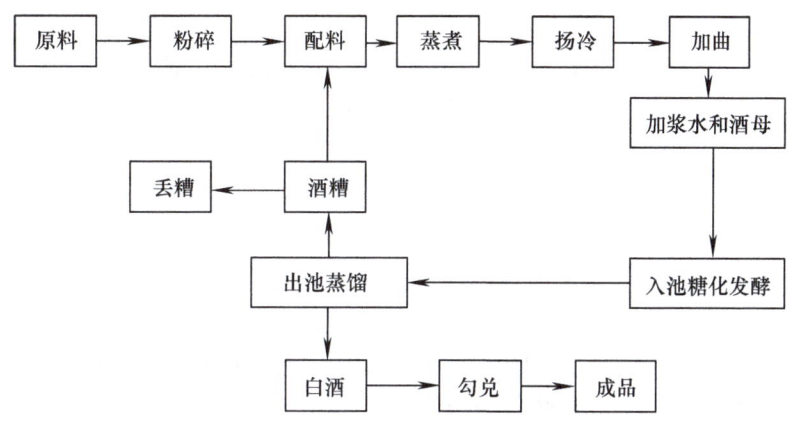

图 9-1　麸曲白酒清蒸法工艺流程

麸曲白酒的生产特点是"麸曲酒母，合理配料，低温入窖，定温蒸烧"。

"麸曲酒母"是指在白酒生产中加入适合的麸曲和酒母，以利糖化和发酵工艺的完成。所使用的麸曲应能最大限度地将淀粉水解成可以发酵的糖，再加入足够的酵母，使可发酵性糖最大限度地分解成酒精。

"合理配料"是指将粉碎后的原料、酒糟、辅料和水按照一定的比例配合在一起。配料要根据甑桶、窖池的大小、原料的淀粉量、气温、生产工艺及发酵时间等具体情况而定，一般以淀粉浓度 14%～16%、酸度 0.6～0.8、水分 48%～50% 为宜。

"低温入窖"是指温度应控制在 18～22℃，这样可以抑制杂菌的生长，起到控酸的作用。

"定温蒸烧"是指在发酵过程中应注意控制适宜的发酵温度，随时分析水分、酸度、酒量、淀粉残留量的变化，确定合理的发酵期。发酵时间的长短，根据各种因素来确定，有 3～5 天不等。一般当窖内温度上升至 36～37℃ 时，即可结束发酵，开始蒸馏，否则酒醅会产生大量的酸，生成对发酵有害的物质。发酵成熟的醅料通过蒸酒工艺把醅中的酒精、水、高级醇、酸类等有效成分蒸发，变为蒸汽，再经冷却，即可得到白酒。

2. 液态发酵法生产白酒

液态发酵法生产的白酒，又称"一步法"白酒，生产工艺类似于酒精生产，只是在调香、后处理等方面有所不同。液态发酵法生产的白酒，其酒质一般较为淡泊，在风味和质量上没有固态法生产的白酒那么好，但具有机械化程度高、劳动生产率高、淀粉出酒率高、对原料适应性强、除制曲外不用辅料等优点，因此它是白酒生产发展的方向。由于液态发酵法所生产的白酒与固态发酵法所生产的白酒的风味差距较大，一般只能将液态发酵法白酒作为酒基（半成品），再经工艺浸香、调香、串香等过程，也就是与固态发酵法结合生产白酒。

（1）串香法。将一步法生产的液态白酒装入甑桶底锅，甑桶内装有固态法发酵的香醅（酒糟发酵而成），往底锅内通入蒸汽，使酒基汽化，香醅中的呈香、呈味物质就会随酒精蒸汽进入白酒中。成品酒虽有固态法白酒的风味，但酒味淡薄。

（2）浸香法。把酒糟发酵的香醅浸于酒基中形成醪液，再经过蒸馏，使酒味和谐，风味变好。这种方法在南方多利用小曲酒糟与黄酒糟作香醅。

（3）固液勾兑法。以液态法生产的白酒为酒基，兑入一定比例的优质酒或较好的固态法白酒，使产品具有固态法白酒的风味，方法简便。

（4）调香法。用液态法生产的较好酒精，添加天然香料调制，或用纯化学药品模仿固态白酒成分配制的方法，一般酒味较淡薄。

三、白酒的主要成分

白酒中含量最多的成分是酒精和水，除此之外，还含有少量的醛、酸、酯等其他成分，共同构成了白酒的不同风味和质量。

1. 酒精

酒精是白色透明的液体，具有独特的辛辣气味和较强的刺激性。白酒中酒精含量的高低是衡量酒度的标志，酒精含量越高则酒度越高，刺激性和辛辣味也越强烈，饮用后使人产生灼烧感，对人体健康不利。近年来，随着低度化白酒生产技术的成熟，白酒的酒度呈现低度化的发展趋势。

2. 总酸

总酸是白酒中各种酸的总称。白酒中主要含有醋酸、丁酸、己酸和少量的乳酸。适量酸类可以提高白酒的风味。但如果含酸量过高，则会使白酒产生涩酸味，质量变劣。一般白酒中的总酸含量为 0.6~1.5g/L 为宜。

3. 总酯

总酯是白酒中各种酯的总称，是醇类和羧酸酯化反应的产物，多产生在白酒发酵的后期，发酵时间越长则酯类含量越多，芳香味越浓。白酒中醋酸乙酯（又称乙酸乙酯）和乳酸乙酯的含量比其他酒类高，是构成白酒香气的主要成分。优质白酒中总酯的含量一般在 0.2g/L 以上（以醋酸乙酯计）。

4. 总醛

白酒中的总醛主要是乙醛、乙缩醛、丙烯醛及糠醛。少量醛类可以增强白酒的芳香，如乙醛是酒头香的主要物质，糠醛是酒香的重要物质，不少好酒都含有一定量的糠醛。但醛类具有强烈的刺激性和辛辣味，对人体健康有害，丙烯醛还能催人流泪，因此白酒中醛类的含量不宜过高，一般不宜超过 0.2g/L（以乙醛计）。

5. 高级醇

高级醇习惯上称为"杂醇油"，是高分子醇的混合物。白酒所含的醇类，除乙醇以外，主要是以异戊醇为主的，包括丁醇、丙醇、异丙醇等高级醇类。少量的高级醇赋予白酒特殊的香气，有助于白酒香气充分展现。但是，如果高级醇含量过高，会使白酒具有苦涩味，引起饮酒者头晕，甚至恶醉。白酒的高级醇含量应控制在 1.5g/L 以下。

6. 甲醇

白酒中的甲醇主要来源于原料中的原果胶物质，经过水解后生成甲醇。一般来说，薯类含有较多的原果胶，用薯类及代用原料酿造的白酒甲醇含量较高。甲醇对人体的视神经影响较大，应严格控制白酒中甲醇的含量。国家食品卫生标准规定：以粮食为原料的蒸馏酒或酒精勾兑的白酒中，甲醇含量不能超过 0.4g/L；以薯类及代用品为原料的白酒中，甲醇含量不能超过 1.2g/L。

7. 氰化物

以木薯或代用品为原料酿造的白酒，原料中的成分在发酵过程中会分解形成氰化物。氰化物是剧毒物质，必须严格控制其含量。国家食品卫生标准规定，以木薯为原料酿造的白酒中，氰化物的含量不得超过 $5 \times 10^{-4}\%$（以氢氰酸计）；代用原料酿造的白酒中，氰化物含量不得超过 $2 \times 10^{-4}\%$。

8. 铅

白酒中铅主要来源于酿酒容器和冷凝器。含铅的冷凝器和盛酒的容器会使白酒中含有一定量的铅，以盐的方式溶于白酒中。铅是有毒的重金属，根据国家食品卫生标准，白酒中铅的含量不得超过 $1 \times 10^{-4}\%$。

四、白酒的分类

白酒的分类方法很多，以下介绍几种常见的分类方法。

1. 按白酒的生产工艺分类

按照白酒生产工艺不同，可将白酒分为固态法白酒、固液结合法白酒和液态法白酒三类。固态法白酒是按照固态发酵法生产的白酒，如各种大曲酒、麸曲酒、四川小曲酒等；固液结合法白酒也称半固态法白酒，如南方小曲等；液态法白酒是采用液态发酵法酿造的白酒，又称"一步法"白酒。

2. 按所用酒曲和主要生产工艺分类

按所用酒曲不同，可以将固态法白酒分为大曲酒、小曲酒、麸曲酒、混曲法白酒和其他糖化剂法白酒。

（1）大曲酒。大曲酒是以大曲为糖化发酵剂制成的白酒。大曲又分为中温曲、高温曲和超高温曲。一般是固态发酵。用大曲酿造的白酒质量较好，多数名优酒均以大曲酿成。

（2）小曲酒。小曲酒是以稻米为原料制成的，多采用半固态发酵。南方的白酒多是小曲酒。

（3）麸曲酒。麸曲酒是以麸曲为糖化发酵剂生产的白酒，具有发酵时间较短、生产成本低的特点，为多数酒厂所采用。

（4）混曲法白酒。这主要是大曲和小曲混合使用酿造的白酒。

（5）其他糖化剂法白酒。以糖化酶为糖化剂，加酿酒活性干酵母（或再辅以生香酵母）发酵酿制而成的白酒。

3. 按白酒的香型分

按照白酒的主体香气成分的特征，可以将白酒分为酱香型、浓香型、清香型、米香型和其他香型白酒。在国家级评酒中，往往按这种方法对酒进行归类。

（1）酱香型白酒。酱香型白酒又称为茅香型白酒，以贵州茅台酒为代表。酱香型白酒的主要特点是酱香柔润，醇香幽雅，回味悠长。这种酒香气的主体成分是挥发性的酚化合物，用气相色谱分析法从茅台酒中检出12种挥发性的酚化合物，有苯酚、邻甲酚、间甲酚、对甲酚、愈创木酚等。酱香型白酒的各种芳香物质含量较高，种类多，香味丰富，是多种香味的复合体。香味分前香和后香。前香主要是由低沸点的醇、酯、醛类组成的香味；后香则由高沸点的酸性物质组成，对呈味起主要作用，是空杯留香的构成物质。前香后香相辅相成，浑然一体。我国的酱香型白酒还有四川的郎酒，贵州的习酒、怀酒、珍酒等。

（2）浓香型白酒。浓香型白酒以泸州老窖特曲、五粮液、洋河大曲等酒为代表，又称泸香型或窖香型。这类酒以浓香甘爽为主要特点，发酵原料采用以高粱为主的多种原料，使用混蒸续渣发酵工艺。多使用陈年老窖发酵，但也有人工培养的老窖。在名优酒中，浓香型白酒的产量最大。四川、江苏等地的酒厂所产的酒均属这种类型。

（3）清香型白酒。以山西杏花村汾酒为代表，又称汾香型。主香成分是乙酸乙酯和乳酸乙酯，其特点是清香纯正，口味协调，微甜绵长，余味爽净。除汾酒外，河南宝丰酒、特制黄鹤楼酒也属此类。

（4）米香型白酒。米香型白酒以桂林三花酒为代表，又称蜜香型。其特点是米香清雅，入口柔绵，落口爽净，回味怡畅。它的主体香味成分以乳酸乙酯为主。在桂林三花酒中，这种成分每100mL高达3g，具有玫瑰的幽雅芳香，是食用玫瑰香精的原料。小曲酒多属米香型。

(5) 其他香型白酒。除以上所介绍的几种香型以外的各种香型的白酒，都属于其他香型。这类酒的主要代表有西凤酒、董酒、白沙液等，香型各有特征，其酿造工艺采用浓香型、酱香型或清香型白酒的部分工艺，具有自成一派的独特风味。

4. 按酒度的高低分类

(1) 高度白酒。这是我国传统生产方法所酿造的白酒，酒度一般在41°及以上，大多在55°~65°。

(2) 低度白酒。低度白酒采用了白酒降度生产工艺，酒度一般在38°，也有的为20°或稍大于20°。

五、白酒的质量

1. 白酒感官质量的特征

白酒感官质量，包括白酒的色泽、香气、滋味和酒体四个部分。对白酒的质量评价是以眼、鼻、舌等的感官鉴定为主，综合色、香、味三方面，再依据对酒体的判断完成感官检验的全过程。感官检验要求鉴定人员具有丰富的评酒经验和相关的知识，以保证科学公正地评价白酒的质量，促进白酒质量的提高。一般评酒时，先确定感官质量指标及其每一指标的权重，然后请鉴定人员对被评白酒依据感官质量打分，最后计算综合得分。通过感官检验，可以及时发现生产过程中的问题，总结经验，改进工艺，也可以确定产品等级，便于分库储存，掌握白酒在储存过程中的演变情况和成熟规律。

(1) 色泽。白酒的色，是指用肉眼观察到的外观印象，主要包括酒的色调、透明度、悬浮物、沉淀物等。将白酒倒入无色透明的高脚玻璃酒杯中，观察酒液，酒液应无色、透明、无悬浮物、无沉淀物。白酒是直接蒸馏酒，通常是无色透明的液体，无悬浮物或沉淀物。但由于白酒工艺的不同，可能会使酒带有极淡的色泽。例如，发酵期长和含酯量高的白酒，有时会有极微的淡黄色；储存时间较长的白酒由于氧化作用，也可能使白酒带有极微的色泽。这些轻微的淡黄色是允许的。一般地，50°以上的白酒比较澄清透明，而50°以下的白酒随着酒度的降低，透明度变差，甚至会出现轻度混浊。生产白酒的原料或生产工艺等也会影响白酒的色泽，出现带色、失光、沉淀等现象，如水质较硬，或白酒含杂醇油较多时会出现轻微的浑浊或沉淀。

(2) 香气。酒的香气是通过人们的嗅觉（鼻）来检验的。好的白酒有一股扑鼻的芳香感觉，这是由于呈香物质分子对嗅觉器官刺激而反映出来的。白酒倒入杯中后，易挥发的呈香物质会分散在杯口周围的空气中，这样可以通过人的嗅觉来检验酒的香气。在每种白酒中，一般有主体香和其他附加香，组成白酒的典型香气。白酒香气的感官质量应是香气协调，有愉快感，主体香突出。白酒的香气分溢香、喷香和留香三个方面。溢香性好的酒，当酒倒出时香气四溢，芳香扑鼻，说明酒的香气较多。喷香性好的酒，当酒进入口腔时，香气即充满口腔，大有冲喷之势，说明酒中所含低沸点香气物质较多。留香性好的酒,当酒液咽下后,仍然是余香回旋,酒后打嗝,也有特殊舒适的香气,说明其酯的含量较多,特别是高沸点香味物质量较多。一般酒都应有明显的溢香,名优酒则还应有较好的喷香和留香。

白酒常出现的异嗅现象主要有汗臭味、糠臭味、霉味、糊味、腐臭味等,是劣质酒的主要表现。

(3) 滋味。白酒的滋味是通过味觉器官(舌头)来鉴定的。白酒的基本口味有甜、酸、辣、苦、涩、咸。白酒的滋味应"协调、和谐",好的白酒要求滋味调和,具有浓、醇、甜、净、长等特点,即滋味醇厚、回甜留甘、气味纯净、回味悠长。过甜、过酸、过辣、过苦、过涩等都会降低酒的质量。

(4) 酒体。酒体也称为风格,感官鉴定时,要通过色、香、味三方面来反映、评价酒体。一般对酒体要求是色、香、味正常,酒体的组成物质协调恰当,香味调和,具有典型性。由于白酒生产所用的原料不同,采用酒曲的种类不同、工艺条件不同,组成酒体的物质种类和含量也不同,因而形成具有不同特点的酒体。

【阅读资料】

评　酒

评酒既是一门技术,也是一门艺术。说它是一门技术,是因为中国和世界各国一样,都要采用理化鉴定和感官鉴定两种方法来对各种饮料酒进行品评;说它是一门艺术,是因为不同酒的色、香、味、体所形成的风格给人以不同的感觉和享受,使人"知味而饮"。加上酒是要求生命自由地、狂放地、艺术地表现在具体人身上,则酒对不同层次的艺术修养所带来的艺术感觉更是千姿百态、奥妙无穷。

《汉书·食货志》称酒为"天之美禄",禄者,福也,不能享受这份福的人,自然也就没福了。评酒的历史在中国源远流长,不少古代文人学士写下了许多品评鉴赏美酒佳酿的著作和诗篇。明朝袁宏道的《觞政》中说:"凡酒以色清味冽为圣。色如金而醇苦为贤。色黑味酸醨者为愚。以糯酿醉人者为君子。以腊酿醉人者为中人。以巷醪烧酒醉人者为小人。"清朝梁绍壬《两般秋雨庵随笔》中对酒品的香、味、色等方面均有精辟的品评论述。评酒在中国古代已经达到了很高的水平。

(资料来源:根据 http://baike.baidu.com/view/150386.htm 整理)

2. 白酒的理化指标

(1) 酒精。白酒酒精含量应符合各种白酒所规定的含量标准。

(2) 甲醇。国家食品卫生标准中规定,粮食白酒中甲醇的含量不得超过 0.4g/L,薯类及代用品酿造的白酒中甲醇含量不能超过 1.2g/L。

(3) 总醛。一般白酒总醛含量不宜超过 0.2g/L(以乙醛计)。

(4) 总酸。一般白酒总酸含量为 0.6~1.5g/L(以醋酸计)。

(5) 总酯。总酯含量在 0.2g/L（以乙酸乙酯计）。

(6) 杂醇油。一般要求杂醇油含量不超过 1.5g/L（以戊醇计）。

(7) 铅。铅是酒中有毒的重金属，白酒中铅含量不能超过 $1 \times 10^{-4}\%$。

(8) 氰化物。以木薯为原料的白酒中含量不得超过 $5 \times 10^{-4}\%$（以氢氰酸计），代用原料白酒中氰化物含量不得超过 $2 \times 10^{-4}\%$。

六、白酒的包装和保管

1. 白酒的包装

白酒含有较高的酒精成分，而酒精又容易挥发，这是在包装白酒时应首先考虑的因素。白酒属液体类，包装容器和外界条件对其影响较大，包装不慎，除酒精挥发以外，还可能出现渗漏和变色、变味等现象，使白酒的质量发生劣变。因此，白酒的包装是白酒生产和流通工作的重要方面。

(1) 包装容器。白酒从成品出产到投放市场，要经过储存、运输和销售等环节，每一个环节对白酒包装容器的选择有着不同的要求，因此选择包装容器时需要考虑各个环节的区别。选择的包装容器应该具有密封性能好、防渗漏的特点，同时包装容器还应该具有坚固、耐腐蚀的特性，以保证白酒的质量。

白酒储运环节中，使用的包装容器体积较大，因材料的不同，包装容器可分为血料容器、金属容器、陶制容器、水泥酒池等。

血料容器以猪血、鸡蛋清和生石灰混合涂刷在容器内壁，形成不渗漏的胶膜，具有防渗漏、轻便等特点，而且可以就地取材，成本低。但新制血料容器一般会吸收酒液，因此要事先进行挂蜡处理。金属容器坚固耐用、不易破损、运输方便、盛装白酒损耗小。但与白酒长期接触，易使白酒产生沉淀，所以在容器内壁最好喷挂一层涂料。陶制容器较笨重、易破碎，但能很好地保护酒质。水泥酒池主要用于储存白酒，需要较大投资。但使用期长、容积大，酒池内壁应涂挂防渗漏、防腐蚀的无毒涂料。

白酒的销售包装近年来备受白酒生产厂商的关注，从酒瓶的设计、酒瓶的选材到酒盒的制作，倾注了较多的心血。一般地，白酒的销售包装容器主要有玻璃瓶、瓷瓶、陶瓶、紫砂瓶，甚至还有使用塑胶瓶包装的。销售包装应美观大方，便于陈列，便于携带，有利于销售。

(2) 白酒的老熟和储存管理。一般说来，刚蒸馏出来的白酒刺激性较强，气味不纯正，香气不突出，需经过一定时期的储存后使酒体变得绵软，香味突出，刺激性减少，口味柔和，这种现象称作白酒的老熟。中国白酒的老熟方式是用陶瓷坛陈放。白酒在老熟过程中发生物理变化和化学变化。物理变化使酒分子重新排列，酒精分子活性减少，在味觉上便给人以柔和的感觉。一些低沸点的不溶性气体或液体，如硫化氢、丙烯醛及其他低沸点醛类、酯类，能够自然挥发，经过储存，可以减轻邪杂气味，减少刺激性。但是，过长时间的储存也会使香味降低。化学变化主要是缓慢的酯化反应、氧化还原反应和缩合反应，使总酯增加，酸度、酒度和刺激性降低。

白酒老熟变化过程受种种环境条件的影响，如储存的温度、储存的时间和封闭条件等。储存管理方面应注意以下几个问题：

1）储存容器必须密封，避免白酒过多地接触空气，适当地控制氧化过程，提高酯化的比率，否则白酒储存时间越长，则酒味反而变淡。

2）白酒温度应进行适当控制，一般以 20℃ 左右为宜。温度太高，挥发损失较大；温度过低，影响储存效果。

3）酒的储存期并非越长越好。要根据白酒的不同类型确定不同的储存期。例如茅香型酒高沸点物质较多，储存时间应该长一些，而以酯香为主的酒，储存期过长则酯类的挥发越多，酒味反而寡淡。

4）应先调兑储存，然后勾兑出厂。实践证明，先调兑然后储存，水和酒分子经过重新排列结合，可提高白酒质量，保持香、味平衡。反之，储存后进行调兑，打乱了分子的排列，酒味燥辣，影响了原来的储存效果。

另外，在储存过程中还要搞好清洁卫生，注意通风，经常检查酒坛是否渗漏，定期品尝复查等。

(3) 白酒的变色、变味及其救治。由于包装容器不当，白酒易发生变色、变味现象。例如，用铁制容器包装白酒，容器内壁未做挂蜡处理，白酒中的各种酸与铁发生氧化反应，白酒色泽变成黄褐或出现棕黄色沉淀。用含锌的铝桶盛装白酒，白酒中的酸与锌发生氧化反应，会使得白酒中出现粉红色。用铸铁容器盛装白酒，会使白酒产生硫的臭味。用腐败的血料涂酒篓装酒，会产生血腥臭味。用新制酒箱装酒，则会感染木材的苦涩味。综上所述，白酒的变色、变味与容器质量有关。变色、变味的白酒，应设法救治，进行特殊处理，使其恢复白酒原有的质量。

1）活性炭吸附处理。在变色的白酒中加入 0.04%～0.06% 的活性炭搅拌，在室温下静置一定时间，室温低于 20℃ 时需要延长静置时间，过滤后可以达到无色无味，再重新勾兑成为成品。

2）高锰酸钾氧化处理。高锰酸钾是一种强氧化剂，对色素物质有脱色作用，对异味有脱味作用。一般用量不应超过十万分之六，用量过多则会对白酒风味及质量产生不利影响。使用时先用少量清水溶解后，再倒入酒中搅拌均匀，静置 24h，过滤，重新勾兑后为成品。

2. 白酒保管

白酒保管是指白酒的保存、保养和管理，其主要任务是保证白酒的质量，降低白酒的损耗，防止火灾事故的发生。因此，必须做好酒库的管理工作。

白酒易挥发、渗漏，气温升高还会外溢。因此，散装白酒在储运、零售、使用等过程中应将包装容器严密封口，减少酒的挥发；盛装容器应经常检查，做到无渗漏、无破损，并定期清除容器中残留的杂物；容器不要装得太满，以免气温升高造成酒的外溢，酒库的温度要严格控制,不宜超过30℃;仓库房顶、墙壁要有隔热层,并把向阳面的窗户涂白,以防辐射热和阳光直射。

对已包装好的成品瓶装白酒,应选择比较干燥、通风、清洁的仓库保管存放,避免阳光直射。堆码酒箱时应按不同的品种规格分别堆垛、堆放平整,垛高以5~6层为宜,以防止坍塌;库内温度不宜过高,应定期检查库内温湿度、酒类数量和质量情况,发现问题及时处理。

另外,存放白酒的库房要注意防火。酒精易燃、易爆,是危险化学品,如果防火不当,就会给企业和社会造成巨大的损失。因此,酒库必须严禁烟火,应设有良好的防火设施和消防设备。

第三节 啤 酒

啤酒是以麦芽、水为主要原料,加啤酒花(包括酒花制品),经发酵酿制而成的、含有二氧化碳的、起泡的、低酒精度的发酵酒。啤酒素有"液体面包"之称,是一种营养丰富的酒精饮料,它含有11种维生素、17种氨基酸和相当数量的碳水化合物、蛋白质、矿物盐类,并多以液体状态存在于酒中,极易被人体吸收。啤酒含有充足的二氧化碳,既能消暑降温,又能给人以爽快之感,深受世界各国人民的喜爱。在1972年召开的世界第九次营养食品会议上,啤酒被列为营养食品。

一、啤酒的原料和酿造

1. 啤酒的原料

酿造啤酒的主要原料有大麦、酒花、辅助原料、啤酒酵母和水。

(1)大麦。啤酒生产采用大麦为原料,是因为大麦具有良好的生物学特性,对土壤和气候的要求较低,能在地球上广泛生长;大麦富含淀粉和蛋白质成分,容易发芽,淀粉酶可作为糖化剂,制成的啤酒别具风味;大麦比小麦等其他谷物更适宜于啤酒酿造的机械化工艺,且价格在谷物中又是较为便宜的,原料成本较低。应优先选择淀粉含量较高、蛋白质含量适中、颗粒饱满、大小均匀、色泽鲜黄、无病虫害、无霉变的大麦做原料。

(2)酒花。啤酒中清爽的苦味实际上来源于酒花。酒花在我国俗称蛇麻花、啤酒花。我国新疆、宁夏地区盛产优质的啤酒花。啤酒花是荨麻科植物,在这种植物雌株的花瓣基部长有黄色花粉,含有芳香的酒花油和苦味的树脂,花瓣中含有鞣质,这些成分不但赋予啤酒独特的香味和清爽的苦味,又可以防止啤酒中腐败菌的繁殖,杀死发酵过程中所产生的有害菌,还能与麦汁中的蛋白质结合成鞣质盐,有利于麦汁的澄清和啤酒的稳定性。酒花对啤酒的风味质量和稳定性影响很大,选择酒花时应以朵大、花瓣闭合、色泽黄绿、有清香者为好。

(3) **辅助原料**。碎大米和去胚的玉米是生产啤酒常用的辅助原料。使用辅助原料可以节省大麦芽的用量，有利于降低啤酒的生产成本，提高啤酒质量。一般选用淀粉含量较多的谷物作辅助原料。

(4) **啤酒酵母**。啤酒酵母是一种酵母菌，是一种不能运动的单细胞低等植物，其细胞只有借助显微镜才能看到。在啤酒生产中，酵母需要经过纯粹的培养而获得，并且这种酵母必须有耐低温的特性。啤酒酵母按发酵方式不同分为上层酵母和下层酵母两种。上层酵母适合上层发酵，发酵温度较高，发酵时间短；下层酵母则适宜于下层发酵，发酵温度较低，时间稍长，发酵结束后酵母凝集下沉，有利于啤酒的澄清。啤酒中的酒精和二氧化碳都是啤酒酵母发酵产生的。

(5) **水**。水是啤酒的"血液"，啤酒中至少含有90%的水分，水中的无机物的含量、有机物和微生物的存在会直接影响啤酒的质量。因此，酿造啤酒的用水必须符合生活用水的标准，无色透明、无异味、无沉淀，水的硬度不能太大。啤酒生产厂商应建立一套酿造用水的处理系统，最好采用天然高质量的水源。

2. 啤酒的酿造

啤酒生产过程分为麦芽制造、麦汁制造、前发酵、后发酵、过滤灭菌、包装等工序。

(1) **麦芽制造**。原料大麦经过初选、精选、分级后，选用颗粒饱满、色泽金黄的大麦，在浸麦槽内用水浸泡，使大麦吸足水分，体积膨胀。然后将其输送到发芽箱内，在低温和湿度条件下通风发芽。发芽的目的是使麦粒生成大量的各种酶，如蛋白酶、糖化酶等，大麦中的细胞壁得到溶解而使组织变得疏松，一部分非活化酶得到活化和增长。再将大麦芽送到干燥炉烘干，烘干后的麦芽通过除根机除掉麦根，即成为成品麦芽。成品麦芽经过一段时间的存储，就可以用来酿酒。麦芽制造的工艺流程如图9-2所示。

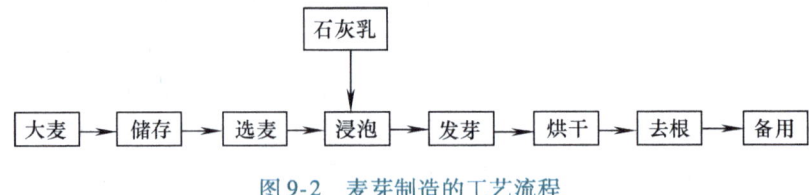

图9-2 麦芽制造的工艺流程

(2) **麦汁制造**。制取麦汁包括原料糖化、麦汁过滤、麦汁煮沸、麦汁冷却等过程。麦芽经过适当的粉碎，加入温水，在一定的温度下，利用麦芽本身的水解酶使麦芽中的淀粉水解成麦芽糖，蛋白质水解为水溶性的氨基酸。为了降低生产成本，还可以加入一定比例的大米粉作辅料。然后用过滤槽进行过滤，就可得到麦芽汁。将麦芽汁输送到麦汁煮沸锅中进行糖化，并加入酒花。煮沸后，除去花粕，调整麦汁的浓度，经过冷却后就可以进行啤酒发酵。

(3) **发酵**。麦汁经过冷却后，加入酵母菌，输送到发酵罐中，即开始发酵。麦汁发酵与啤酒的质量关系密切。啤酒发酵分为前发酵和后发酵两个阶段,分别在不同的发酵罐中进行。

前发酵主要是利用酵母菌将麦汁中的麦芽糖转变成酒精。前发酵根据酵母的不同可分为上层发酵和下层发酵。下层发酵属于低温发酵,温度控制在10℃以下。低温发酵的啤酒口味比较醇厚,容易澄清,泡沫紧密,稳定性较好。但发酵时间较长,有开口式和封闭式两种。上层发酵属于高温发酵,温度在20℃左右,发酵时间短,啤酒的香味较突出。

后发酵主要是将麦芽糖继续发酵生成酒精,更重要的是后发酵期间的生化变化能形成啤酒特有的风味,排除啤酒中的异味。这一期间对啤酒质量的影响尤其重要,大多在专供后发酵的密闭罐中进行,发酵温度应控制在0~1℃范围内,还应控制罐内压力,使后发酵时产生的二氧化碳保留在啤酒中。一般鲜啤酒和普通啤酒后发酵时间较短,高档优质啤酒后发酵时间长。

后发酵工艺完成后,将啤酒在低温下过滤,除去啤酒中的酵母菌和微小的颗粒,即为鲜啤酒,装罐后经过杀菌处理即为熟啤酒。

二、啤酒的种类

啤酒的品种很多,一般可根据啤酒的色泽、麦汁浓度、生产工艺、啤酒风味、啤酒的包装容器、消费对象、啤酒发酵所用的酵母菌的种类等进行分类。

1. 按啤酒的色泽分类

(1) 淡色啤酒。淡色啤酒又称浅色啤酒,是啤酒中的主要品种。淡色啤酒酒色浅黄,口味淡爽,香气突出,酒液透亮。常见的有浅黄色啤酒和金黄色啤酒。

(2) 浓色啤酒。酒色呈红棕色或红褐色,麦芽香味突出,口味醇厚,酒花苦味较轻。

(3) 黑色啤酒。酒色红里透黑,呈咖啡色,麦汁浓度高,口味醇厚,麦芽香味突出。

(4) 特种啤酒。由于原辅材料、工艺的改变,具有特殊风格的啤酒为特种啤酒,主要有干啤酒、冰啤酒、低醇啤酒、无醇啤酒、小麦啤酒、混浊啤酒、蔬菜类啤酒等。

2. 按麦汁浓度分类

(1) 高浓度啤酒。原麦汁浓度为14°~20°,酒精含量为4.9%~5.6%,稳定性较好,适宜储存和远销。

(2) 中浓度啤酒。原麦汁浓度为11°~12°,酒精含量为3.1%~3.8%,是啤酒最常见的种类,产量较大,其中12°啤酒最为普遍。

(3) 低浓度啤酒。原麦汁浓度为7°~8°,酒精含量在2%左右,稳定性较差,适合夏季作为清凉饮料销售。

3. 按照酿造中是否杀菌分类

(1) 熟啤酒。经过巴氏杀菌或瞬时高温灭菌的啤酒为熟啤酒。熟啤酒的稳定性较好,保质期较长,一般在60天以上,容易保管。

(2) 生啤酒。不经巴氏杀菌或瞬时高温灭菌,而采用其他物理方法除菌,达到一定生物稳定性的啤酒为生啤酒。

（3）**鲜啤酒**。不经巴氏灭菌或瞬时高温灭菌，成品中允许含有一定量的活酵母菌，达到一定生物稳定性的啤酒为鲜啤酒。鲜啤酒在酿造中未经杀菌处理，味道鲜爽，营养价值高，但保存期短，稳定性较差，多为桶装，是夏季畅销的清凉饮料。

4. 按国外风味分类

按国外风味分类是指按照国外啤酒的产地和风味进行分类。这里可以分为慕尼黑啤酒、多特蒙德啤酒、跑特啤酒、司都特黑啤酒、爱尔啤酒等。慕尼黑啤酒产自德国慕尼黑，采用深色麦芽下层发酵，色深，麦芽香味浓重，苦味轻，口味浓醇而甜，是具有代表性的黑啤酒。多特蒙德啤酒产自德国的多特蒙德，酒精含量高，色泽浅，苦味轻，口味醇和爽口。跑特啤酒最受英国伦敦脚夫的喜爱，又称"脚夫啤酒"，口味较淡，泡沫浓稠，酒色较浅。司都特黑啤酒产于英国，色泽深褐，酒花苦味重，有明显的焦香麦芽味，酒精含量高。爱尔啤酒产于英国，棕色爱尔啤酒是英国最畅销的爱尔啤酒，色泽较深，麦芽香味浓，口味甜而醇厚。

除以上介绍的四种分类方法以外，啤酒还可以按使用的包装容器分为瓶装啤酒、桶装啤酒和罐装啤酒；按消费对象可将啤酒分为普通型啤酒、无酒精（或低酒精度）啤酒、无糖或低糖啤酒、酸啤酒等。

三、啤酒的成分与质量

1. 啤酒的成分

啤酒中含有的化学成分主要为酒精、碳水化合物、含氮物质和二氧化碳等。

（1）**酒精**。酒精含量是表示啤酒强度的一种方法。啤酒中酒精的含量取决于麦汁浓度和啤酒的发酵度。麦汁浓度是指啤酒中原麦汁的浓度，它与白酒的酒度不同，如12°麦汁浓度的黄啤酒100g，标准中规定酒精含量不得低于3.5%，发酵度应在60%以上。

（2）**碳水化合物**。啤酒中的碳水化合物主要是不能被酵母发酵的糊精，这部分糊精对啤酒的口味比较重要，能增加啤酒的醇厚感，也是啤酒产生热量的主要来源。

（3）**含氮物质**。麦汁中低分子含氮物质含量较多，经过发酵以后，低分子含氮物质多数被酵母繁殖所利用。但酵母在代谢中也分泌一些含氮物质。低分子含氮物质占啤酒总量的25%，这些含氮物质对啤酒的营养和风味影响较大。

（4）**二氧化碳**。啤酒中的二氧化碳是啤酒风味和质量的重要特征。溶于啤酒中的二氧化碳可降低啤酒的pH值，使啤酒具有充沛的泡沫，口味柔和。二氧化碳还可防止杂菌的污染。

2. 啤酒的质量

啤酒的质量可以从感官鉴定和理化鉴定两个方面进行。

（1）**啤酒的感官质量检验**。啤酒的感官质量检验指标主要包括啤酒的透明度、浊度/EBC、泡沫形态、泡持性以及香气和口味等方面。淡色啤酒的感官要求见表9-1，浓色啤酒与黑色啤酒的感官要求参见啤酒国家标准（GB 4927—2008）。

表 9-1 淡色啤酒的感官要求

项目			优级	一级
外观①	透明度		清亮，允许有肉眼可见的微细悬浮物和沉淀物（非外来异物）	
	浊度/EBC ≤		0.9	1.2
泡沫	形态		泡沫洁白细腻，持久挂杯	泡沫较洁白细腻，较持久挂杯
	泡持性②/s ≥	瓶装	180	130
		听装	150	110
香气和口味			有明显的酒花香气，口味纯正，爽口，酒体协调，柔和，无异香、异味	有较明显的酒花香气，口味纯正，较爽口，协调，无异香、异味

① 对非瓶装的"鲜啤酒"无要求。
② 对桶装（鲜、生、熟）啤酒无要求。

（2）**啤酒的理化质量检验**。啤酒的理化检验指标主要有啤酒的酒精度、原麦汁浓度、总酸、二氧化碳、双乙酰以及蔗糖转化酶活性等。淡色啤酒的具体理化要求见表 9-2。

表 9-2 淡色啤酒的理化要求

项目		优级	一级
酒精度①（%） ≥	大于或等于 14.1 °P		5.2
	12.1 °P ~ 14.0 °P		4.5
	11.1 °P ~ 12.0 °P		4.1
	10.1 °P ~ 11.0 °P		3.7
	8.1 °P ~ 10.0 °P		3.3
	小于或等于 8.0 °P		2.5
原麦汁浓度②/°P		X	
总酸/(mL/100mL) ≤	大于或等于 14.1 °P		3.0
	10.1 °P ~ 14.0 °P		2.6
	小于或等于 10.0 °P		2.2
二氧化碳③（%，质量分数）		0.35 ~ 0.65	
双乙酰/(mg/L) ≤		0.10	0.15
蔗糖转化酶活性④		呈阳性	

① 不包括低醇啤酒、无醇啤酒。
② "X"为标签上标注的原麦汁浓度，≥10.0 °P允许的负偏差为"-0.3"；<10.0 °P允许的负偏差为"-0.2"。
③ 桶装（鲜、生、熟）啤酒二氧化碳不得小于0.25%（质量分数）。
④ 仅对"生啤酒"和"鲜啤酒"有要求。

四、啤酒的包装与保管

1. 啤酒的包装

啤酒的包装主要有桶装、瓶装、听装三种。瓶装啤酒酒瓶为棕色或深绿色，以防止阳光直射，造成酒液氧化浑浊。瓶装啤酒应有一定的耐压性，一般不低于 1.2~1.5MPa。桶装啤酒主要是指鲜啤酒的包装，现在许多啤酒厂商使用大罐车装运鲜啤酒。听装啤酒主要用于中高档啤酒的包装，具有容器重量轻、密封性能好、不易碎等特点。

2. 啤酒的保管

啤酒在保管时，由于外界因素的作用，尤其是受杂菌和理化因素的作用，容易引起质量变化，轻者失色，严重时会出现浑浊和沉淀。在保管过程中时常出现以下浑浊现象：

（1）酵母浑浊。鲜啤酒工艺中不经过杀菌工艺，啤酒中存在的活性酵母在温度超过15℃的条件下，酵母重新繁殖，引起浑浊和沉淀。因此，保管鲜啤酒时应严格控制酒库温度。

（2）受寒浑浊。啤酒在保管或运输过程中，当外界温度低于5℃时，会使啤酒中可溶性物质的溶解度随之降低，出现凝聚物，析出微细颗粒，轻者使啤酒失色，重者产生浑浊和沉淀。如及时升温到10℃以上，浑浊沉淀可能消失，恢复原来的透明度。但如果在低温下保存时间过长，即使升温也难以恢复到本来面目。因此，要密切注意酒库的温度，特别是北方冬季气温较低，应采取措施升高库温。

（3）氧化浑浊。氧化浑浊是啤酒保存期过长出现的浑浊现象。原因是由于啤酒含有的多酚类物质与蛋白质发生氧化和聚合，使蛋白质溶解度降低而出现浑浊。这种浑浊是无法挽救的。为防止氧化浑浊现象的发生，可在啤酒中加入适量的维生素C，利用维生素C阻止蛋白质氧化的原理，提高啤酒的非生物稳定性。瓶装啤酒应有防热、防光照设备，还应避免剧烈振荡，外界温度最好不超过25℃，冬季应防止酒液结冰。

第四节　黄酒和果酒

一、黄酒

黄酒也称为老酒，是以稻米、黍米等为主要原料，经加曲、酵母等糖化发酵剂酿制而成的发酵酒。黄酒具有酒性醇和、适宜长期储存的特点，黄酒"越陈越香"。黄酒中含有糖分、糊精、高级醇、有机酸、维生素等，具有较高的营养价值。经现代科学分析，优质黄酒中含有17种氨基酸，其中有7种是人体不能合成且必需的氨基酸。酒中的营养物质多以低分子糖和以肽、氨基酸的浸出物状态存在，极易为人体消化吸收，因而被誉为"液体蛋糕"。黄酒还可以用来配制各种药酒或药丸，也可以作为烹饪的一种重要佐料。黄酒的生产主要集中于我国浙江、江苏、上海、福建、江西和广东等地，在其他地方也有少量生产。

1. 黄酒的种类

我国的黄酒有很多品种，分类方法也各有差异。在国家标准（GB/T 13662—2008）中，给出了黄酒的两种分类，按产品风格和按含糖量分类。

（1）按产品风格分为传统型黄酒、清爽型黄酒和特型黄酒。

1）传统型黄酒。以稻米、黍米、玉米、小米、小麦等为主要原料，经蒸煮、加曲、糖化、发酵、压榨、过滤、煎酒（除菌）、储存、勾兑而成的黄酒为传统型黄酒。

2）清爽型黄酒。以稻米、黍米、玉米、小米、小麦等为主要原料，加入酒曲（或部分酶制剂和酵母）为糖化发酵剂，经蒸煮、糖化、发酵、压榨、过滤、煎酒（除菌）、储存、勾兑而成的、口味清爽的黄酒为清爽型黄酒。

3）特型黄酒。由于原辅料和（或）工艺有所改变，具有特殊风味且不改变黄酒风格的酒为特型黄酒。

（2）按含糖量的多少分为干黄酒、半干黄酒、半甜黄酒和甜黄酒四类。

1）干黄酒。"干"表示酒中的含糖量少，糖分大部分发酵变成了酒精而使酒中的糖分含量最低。干黄酒的含糖量小于15.0g/L（以葡萄糖计）。这种黄酒属稀醪发酵，总的加水量为原料米的三倍左右。发酵温度控制得较低，开耙搅拌的时间间隔较短，酵母生长较为旺盛，发酵彻底，残留的糖分含量很低。在绍兴地区，干黄酒的代表是"元红酒"。

2）半干黄酒。"半干"黄酒中的糖分没有全部发酵成酒精，酒中含有部分糖分。半干黄酒在生产过程中加水量较少，相当于在配料时增加了饭量，故又称为"加饭酒"。半干黄酒的含糖量在15.1~40.0g/L之间。酒质厚浓，风味优良，可以长期储存，是黄酒中的上品。我国大多数出口黄酒均属此种类型。

3）半甜黄酒。半甜黄酒的糖分含量在40.1~100g/L之间。生产工艺独特，是用成品黄酒代水，加入到发酵醪中，使糖化发酵在开始之际发酵醪中的酒精浓度就达到较高的水平，在一定程度上抑制了酵母菌的生长速度。由于酵母菌数量较少，对发酵醪中产生的糖分作用较小，糖分不能被及时转化成酒精，因而成品酒中的糖分含量较高。半甜黄酒酒香浓郁，酒度适中，味甘醇厚，是黄酒中的珍品。但不宜长期储存，储藏时间越长，色泽越深。

4）甜黄酒。一般采用淋饭操作法，待淋饭降温后往饭甑里均匀地拌入酒药，搭窝先酿成"甜酒酿"，当糖化至一定程度时，加入40%~50%浓度的米白酒或糟烧酒，以抑制微生物的糖化发酵作用，酒中的糖分含量高于100g/L。由于加入了米白酒，酒度也较高，酒香浓郁，甘甜醇口。甜黄酒可常年生产。

黄酒按产地、风味和曲药等的不同可以分为南方糯米（粳米）黄酒、红曲黄酒、北方黍米黄酒三类。绍兴酒以糯米为原料，品种有元红酒、加饭酒、花雕酒、善酿酒、香雪酒等；红曲黄酒是以红曲代替麦曲酿制的一种黄酒，福建红曲黄酒是主要品种；北方黍米黄酒是用黍米为原料，以麦曲（或米曲）为糖化发酵剂酿造的一种黄酒，品种主要以山东即墨老酒最有名。

2. 黄酒的酿造

不同种类的黄酒，其酿造工艺各有特色。这里主要以绍兴酒为例，简要介绍黄酒的酿造工艺。

绍兴酒的主要品种有元红酒、加饭酒、善酿酒和香雪酒四类。元红酒属干黄酒，加饭酒属半干黄酒，善酿酒属半甜黄酒，香雪酒则属甜黄酒。

绍兴酒的主要原料是糯米、酒药、麦曲、水等。绍兴酒酿造方法分为淋饭法和摊饭法两种。

酿造绍兴酒时须先酿制淋饭酒。淋饭酒主要作为摊饭酒的酒母使用。淋饭酒工艺中原料蒸熟后，将米饭用冷水过淋冷却，因而得名。淋饭酒也可以作为商品酒销售，称为"新酒"，但酒的风味较差。

摊饭酒工艺中原料蒸熟后，将米饭采用摊凉的办法进行冷却，因此得名，是绍兴酒的主要酿造方法。因使用配料的不同形成不同的品种，如元红酒、加饭酒、善酿酒和香雪酒等。摊饭酒除了用淋饭酒作为酒母外，还要用浸米的浆水来调节发酵醪的酸度，抑制杂菌的生长繁殖，改进酒的风味。

摊饭酒（以元红酒为例）的酿造工艺流程如图9-3所示。

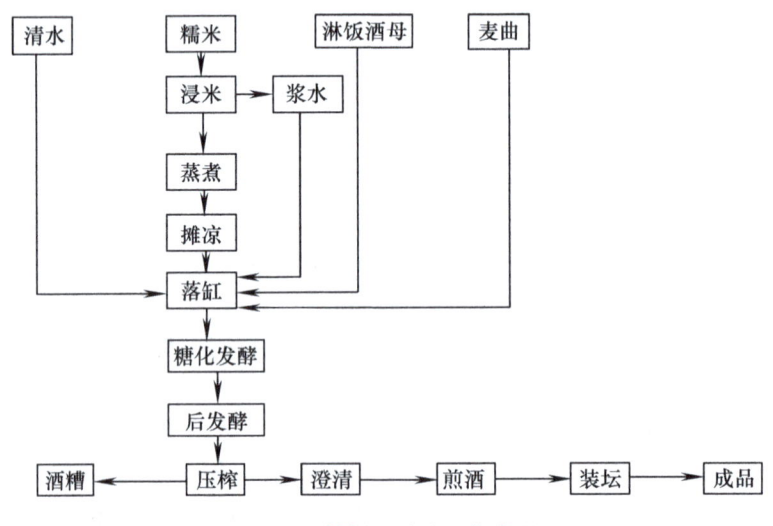

图9-3　摊饭酒酿造工艺流程

3. 黄酒的质量

黄酒的质量主要是通过感官鉴定和理化鉴定两方面进行判别。

(1) 感官指标。感官指标主要是指黄酒的色泽、香气和口味三个方面。黄酒的色泽要求清澈透明，具有琥珀色或淡黄色，光泽明亮，无沉淀物；香气要求具有某一品类特有的醇香，香气浓郁；口味要求醇厚稍甜，酒味柔和无刺激性，不能有酸涩味或其他异味。

(2) 理化指标。理化指标主要有酒精度、总酸、总糖和非糖固形物等几个方面。酒精度含量一般要求在8%～20%；总酸量（按琥珀酸计）一般为3.5～8g/L，含量过高则酒味酸涩；总糖（葡萄糖计）一般应控制为干黄酒在15.0g/L 以下、半干黄酒在15.1～40.0g/L 之间、半甜黄酒在40.1～100g/L 之间、甜黄酒高于100g/L；非糖固形物应在13.5g/L 以上。

4. 黄酒的包装和保管

(1) 黄酒的包装。黄酒的酒精含量低，营养丰富，容易受微生物污染，引起酸败和沉淀，进而引起黄酒变质。传统用陶质酒坛泥头封口，有利于酒液老熟，提高香气。但易碎，运输不便。近年来，黄酒的包装也正在向瓶装和小型坛装发展。黄酒的包装材料应符合食品卫生要求，包装容器应封装严密、无渗漏。

(2) 黄酒的保管。黄酒在适当条件下储存，可以增进风味和提高质量。黄酒应在5～35℃之间储存，低于或高于此温度范围，应有防冻或防热措施，否则会受冻变质；应储存于阴凉、干燥、通风的库房中，相对湿度在60%～70%为宜；不得露天堆放、日晒、雨淋或靠近热源；接触地面的包装箱底部应垫有100mm 以上的间隔材料；应避免与有毒、有害、有腐蚀性、易挥发或有异味的物品同库储存；黄酒的保质期袋装酒不少于3 个月，瓶装和坛装酒不少于12 个月。

二、果酒

果酒是以各种果品如葡萄、梨、橘、荔枝、甘蔗、山楂、杨梅等为原料酿造的饮料酒，酒精含量低，具有果实的香味和营养。我国人工发酵酿制果酒的历史则是在汉代葡萄从西域传入后才出现的，随之出现了葡萄酒，后来相继发展了椰子酒、黄柑酒、橘酒、枣酒、梨酒、石榴酒和蜜酒等品种，清朝末年烟台张裕葡萄酿酒公司的建立，标志着我国果酒类规模化生产的开始。中华人民共和国成立后，我国果酒酿造业有了长足的发展，最有代表性的葡萄酒的酿造，以张裕、长城和王朝等品牌最为著名。

葡萄酒是果酒的典型代表，是以新鲜葡萄或葡萄汁为原料经发酵酿制而成的发酵性原酒。葡萄酒的生产备受世界各国的重视，可以说是世界酒文化的重要内容。葡萄酒含有丰富的营养，可以预防和治疗各种疾病，适量饮用葡萄酒，能降低胆固醇含量，防止心肌梗死的发生，改善人体的血液循环，遏制病菌和病毒的繁殖等，对人类的健康颇有益处。

1. 果酒的原料

酿造果酒的原料主要是果实和酵母。

能用来酿造果酒的果实很多,如葡萄、椰子、柑橘、枣、苹果、梨、草莓、沙果等。这些果实自然界分布很广。不同的果实品种、成分和质量对果酒的品质影响很大,因此选择酿造果酒的原料时应注意选用果汁多、含糖量较大、酸度适中的鲜熟果实。

葡萄酒的主要原料是葡萄。葡萄属于浆果,既可以鲜食,又能加工成果汁或葡萄干,还可以用来酿造葡萄酒,世界上每年出产的葡萄大约有80%用来酿造葡萄酒。葡萄的果实有果肉、果梗、果皮、果核四部分。果肉是酿造葡萄酒的主要部分,果肉含糖量高,还含有水分和适量的有机酸、矿物质、含氮物、果胶等。果核中含脂肪、单宁、树脂较多,酿酒时应去除。果梗中含单宁较多,涩味重,酿酒时也应去除。果皮中含有单宁、酸类、色素、芳香成分等,酿造红葡萄酒时为了取得鲜艳的颜色,需要用果皮和果肉混合发酵,酒色易呈现深红色或鲜红色。酿酒时应根据所酿酒的不同选用葡萄,一般应选用含糖量较高(在18%以上)、含酸适中(0.7%左右)、出汁率较高(不低于70%)的葡萄。酿造白葡萄酒以选用近似无色或琥珀色的葡萄为好,酿造红葡萄酒则以选用宝石红和深宝石红的葡萄为佳。

酿造果酒所用的酵母,因酒的品种而异。酿造红葡萄酒,大多利用果皮上存在的天然酵母,带皮发酵。酿造白葡萄酒,在发酵时需加入培养的酵母。

2. 果酒的酿造方法

果酒酿造的基本生产流程如图9-4所示。

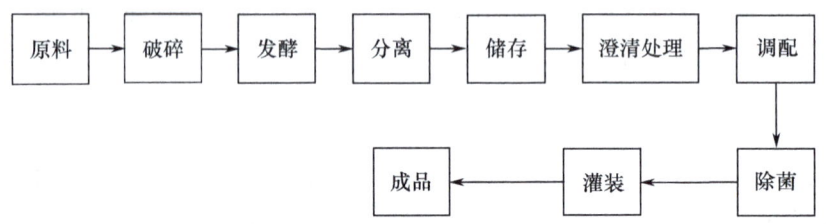

图9-4 果酒酿造的基本生产流程

深色果酒一般采用混合发酵方法,浅色果酒则采用分离发酵方法生产。红葡萄酒是深色果酒的代表,白葡萄酒是浅色果酒的代表。两种葡萄酒生产方法的最大区别是,红葡萄酒是葡萄经压榨破碎后带皮渣发酵的,而白葡萄酒是葡萄经破碎先将皮渣分离后,仅用葡萄汁发酵。

红葡萄酒的生产方法是将葡萄分选后,用专门的破碎机使葡萄破碎,除去葡萄梗,得到葡萄浆,在葡萄浆中充入二氧化硫(主要作用是杀死葡萄皮表面的杂菌),然后将葡萄浆输送到发酵罐中进行前发酵,在发酵过程中,随着酒精度的提高,葡萄皮中的色素成分及香气成分被浸取出来,故红葡萄酒的颜色较深。发酵完毕后再经过压榨,除去葡萄皮渣,得到前发酵葡萄酒。这时的葡萄酒其口味并不佳,还需经过调整成分,再经过一次后发酵装入橡木桶进行陈酿,将陈酿酒进行调配、澄清处理,最后经过包装、低温灭菌,得到的就是成品红葡萄酒。

白葡萄酒的生产方法则是在原酒加工过程中将原料破碎去梗后,经皮渣等与果汁分离后进行发酵。因葡萄皮被剔除,葡萄皮中的色素成分不存在,因此酒液颜色浅。

3. 果酒的分类

果酒都是以果实名称命名,分类也按果实名称进行分类,主要有:葡萄酒、苹果酒、橘子酒、梨酒、山楂酒、草莓酒、杨梅酒、黑豆蜜酒、桑葚酒等。下面对葡萄酒的分类进行简要介绍。

葡萄酒可以按色泽的不同,二氧化碳压力、含糖量与总酸含量以及采摘、酿造工艺的不同进行分类。

(1) **按色泽不同进行分类。** 按色泽不同将葡萄酒分为白葡萄酒、桃红葡萄酒和红葡萄酒三类。

白葡萄酒是选用黄绿色葡萄或红葡萄的果汁发酵酿制而成,酒色多呈浅黄色或金黄色,口味鲜爽,澄清透明,有愉快的清香。

桃红葡萄酒是近年来国际上新发展起来的葡萄酒类型,色泽和风味介于红、白葡萄酒之间,酿造中皮肉不分离。桃红葡萄酒比红葡萄酒颜色浅,是因为葡萄皮和葡萄汁接触时间较短或人工取样检查控制颜色。

红葡萄酒选用红色或紫黑色葡萄为原料,采用皮肉混合的方法发酵酿制而成,酒色呈红色或深红色,口味甘美,酸度适中,香气芬芳。

(2) **按二氧化碳压力分类。** 按二氧化碳压力可将葡萄酒分为平静葡萄酒和起泡葡萄酒。

平静葡萄酒是在20℃时二氧化碳的压力低于0.05MPa的葡萄酒。

起泡葡萄酒是在20℃时含有二氧化碳压力等于或大于0.05MPa的葡萄酒。

(3) **按葡萄酒的含糖量与总酸含量分类。** 按此分类,可将葡萄酒分为干葡萄酒、半干葡萄酒、半甜葡萄酒和甜葡萄酒。

干葡萄酒是含糖量(以葡萄糖计)小于或等于4g/L,或者当总糖与总酸(以酒石酸计)的差值小于或等于2g/L时,含糖最高为9g/L的葡萄酒。

半干葡萄酒是含糖量在4~12g/L之间,或者总糖与总酸的差值按干酒方法确定,含糖最高为18g/L的葡萄酒。

半甜葡萄酒含糖量在12~45g/L之间。

甜葡萄酒的含糖量大于45g/L。

(4) **按照葡萄采摘或酿造工艺分类。** 按照葡萄采摘或酿造工艺中的方法进行分类,可以分为利口葡萄酒、高起泡葡萄酒、葡萄汽酒、冰葡萄酒、贵腐葡萄酒、产膜葡萄酒、加香葡萄酒、低醇葡萄酒、无醇葡萄酒、山葡萄酒和葡萄蒸馏酒等。

1) 利口葡萄酒是在由葡萄生成总酒精度为12%以上的葡萄酒中,加入葡萄白兰地、食用酒精或葡萄酒精以及葡萄汁、浓缩葡萄汁、含焦糖葡萄汁、白砂糖等,使其终产品酒精度为15%~22%的葡萄酒。

2) 高起泡葡萄酒是葡萄原酒经密闭二次发酵产生二氧化碳的葡萄酒。高起泡葡萄酒按含糖量分为天然酒(含糖量小于或等于12g/L)、绝干酒(含糖量12~17g/L)、干酒(含糖量17~32g/L)、半干酒(含糖量32~50g/L)和甜酒(含糖量大于50g/L)。

3) 葡萄汽酒即低起泡葡萄酒,在20℃时二氧化碳的压力为0.05~0.25MPa(以250mL/瓶计)。

4) 冰葡萄酒是将葡萄推迟采收,当气温低于-7℃以下时,使葡萄在树枝上保持一定时间,结冰后采收、压榨,再行酿造而成的酒。

5) 贵腐葡萄酒是用葡萄成熟后期感染了灰绿葡萄孢的葡萄果实酿成的酒。

6) 产膜葡萄酒是葡萄汁经过全部酒精发酵,在酒的自由表面产生一层典型的酵母膜后,加入葡萄白兰地、葡萄酒精或食用精馏酒精,所含酒精度等于或高于15%的葡萄酒。

7) 加香葡萄酒是以葡萄原酒为酒基,经浸泡芳香植物或加入芳香植物的浸出液(或馏出液)而制成的葡萄酒。

8) 低醇葡萄酒是采用鲜葡萄或葡萄汁经全部或部分发酵,经特种工艺加工而成的饮料酒,所含酒精度为1%~7%。

9) 无醇葡萄酒是经特种工艺脱醇加工而成的饮料酒,所含酒精度不超过1%。

10) 山葡萄酒是采用鲜山葡萄或山葡萄汁经过全部或部分发酵而成的饮料酒。

11) 葡萄蒸馏酒是葡萄酒或经发酵的葡萄皮渣经过蒸馏而获得的蒸馏液。

4. 果酒的质量

果酒的质量可以通过感官鉴定和理化鉴定两方面进行,以感官质量鉴定为主。

(1) 感官指标。感官指标主要包括外观、香气、滋味、典型性几个方面。

1) 外观。果酒的外观指标包括色泽、澄清程度和起泡程度指标。果酒的色泽因果实的种类不同而不同,要求具有与天然果实相近的色泽。红葡萄酒应呈紫红、深红、宝石红、红微带棕色、棕红等颜色,白葡萄酒应呈近似无色、微黄带绿、浅黄、禾秆黄、金黄等颜色,橘子酒应呈橙红色。澄清程度反映了果酒的酒质是否正常,要求酒液澄清透明、有光泽、无明显悬浮物(使用软木塞封口的酒允许有3个以下不大于1mm的软木渣)。起泡葡萄酒注入杯中时,应有细微的串珠状气泡升起,并有一定的持续性。

2) 香气。果酒应具有果实的清香和酒香。构成酒香的成分包括酯类、酚类、酸类、醛类、酮类等。非加香葡萄酒应具有纯正、优雅、怡悦、和谐的果香与酒香,加香葡萄酒应具有优美、纯正的葡萄酒香与和谐的芳香植物香。

3）滋味。滋味是决定果酒质量的重要指标。干、半干葡萄酒应具有纯净、幽雅、爽顺的口味和新鲜悦人的果香味，酒体完整；甜、半甜葡萄酒应具有甘甜醇厚的口味和陈酿的酒香味，酸甜协调，酒体丰满；起泡葡萄酒应具有优美醇正、和谐悦人的口味和发酵起泡酒的特有香味，有杀口力。

4）典型性。典型性是指果酒独特的风格。各种果酒都应具有各自的典型性，要求果酒的风格典型突出、明确。甜红葡萄酒的风格应是爽、酸、甜、馥感，各味和谐统一，干白葡萄酒应具有清、新、爽、利、愉、雅感，干红葡萄酒应具有清、爽、愉、醇、幽感。

（2）**理化指标**。理化指标主要有酒精度、总糖和总酸等指标。

果酒属于低度酒，酒精含量不应过高。葡萄酒的酒精度一般在7%～24%。

总糖的含量因果酒的不同而有所区别，以葡萄酒为例，一般总糖含量在4.0 g/L（以葡萄糖计）以上，干葡萄酒含糖量低，甜葡萄酒含糖量高，甜葡萄酒的含糖量大于45g/L。

果酒中含有挥发酸和滴定酸，两者之和称为总酸。以葡萄酒为例，一般滴定酸含量为5.0～8.0g/L（以酒石酸计），挥发酸应不大于1.1g/L（以乙酸计）。

5. 果酒的包装与保管

果酒大多数采用深绿色、棕绿色及棕色的玻璃瓶装，少数使用透明瓶装。果酒成分复杂，有些成分如蛋白质、胶质、色素、单宁等水溶性胶粒，在外界温度、光等因素作用下凝聚，产生浑浊、沉淀等现象。因此，采用深色瓶装有利于酒的保管。

果酒的保管场所应注意空气流通，清洁卫生。应避光，防止光线照射。库房的储存温度应在5～20℃，温度过高会加速酒中胶粒碰撞，易形成浑浊；温度过低则会使酒中大分子聚集产生沉淀，温度低于零度时，酒精含量低的酒会出现结冰现象，破坏酒液的稳定性，易出现浑浊和沉淀。果酒保管场所的相对湿度应在70%左右。在运输和储存过程中，不得与潮湿地面直接接触，不能接触和靠近有腐蚀性或易于发霉、发潮的货物，严禁与有毒物品堆放在一起。用软木塞封口的葡萄酒，须卧放或倒放。

实验　酒类的感官审评

一、实验目的

（1）学习酒类的感官审评方法、步骤。
（2）了解不同香型白酒的感官质量指标及鉴定方法。

二、实验用具

高脚酒杯、口杯（自带）。

三、实验样品

可分别选取酱香型、浓香型、清香型、米香型以及其他香型的白酒作为实验样品。

四、实验内容和步骤

（一）实验内容

根据白酒的感官质量指标对五种香型的白酒进行色泽（指颜色和透明度）、香气和滋味的评研，看是否符合产品质量标准要求。

（二）实验步骤

将样酒 100mL 倒入酒杯中，于明亮处观察酒体的色泽（颜色和透明度），然后闻其香气，再品尝滋味，并将感官鉴定结果记录下来，用温水漱口后再鉴别下一种样酒。

1. 色泽鉴别

白酒的正常色泽应是无色、透明，无悬浮物和沉淀物。

2. 香气鉴别

对白酒的香气进行感官鉴别时，最好使用大肚小口的玻璃杯，将白酒注入杯中并稍加摇晃，立即用鼻子在杯口附近仔细嗅闻其香气；或倒几滴白酒于手掌上（要求干净、无异味）稍搓几下，再嗅手掌，即可鉴别出酒香的浓淡程度和香型是否正常。

鉴定香气时还要区别其香型是否典型。我国的白酒根据国家标准可分为五种香型：①酱香型；②浓香型；③清香型（也叫汾香型）；④米香型；⑤其他香型（也叫混合香型、兼香型等）。

3. 滋味鉴别

白酒的滋味要求纯正，无强烈的刺激性，不辛辣刺喉，各味应协调。白酒的滋味与香气有密切关系，香气较好的白酒，其滋味也较好。进行品尝时，饮入口中的白酒，应于舌头及喉部细品，以鉴别酒味的醇厚程度和滋味的优劣。

五、实验报告要求

将上述白酒感官鉴别的结果用文字评述填写在实验报告中。

案例分析

怪异的橘汁色啤酒

2011 年 10 月 15 日，LF 市民李先生与朋友在聚餐时，发现所饮用的某品牌啤酒有异味，仔细一看,让人瞠目结舌:杯中酒色呈橘汁色,瓶中啤酒不仅极其浑浊,瓶底的块状沉积物最大的竟有拇指大小。生产日期为 2011 年 8 月 9 日,保质期为 180 天。见此情景,朋友们面面相觑,不敢饮用,一场聚会不欢而散。

经向销售店反映,店主联系了该啤酒驻 LF 市办事处售后服务人员,最后经过协商,双方对处理该问题的方式达成共识:

(1) 厂家必须请国家相关主管部门的检测机构对瓶中块状沉积物为何物做出检验认定。

(2) 为什么会产生问题啤酒?厂家必须本着对全体消费者负责任的态度,对原材料、生产过程、质量检验过程做全面反思,拿出书面整改措施,并予以通报,以杜绝此类事件的再次发生。

(3) 对所生产的劣质产品给消费者带来的负面影响给予适当的精神赔偿。

(资料来源:根据 http://bbs.tianya.cn/post-develop-873761-1.shtml 资料整理)

问题:

1. 作为消费者,在购买啤酒过程中,应怎样通过感官检验来挑选啤酒?
2. 查找资料,列出国家对啤酒生产制定的相关标准。

扩展阅读

世界八大烈酒

烈酒通常被习惯分为八大类:金酒(Gin)、威士忌(Whisky, Whiskey)、白兰地(Brandy)、伏特加(Vodka)、龙舌兰酒(Tequila)、兰姆酒(Rum)、中国白酒(Spirit)、日本清酒(Sake)。下面介绍除中国白酒外的其他七大烈酒。

1. 金酒

金酒(Gin)又名叫杜松子酒、琴酒,最先由荷兰生产,在英国大量生产后闻名于世,是世界第一大类的烈酒。金酒按口味风格可分为辣味金酒(干金酒)、老汤姆金酒(加甜金酒)、荷兰金酒和果味金酒(芳香金酒)四种。金酒具有芬芳诱人的香气,是无色透明的液体,味道清新爽口,可单独饮用,也可用来调配鸡尾酒,并且是调配鸡尾酒时唯一不可缺少的酒种。

2. 威士忌

威士忌是一种以大麦、黑麦、燕麦、小麦、玉米等谷物为原料,经发酵、蒸馏后放入橡木桶中陈酿、勾兑而成的一种酒精饮料,属于蒸馏酒类。威士忌(Whisky)这个词来自苏格兰古语,意为生命之水(Water of Life)。威士忌在苏格兰地区的生产已经超过了 500 年的历史,根据酒精度,可分为 40°~60° 等不同的威士忌酒;但是最著名也最具代表性的威士忌分类方法是依照生产地和国家的不同,将威士忌酒分为苏格兰威士忌酒、爱尔兰威士忌酒、美国威士忌酒和加拿大威士忌酒四大类。其中尤以苏格兰威士忌酒最为著名。苏格兰威士忌(Scotch Whisky)是与独产于中国的贵州省遵义市仁怀市茅台镇的茅台酒、法国科涅克白兰地齐名的三大蒸馏名酒之一。在整个苏格兰有四个主要威士忌酒产区,即北部高地(Highland)、南部的低地(Lowland)、西南部的康贝镇(Campbel Town)和西部岛屿艾雷(Islay)。苏格兰威士忌品种繁多,按原料和酿造方法不同,可分为三大类:纯麦芽威士忌、谷物威士忌和兑合威士忌。

3. 白兰地

白兰地是一种蒸馏酒,以水果为原料,经过发酵、蒸馏、储藏后酿造而成,最初来自荷兰文 Brandewijn,意为"烧制过的酒"。白兰地是洋酒之一,通常被人称为"葡萄酒的灵魂"。在国家标准 GB 11856—2008 中将白兰地分为四个等级,特级(XO)、优级(VSOP)、一级(VO)和二级(VS)。其中,XO 酒龄大于或等于 6 年,VSOP 最低酒龄为 4 年,VO 最低酒龄为 3 年,二级最低酒龄为 2 年。它起源于法国科涅克(Cognac),又名干邑。白兰地以产地、原料的不同可分为干邑、阿尔玛涅克、法国白兰地、其他国家白兰地、葡萄渣白兰地、水果白兰地六大类。白兰地是一种高雅、庄重的美酒。

4. 伏特加

伏特加是一种是以多种谷物(马铃薯、玉米)为原料,经蒸馏处理的酒精饮料。传统的俄罗斯、立陶宛和波兰所出产的伏特加酒精含量以 40% 为标准。伏特加字面意思为"纯净的烈酒",是没有经过任何人工添加、调香、调味的基酒,也是世界各大调味鸡尾酒的鼻祖和必用酒。伏特加无色无味,口感纯净,很提神,口味烈,劲大刺鼻,与烈性酒混合使之变得更烈。

世界顶级伏特加一般被认为是波尔金卡(Bereginka)伏特加(世界金牌顶级酒)、法国灰雁(Grey Goose)伏特加、俄罗斯伏特加(ETALON,艾达龙)、波兰伏特加。

ETALON 系列共分为九个品种和一个限量版,这九个品种为:白桦树酒、雪松酒、黑麦酒、茴香酒、柠檬酒、辣椒浸酒、浆果浸酒、松子浸酒、绝对伏特加。

5. 龙舌兰酒

龙舌兰酒又称"特基拉酒",是墨西哥的国酒,被称为墨西哥的灵魂。特基拉是墨西哥的一个小镇。特基拉酒有时也被称为"龙舌兰"烈酒,是因为此酒的原料很特别,以龙舌兰为原料。龙舌兰是一种龙舌兰科的植物,通常要生长 12 年,成熟后割下送至酒厂,再被割成两半后泡洗 24h。然后榨出汁来,汁水加糖送入发酵柜中发酵两天至两天半,然后经二次蒸馏,酒精纯度达 104~106proof[⊖],此时的酒香气突出、口味凶烈。然后放入橡木桶陈酿,陈酿时间不同,颜色和口味差异很大,白色者未经陈酿,银白色储存期最多为 3 年,金黄色酒储存至少 2 年,特级特基拉需要更长的储存期,装瓶时酒度要稀释至 80~100proof。特基拉一带是品质最优良的龙舌兰的产区,龙舌兰酒是调酒界最常用到的五大基酒之一(其他四种则是兰姆酒、伏特加、威士忌与清酒)。

6. 朗姆酒

朗姆酒是以甘蔗糖蜜为原料生产的一种蒸馏酒,也称为兰姆酒、蓝姆酒或罗姆酒。原产地在古巴,口感甜润、芬芳馥郁。朗姆酒也叫糖酒,古巴朗姆酒、古巴咖啡、古巴雪茄为古巴三大知名产品。可将朗姆酒分为银朗姆、金朗姆、黑朗姆。

(1)银朗姆(Silver Rum)。银朗姆又称白朗姆,是指蒸馏后的酒需经活性炭过滤后入桶陈酿一年以上。酒味较干,香味不浓。

(2)金朗姆(Golden Rum)。金朗姆又称琥珀朗姆,是指蒸馏后的酒需存入内侧灼焦的旧橡木桶中至少陈酿 3 年。酒色较深,酒味略甜,香味较浓。

⊖ 1 个 proof 相当于 0.5% 的酒精含量,所以这里的酒精纯度为 52%~53%。

（3）黑朗姆（Dark Rum）。黑朗姆又称红朗姆，是指在生产过程中需加入一定的香料汁液或焦糖调色剂的朗姆酒。酒色较浓（深褐色或棕红色），酒味芳醇。

7. 日本清酒

日本清酒是借鉴中国黄酒的酿造方法而发展起来的日本国酒。清酒已成为日本的国粹，是日本人最常喝的饮料。该酒色泽呈淡黄色或无色，清亮透明，芳香宜人，口味纯正，绵柔爽口，其酸、甜、苦、涩、辣诸味谐调，酒精含量在15%以上，含多种氨基酸、维生素，是营养丰富的饮料酒。日本清酒的主要品牌有月桂冠、菊正宗、大关、白鹤、白牡丹、千福、日本盛等。

（资料来源：百度百科）

思考练习题

1. 饮料酒含有哪些化学成分？
2. 饮料酒的酿造原理是什么？
3. 饮料酒应如何进行分类？
4. 生产白酒的原料主要有哪些？
5. 查阅资料，整理出与饮料酒相关的国家标准。
6. 怎样确定白酒的酒度？
7. 白酒的感官质量指标有哪些？
8. 简述啤酒的感官质量检验。
9. 葡萄酒如何进行分类？
10. 简述白酒的包装与保管。
11. 你经常饮用啤酒吗？请描述你饮用啤酒时关注啤酒的哪些特点。
12. 品尝一杯葡萄酒，说说葡萄酒的品质特点。

第十章

家用电器和通信设备

无论出于满足国内贸易、国际贸易对专业知识的要求，还是方便个人生活，学习和了解基本家电知识都有重要的理论意义和实用意义。本章所涉及的主要内容有家用电器的概念和分类，电视机的基本原理、分类、质量鉴别；压缩式电冰箱的制冷原理、基本构造、质量鉴别；计算机硬件系统的基本组成与原理、质量鉴别；手机的基本组成、接入方式、质量鉴别等。

【案例】

购买电冰箱

"足蒸暑土气，背灼炎天光"，随着气温一天天升高，李先生一家人打算购买一台电冰箱，在琳琅满目的电冰箱产品中，在铺天盖地的促销活动中，一家人着实选花了眼。不得已之下，只好向有经验的亲戚朋友询问，这一询问更让一家人不知道怎么买了。一会儿听说要节能，应该买耗电量低的；一会儿又听说要买环保的，应该买无氟的。那么在电冰箱的购买过程中，到底应该注意些什么？一台合格的电冰箱又应该满足哪几方面的要求？

第一节 家用电器概述

家用电器，即在家庭或类似的条件下使用的电器器具。所谓"类似条件"，指的是人数较少的社会单位，如幼儿园、保健室等。在很多国家，家用电器已远远超出家庭使用的范围，广泛进入人们日常生活的各个领域，如宾馆、饭馆、学校、食堂、医院、公共设施、游艺场所等。因此，也有人将其称为"日用电器"或"民用电器"。

一、家用电器工业的发展

尽管一般认为，1879年实用电灯的发明标志着家用电器时代的开始，但实际上只是在1900年左右，电熨斗大量生产并投放市场以后，才真正为家用电器的广泛使用开拓了广阔的发展道路。此后，真空吸尘器、面包烤炉、电动洗衣机、自动冰箱等相继问世，至20世纪20年代，家用电器制造业作为一个相对独立的工业门类，在美国首先形成并迅速发展起来。美国是公认的家用电器发祥地，至今在家用电器工业生产与技术等许多领域仍然处于领先地位。第二次世界大战前，意、德、英、法等欧洲国家及日本，家用电器工业的雏形均已形成。第二次世界大战期间，世界家用电器工业除美国外几遭灭顶，但战后短短几年内即恢复并超过了战前的水平。尤其是20世纪50年代以后，电子工业的兴起不仅直接为家用电器提供了许多新产品，如以电视为代表的视听音像产品，同时还为常规家用电器提供了高质量的电子元件，使这些产品的质量大大提高，市场迅速扩大，家用电器工业进入了一个高速发展的新阶段。

以20世纪80年代初期黑白电视机广泛进入家庭为始，彩色电视机、洗衣机、电冰箱、家用空调器的普及接踵而至。在市场强劲需求的推动下，21世纪我国的家用电器工业发展更是异常迅猛，家用电器工业在国民经济中起着越来越重要的作用。

二、家用电器的分类

经过100多年的研制和发展，家用电器已经形成完整的体系，不仅品种繁多，而且规格齐全。一般估计，现有的家用电器不少于200种，规格款式更是难以准确统计。

对如此庞大的商品体系，若能进行科学的分类，必然极大方便产品的研发、宏观和微观上的生产和流通组织管理。但由于体系构成过于繁杂，目前国际上对家用电器的分类并不统一，即使是国际上最权威的"H.S编码"体系中，也未将家用电器作为一个独立的类目。许多国家由于历史原因和习惯，有着自己独立的分类方法。较常用的有以下两种：

1. 按能量转换方式分类

这种分类方法比较有利于学术研究和专业化生产。依据能量转换方式可将家用电器分为：

（1）**电动器具**。电动器具是指将电能转换为机械能的器具。凡以电动机驱动工作机构并在工作机构的运动中实现其功能的装置、工具，均可归入此类。但一般意义上将其限制在能完成电能—机械能转换，同时又直接利用由电能转换的机械能为人们服务的一类器具，如电风扇、洗衣机、真空吸尘器、榨汁器等。而那些虽能完成电能—机械能转换，但机械能还需进行二次能量转换，利用二次能为人们服务的器具，就不归入此类，而按其最终功能分类。例如电冰箱、空调器就据此归入制冷器具而不列为电动器具。

（2）**制冷器具**。制冷器具是指能获得制冷效果的器具。凡是消耗电能获取制冷效果的家用装置均可归入此类。例如各类冰箱、冰柜、房间空调器、降（祛）湿机、制冷机、冷饮器等。

（3）**电热器具**。电热器具是指将电能转换为热能的器具。这类器具中，均以各类电热元件完成电能—热能转换。小型电热器具有电熨斗、电吹风，较大型电热器具有各型电采暖装置、电热炊具（如电饭煲、电磁炉、微波炉）等。

（4）消费电子产品。消费电子产品是指将电能转换为声能及视像的装置。这是一类以电子元件为基础的器具，包括收音机、电视机、录音机、录像机以及 VCD 机、DVD 机及 CD 机⊖等。国际上也常将此类商品称为娱乐电子产品。以前，我国一直将此类商品视作家用电器，不过近年来将其与其他家电产品分别开来的趋势已相当明显。例如，我国经济年鉴编撰机构已将消费类电子产品作为一个独立的行业进行分析研究，而不将其归入家电行业。

（5）照明器具。照明器具是指将电能向光能转换的器具。照明器具均以各类电光源完成电能—光能转换，因而电光源是这类器具的核心部件。但在家用电器工业中，更强调的是照明灯具的造型与使用性能。各类吊灯、台灯、壁灯、顶灯均属此范围。

以上分类方法的优点是器具的能量转换一目了然，有利于科研及专业化生产。但也有不少局限之处，主要表现在：现代家用电器中往往同时存在着多种形式的能量转换。例如，在洗衣机中和压缩式电冰箱中，既有电—机转换，又有电—热转换；在录音机和影碟机中，既有电—声转换，又有电—机转换。因此，按用途进行分类也是一种常见的分类方法。

2. 按用途分类

按用途可将家用电器分为：①空调器具；②采暖器具；③厨房用具；④清洁用具；⑤整容与保健器具；⑥照明器具；⑦冷冻器具；⑧其他器具；⑨电动器具等。这种分类的标志含义清晰明确，比较简单。

另外，有些国家将全部家用电器划分为家用电子器具和家用电器器具两类。

当然，随着家用电器的不断发展，新产品将更多更快地问世，上述分类必将不断充实和完善，否则将不能适应家用电器工业高速发展的需要。

三、家用电器商品的基本特征

从商品学的角度看，家用电器应能满足以下五个方面的要求：

（1）性能要求。尽可能完善的使用性能，是家用电器首先应能满足的要求，也是某种特定家用电器能否拥有广阔市场的重要条件。例如，一台电风扇，消费者不仅希望它能扇风，而且能改变风速和风向；再如，电饭锅不仅能煮饭，同时还能自动控温和定时，这样才能真正给消费者带来方便。

（2）质量要求。家用电器作为耐用消费品的一大特征就是"耐用"，即质量稳定可靠、使用寿命长。一般说来，家用电器的使用期应能达到 5~10 年甚至更长。有消费者由

⊖ VCD 为激光压缩视盘，DVD 为数字激光视盘，CD 为激光唱盘。

于生活水平较高,比较注重追求时尚,更多地要求产品花色品种更新,对寿命要求相对短一些;也有消费者要求使用期尽可能长一些。因此家用电器生产厂商、流通企业在开发和评价家用电器商品质量时,应充分注意消费者质量要求的差别。

(3) 安全要求。确保家用电器的使用安全是项很重要的要求,各国及有关国际组织对此均有十分严格的规定。例如国际电工委员会(IEC)明确指出:"家用电器的设计与结构应使其在正常应用中均能安全地运行而不会给人及外界环境带来危险,即使有在正常使用中可能出现的草率操作时,也应如此。"对任何家用电器产品进行逐个、逐项的出厂质量鉴定,并对符合安全性能的产品标以明确的标记,如质量合格标志、认证标志等,不但是我国质量法律法规的明文规定,也是获得消费者信赖的必要措施。

(4) 美学要求。家用电器在家庭中不仅是实用的工具或用品,也应具有美化家居环境的作用。任何消费者都会在对性能考察比较之后,再对造型、色彩等美学因素进行认真的比较。而消费者的审美观是不同的,因此家用电器既应具有符合社会主流审美意识的美学特征,同时又具有鲜明的个性化色彩,才能满足不断分化的消费需求。

(5) 节能要求。家用电器的普及,尤其是大功率电器如冰箱、空调的普及应用,要消耗大量的电力。由于家用电器使用的随意性,给电网的安全运行带来了隐患。例如夏季,当气温很高时,家家户户的空调同时开启,电网负荷很重,但暴雨之后可能全部停机,负荷骤减,电网很难适应。事实上,家用电器的耗电费用是现代家庭的一项重要支出。因此,无论是从可持续发展、节约能源的角度,还是从降低居民生活支出的角度,提高家用电器电能利用效率,都是非常重要的。我国强制实施的"能效标志",对大功率家用电器的能耗指标做出了具体要求,可以认为是国家意志在家用电器能耗性能方面的具体体现,是任何企业都不能忽视的。

第二节 电 视 机

电视接收机,习惯上简称为电视机,是电视系统的终端设备,它的任务是把接收到的高频电视信号还原为视频图像信号与低频伴音信号,并在显像器件上重现光像,通过扬声器重放伴音。

【案例】

小张的三换电视机

30 多年前,小张家住在北京胡同的一座三进四合院里。那时候,全院 30 来户中只有小唐家里有部黑白电视机。每当下班蹬车回来,各家的老人和孩子已经围坐在小唐家门前,眼巴巴地等着开播。豪爽而善解人意的主人早早就把荧屏转向庭院,提前扭开旋钮。瞅着这般情景,小张脸上真有点儿挂不住,不过囊中羞涩,只是暗自思谋:啥时候也能买台电视，省得去打搅人家。

  1981年，在改革开放后首次评定职称时，小张获取高级职称，爬了两年格子抠出来的一本书也出版了，而且头一遭稿费归自己。双喜临门，索性拿出近半数稿费，凭票到商场买了台索尼12in的黑白电视机。当时，大院里已有十几家买了电视。下班后，看到老人坐在沙发上、孩子们坐在马扎上悠然地看着电视，小张心里热乎乎的。美中不足的是，年迈的母亲看小电视很吃力。

  没过几年差不多家家有了电视机。当初颇为得意的小电视相形见绌了。用的时间一长，屏幕上的"雪花"越来越多，拿出去修理又十分不便。好在捉襟见肘的年月终于过去，家里有了积蓄，于是小张下决心买了台国产牡丹牌20in彩电，图的就是就近好修。当小张坐着板车护着电视箱往回走时，心里乐滋滋的。拆箱取机时，却见孩子噘着嘴埋怨："买个21in的带遥控的多好。"不过，晚上打开电视，老少都兴奋得像过年一样。

  1995年，小张分到新居，面积陡然扩大一倍。两个孩子毕业后也都有了稳定工作，收入也宽裕了。大抵是富而思文、富而思乐吧，客厅角上那台超期服役的"牡丹"电视越发显得模糊又不起眼了。"老爸，买台大彩电吧。要不，我们可都成'四眼'了。"文静的女儿破例提出要求。小张答应过些天找个懂行的朋友帮着选购。兄妹俩笑着说："老爸真该退休了。"不出一星期，一台日立42in液晶彩电送货上门。自此，每晚一家人聚在客厅里享受"视觉盛宴"。

  30多年前被视为高档奢侈品的电视，如今成了百姓家的寻常物。从小小的12in黑白电视机到42in的大彩电，从显像管显示器到液晶显示器无不显示了电视机在普通人家从无到有、从低档到高档的变化。目前，全国99.89%的家庭都拥有了电视机。

  （资料来源：根据http://society.people.com.cn/GB/8217/134520/135078/8530957.html资料整理）

一、电视机分类

  角度不同，对电视机的分类也就不同。电视机按色彩可分为彩色电视机和黑白电视机；按尺寸可分为5in（1in＝2.54cm）、14in、18in、21in、25in、29in、34in、42in、其他；按屏幕可分为球面电视机、平面直角电视机、超平电视机、纯平电视机；按显像管可分为阴极射线管电视机、液晶电视机、等离子电视机；还可根据接收信号的不同分为PAL-D制式、NTSC制式和多制式（也常称为国际制式）；按技术趋势，可分为二维（2D）电视和三维（3D）电视。

  从目前的情况看，电视机的技术特征和性能差异主要表现在显像方式及所用的显像元器件方面。根据显像元器件的不同，电视机可分为：阴极射线管（CRT）电视机、液晶（LCD）电视机以及等离子（PDP）电视机三类。

1. 阴极射线管电视机

  阴极射线管电视机所采用的显像元件是阴极射线管。阴极射线管主要由五部分组成：

电子枪、偏转线圈、荫罩、荧光粉层及玻璃外壳。

CRT 显像管使用电子枪发射高速电子，利用来自行、场电路输出的垂直和水平扫描信号，通过偏转线圈控制高速电子的偏转角度，最后高速电子击打屏幕上的磷光物质使其发光，就会在屏幕上形成明暗、色彩不同的光点。

彩色显像管屏幕上的每一个像素点都由红、绿、蓝三种涂料组合而成，由三个电子枪发射的三束电子分别激活这三种颜色的磷光涂料，并以不同的强度调节三种颜色的强弱，就可得到所需的颜色，非常类似于绘画时的调色过程。

CRT 电视机色彩还原度高、色度均匀、无坏点、响应时间极短等特点是其他显像技术目前尚难逾越的优点，而且技术成熟、价格低廉，因而仍是应用最广泛的机种。CRT 电视机又分为球面和纯平两种，其中纯平型具有可视角度大、造型美观的特点，颇受消费者的欢迎，早已成为 CRT 电视机的主流产品。

2. **液晶电视机**

液晶电视机所用的显示元件是液晶显示屏（Liquid Crystal Display，LCD），因而液晶电视机又叫作 LCD 电视机。液晶电视机有体积小、重量轻、厚度薄、耗电低、不闪烁、无辐射等众多优点。

液晶显示原理主要是靠液晶的电光效应和偏光的特性。LCD 是以两块玻璃片中填满液晶材料所构成。由于液晶拥有黏性、弹性和极化性的性质，因此当电极通过就会改变偏光的特性。为使 LCD 能显示影像，在 LCD 的两块玻璃片中间的顶部和底部排列互相成为 90°的导体，每一个交叉点就是一个单元（像素），将信号输入至各个单元，就能控制影像的显示。

3. **等离子电视机**

等离子电视又称电浆电视，是继阴极射线管、液晶电视后的新一代显示技术，其特点是厚度极薄，因而利用等离子显示技术可以轻而易举地把电视机制成壁挂式，大大节约居室空间。

等离子体显示技术（Plasma Display）简称 PDP，属于"自发光"的平面显示技术。PDP 基本显像原理和日光灯的发光原理很相似：在真空玻璃（即放电空间）中注入惰性气体氦、氖等，然后再利用施加电压的方式，使管内的气体放电，应用离子效应而释放出紫外线，照射涂覆在玻璃管管壁上的荧光粉，荧光粉就会被激发出可见光。而不同的荧光粉会被激发出不同颜色的可见光。

从技术发展来看，PDP 在屏幕尺寸上具有其他显示技术不可比拟的优势，可以做得很大，但美中不足的是这种电视不易小型化，目前市面上常见的等离子电视在 42in 以上，因而其型谱系列仅限于通常所说的"超大屏幕"。

液晶电视和等离子电视外观上有很多相似之处，如完全平面化的屏幕和极薄的机身等，因而业界将其统称为"平板电视"。平板电视的视界开阔，体积小、重量轻，外观时尚，电耗也较小，优点很多。但技术上色彩还原度、色彩均匀度和响应时间等还有待改善。

二、数字电视

1. 数字电视简介

1998年9月23日，英国广播公司（BBC）在世界上首先开播了商业化数字电视节目，被世界上许多有影响的媒体列为当年的十大新闻之一，它被视为电视发展史上继彩色电视之后的又一场重大革命。高清晰度数字电视是数字信号处理、大规模集成电路制造、计算机等领域的多项高科技成果的结晶，是继黑白电视、彩色电视之后的第三代电视。

"数字电视"概念的含义不仅是指我们一般人家中的电视接收机，而是包含了从发送、传输到接收的全过程。由电视台送出的图像及声音信号，经数字压缩和数字调制后，形成数字电视信号，经过空中无线方式或电缆有线方式传送，由数字电视接收机接收后，通过数字解调和数字视音频解码处理还原出原来的图像及伴音。电视节目从摄制、编辑、播送、传输、接收到显示的全过程均采用全数字化的技术处理，因此，信号在整个过程中的损失比起模拟电视大大减小，接收到的电视节目质量可以达到与演播现场一样的水平。

数字电视与模拟电视的比较，如同CD唱片与留声机相比一样，是革命性的改变。使用高清晰度数字电视，绝不仅仅意味着通过电视荧屏将可以获得更加清晰的图像和更逼真、富有立体感的声音效果。更重要的是，数字电视应用了计算机和信息技术，可以进行交互式的双向信息传输，赋予电视许多全新的功能，包括节目点播、浏览Internet、发送电子邮件、实现网上购物和网上银行等新业务，成为名副其实的信息家电。

2. 数字电视的特点

与模拟电视相比，数字电视有以下几个优点：

（1）图像清晰度高。使用效果不受传输、转播影响，在接收端有望达到发射端的水平。

（2）音频质量高。支持多声道的数字环绕声节目源，可以通过电视节目获得家庭影院效果。

（3）抗干扰。数字视频不受干扰、增益、相位错误和串音的影响，同等传输条件下的抗干扰能力明显优于模拟电视。

（4）传输效率高。

（5）可以兼容现有模拟电视。通过在普通电视机前加装数字电视机顶盒，即可接收数字电视节目，电视台的电视节目制作设备也可部分沿用。

（6）提供全新的多业务用途。普通的模拟电视只能是电视台按预定的节目表播放节目，用户只能被动地接收。数字电视网可与电信网及计算机网相结合，实现三网合一，不仅使信息源更为丰富，还可增加用户与各种信息源之间的交互性，实现用户自由点播节目、自由选取网上的各种信息，可以提供多种数据业务服务，使电视机可以真正融入到信息网络中去，可以实现多种新的功能。例如，机主可对电视节目选择设定密码，以防非法使用或收看限制节目内容。

三、3D 电视

1. 3D 电视简介

3D 是 three-dimensional 的缩写，3D 电视是三维立体影像电视的简称。它利用人的双眼观察物体的角度略有差异，因此能够辨别物体远近、产生立体的视觉这个原理，把左右眼所看到的影像分离，从而令用户借助立体眼镜或无须借助立体眼镜（即裸眼）体验立体感觉。英国当地时间 2010 年 1 月 31 日，在英超曼联—阿森纳的比赛中，英国天空体育频道有史以来首次使用 3D 技术对这场比赛进行电视直播。中国首个 3D 电视试验频道于 2012 年元旦试播，春节正式播出。

3D 显示技术可以分为眼镜式和裸眼式两大类。裸眼 3D 主要用于公用商务场合，将来还会应用到手机等便携式设备上。而在家用消费领域，无论是显示器、投影机或者电视，大都还是需要配合 3D 眼镜，才能收看 3D 影像。

2. 3D 电视的种类与特点

（1）裸眼式 3D。裸眼式 3D 可分为光屏障式（Barrier）、柱状透镜（Lenticular Lens）技术和指向光源（Directional Backlight）三种。裸眼式 3D 技术最大的优势便是摆脱了眼镜的束缚，但是分辨率、可视角度和可视距离等方面还存在很多不足。

在观看的时候，观众需要和显示设备保持一定的位置才能看到 3D 效果的图像（3D 效果受视角影响较大），3D 画面和常见的偏光式 3D 技术和快门式 3D 技术尚有一定的差距。

（2）眼镜式 3D。在眼镜式 3D 技术中，可以细分出三种主要的类型：色差式、偏光式（不闪式）和主动快门式，也就是平常所说的色分法、光分法和时分法。下面简要介绍色差式 3D 和主动快门式 3D 的特点。

1）色差式 3D。色差式 3D 配合使用的是被动式红—蓝（或者红—绿、红—青）滤色 3D 眼镜。这种技术历史最为悠久，成像原理简单，实现成本相当低廉，但是 3D 画面效果也是最差的。由于效果较差，色差式 3D 技术没有被广泛使用。

2）主动快门式 3D。主动快门式 3D 技术，需要配合主动快门式 3D 眼镜使用。这种 3D 技术的原理是根据人眼对影像频率的刷新时间来实现的，通过提高画面的快速刷新率（至少要达到 120Hz，左眼和右眼各 60Hz 的快速刷新图像才不会让人对图像产生抖动感，并且保持与 2D 视像相同的帧数，观众的两只眼睛看到快速切换的不同画面，并且在大脑中产生错觉，便会观看到全高清的立体影像。

其优点为：主动快门式 3D 技术残影少、3D 效果突出，而且该技术实现起来比较容易，屏幕成本较低，不论是电视、计算机屏幕还是投影机，只要更新频率能达到要求，就能导入该技术，市面上大部分的 3D 产品都采用这种技术。

其缺点为：亮度大打折扣，戴上这种加入黑膜的 3D 眼镜后，实际亮度能降低一半左右；长时间观看很容易造成人眼的疲劳；还会引起所谓的"串扰现象"，即眼镜快门的开合与左右图像不完全同步，造成影像模糊；另外还有观看角度问题，佩戴 3D 眼镜观看 3D 影像时只能水平观看，不能倾斜，否则就欣赏不到 3D 效果；眼镜成本高。

四、电视机的主要性能

随着技术的不断发展和消费水平的不断提高，电视机的功能越来越多，结构越来越复杂，性能指标也越来越多。现代电视机的性能包括机械性能、电性能和光学性能。可以看出，要全面准确地了解电视机的性能并不是一件容易的事。因此，本节仅从商品学的角度简要介绍以下指标：

1. 规格

通常，电视机的规格用荧光屏的尺寸表示。荧光屏的尺寸是指显像管或显示屏的对角线尺寸。荧光屏尺寸有两种测量方法，一种是米制，另一种是英制，分别用厘米和英寸表示。例如，某电视机的米制尺寸是 51cm，用英制表示则称为 21in。尽管米制是我国的法定计量单位，但大家还是比较习惯用英制单位。

荧光屏的另一个指标是宽高比。目前常见的电视机宽高比是 16:9。16:9 电视机视界开阔，造型美观，更符合人眼观看电视节目时的生理要求，因此权威部门确定 16:9 是我国数字高清电视基本参数，宽高比为 16:9 的电视机已逐渐普及。

2. 亮度

亮度是指电视机正常工作时荧光屏单位面积的光通量。亮度太低会影响观看效果，亮度太高观看时人眼同样感觉很不舒服，严重时还可能伤害眼睛。因此电视机的亮度一定要合适。电视机的亮度是可调的，使用者可根据自己的观看习惯在一定范围内随意设定。从这个角度看，电视机的亮度指标应适当高一些为宜。

3. 对比度

对比度是指电视机正常工作时荧光屏上同一点最亮时（白色）与最暗时（黑色）的亮度比值。对比度越高，表明电视机所还原的图像色彩饱和度越好，越艳丽，也越逼真。这就是说，电视机的对比度应尽可能高一些，例如性能较好的电视机对比度可达 1500:1。与亮度一样，电视机的对比度也是可调的。

4. 解像度

直观地说，电视机的解像度就是构成一个画面的"光点"即像素的数量，像素越多，画面越细腻。所谓的"高清电视"，就是像素很多。但是，作为电视机的技术指标，解像度用水平解像度和垂直解像度或二者的乘积表示。水平解像度是指沿着图像水平方向电视机所能分解的像素数（或黑白条文数），垂直解像度是指沿着垂直方向电视机能分解的像素数或水平扫描行数。实践证明,水平解像度与垂直解像度相当时图像质量最佳。

5. 场频率

影响观看效果的另一个指标是场频率。如前所述,电视显现的连续画面是由一帧(或一幅)一帧的静态画面组成的。当采用隔行扫描时,每一帧画面分为两场(自上而下为一场)扫描,第一场扫描奇数行,第二场扫描偶数行,这样每一帧图像要经过两场扫描像素才能全部扫完。人机工程研究表明,人眼的临界闪烁频率与许多因素有关,如屏幕亮度、图像内容的变化、观看条件以及显像器件的余辉时间等。经验表明,在一般情况下,为使电视机光栅不引起人眼的闪烁感觉,场频率应高于48Hz,即每秒扫描 48 场。模拟彩电的场扫描频率为50Hz,也即连续画面为 50 幅/s,仍有一定的闪烁感。数字彩电的行扫描频率达到 31.25kHz,显示的扫描线 1000 行左右,因此图像细腻而有层次。

6. 可视角度

电视机的可视角度包括水平可视角度和垂直可视角度两个指标。一般而言,可视角度是以对比度变化为参照标准的,当观察角度加大时,例如观看电视者位于电视机的一侧,从这个角度看到的图像对比度就会下降,画面也比较模糊,而当角度大到一定数值、对比度下降到 10∶1 时,这个角度就是电视机的最大可视角。不过这个角度基本上看不到图像了。根据经验,电视机理想的可视角应不小于 140°。

7. 响应时间

响应时间是评价液晶电视常用的技术指标。对于 CRT 电视机而言,只要电子束打击荧光粉荧光屏就会发光,而且余辉残留时间极短,所以不会影响观看。但对 LCD 电视机来说,由于液晶在电场的作用下发生偏转需要一定的时间,因此它对信号的反应速度较慢,同时由于液晶显示屏由暗转亮或由亮转暗所需要的时间也比较长,这样一来,人眼看到的动态画面就会有拖影感。一般而言,液晶电视对信号反应的速度越快,拖影感就越小。从技术角度看,响应时间可分为两部分:上升时间(Rise Time),即像素由暗转亮所需时间;下降时间(Fall Time),即像素由亮转暗所需时间。作为技术指标,响应时间是指二者之和。经验表明,当响应时间不小于 16ms 时,动态画面拖影的现象就基本上看不出来了。

电视机的技术指标是个很复杂的问题,上述指标是其中最重要的,希望读者能真正掌握其技术含义。

五、彩色电视机的质量鉴别

彩色电视机质量的鉴别主要采用感官检验法。

1. 外观质量鉴别

外观造型美观大方、色彩协调,机壳平整光洁、无变形、无损伤、无锈蚀、无裂纹、配件齐全,各开关、按钮、旋钮操作轻便自如。荧光屏无划伤、水纹、气泡和麻点,仔细观察荧光粉应均匀，不应有局部发黄、发黑或色差。

2. 光栅质量鉴别

接通电源，置频道于空档。对比度调至最小，亮度调至中等偏暗，色饱和度调至最小，观察荧光屏上的光栅。

要求光栅布满屏幕，扫描线应细而清晰且间隔均匀，互相平行；光栅应无暗角、暗边、卷边，整幅光栅亮度应均匀，并随亮度旋钮的调节而均匀变化，扫描线不能有倾斜、弯曲或呈波浪形；调节色饱和度旋钮，光栅仍然是白色，不应有底色和局部色斑。关机后，屏幕中心应无亮点停留。

3. 图像质量鉴别

接收电视台电视信号，要求图像稳定，行场同步范围宽，图像无扫动、影移、跳动和闪烁等现象；图像应清晰，细节分明，无回扫线、毛刺、镶边和雾状现象；亮度和对比度调节范围大，作用明显；图像应有较强的抗干扰能力，在周围电器的影响下能正常观看画面，不出现跳动、歪斜、扭曲等。

彩条信号的彩条顺序应正确，荧光屏上依次为白、黄、青、绿、紫、红、蓝、黑8种颜色的竖条，不应有彩色失真。各彩条应色彩鲜明，间隔分明，稳定不变，将色饱和度由小调到大，此时图像上的彩色只能产生由淡到浓的变化，而不应有颜色的变化。亮度和对比度的调节不应引起彩色色调变化，图像轮廓与彩色应能很好地重合，无错位和镶边现象。轻拍机壳看图像是否稳定，以便确定各部件焊接质量良好程度。

4. 试验灵敏度

灵敏度是指电视机的荧光屏显示出良好图像时，从其天线端需要输入的最小信号电压值，即表示电视机接收微弱电磁波信号的能力。灵敏度的高低通常用"微伏"或"毫伏"来表示，这个数值越小，说明它接收微弱信号的能力越强，即电视机的接收灵敏度越高。

国产晶体管黑白电视机的灵敏度一般在$100\mu V$，集成电路黑白电视机的灵敏度约为$150\mu V$，晶体彩色电视机的灵敏度约为$200\mu V$。

要判断电视机的灵敏度高低，最简单的办法是用对比的方法，即在同一地点用几台电视机接收同一电视台信号或测试信号，将对比度、亮度旋钮置于适中位置，色饱和度旋钮置于最小位置，通过观察荧光屏无信号时的噪声点来判断其灵敏度。一般来说，跳跃的黑白噪声点多而浓，表示灵敏度就高；噪声点稀而小，灵敏度就低。噪声点多的电视机，一旦有电视信号到来，这种噪声点就立即消失，而呈现清晰的图像。

第三节 冰　　箱

家用冰箱，即供家庭使用的以人工方法获得低温、供储存食物的冷藏与冷冻器具。今天，冰箱已成为现代家庭生活中不可缺少的一种家用电器。应特别指出的是，各类冰箱除

第十章 家用电器和通信设备

家用外,在农业、生化、医疗卫生等方面也有广泛的用途。

一、冰箱的分类

冰箱自问世以来经过100多年的发展,已成为品种规格十分繁杂的一个商品门类。通常,可按以下方法进行分类:

1. 按制冷原理分类

冰箱按制冷原理可分为蒸气压缩式冰箱、吸收式冰箱以及半导体冰箱。

(1) 蒸气压缩式冰箱。蒸气压缩式冰箱简称压缩式冰箱,是指利用低沸点液态制冷剂汽化时吸热达到制冷目的,再以压缩机将其蒸气压缩使之放热液化,从而完成制冷循环的冰箱。这类冰箱按压缩机的驱动方式不同,可分为电动机驱动的压缩式电冰箱和以电磁振动机驱动的压缩式电冰箱。

(2) 吸收式冰箱。吸收式冰箱的制冷系统是以液体吸收气体和加入扩散剂氢气所组成的"气冷连续吸收扩散制冷系统"。该系统没有运动部件,无噪声,使用寿命长,可利用各种热源如太阳能、电能、天然气等使其工作,因而特别适合于没有稳定电力供应的地区使用。但这种冰箱降温速度慢,在用电能加热时,制冷效率低于压缩式冰箱。

(3) 半导体冰箱。半导体冰箱是利用半导体的温差电效应实现制冷的冰箱。这种冰箱无机械运动部件,结构简单,重量轻,制造方便,无噪声,无振动,维修方便。但制造成本高,制冷效率低,而且必须用直流电源,因而在国内外应用都不普及。

我国当前制造的家用冰箱主要是以电力为能源的压缩式冰箱,因此以下所介绍的内容中若不加说明,仅限于这类冰箱,其他类型不再介绍。

2. 按制冷方式分类

按制冷方式分为直冷式、间冷式以及间直冷并用式冰箱。

(1) 直冷式冰箱。直冷式冰箱即自然对流式冰箱。直冷式冰箱工作时,蒸发器表面低温吸收了空气的热量使其温度降低、密度增大,形成对流,从而降低箱内温度,但箱内有温差。直冷式冰箱箱内的冷冻食品与蒸发器直接接触,降温速度较快。因箱内水分会在蒸发器表面结成霜,故又称有霜冰箱。直冷式冰箱冷冻室需人工除霜,给用户使用带来不便,但电耗较间冷式低。

(2) 间冷式冰箱。间冷式冰箱又叫作风冷式冰箱。间冷式冰箱的蒸发器一般竖直安装在冷冻室后部的隔层中,工作时由风扇将流经蒸发器的冷空气由风道强制吹入箱内空间,形成循环。这种冰箱因采用强制循环,所以箱内温度均匀,无温差,但耗电量较高。由于箱内食品的水分随时被风吹走,并冻结在蒸发器的表面,所以箱内及食品表面见不到霜层,故又被称为"无霜冰箱"。

(3) 间直冷并用式冰箱。间直冷并用式冰箱的冷冻室为间冷式,而冷藏室为直冷式。

这种冰箱是在箱内夹层中设主蒸发器，利用风扇使冷冻室内空气强制循环。同时，在冷藏室还设有蒸发器，并利用箱内空气的自然对流进行冷却。在有些多门大容积豪华型间直冷并用式冰箱的冷冻室内还增设一个直冷板管式蒸发器，以弥补间冷式冷冻室内食品冷冻速度慢的不足。

3. 按使用气候环境分类

由于冰箱的主要功能是制冷，所以不同地域的气候环境对冰箱制冷能力的影响也是不同的。按使用的气候环境不同可分为亚温带型、温带型、亚热带型和热带型四种。其中，亚温带型的代号为 SN，使用环境温度为 10～32℃；温带型的代号为 N，使用环境温度为 16～32℃；亚热带型的代号为 ST，使用环境温度为 18～38℃；热带型的代号为 T，使用环境温度为 18～43℃。

另外，还可以按冰箱箱门数量和布置形式不同分为单门冰箱、双门冰箱和多门冰箱；按功能和用途不同分为冷藏箱、冷冻箱和冷藏冷冻箱等。

二、冰箱的型号、规格、冷度和性能

1. 型号

根据规定，我国家用冰箱产品的型号用下述方法表示：冷藏箱用"BC + 有效容积"表示，冷冻箱用"BD + 有效容积"表示，冷藏冷冻箱用"BCD + 有效容积"表示。其中，B 代表家用冰箱，C 代表冷藏箱，D 代表冷冻箱，CD 代表冷藏冷冻箱。B、C、D 均为汉语拼音字母。例如：BC-165 表示有效容积是 165L 的家用冷藏箱；BD-370 表示有效容积是 370L 的家用冷冻箱；BCD-202 表示有效容积是 202L 的家用冷藏冷冻箱。

若表示有效容积的数字后面还有英文字母 A、B、C、D 等，则表示该冰箱系原型经过第一次、第二次等设计修改而来。

2. 有效容积

国家标准 GB/T8059.1—1995、GB/T8059.2—1995、GB/T8059.3—1995 中有明确规定："从任一间室的毛容积中减去各部件所占据的容积和那些认定不能用于储藏食品的空间后所余的容积为该间室的有效容积。"单位以英文字母"L"（升）来表示。有效容积的计算方法是以实物为基础，结合图样和模具进行测算而得到的，因而可能有误差。

3. 冷度

一般而言，电冰箱冷藏室的温度为 0～10℃，而冷冻室温度则因冰箱冷度等级不同而不同。实际运行中的冰箱，冷冻室温度肯定不是恒定的，作为一种技术指标，冷冻室温度有严格规定的含义，即冰箱冷冻室在装满冷冻负荷运行 24h 后所能达到的最低温度。冷冻室的温度常用星级标志表示。星级标志中的每一个星号代表 -6℃。我国家用冰箱的冷度分级表示方法如表 10-1 所示。

表 10-1　家用冰箱冷度分级表

分级	符号	冷冻室温度	冷冻食品储藏期
一星级	*	≤-6℃	1 星期
二星级	**	≤-12℃	1 个月
三星级	***	≤-18℃	3 个月

有些电冰箱星级标志的第一颗星号比较大。注意，这个较大的星号仅表示该冰箱有速冻室，而没有温度含义，因此"四星级冰箱"的说法是不正确的。

4. 性能

家用冰箱除应满足制冷器具使用要求外，还应满足家用电器的通用安全要求。一台完好的冰箱应具备的主要性能包括：

（1）启动性能。电源电压保持在 180~240V 范围内，人为地开机、停机 2~3 次，每次开机 3~5min，停机 5min，每次启动应正常。在高温季节，允许保护器跳 1~2 次。

（2）温控性能。在环境温度为 30℃时，将温控器的旋钮置于中间位置。在正常使用条件下冰箱运行 1~2min，应能自动停机和在停机一段时间后能自动开机。冰箱连续运转时启动次数不应多于 9 次。

（3）储藏温度。储藏温度是冰箱在适用的气候类型和环境温度下，温控器调节箱内温度能力的主要指标。冰箱在 16~32℃环境中工作时，冷藏室温度应为 0~10℃，同时冷冻室温度降至相应的星级标准。

（4）冷却速度。冷却速度是冰箱制冷能力大小的一种体现。冰箱的冷却速度为：在环境温度为 32℃时，250L 以下的冰箱连续运行 2h，冷藏室温度应降至 5~7℃；大于 250L 的冰箱在连续运行 3h 内应达到上述要求。

（5）制冰能力。制冰能力是冰箱制冷量大小的一种体现。在冰盒内装入 25℃的水，水量为冰箱有效容积的 0.5%，在 2h 内应结成实冰。

（6）化霜性能。半自动化霜和全自动化霜的冰箱在化霜完毕后，应能自动恢复正常工作，并且蒸发器表面和排水管路中不应残留影响正常工作的霜和水。

（7）绝热性能。冰箱箱体保温层绝热材料的隔热性能决定了冰箱的制冷保温功能。冰箱应有良好的绝热性能，绝热材料不能明显收缩变形，也不允许冰箱外表在正常工作时积累过多的水汽。

（8）制冷系统密封性能。制冷系统应密封。当环境温度为 16~32℃时，冰箱不通电，调定灵敏检漏仪年泄漏量为 0.5g；对制冷系统任何部位进行检漏，不允许有泄漏现象。

（9）门封气密性。为防止冷气泄漏，冰箱的门封四周应严密。当箱门关闭后，空气不应通过门封空隙进入箱内。简易检测方法是，用一张厚 0.08mm、宽 50mm、长 200mm 的纸片垂直插入门封条上任意一处，纸片不应自由滑动。

(10) 耗电量。在环境温度为32℃时，冰箱稳定运行24h，其实际测定的耗电量不应大于额定值的115%。

(11) 噪声和振动。冰箱运行时，不应该有明显的振动和噪声。250L以下的冰箱噪声不应大于52dB，250L以上的冰箱不应大于55dB。冰箱运行时，其振动速度的有效值不大于0.71mm/s。

(12) 电气安全性能。

1) 绝缘电阻。用500V兆欧表（俗称摇表）测量电源线与接地线之间的绝缘电阻值应大于2MΩ。

2) 耐电压。在电源线与壳体之间施加50Hz、1250V交流电压1min，应无击穿现象发生。

3) 漏电电流。冰箱带电部件与壳体、手柄、旋钮等应有良好的电气绝缘。正常使用时，在233V电压下，泄漏电流不应大于1.5mA。

4) 接地电阻。用不超过12V的空载交流电源通以25A的电流，测出冰箱接地触点与各易触及金属部件之间的电压降，并根据电流和电压降计算出的接地电阻值不应超过0.1Ω。

5) 感应电压。冰箱制冷运行时，人接触箱体不应有麻手感觉。

三、压缩式冰箱的构造

虽然压缩式冰箱的形式很多，但基本构造大同小异，可分为三部分：压缩制冷系统、箱体、控制和电力系统。

1. 压缩制冷系统

压缩制冷系统由压缩机、冷凝器、干燥过滤器、毛细管、蒸发器、积液管六部分组成。

(1) 压缩机。压缩机是冰箱的心脏，它使冰箱的制冷系统完成连续的循环。压缩机的基本功能是将在蒸发器中吸收热量而汽化了的制冷剂吸入，经压缩成为高压高温气体送至冷凝器。早期的压缩机是开启式的，即电动机与压缩机分立，电动机借助传动部件如V带带动压缩机工作。后来曾改进为半封闭式，即电动机与压缩机同轴。国内外各型冰箱一般采用全封闭式压缩机。压缩机质量的好坏，直接影响着冰箱的各种性能，如制冷能力、噪声、振动、寿命等。所以评价冰箱质量时总是把注意力集中在压缩机的质量上。

现代冰箱常用的封闭式压缩机按其结构特点可分为电动式和电磁式。

(2) 冷凝器。冷凝器的作用就是散热，使从压缩机送来的高温高压气态制冷剂很快变为液态。

家用冰箱的冷凝器均为空气冷却式。它可分为自然对流式和强制通风式两种。前者依靠空气的自然对流将冷凝器的热量带走，后者则利用风扇强制空气流动实现散热。功率在

200W 以下的冰箱多采用自然对流冷凝器。从结构上看,自然对流冷凝器又分为百叶窗式、钢丝式和内藏式。

强制通风式冷凝器实质上是组件,即由冷凝器和风扇组成的冷凝器组,仅在部分压缩机功率大于 200W 的大容量冰箱或大型多温冰箱中采用,并不常见。

(3) 干燥过滤器。制冷剂不能含有水分和杂质,否则将引起毛细管的冻堵或阻塞及许多不良后果。所以,冰箱制冷系统在装配前、装配中及装配后均应进行严格的清洗和干燥,同时还要对准备灌入系统的制冷剂和压缩机润滑油进行仔细的检验和处理。尽管如此,系统中仍难免混有微量杂质和水分。加上长期运行,压缩机动件间的摩擦磨损可能产生金属微末,管路中也会有微量金属腐蚀剥落到制冷剂中,这些都增加了发生故障的可能性。显而易见,设置干燥过滤器就是为了滤出有形的污物并吸附水分,以保证制冷系统的正常工作。

(4) 毛细管。目前在家用压缩式制冷系统中,多用毛细管作节流阀。它一方面可限制制冷剂的流过,使系统中冷凝器内保持有足够的高压,利于制冷剂的液化;另一方面还可控制制冷剂的蒸发压力和蒸发温度。

实际上,毛细管是内径为 0.5~1mm、长度为 2~4.5m 的纯铜管。装有毛细管的制冷系统,在压缩机由正常运行而停车时,需要间隔 3~5min 后才能重新启动。这是因为在正常运行时,冷凝器内为高压,蒸发器内为低压,在猝然停车时,由于毛细管的节流,冷凝器内的压力仍很高,此时如立即启动,所需的启动力矩太大,很容易导致压缩机电动机过载、过热和发生故障。

(5) 蒸发器。蒸发器是冰箱中产生并交换冷量的部件。当液态制冷剂自毛细管进入蒸发器时,由于管径突然扩大,使得制冷剂压力骤减,液态制冷剂迅速蒸发(沸腾)为气态。在此过程中,制冷剂通过导热性能良好的蒸发器管壁和壳体,从冰箱内部大量吸热,实现了制冷功能。蒸发器有多种形式,较常见的有方盒形、平板形、翅片盘管形等几种。

(6) 积液管。制冷剂在蒸发器中气化吸热后即进入积液管。积液管实际上就是管径比蒸发器管路更粗的一段管路。老式机型多采用一段粗管与蒸发器紧连,一般是在铝蒸发器管路末端直接吹胀成形。积液管的作用是使蒸发器中未完全汽化的少量液态制冷剂完全汽化,防止液滴进入压缩机。

2. 箱体

箱体是由壳体及绝热层形成的一个或几个与外界温度隔绝、利用制冷系统所产生的冷量来冷冻和冷藏食物的空间。箱体由结构材料和绝热材料组成。前者主要是指壳体、框架等,后者主要是指箱体隔热层所用的材料。箱体结构、绝热性能与外观造型是衡量冰箱质量的重要内容。

3. 冰箱的控制和电力系统

为保证冰箱能按人们的预定要求工作,冰箱除应具有完善的电力线路外,还必须安装必要的控制电器。通常，冰箱的控制电器主要有温度控制、化霜控制、电动机启动控制、电动机安全运行控制、特种性能控制等几种。

（1）温度控制。温度控制的目的是使冰箱内温度始终保持在某一预定范围内。这一目的是通过对压缩机的停车或开车的控制来实现的。整个过程如图10-1所示。

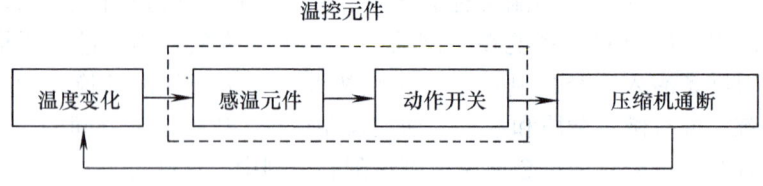

图10-1　温度控制过程示意图

图中感温元件和动作开关是温控元件。这个系统的作用原理是，当冰箱内温度变化超过预定范围时，感温元件即接收到温度信息，并传给动作开关转化为触点动作，改变电路状态（由开到停或由停到开），这样，制冷系统就时断时续地工作，直接控制箱内温度。

（2）化霜控制。由于种种原因，如室内潮湿、食物含水、冰盒盛水等，冰箱内空气总是含有一定数量的水分。这些水分常以蒸汽的形式在冰箱内流动，当与温度很低的蒸发器内外表面接触时，就冻结成为霜。霜层达到一定厚度时，蒸发器表面的热交换能力严重降低，将使压缩机长时间不停地运转，不仅白白消耗了电力，还很容易引起压缩机故障。因此，及时化掉蒸发器表面的霜层是非常必要的。化霜方式有以下三种：

1）人工化霜。人工化霜是最简单的化霜方法，它一般用于低档的直冷式冰箱。当冰箱需要化霜时，拔下电源插头或将温控器的旋钮置于停位，关停冰箱，等霜层融化并清洗干净后再接通电源或将温控器置于制冷位。人工化霜虽然不需任何附加设备，方法简便，但却费时费力很麻烦，而且箱内温度变化大，化霜时间长，不利于食物的保存。

2）半自动化霜。半自动化霜是直冷式冰箱经常采用的化霜方式。当箱内霜层过厚需要化霜时，只要按下温控器中间的半自动化霜按钮，压缩机就停止工作，化霜电加热器即通电加热，使霜层融化。当霜层融化后，蒸发器表面温度升高到一定程度时，化霜按钮自动跳起，压缩机电路被重新接通，制冷系统恢复工作。

3）自动化霜。自动化霜是整个过程无须人工参与的化霜方式，它主要用于双门或多门间冷式冰箱。

（3）压缩机启动保护与过载保护。现在市面上所见的冰箱均使用密封式压缩机。密封式压缩机的电动机部分和压缩机部分共用一根主轴。这就是说，当电动机启动时，压缩部分同步启动。显然，密封式压缩机的电动机属有载启动。电工学常识告诉我们，虽然压缩机电动机是微型电动机，但由于有载启动，因而在启动的瞬间，流经电动机绕组的电流很大，可达运行电流的5~7倍。因此，如果在电动机启动时不进行必要的保护，电动机绕组就有可能被烧毁。另外，在电动机运行过程中，有很多因素会导致其过载，如长时间的连续运转、电源电压波动、压缩机严重磨损等。因此，必须保证电动机的安全运转。

冰箱压缩机电动机的启动保护和过载保护，通常用安装在密封的压缩机机壳之外的带热保护机构的启动继电器来完成。启动继电器主要由励磁线圈、衔铁、电热丝和双金属片组成。下面简单介绍其工作原理。

在电动机启动的瞬时，远大于运行电流的启动电流通过启动继电器的励磁线圈，产生足够大的磁场，立即吸动衔铁，接通启动触点，启动绕组即得到电流，转子开始运转。此时，通过运行绕组的电流迅速下降至正常运行值，它远小于启动电流，故不能吸住衔铁，启动触头在弹簧力的作用下断开，启动绕组断电，电动机进入正常运行状态。

启动继电器保护部分的动作原理是：电动机过载时，电流增大，电热丝持续发热升温，使其附近的双金属片受热发生翘曲，以致使电触点脱离，切断电路，保护电动机不致温升过高而烧毁。有部分冰箱使用的是重力式过载保护装置。使用这种装置时，启动继电器的热保护部分紧贴在电动机外壳表面。这样，它不仅在电动机过载时，而且在电动机虽不过载但机壳温度过高时，仍可使双金属片起作用切断电路。

（4）冰箱常用电力线路。将前述几种控制电器和门灯开关、照明灯与压缩机按一定方式联结，即组成冰箱的电力系统。

4. "无氟"制冷系统

传统的冰箱都是以 CFC-11（R-11）作为保温层的发泡剂，以 CFC-12（R-12）作为制冷剂，它们即为常说的"氟利昂"。CFC 可以在大气中长期存在，而且在太阳紫外线的照射下会释放出氯离子，使臭氧层遭到破坏，从而加剧地球的"温室效应"。因此，CFC 被逐步禁用。根据有关协议，发达国家应于 1995 年年底停止使用 CFC，发展中国家在 2010 年最终淘汰 CFC。我国承诺于 2005 年年底停止使用 CFC，比国际要求提前 5 年。当前国内冰箱生产企业已经普遍采用 CFC 替代技术。

目前在家电行业（包括冰箱、冷柜和热水器）中使用的替代 HCFC-141b 发泡剂体系主要有环戊烷、245fa、245fa/环戊烷混合以及少量的 134a、365mfc 和全水发泡体系，性能上各有优缺点。

四、冰箱的质量和质量检验

1. 主要质量指标

（1）冷却性能。冰箱的冷却性能是指在一定环境温度下，冰箱的制冷系统使箱内温度达到设定温度的能力，它是检验冰箱温度控制器能力的主要指标。

测试方法：在规定测试条件下，在环境温度为 15℃ 和 32℃ 时，调温装置在可调范围内调于任意点上，并按容积每升放置 1kg 冷冻负荷物，使冰箱运行，达到稳定状态后（冷藏室温度变化每 2h 低于 1℃），测定冷藏室和冷冻室的负荷温度：冷藏室温度为（3 ±

1)℃，冷冻室应达到各星级的规定值。

（2）冷却速度。冷却速度是反映冰箱制冷效率的质量指标，是指在额定电压、频率下，环境温度为（32±1）℃，初始箱内温度与环境温度相同，冰箱开机连续运转，待冷藏室降到10℃、冷冻室温度降到－5℃时，所需要的最短时间。

测试方法：在规定测试条件下，在环境温度为（32±1）℃时，待箱内外温差大致一致的情况下，关上箱门，启动压缩机连续运行，使冷藏室温度降到10℃、冷冻室温度降到－5℃时，所需时间称冷却速度（不应超过3h）。测试时，箱内不置负荷物。

（3）冷藏室温度波动范围。在规定测试条件下，试验环境温度为（32±1）℃，冰箱内冷藏室温度稳定在（3±1）℃，冷冻室负荷温度符合各星级规定值。

在一个运行周期内，在冷藏室中心部位测试点上，其温度的最高值与最低值之差为冷藏室温度波动范围，波动范围不得大于±1℃。

（4）耗电量和输入功率。耗电量是冰箱性能的一项综合经济指标。测量冰箱在规定条件下24h的耗电量作为该冰箱日耗电量。

输入功率是指压缩机的电动机正常运转时的消耗功率。

上述两项实测值不应超过标定值的15%。

（5）启动性能。冰箱的启动性能是指在电源电压允许的波动范围内冰箱的启动能力。

（6）噪声。冰箱在运行时，不应产生明显的噪声和振动。冰箱运转时，其噪声不应大于45dB。在人离电冰箱1m处时，应听不到明显的噪声。

（7）冷冻功能。星级冰箱应具有冷冻能力，用冰箱在24h能冻结到－18℃的食物重量来衡量。

（8）耐泄漏功能。冰箱制冷系统的制冷剂具有很强的渗透力，一旦有微量泄漏，就会影响冰箱的制冷能力，使其使用寿命缩短。用灵敏检漏仪检查制冷系统，制冷剂不应有泄漏。

2. 冰箱的质量鉴别

（1）外观鉴别。冰箱外观不应有明显的缺陷。表面漆膜颜色一致，结合牢固，无明显的流疤、划痕、麻坑、漏涂和集结沙粒等缺陷。电镀件表面应色泽光亮，均匀一致，不得有鼓泡、露底、划伤等。

箱门平整，手把牢固，开闭灵活，门封条严密，拉力应大于10N，门离箱体2mm能自动吸合。箱门门封四周应严密，在室温下，箱门正常关闭，用一片200mm×50mm×0.08mm的纸条垂直插入门封的任何一处不应自由滑落。箱门转动灵活，磁性门封应有足够的吸力。

箱内附属零部件等应完整齐备。

（2）性能鉴别。冰箱通电后，压缩机应立即启动，运转声轻微，无异常声响；温控器置中间档，启动电冰箱运行30min，观察冷冻箱，其箱内壁应结薄霜，用手摸时，应有冰粘的感觉，冷凝器管应比较热；将冰盒盛上水，放入冷冻箱内，待观察；在两箱内各放置一支温度计，温控器置最冷档，关上箱门，开机2h，冷冻室温度应达到各星级标准，冷藏室温度应达到5℃左右，冷冻室冰盒内的水应结成实冰；可根据冷冻室结霜状况，判断制冷剂是否充足，如冷冻室内壁结霜均匀，且充满各处，说明制冷剂充足，如果有局部不结霜，说明制冷剂不足。制冷机构启、停、运转应没有异常噪声和过大抖动感。

【案例】

新冰箱搬运不当　消费者拒绝接货

4月27日上午，王老师在某家电商场看中了一台某品牌的冰箱，交了200元订金后，王老师和商场送货人员一块回家。走到王老师家胡同口，见胡同口边停了一辆小型货车，送货车一时过不去，王老师就告知送货人员自己的家在胡同的尽头路西，自己先回家收拾收拾，找个搁放新冰箱的地方。两名送货人员找了五六分钟，没找到小型货车驾驶员，就仗着年轻力壮各抬一头横着把冰箱抬到了王老师的家。在家等着收货的王老师，见送货人员竟然把冰箱横着抬到家，非常气愤。于是就将送货情况电话告知商场经理，并提出换货要求。商场经理接到电话后来到王老师家中深表歉意，称搬运过程中没有磕碰，不会影响冰箱正常使用，婉拒了王老师的换货要求。

双方互不让步，王老师向消费者协会投诉。消费者协会工作人员调查后认为，消费者在购买商品或者接受服务时，有获得产品质量保障的权利。商家在搬运过程中应按产品要求严格操作。而该商场在送货时并未按照产品的搬运要求提供服务，对商品的正常使用造成了一定隐患，应当承担相应的责任。经调解，经营者最终同意给王老师重新送一台新冰箱。

思考与讨论：

消费者协会工作人员所提及的"商场在送货时并未按照产品的搬运要求提供服务"中的搬运要求指的是什么？除此之外，冰箱的安全使用要点还包括什么？

（资料来源：根据 http：//www.heze369.com/forum.php? mod=viewthread&tid=162684 资料整理）

3. 安全使用冰箱的要点

（1）冰箱在搬运过程中只能直立搬运，倾角不得大于30°。

（2）冰箱应放置在干燥通风的地方，离墙至少20cm，防止阳光直射，不能靠近热源。

（3）冰箱要采用有接地或接零保护的三相电源插头。当断开电后，5min之内最好不要重新接通电源。

（4）千万不可将酒精、汽油及其他易挥发性易燃物品存放在冰箱内，以免引起爆炸、火灾等事故。

（5）为了防止冰箱制冷剂泄漏引发事故，一旦发现冰箱制冷不正常，或直接观察到冷凝管有油状物泄出时，就要及时进行维修。

第四节　微型计算机

电子计算机是 20 世纪人类最伟大的发明之一，它的诞生对科学技术、信息传播以及人类社会的各个方面都有不可估量的影响。几十年来，计算机技术、计算机应用和计算机产业在世界范围内取得了惊人的发展，规模空前。随着计算机产业的不断发展，制造、流通、使用成本不断降低，计算机已成为一种大众化的耐用消费品。本节介绍微型计算机的结构、主要性能参数及其质量鉴别。

一、微型计算机的基本结构

微型计算机系统是由硬件和软件组成的。硬件是指构成计算机的物理实体，一般由主机和外部设备两大部分组成。软件则是使硬件按指定要求工作的由有序命令构成的程序。本节内容仅限于微型计算机的硬件结构。

1. 主机

主机是指主机箱及其内部各部件。主机箱内装有电源、主板、各种驱动卡（又称适配器）、软盘驱动器、硬盘驱动器、光盘驱动器、扬声器和风扇等。

（1）电源。电源的作用是将供电线路送来的 220V 交流电压转换成微型计算机所需要的 +5V、-5V、+12V、-12V 四种直流电压。+5V 和 -5V 电压供微型计算机工作使用，+12V 和 -12V 电压用于驱动磁盘驱动器旋转和磁头步进电动机转动。

（2）主板。主板也叫母板，在计算机系统中是最大的一块电路板。主板上布满各种电子元件、插槽、接口等，这些器件各司其职，并将各种周边设备紧密地联系在一起。

主板上有中央处理器（CPU）、只读存储器（ROM）、系统主存（RAM）、PCI 扩充插槽（目前大部分显示卡、网卡、声卡等都采用 PCI 总线接口）、输入输出（I/O）界面等。

（3）总线。主板上各功能部件之间的信息传输是通过总线进行的。微型计算机的总线共有三种：用于传送地址的总线叫作地址总线（Address Bus），用于传送数据的总线叫作数据总线（Data Bus），用于传送控制信息的总线叫作控制总线（Control Bus）。总线是传送信息的公共通道，微型计算机的各功能部件都连接在总线上。主板上的扩展槽便是微型计算机的总线插槽（I/O 扩展插槽）。

（4）驱动卡。驱动卡又称适配器、输入/输出接口，是外部设备与 CPU 相联结的纽带。CPU 将需要外设执行的命令发给驱动卡，驱动卡负责将 CPU 的命令进行解释，并转换成外部设备能识别的控制信号，以控制外部设备的机电装置进行工作。驱动卡通过主板上的扩展槽与 CPU 相联结，以接受 CPU 的控制命令。外部设备通过外接电缆与驱动卡相联结。

主板上的扩展槽一般有 4~8 个，在扩展槽上可以接插多功能卡、显示卡、网卡等多种驱动卡。多功能卡上配有软盘驱动器接口与软盘驱动器联结、硬盘驱动器接口与硬盘驱动器联结，还有串行接口、并行接口等。显示卡与显示器相联结，以便将主机中的信息送到显示器显示。除显示器以外的其他外部设备，多数都是通过串行接口或并行接口与主机相联结的。

（5）磁盘驱动器。磁盘驱动器又分软盘驱动器（软驱）和硬盘驱动器两种。微型计算机一般可以配置一个或两个软盘驱动器和一个或两个硬盘驱动器。另外，光盘驱动器（光驱）的应用现在也已经很广泛，已成为微型计算机的基本配置之一。

2. 外部设备

常见的微型计算机输入设备有键盘、鼠标、扫描仪、传声器等；输出设备有显示器、打印机、语音输出装置等。各种外部设备都是通过主板上扩展槽中的驱动卡联结的，因此磁盘驱动器和光盘驱动器也应算作外部设备。微型计算机硬件的最基本系统由主机、键盘和显示器三部分组成，不过还应包括不间断电源等辅助装置（家庭使用一般无此必要）。

微型计算机硬件系统中最重要的输出设备是显示器。显示器有两根电缆，一根是电源线，另一根是信号线。信号线与主机中的显示卡联结，用于传输主机送来的信息。

微型计算机常用的显示器有 CRT 显示器和 LCD。LCD 的图像清晰，色彩鲜艳逼真，无频闪、无辐射，长时间使用也不会感到视觉"劳累"。

键盘是微型计算机最重要的输入设备，各种命令、程序都可以通过键盘输入。键盘按产生编码的方式可分成编码键盘和非编码键盘。微型计算机使用的是非编码键盘。非编码键盘的电路简单，价格便宜，适合一般用户使用。键盘按键数可分为 83 键、101 键、102 键、104 键和 105 键，其中最常用的是 104 键和 105 键。

鼠标也是微型计算机必备的外设之一。在 Windows 环境中，鼠标可取代键盘的光标移动键进行各种操作。

其他外设不是所有微型计算机都必须配置的，有兴趣的读者可查阅有关图书。

3. 中央处理器和内存、硬盘

（1）中央处理器。中央处理器即通常所说的 CPU（Central Processing Unit），由控制器、运算器和其他电路组成，是微型计算机的硬件核心。CPU 的主要性能是基本字长和主频。

基本字长是 CPU 内部进行存储、运算和信息传输等所使用的基本信息单位，用二进制数的位数表示。例如 32 位字长即 CPU 内部计算采用 32 位二进制数。主频是指 CPU 单位时间内所能完成的操作次数。一般地，基本字长越大，CPU 运行速度越快；主频越高，运行速度也越快。基本字长以位为单位，主频一般以 MHz 为单位，现在用于微型计算机的 CPU 的主频已经很高，用 MHz 已显不便，常用 GHz 表示。

（2）内存储器。内存储器是 CPU 能直接访问的存储器，所有程序和信息只有装入内存才能被 CPU 执行和利用。微型计算机的内存储器是采用大规模集成电路制成的半导体

存储器,其存储的信息会因掉电丢失,因此只能临时存储信息。内存储器的主要性能指标有以下两个:

1)容量。容量是指内存储器中所能存储的最大信息数量,用字节数表示,常用计量单位为千字节(KB)或兆字节(MB)。若不考虑其他因素仅考虑内存的容量,可以认为,内存容量越大越好。

2)存取速度。存取速度以访问周期表示,即存储器完成一次操作所需的时间或者单位时间内完成的操作次数。内存速度也是越快越好,但应注意和CPU的主频匹配。

(3) 硬盘存储器。硬盘存储器简称硬盘,是微型计算机最重要的辅助存储器,也是价格较高的微型计算机部件之一。硬盘的种类较多,按尺寸分有3.5in、2.5in、1.8in等;按容量分规格更多,目前微型计算机常用的是160G、280G。其驱动器由主盘片组、定位机构和传动机构、读/写磁头等部分组成。磁盘片是铝合金制成的圆盘,两面镀镍钴合金并涂有磁性材料形成磁层供记录信息用。硬盘驱动器工作时,盘片的转速很高,盘片扰动空气,高速气流使磁头悬浮,避免了磁头与盘片的机械摩擦,最大限度延长了盘面的使用寿命。

从上面的介绍可以看出,硬盘驱动器的结构是非常精密的,当然也是很娇气的,因此在使用中应注意不要频繁地启动,应在温度和湿度适中、灰尘少、无振动、电源稳定的环境中使用计算机。更应注意的是绝对不能随便拆开盘壳,因为硬盘是严格密封和防尘的。

二、微型计算机的主要性能参数

1. 计算机的信息单位

(1) 位。位又称比特,由英文bit(Binary Digit的缩写)音译而得,其意是1位二进制数位,是计算机所能表示的信息最小单位。比特只有两种状态:"0"和"1"。

(2) 字与字长。字是计算机内部进行数据处理、信息传输等的基本单位。字通常表示一条完整的信息或命令。每一个字所包含的二进制数的位数称为字长。人们通常以字长来区分不同的计算机,如8位计算机、16位计算机、32位计算机等。基本字长有8、16、32、64等。字长的大小直接反映了计算机的数据处理能力。

(3) 字节。字节是8位相邻的二进制位,是衡量信息的基本单位。由于现代计算机的速度很快、处理能力很强,以字节为单位衡量信息有很多不便,所以现在多以千字节(1KB)、兆字节(1MB)或吉字节(1GB)表示。字节与千、兆、吉的关系如下:

1 字节(1B) = 8 位二进制数(8bit)

1KB = 1024B

1MB = 1024KB

1GB = 1024MB

根据上述关系不难看出,1GB约为10亿B,的确是一个非常大的计量单位。

2. 微型计算机的主要技术指标

（1）字长。字长是指计算机 CPU 能直接处理二进制数据的位数，它决定微型计算机一次数据操作的吞吐能力。

（2）运算速度。运算速度一般用每秒能执行多少条指令来衡量。

（3）内存容量。内存容量是指微型计算机所配置的主存总字节数。

（4）主频。主频是指微型计算机的时钟频率。主频在很大程度上决定了微型计算机的运算速度。

3. 微型计算机性能的影响因素

微型计算机的整机性能是由多方面因素综合决定的。影响微型计算机性能的主要因素有 CPU 处理信息的速度和内存容量，但并不能说 CPU 的主频越高、内存的容量越大，计算机的性能就越好。微型计算机整机性能还和主板、数据传输方式、硬盘工作速度与容量、联结外设的各种驱动卡的性能以及显示器的性能直接相关。因此，衡量一台微型计算机的整机性能，不能仅考虑关键部件的性能，而应综合评价判断。

三、微型计算机的质量鉴别

1. 台式微型计算机的质量鉴别

（1）外观鉴别。

1）主机箱无变形、无划痕，机箱左右挡板装配严密，无翘角，不松动。

2）各接插件安装牢固，按钮、开关动作可靠、灵活。

3）显示器屏幕应无裂纹、气泡、麻点、水纹和划痕等。

4）键盘按键无松动和无卡键现象，附件、配件齐备、完好。

（2）性能鉴别。开启显示器等设备后，软驱中装入启动盘，开启主机，机箱内散热风扇开始转动，软驱开始工作，机器启动进行自检，听驱动器运转声音是否均匀，有无异常声响。观察显示器显示有无色斑，有无扭曲、上下翻滚，调节亮度和对比度是否变化明显，屏幕光栅是否均匀，有无卷边等现象。

按要求安装好软件后，先测试键盘，每个输入或控制功能是否良好，鼠标是否灵活。将屏幕固定在某种颜色上，观察有无局部色斑。在操作中，应无无故死机现象。

在检测硬盘时，要注意扫描光标移动是否顺利匀速，如果在某段用时过长则该区有问题。在按动 CD-ROM⊖光驱片仓开启按钮时，片仓应自动推出，再按一次该按钮片仓应自动收回。观察各指示灯显示是否正常。当操作错误时，显示器应指示错误类型，扬声器应有指示性声响。整机在运行中各部件配合良好，能完成文本、图形的输入和输出等功能。

⊖ 即只读光盘。

2. 便携式微型计算机（俗称笔记本电脑）的质量鉴别

（1）外观鉴别。笔记本电脑的外壳要光洁平滑，无麻点、凹坑或锋利边角；尤其注意检查是否被拆卸或碰撞过，各按键、开关是否灵活可靠。

（2）性能鉴别。开机后查看 LCD 的色彩，找失效点（即 LCD 的坏点）。失效的像素表现为黑色（不透明）、白色（透明），或者固定于某种色上面。

可在窗口下设置不同的单背景颜色，看颜色是否发花、失效点多少和位置等。

测试键盘上的每一个键是否好用，鼠标是否灵活，软驱、硬盘等设备运行是否正常，倾听机器运行时噪声大小，有无异常响声等。

（3）使用与维护。

1）携带笔记本电脑应轻拿轻放，要防振动、防撞击、防挤压，不要带到有油气、有腐蚀性物质和有灰尘的地方。要防热、防强磁场、防阳光直接照射。

2）保护好 LCD，勿使其划伤，不要用手指和其他物体挤压屏幕。

3）由冷的室外带到室内时，不要马上使用，应待机内外温度平衡时再开机工作。

4）电池要及时充电。

5）不要带电插拨、连接任何部件，开启主机前，要先开外部设备；关机时，应先关主机，后关其他设备。

第五节　手　　机

电话打破了信息传递的空间障碍，而手机（严格地说是移动电话）的出现打破了人所处位置与通信工具之间的必然联系，从而使人们可以随时随地与外部世界保持联系。从人类通信发展过程看，手机通信无疑是最具有革命意义的。我国自从 1994 年在广东设立 GMS 实验网以来，目前手机已成为非常普通的个人通信工具。

一、手机分类和演进

现代移动通信的发展经过了模拟移动通信、数字移动通信和第二代数字移动通信三个阶段。手机是移动通信系统的终端设备。移动通信系统已经过三代演进，相应地，手机也有三代之分。

1. 第一代手机

移动通信的兴起可从 20 世纪 20 年代算起，但真正的发展是从 20 世纪 70 年代开始的。当时，大规模集成电路技术以及计算机技术的迅猛发展，解决了一直困扰移动通信的终端小型化和系统设计等关键技术问题。

第一代手机是模拟移动通信系统的终端设备，所以常称为模拟手机。所谓模拟系统，指的是在射频载波发送前的语音信号为模拟信号，即语音信号没有进行数字编码，但系统指令和控制信道可以是数字的。

模拟移动通信主要有以下缺点：①频谱利用率不高，有限的频率资源和无限的用户容量之间的矛盾日益突出；②业务种类比较单一，主要功能仅是语音业务；③保密性差。所以，模拟移动通信系统在经历了20世纪80年代的辉煌后，很快就被20世纪90年代出现的数字移动通信系统取代，因此这种手机现在已被淘汰。

2. 第二代手机

随着大规模集成电路、低速语音编码及计算机等技术的发展，数字化处理技术的优势愈加显现出来，也促使移动通信由模拟系统向数字系统转化，进入了现代移动通信阶段。

1992年，欧洲推出了第一个数字蜂窝移动通信系统（Global System for Mobile Communications，GSM）。很快，该系统在全球范围内以令人吃惊的速度发展，很快，该系统在全球范围内以令人吃惊的速度发展，成为全球最大的蜂窝移动通信网络。随后，美国的DAMPS系统和日本的JDC（现改为PDC）系统等也相继投入使用，这些系统均采用时分多址方式。1995年，美国高通公司推出采用码分多址接入方式的Q-CDMA系统。第二代数字移动通信系统与第一代模拟移动通信系统相比具有很多优势，主要体现在频谱利用率高、系统容量大、通话质量高及保密性能好等方面。从上面的介绍可以看出，第二代蜂窝移动通信系统是数字式的，具体分为两种，即采用时分多址接入的GSM系统和采用码分多址的CDMA系统。与此相对应，第二代手机也分为两种，即GSM手机和CDMA手机。

3. 第三代手机

第三代手机（简称3G手机）与前两代的主要区别是在传输声音和数据的速度上的提升，它能够处理图像、音乐、视频流等多种媒体形式，提供包括网页浏览、电话会议、电子商务等多种信息服务。相对第一代模拟制式手机（1G）和第二代GSM、TDMA等数字手机（2G），3G通信的名称繁多，国际电信联盟（ITU）规定为"IMT—2000"（国际移动电话2000）标准，欧洲的电信业巨头们则称其为"UMTS"通用移动通信系统。该标准规定，移动终端以车速移动时，其传输数据速率为144Kbit/s，室外静止或步行时速率为384Kbit/s，而室内为2Mbit/s。但这些要求并不意味着用户可用速率就可以达到2Mbit/s，因为室内速率还将依赖于建筑物内详细的频率规划以及组织与运营商协作的紧密程度。

4. 第四代手机

4G是第四代移动通信及其技术的简称，是集3G与WLAN（无线局域网）于一体并能够传输高质量视频图像以及图像传输质量与高清晰度电视不相上下的技术产品。4G手机就是支持4G网络的手机，比3G手机上网速度更快。

4G系统能够以100Mbit/s的速度下载，比拨号上网快2000倍，上传的速度也能达到20Mbit/s，并能够满足几乎所有用户对于无线服务的要求。4G可以在DSL（数字用户线路）和有线电视调制解调器没有覆盖的地方部署，然后再扩展到整个地区。很明显，4G

有着不可比拟的优越性。

二、手机的组成、工作方式和接入方式

1. 手机的组成

手机至少由两部分组成,一部分用来发送持机人的讲话,另一部的作用是接收对方的讲话,分别称为发信机和收信机。因此,从技术角度看,手机是移动通信系统的一个组成部分,是一台微型无线收发信机,在通信工程上常将其与车载台和便携式移动台统称为"移动台"。

2. 手机的工作方式

移动通信根据设备工作方式的不同可分为单工、双工和准双工三种方式。个人使用的手机采用的是双工方式。双工方式也称为异频双工方式,即接收和发射使用两个不同频率,如图10-2所示。采用这种方式可保证通信双方任何一方在发话的同时都能收到对方的讲话。

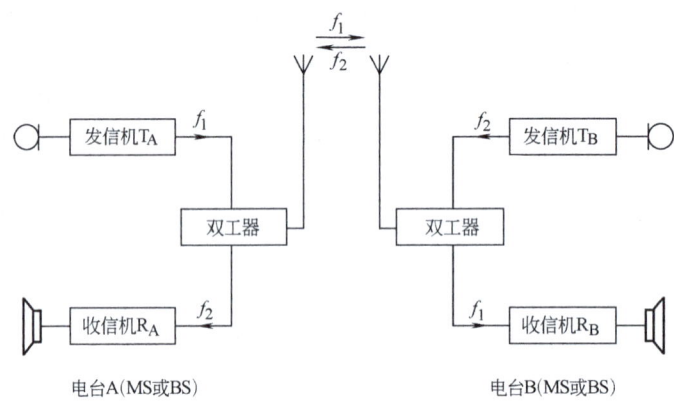

图10-2 双工通信方式示意图

注:BS 为 Base Station,即基站;MS 为 Mobile Station,即移动站。

无论是基台还是手机,收信机和发信机共用一个天线。但在双工通信中,收信机和发信机是同时打开的,如果共用天线而不进行隔离,自发信机的发射功率漏过一点,就可能启动收信机工作,出现自己说话自己听的现象。因此为了隔离收信机和发信机之间的能量,需加装一套隔离装置,即双工器。这样一来,手机的组成就不是两部分,而是三部分,即收信机、发信机和双工器。

我国目前使用的 GSM 和 CDMA 手机都是双工模式。GSM 手机接收频率是 935~960MHz,发送频率是 890~915MHz;CDMA 手机的接收频率是 869~894MHz,发送频率是 824~849MHz。

3. 手机的接入方式

在无线频率资源有限的情况下，大多数通信系统，特别是公众移动通信系统，均采用多用户共享一个通信信道来发送和接收信息。为了保证多用户正常进行通信，需要采用多址接入技术，简称多址技术。多址技术分为频分多址（FDMA）、时分多址（TDMA）、码分多址（CDMA）和空分多址（SDMA）。

频分多址是以不同的频率信道实现通信。时分多址是以不同时隙实现通信。码分多址是以不同的代码序列实现通信。空分多址是以不同方位信息实现多址通信。TACS 模拟通信采用的是频分复用技术，GSM 数字通信采用的是频分复用和时分复用相结合的多址技术，CDMA 采用码分多址技术。

（1）时分多址（TDMA）。时分多址技术不是在频率轴上划分，而是在时间轴上划分。时分多址移动通信系统中所有用户都使用同一射频带宽，按一定的秩序分不同时间发射。它是将时间轴划分成许多时隙，不同的用户使用不同的时隙，N 个时隙组成一帧，以帧的形式传送，达到共用信道的目的。因为是按时间来划分，所以对每个用户而言，其发射和接收都不是连续的。但由于速率很高，人耳听到的声音仍是连续的。采用时分多址与模拟手机采用的频分多址相比，语音质量和保密性都有了很大的提高。但由于干扰很难排除，且对时间的同步要求非常严格，所以这种手机的结构很复杂，制造成本较高。

（2）码分多址（CDMA）。码分多址技术依靠编码的不同来区别不同的移动通信用户。码分多址方式的移动通信虽然起步较晚，但它具有频分多址和时分多址所不具有的独特优点，使它成为移动通信系统的主要多址接入技术。与时分多址手机相比，码分多址手机即 CDMA 手机有以下优点：①具有很强的抗干扰能力；②能以很低的发射功率工作，辐射小，对用户的健康有利；③由于不同用户采用不同的扩频编码，所以保密性好；④基本上没有掉话现象。

实验　手机的感官审评

一、实验目的

学习手机的审评方法、步骤，了解智能手机和非智能手机在操作上的差别及其各自的优劣势。

二、实验样品

手机：各种品牌的智能手机和非智能手机。

三、实验内容和步骤

每五人为一小组,每小组各包含智能手机和非智能手机 2~3 部,通过手机的价格、外观(如设计、显示器、按键等)和性能(如电池、显示状态、功能)以及操作方便性的对比,观察智能手机和非智能手机在操作和使用上的差别以及各自的优劣势。

四、实验结果

将实验结果记录到表 10-2 中,并进行对比分析。

表 10-2 手机的感官审评表

手机序号	手机型号	手机价格(20分)	手机外观(25分)				手机性能(35分)			操作方便性(20分)	总分(100分)
			设计(10分)	显示器(5分)	按键(5分)	其他(5分)	电池(10分)	显示状态(5分)	功能(20分)		
智能手机 1											
智能手机 2											
智能手机 3											
非智能手机 1											
非智能手机 2											
非智能手机 3											

五、手机的质量鉴别

1. 外观鉴别

手机的外观要求设计新颖、美观,各种指示清晰、鲜明,显示器表面无损伤,外壳光洁平整、无明显色差,无划痕、无气泡、无砂眼,各按键按动灵活,折叠式手机应开折自如。

2. 性能检验

性能检验步骤如下:
(1) 手机装上满容量电池后开机。
(2) 观察开机显示状态,查看有无片段显示不清的现象。
(3) 根据使用说明书,查看各功能工作状况是否有缺陷。
(4) 结束测试。

3. 手机的养护

（1）防止强烈振动和与其他坚硬物相碰撞。

（2）防止雨淋和浸湿。当淋湿或受潮严重时，不要开机加电检查或自己拆装，应送维修中心处理。

（3）防止机体接触腐蚀有害物质，注意防尘。

（4）按键时用力适当，切忌用力过猛。爱护键盘，及时清除键帽之间槽沟的灰尘和污垢。

（5）镍镉电池应充分放电。

冰箱的故障

某居民家有一台使用多年的双门冰箱。一天，机主发现冰箱里前一天放进的西瓜坏了，仔细观察后发现冰箱连续运转不停机，但冷藏室里放的啤酒并不凉。他随手将啤酒放入冷冻室，但忘记取出，直至第二天才想起来，打开冰箱后发现啤酒虽然很凉但并没有冻结。

问题：

试分析这台冰箱的故障。

五项家电物流国家标准顺利通过专家审查

2015年3月31日，由全国物流标准化技术委员会提出并归口的《家电物流服务通用要求》《家电物流配送服务要求》《家电物流配送中心仓储作业规范》《家电物流配送中心管理规范》和《家电物流干线运输规范》（送审稿）五项国家标准审查会在北京召开。

来自全国物流标准化技术委员会、中国标准化研究院、中国质检出版社、中远物流、北京理工大学等的13位专家参加了会议。参会专家一致认为这五项国家标准在充分调研的基础上，广泛听取了行业管理部门、家电物流产业链上的各类企业、研究机构、协会等社会各方面的意见和建议，具有普遍的适用性和较强的可操作性，达到国内先进水平。五项家电物流标准的编制对家电物流行业的健康发展具有积极意义。要求起草小组根据审查会上专家提出的意见，对标准中的有关内容做进一步修改和完善，尽快形成报批稿。

（资料来源：根据中国物流与采购联合会网站资料整理）

扩展阅读2

全国平板显示器件标准化技术委员会成立

2014年3月18日，国家标准委批复中国电子技术标准化研究院筹建全国平板显示器件标准化技术委员会的方案，同意成立全国平板显示器件标准化技术委员会。

据国家标准委的批复，第一届平板显示器件标准化技术委员会由58名委员组成，分别来自主管部门、科研院所、质检机构、大专院校和企业，企业委员占半数以上，秘书处承担单位为中国电子技术标准化研究院。

全国平板显示器件标准化技术委员会主要负责液晶显示器件、等离子体显示器件、有机发光二极管显示器件等平板显示器件领域的国家标准制定和修订工作，对口国际电工委员会平板显示器件技术委员会。

2013年，我国平板显示产业发展形势持续向好，产业规模稳步提升，产业链日益完善，产业集聚逐步形成。预计到2016年，全球平板显示市场的增长将趋于平缓，由于全球平板显示器产业重心向我国转移，我国的产业规模仍将保持较快增长，液晶面板自给率还将稳步提升。

（资料来源：http://www.eepw.com.cn/article/246183.htm）

思考练习题

1. 电视机的连续画面是怎样形成的？
2. 根据显像器件的不同，电视机可分为几类？各有什么特点？
3. 电视机的主要技术指标有哪些？
4. 直冷式冰箱与间冷式冰箱有什么不同？
5. 家用冰箱由哪几部分组成？各组成部分有哪些主要部件？各有什么作用？
6. 说出下列冰箱型号的含义：
   （1）BC-165　　（2）BCD-230B　　（3）BD-250A
7. 家用冰箱的星级是如何规定的？有几种？
8. 家用冰箱重要的技术指标有哪些？
9. 什么是微型计算机？微型计算机和传统的计算工具有哪些区别？
10. 说明CPU、内存在计算机硬件系统中的作用。
11. 什么是双工通信方式？
12. 时分多址和码分多址最主要的区别是什么？CDMA和GSM相比有哪些显著的特点？
13. 根据所学的知识，你认为应该如何评价一台微型计算机的综合性能？

第十一章

钢　材

　　钢自从出现以来就一直是人类使用的重要材料，同时还是一种很容易重复利用的可再生资源。由于钢铁工业高度集约的空间特征，决定了钢材一直是一个极重要的商品门类。从理论上看，经过数百年的研究和探索，人们对钢的认识无论从宏观上还是微观上都已非常完善，已形成一个结构严密的知识体系。本章的主要内容为钢的基本概念、钢的分类和牌号表示方法；钢的晶体结构以及塑性变形机理；钢的金相组织以及铁素体、渗碳体、奥氏体、珠光体、莱氏体等重要概念；共析钢、亚共析钢、过共析钢的概念和室温组织；钢在加热和冷却时的转变和退火、正火、淬火、回火等几种热处理工艺；钢的力学性能。

【阅读资料】

马　口　铁

　　马口铁起源于波西米亚（今捷克共和国境内），该地自古就盛产金属，工艺先进，且懂得利用水力从事机器制造，从14世纪起就开始生产马口铁。马口铁后为第一次世界大战各国军队制成大量铁制容器（罐头）而沿用至今。

　　马口铁是表面镀有一层锡的铁皮，它不易生锈，又叫镀锡铁。这种镀层钢板在中国很长时间称为"马口铁"，有人认为由于当时制造罐头用的镀锡薄板是从澳门进口的，而澳门的英文名Macao可读作马口，所以叫"马口铁"。也有其他说法，如中国过去用这种镀锡薄板制造煤油灯的灯头，形如马口，所以叫"马口铁"。"马口铁"这个名称不确切，因此，1973年中国镀锡薄板会议时已正名为镀锡薄板，正式文件不再使用"马口铁"这个名称。

　　马口铁包装由于其良好的密封性、保藏性、避光性、坚固性和特有的金属装饰魅力，决定了其在包装容器业内具有广泛的涵盖面，是国际上通用的包装品种。因其抗氧化性强，且款式多样、印刷精美，马口铁包装容器深受广大客户喜爱，广泛应用于食品包装、医药品包装、日用品包装、仪器仪表包装、工业品包装等方面。如今全世界每年产锡约

25万t,三分之一以上用来制造马口铁,其中大部分用于罐头食品业。

第一节 钢的分类和牌号

钢是指以铁为主要元素,碳的质量分数一般在2%以下并含有其他合金元素的材料。不过这是一个综合概念,无论是对钢的生产抑或是使用和流通,实用意义都不是很明确。因此,国家标准管理部门会同有关单位共同编制了中华人民共和国国家标准《钢分类》(GB/T 13304.1~13304.2—2008),参照国际标准对钢的分类做出了具体明确的规定,与此相对应的是钢的命名和牌号表示方法。

一、钢的分类

根据分类目的不同,可以按照不同的方法对钢进行分类。常用的分类方法有:按冶金方法分类、按化学成分分类、按冶金质量分类、按金相组织分类、按加工方法和按用途分类等。

1. 按冶金方法分类

(1) 按炉别分类。根据冶炼方法和冶炼设备的不同,钢可以分为:电炉钢、平炉钢和转炉钢三大类。

1) 平炉钢。平炉钢是指用平炉(马丁炉)冶炼的钢。平炉钢按炉衬使用的耐火材料不同又可分为碱性平炉钢和酸性平炉钢两类,但多为碱性。由于冶炼时间长、能耗高,平炉钢正在逐步被淘汰。

2) 转炉钢。转炉钢是指用转炉冶炼的钢。转炉钢同样可分为碱性转炉钢和酸性转炉钢。转炉钢还因转炉送风口的位置不同分为:底吹、侧吹、顶吹和纯氧顶吹等转炉钢。

3) 电炉钢。电炉钢是指用电炉冶炼的钢。电炉钢也有碱性电炉钢和酸性电炉钢之分。电炉钢因使用的炉型(电-热转换方式)不同还可以分为电弧炉钢、感应炉钢、真空感应炉钢和电渣炉钢等,我国目前主要采用电弧炉。由于冶炼过程中利用电能作为热源,钢的成分可准确控制,所以钢的质量较平炉和转炉要高。因此,转炉和平炉主要用来冶炼碳素钢和合金钢,轴承钢、高速工具钢、特殊用途钢(如不锈钢和耐热钢)以及精密合金等通常要用电炉熔炼。

(2) 按脱氧程度分类。

1) 沸腾钢。沸腾钢为脱氧不完全的钢。因在冶炼后期,钢中不加脱氧剂(如硅、铝等),浇注钢锭时钢液在锭模内产生沸腾现象(气体逸出),故名。这类钢的特点是钢中含硅量很低,标准规定硅的质量分数不高于0.07%。沸腾钢通常铸成不带保温帽的上小下大的钢锭。优点是钢的收得率高,生产成本低,表面质量和深冲性能好。缺点是钢的杂质多，成分偏析较大，因而性能不均匀。

2）镇静钢。镇静钢是完全脱氧的钢，浇注时钢液不发生沸腾。镇静钢通常铸成上大下小带保温帽的锭型。由于锭模上部有保温帽（在钢液凝固时作为补充钢液用），这节帽头在轧制开坯后需切除，故钢的收得率低（较沸腾钢低约15%）。但镇静钢的组织致密，偏析小，质量均匀。合金钢一般都是镇静钢。

3）半镇静钢。半镇静钢的脱氧程度介于沸腾钢和镇静钢之间，浇注时有沸腾现象，但与沸腾钢相比较，沸腾现象较弱。半镇静钢既具有沸腾钢的特点，又具有镇静钢的特点，但在冶炼操作上比较难掌握。

沸腾钢、半镇静钢、镇静钢和特殊镇静钢根据规定分别用 F、b、Z 和 TZ 表示。

2. 按化学成分分类

根据国家标准 GB/T 13304.1—2008，用化学成分作为分类标志可以把钢分为碳素钢和合金钢。

(1) 碳素钢。碳素钢又可分为低碳钢、中碳钢和高碳钢。

1）低碳钢（$w_C \leqslant 0.25\%$）。低碳钢又称软钢，强度低，硬度低而软，常用于制造链条、铆钉、螺栓、轴等。它包括大部分普通碳素结构钢和一部分优质碳素结构钢，大多不经热处理用于工程结构件，有的经渗碳和其他热处理用于要求耐磨的机械零件。

2）中碳钢（$0.25 < w_C \leqslant 0.60\%$）。中碳钢有镇静钢、半镇静钢和沸腾钢等多种产品，其热加工及切削性能良好，而焊接性能较差，塑性和韧性低于低碳钢。可不经热处理，直接使用热轧材、冷拉材，也可经热处理后使用。淬火、回火后的中碳钢具有良好的综合力学性能，能够达到的最高硬度约为 55HRC（538HBW），R_m 为 600～1100MPa。所以在中等强度水平的各种用途中，中碳钢得到了最广泛的应用，除作为建筑材料外，还大量用于制造各种机械零件。

3）高碳钢（$w_C > 0.60\%$）。高碳钢常称工具钢，可以淬硬和回火。锤、撬棍等由碳的质量分数为 0.75% 的钢制造；切削工具（如钻头、丝锥、铰刀等）由碳的质量分数为 0.90%～1.00% 的钢制造。

(2) 合金钢。

1）低合金钢（合金元素总质量分数≤5%）。低合金钢是在碳素结构钢的基础上加入少量合金元素（一般合金元素总质量分数 <3.5%）制成的。这类钢碳的质量分数较低（不超过0.2%），加入的合金元素主要有钒、铌、钛、锰、硼等。与碳素结构钢相比，低合金钢强度较高，韧性好，有较好的加工性能、焊接性能和耐蚀性。

低合金高强度结构钢钢材品种主要有热轧型钢、棒材和钢板。这类钢材广泛地应用于制造锅炉、桥梁、化工、矿山、船舶等设备。

2）中合金钢（合金元素总质量分数为 5%～10%）。

3）高合金钢（合金元素总质量分数 >10%）。

合金钢是为了改善钢的某些性能而特意加入一定量合金元素的钢。根据钢中所含合金元素不同，合金钢又可分为锰钢、铬钢、硅锰钢、铬锰钢、铬锰钼钢等很多类。根据化学成分（主要是含碳量）、热处理工艺和用途的不同，又可分为渗碳钢、调质钢和氮化钢。

合金结构钢的钢材品种主要有热轧棒材和厚钢板、薄钢板、冷拉钢、锻造扁钢等。这类钢材主要用于制造截面尺寸较大的机械零件，广泛用于制造汽车、船舶等交通工具，重型机床和设备的各种传动件和紧固件。

3. 按冶金质量分类

按冶金质量不同，钢可以分为优质钢、高级优质钢和特级优质钢。高级优质钢又分为四个质量等级。等级间的区别表现在：含碳量范围；硫、磷及残余元素的含量；钢的纯净度；以及钢的力学性能及工艺性能的保证程度。

4. 按金相组织分类

按钢的金相组织不同可分为退火状态的、正火状态的和无相变或部分相变等几类钢。

（1）**退火状态的钢**。退火状态的钢又可分为亚共析钢（铁素体＋珠光体）、共析钢（珠光体）、过共析钢（珠光体＋渗碳体）、莱氏体钢（珠光体＋渗碳体）。亚共析钢、共析钢、过共析钢之所以表现出不同的组织结构，最根本的原因是含碳量不同。它们的区别在于共析钢的碳的质量分数为0.77%，碳的质量分数小于0.77%称为亚共析钢，大于0.77%称为过共析钢。所谓共析，是指合金在加热或冷却时由一种固态相生成两种固态相或由两种固态相生成一种固态相的可逆反应。

碳的质量分数为0.77%的钢，当温度升高时可由珠光体转变成铁素体和渗碳体，当温度下降时又再次转变为珠光体。珠光体是铁素体和渗碳体的机械混合物，但含碳量是固定的。因而，当碳的质量分数小于0.77%时，钢冷却时就有一部分铁素体过剩而析出，所以碳的质量分数小于0.77%的钢（即亚共析钢）的室温组织是铁素体和珠光体的混合物；而碳的质量分数大于0.77%的钢在冷却时渗碳体过剩而析出，故其室温组织是珠光体和渗碳体的混合物。

（2）**正火状态的钢**。正火状态的钢还可分为珠光体钢、贝氏体钢、马氏体钢、奥氏体钢。

（3）**无相变或部分发生相变的钢**。无相变或部分发生相变的钢可分为铁素体型、奥氏体型、珠光体型、马氏体型、贝氏体型、双相（如马氏体-铁素体）类型等。

5. 按加工方法分类

按照在钢使用时适合采用的制造加工方式不同可以将钢分为压力加工用钢、切削加工用钢和冷顶锻用钢。

压力加工用钢是供用户经塑性变形制作冷件和产品用的钢。按加工前钢是否经过加热，又分为热压力加工用钢和冷压力加工用钢。

切削加工用钢是供切削机床（如车、铣、刨、磨等）在常温下切削加工成零件用的钢。

冷顶锻用钢是将钢材在常温下进行锻粗，做成零件或零件毛坯，如铆钉、螺栓及带凸缘的毛坯等，这种钢也称为冷锻钢。

6. **按用途分类**

按照用途不同钢又分为建筑及工程用钢、结构钢、工具钢、特殊性能钢和专业用钢。

（1）建筑及工程用钢。建筑及工程用钢可分为普通碳素结构钢、低合金结构钢以及钢筋钢。

（2）结构钢。结构钢可分为机械制造用钢、弹簧钢和轴承钢。

1）机械制造用钢。机械制造用钢又可分为调质结构钢；表面硬化结构钢，包括渗碳钢、渗氮钢、表面淬火用钢；易切结构钢；冷塑性成形用钢，包括冷冲压用钢、冷镦用钢。

2）弹簧钢。按照化学成分不同，弹簧钢可分为优质碳素弹簧钢和合金弹簧钢。优质碳素弹簧钢是碳的质量分数在 0.6%~0.9% 范围内的优质碳素结构钢，合金弹簧钢的碳的质量分数稍低（不高于0.64%），主要靠增加硅含量并加入少量的合金元素铬、钼、钒、硼、钨（总碳的质量分数一般不高于2.0%）来提高性能。

由于弹簧在冲击、振动或长期交变应力下使用，要求专门用来制造弹簧的弹簧钢在具有高的抗拉强度、弹性极限和疲劳强度的同时，还要求其具有一定的淬透性。

弹簧钢钢材品种主要有热轧圆钢、方钢、冷拉圆钢、热轧扁钢、盘条和钢丝等。热轧钢材以热处理状态或者不经热处理交货；冷拉钢材以热处理状态交货。弹簧钢钢材用于制造螺旋簧、扭簧及其他形状弹簧，在飞机、铁道车辆、汽车和拖拉机等运输工具以及其他工业产品上得到广泛应用。制造厂商将弹簧钢钢材加工制造成各式弹簧，并经热处理后直接使用，因而对钢材表面质量的要求比其他钢种更为严格，对脱碳层深度也有严格要求。

3）轴承钢。轴承钢是一个构成很复杂的钢种，按化学成分和使用特性不同可分为高碳铬轴承钢、渗碳轴承钢、高碳铬不锈轴承钢和高温轴承钢四大类。

高碳铬轴承钢碳的质量分数高（0.95%~1.05%），淬火后可获得高且均匀的硬度，疲劳寿命长，缺点是耐大载荷冲击韧性稍差，主要用作一般使用条件下滚动轴承的套圈和滚动体。渗碳轴承钢碳的质量分数低（不大于0.23%），经渗碳后，表面硬度提高，而心部仍具有良好的韧性，能承受较大冲击载荷，主要用于制作大型机械内受冲击载荷较大的轴承。高碳铬不锈轴承钢碳的质量分数高（0.90%~1.05%），因而在获得高硬度的同时具有足够的耐蚀性，主要用于制作处于恶劣的腐蚀条件下工作的轴承。高温轴承钢的硬度高，且能在高达430℃的工作温度下保持足够高的硬度和具有一定的抗氧化性，加工性能较好，主要用于制作发动机轴承。

（3）工具钢。工具钢可分为碳素工具钢、合金工具钢和高速工具钢。

1）碳素工具钢。碳素工具钢是一种高碳钢。其最低的碳的质量分数为0.65%，最高可达1.35%。这类钢材主要用于制造各种工具，如车刀、锉刀、刨刀、锯条等，还用来制造形状简单、精度较低的量具和刃具等。

碳素工具钢钢材制造的刀具在工作温度大于250℃时硬度（俗称热硬性）和耐磨性会严重下降，性能变差，使得其应用受到一定的限制。

2）合金工具钢。合金工具钢不仅具有很高的碳含量，而且铬、钨、钼、钒等合金元素的含量也很高。因此合金工具钢比碳素工具钢具有更高的硬度、耐磨性和韧性，特别是具有碳素工具钢所达不到的热硬性。

合金工具钢钢材的主要品种有热轧和锻制的圆钢、方钢、扁钢等，主要用于制造冷热变形用的各式模具以及各式量具和刃具。

3）高速工具钢。高速工具钢俗称锋钢，碳的质量分数高，一般不低于0.95%，钨、钼、铬、钒、钴的含量也较高。高速工具钢有很好的高温硬度和耐磨性，用其制造的刀具和刃具在500～600℃进行高温切削时，仍能保持很高的硬度，切削速度比碳素工具钢和合金工具钢制造的刀具高1～3倍；使用寿命高7～14倍。

高速工具钢用于制作刀具（车刀、铣刀、铰刀、拉刀、麻花钻等）及模具、轧辊和耐磨的机械零件。

（4）特殊性能钢。特殊性能钢可分为不锈耐酸钢；耐热钢，包括抗氧化钢、热强钢、气阀钢；电热合金钢；耐磨钢；低温用钢；电工用钢等。

（5）专业用钢。专业用钢有桥梁用钢、船舶用钢、锅炉用钢、压力容器用钢和农机用钢等。

二、我国钢铁产品的牌号表示方法

钢铁产品牌号是一种标记符号。钢的种类很多，以上虽然介绍了钢的分类，但很不具体。为了辨别具体的钢，使其在生产、使用、流通和管理工作中有一个统一的称呼，就应该给每一种钢都起一个"名字"——钢的牌号，通常简称钢号。因此钢铁产品牌号实际上是沟通生产者、经销者和使用者的一种共同语言。一个牌号代表具有相同特征的一类产品，牌号加上品种（型材、板材、带材、管材、线材等）、规格（长、宽、厚、直径等）、状态（热处理状态）和执行标准号等，就能准确描述一种钢铁产品的全部主要特征。

1. 我国钢牌号表示方法概述

我国现行钢铁产品牌号表示方法有两种，即《钢铁产品牌号表示方法》（GB/T 221—2008）和《钢铁及合金牌号统一数字代号体系》（GB/T 17616—2013），这两种表示方法在现行国家标准和行业标准中并列使用，两者均有效。本节将根据GB/T 221—2008标准介绍钢铁产品牌号表示方法。

凡列入国家标准和行业标准的钢铁产品，均应按标准规定的牌号表示方法编写牌号。钢铁产品牌号通常采用大写汉语拼音字母、化学元素符号和阿拉伯数字相结合的形式表示。为了便于国际交流和满足贸易的需要,也可以采用大写英文字母或按国际惯例表示。

采用汉语拼音字母或英文字母表示产品名称、用途、特性和工艺方法时,一般从产品名称中选取有代表性的汉字的汉语拼音的首位字母或英文单词的首位字母。当和另一个产品所取的字母重复时,改取第二个字母或第三个字母,或同时选取两个(或多个)汉字或英文单词的首位字母。采用汉语拼音字母或英文字母,原则上字母只取一个,不超过三个。

产品牌号中各组成部分的表示方法应符合相应规定,各部分按顺序排列,如无必要可省略相应部分。除有特殊规定外,字母、符号及数字之间应无间隙。

产品牌号中的元素含量用质量分数表示。

(1) 标准牌号中常用化学元素符号。标准牌号中常用的化学元素符号见表11-1。

(2) 标准牌号中常用的汉字和汉语拼音符号。标准牌号中常用的汉字和汉语拼音符号见表11-2。

表 11-1 常用化学元素符号

元 素 名 称	化学元素符号	元 素 名 称	化学元素符号
铁	Fe	铋	Bi
锰	Mn	铯	Cs
铬	Cr	钡	Ba
镍	Ni	镧	La
钴	Co	铈	Ce
铜	Cu	钐	Sm
钨	W	锕	Ac
钼	Mo	硼	B
钒	V	碳	C
钛	Ti	硅	Si
铝	Al	硒	Se
铌	Nb	碲	Te
钽	Ta	砷	As
锂	Li	硫	S
铍	Be	磷	P
镁	Mg	氮	N
钙	Ca	氧	O
锆	Zr	氢	H
锡	Sn	混合稀土	RE
铅	Pb		

表 11-2 牌号采用的汉字及汉语拼音符号

名　称	采用的汉字及汉语拼音		采用符号	字体	位置
	汉字	汉语拼音			
碳素结构钢	屈	QU	Q	大写	牌号头
低合金高强度钢	屈	QU	Q	大写	牌号头
耐候钢	耐候	NAI HOU	NH	大写	牌号尾
保证淬透性钢			H	大写	牌号尾
易切削非调质钢	易非	YI FEI	YF	大写	牌号头
易锻用非调质钢	非	FEI	F	大写	牌号头
易切削钢	易	YI	Y	大写	牌号头
电工用热轧硅钢	电热	DIAN RE	DR	大写	牌号头
电工用冷轧无取向硅钢	无	WU	W	大写	牌号中
电工用冷轧取向硅钢	取	QU	Q	大写	牌号中
电工用冷轧取向高磁感钢	取高	QU GAO	QG	大写	牌号中
（电讯用）取向高磁感硅钢	电高	DIAN GAO	DG	大写	牌号头
电磁纯铁	电铁	DIAN TIE	DT	大写	牌号头
碳素工具钢	碳	TAN	T	大写	牌号头
塑料模具钢	塑模	SU MO	SM	大写	牌号头
（滚珠）轴承钢	滚	GUN	G	大写	牌号头
焊接用钢	焊	HAN	H	大写	牌号头
钢轨钢	轨	GUI	G	大写	牌号头
铆螺钢	铆螺	MAO LUO	ML	大写	牌号头
锚链钢	锚	MAO	M	大写	牌号头
地质钻探钢管用钢	地质	DI ZHI	DZ	大写	牌号头
船用钢			采用国际符号		
汽车大梁用钢	梁	LIANG	L	大写	牌号尾
矿用钢	矿	KUANG	K	大写	牌号尾
压力容器钢	容	RONG	R	大写	牌号尾
桥梁用钢	桥	QIAO	q	小写	牌号尾
锅炉用钢	锅	GUO	g	小写	牌号尾
焊接气瓶用钢	焊瓶	HAN PING	HP	大写	牌号尾
车辆车轴用钢	辆轴	LIANG ZHOU	LZ	大写	牌号头
机车车轴用钢	机轴	JI ZHOU	JZ	大写	牌号头
管线用钢			S	大写	牌号头

（续）

名　称	采用的汉字及汉语拼音		采用符号	字体	位　置
	汉字	汉语拼音			
沸腾钢	沸	FEI	F	大写	牌号尾
半镇静钢	半	BAN	b	小写	牌号尾
镇静钢	镇	ZHEN	Z	大写	牌号尾
特殊镇静钢	特镇	TE ZHEN	TZ	大写	牌号尾
质量等级①			A	大写	牌号尾
			B	大写	牌号尾
			C	大写	牌号尾
			D	大写	牌号尾
			E	大写	牌号尾

① 采用符号为英文字母。

2. 国标（GB）钢的牌号表示方法

（1）碳素结构钢和低合金钢牌号表示方法及示例。按国家标准规定，碳素结构钢和低合金钢牌号通常由四部分组成。

第一部分：前缀符号＋强度值（以 N/mm^2 或 MPa 为单位），其中通用结构钢前缀符号为代表屈服强度的汉语拼音字母"Q"，专用结构钢的前缀符号见表11-3。

表11-3　专用结构钢的前缀符号

产品名称	采用的汉字及汉语拼音或英文单词			采用字母	位置
	汉字	汉语拼音	英文单词		
热轧光圆钢筋	热轧光圆钢筋	—	Hot Rolled Plain Bars	HPB	牌号头
热轧带肋钢筋	热轧带肋钢筋	—	Hot Rolled Ribbed Bars	HRB	牌号头
细晶粒热轧带肋钢筋	热轧带肋钢筋＋细	—	Hot Rolled Ribbed Bars + Fine	HRBF	牌号头
冷轧带肋钢筋	冷轧带肋钢筋	—	Cold Rolled Ribbed Bars	CRB	牌号头
预应力混凝土用螺纹钢筋	预应力、螺纹、钢筋	—	Prestressing、Screw、Bars	PSB	牌号头
焊接气瓶用钢	焊瓶	HAN PING	—	HP	牌号头
管线用钢	管线	—	Line	L	牌号头
船用锚链钢	船锚	CHUAN MAO	—	CM	牌号头
煤机用钢	煤	MEI	—	M	牌号头

第二部分（必要时）：钢的质量等级，用英文字母 A、B、C、D、E、F……表示。

第三部分（必要时）：脱氧方法表示符号，F 表示沸腾钢，b 表示半镇静钢，Z 表示镇静钢、TZ 表示特殊镇静钢，镇静钢和特殊镇静钢可不标，即 Z 和 TZ 都可不标，如 Q235-AF 表示 A 级沸腾钢。

第四部分（必要时）：产品用途、特性和工艺方法表示符号，见表 11-4。

表 11-4　产品用途、特性和工艺方法符号

产品名称	采用的汉字及汉语拼音或英文单词			采用字母	位置
	汉字	汉语拼音	英文单词		
锅炉和压力容器用钢	容	RONG	—	R	牌号尾
锅炉用钢（管）	锅	GUO	—	G	牌号尾
低温压力容器用钢	低容	DI RONG	—	DR	牌号尾
桥梁用钢	桥	QIAO	—	Q	牌号尾
耐候钢	耐候	NAI HOU	—	NH	牌号尾
高耐候钢	高耐候	GAO NAI HOU	—	GNH	牌号尾
汽车大梁用钢	梁	LIANG	—	L	牌号尾
高性能建筑结构用钢	高建	GAO JIAN	—	GJ	牌号尾
低焊接裂纹敏感性钢	低焊接裂纹敏感性	—	Crack Free	CF	牌号尾
保证淬透性钢	淬透性	—	Hardenability	H	牌号尾
矿用钢	矿	KUANG	—	K	牌号尾
船用钢	采用国际符号				

碳素结构钢和低合金钢牌号示例见表 11-5。

表 11-5　碳素结构钢和低合金钢牌号示例

序号	产品名称	第一部分	第二部分	第三部分	第四部分	牌号示例
1	碳素结构钢	最小屈服强度 235N/mm²	A 级	沸腾钢	—	Q235AF
2	低合金高强度结构钢	最小屈服强度 345N/mm²	D 级	特殊镇静钢	—	Q345D
3	热轧光圆钢筋	屈服强度特征值 235N/mm²				HPB235
4	热轧带肋钢筋	屈服强度特征值 335N/mm²				HRB335

（2）优质碳素结构钢和优质碳素弹簧钢牌号表示方法及示例。优质碳素结构钢和优质碳素弹簧钢牌号表示方法相同，分为五部分。

第一部分：以两位阿拉伯数字表示钢的碳的质量分数，以平均碳的质量分数的万分之几表示。如碳的质量分数为万分之四十五，即碳的质量分数为 0.45% 的钢按国标规定用

"45"表示。

第二部分（必要时）：含锰较高的优质碳素结构钢，加锰元素符号，例如45Mn，习惯上读作"四十五锰"或"四五锰"。

第三部分（必要时）：钢材冶金质量，即高级优质钢和特级优质钢分别用A、E表示，优质钢不用字母表示。

第四部分（必要时）：脱氧方法表示符号，F表示沸腾钢，b表示半镇静钢，Z表示镇静钢，但镇静钢表示符号通常可以省略。例如Q235—AF表示A级沸腾钢。

第五部分（必要时）：产品用途、特性和工艺方法表示符号。

优质碳素结构钢和优质碳素弹簧钢牌号示例见表11-6。

表11-6 优质碳素结构钢和优质碳素弹簧钢牌号示例

序号	产品名称	第一部分	第二部分	第三部分	第四部分	第五部分	牌号示例
1	优质碳素结构钢	碳的质量分数 0.05%~0.11%	锰的质量分数 0.25%~0.50%	优质钢	沸腾钢	—	08F
2	优质碳素结构钢	碳的质量分数 0.47%~0.55%	锰的质量分数 0.50%~0.80%	高级优质钢	镇静钢	—	50A
3	优质碳素结构钢	碳的质量分数 0.48%~0.56%	锰的质量分数 0.70%~1.00%	特级优质钢	镇静钢	—	50MnE
4	保证淬透性用钢	碳的质量分数 0.42%~0.50%	锰的质量分数 0.50%~0.85%	高级优质钢	镇静钢	保证淬透性钢表示符号"H"	45AH
5	优质碳素弹簧钢	碳的质量分数 0.62%~0.70%	锰的质量分数 0.90%~1.20%	优质钢	镇静钢	—	65Mn

(3) 易切削钢。易切削钢牌号通常由三部分组成。

第一部分：易切削钢表示符号"Y"。

第二部分：以两位阿拉伯数字表示平均碳的质量分数（以万分之几表示）。

第三部分：易切削元素符号，如含钙、铅、锡等易切削元素的易切削钢分别以Ca、Pb、Sn表示。

例如碳的质量分数为0.42%~0.5%，钙的质量分数为0.002%~0.006%的易切削钢，其牌号为Y45Ca。

(4) 车辆车轴及机车车轴用钢。车辆车轴及机车车轴用钢通常由两部分组成。

第一部分：车辆车轴用钢表示符号"LZ"或机车车轴用钢表示符号"JZ"。

第二部分：以两位阿拉伯数字表示平均碳的质量分数（以万分之几表示）。

(5) 合金结构钢和合金弹簧钢。合金结构钢和合金弹簧钢的牌号表示方法相同，通常由四部分组成。

第一部分：以两位阿拉伯数字表示钢的碳的质量分数（以万分之几计）。

第二部分：合金元素含量，以化学元素符号及阿拉伯数字表示。当平均质量分数达 1.50%～2.49%，2.50%～3.49%，…，时，则在化学元素符号后面相应标出 2、3 等数值。

第三部分：钢材冶金质量，即高级优质钢和特级优质钢分别用 A、E 表示，优质钢不用字母表示。

第四部分（必要时）：产品用途、特性和工艺方法表示符号。

如 25Cr2Ni4WA，此牌号表示这种钢的主要化学成分为碳平均质量分数为万分之二十五，铬的最高质量分数大于 1.50%，镍的质量分数为 4% 左右，钨的质量分数小于 1.50%，A 表示高级优质钢。

(6) 非调质机械结构钢。其牌号通常由四部分组成。

第一部分：非调质机械结构钢表示符号"F"。

第二部分：以两位阿拉伯数字表示钢的碳的质量分数（以万分之几计）。

第三部分：合金元素含量，以化学元素符号及阿拉伯数字表示，表示方法同合金结构钢第二部分。

第四部分（必要时）：改善切削性能的非调质机械结构钢加硫元素符号"S"。

(7) 工具钢。工具钢通常分为碳素工具钢、合金工具钢和高速工具钢三类。

1) 碳素工具钢。其牌号通常由四部分组成。

第一部分：碳素工具钢表示符号"T"。

第二部分：用阿拉伯数字表示钢的碳的质量分数（以千分之几计）。

第三部分（必要时）：较高含锰量碳素工具钢，加锰元素符号"Mn"。

第四部分（必要时）：钢材冶金质量，即高级优质钢和特级优质钢分别用 A、E 表示，优质钢不用字母表示。

如平均碳的质量分数为 0.80% 的碳素工具钢，其牌号为 T8。高级优质碳素工具钢，在牌号尾部加符号 A，如 T8A。

2) 合金工具钢。其牌号通常由两部分组成。

第一部分：平均碳的质量分数小于 1.00% 时，采用一位数字表示碳的质量分数（以千分之几计），平均碳的质量分数不小于 1.00% 时，不标明碳的质量分数数字。

第二部分：合金元素含量，以化学元素符号及阿拉伯数字表示，表示方法同合金结构钢第二部分，低铬（平均铬的质量分数小于 1%）的合金工具钢，在铬含量（以千分之几计）前加"0"。如平均铬的质量分数为 0.60% 的合金工具钢，其牌号为 Cr06。

3) 高速工具钢。其牌号表示方法与合金结构钢相同，但在牌号头部一般不标明表示碳的质量分数的阿拉伯数字。为了区别牌号，在牌号头部可以加"C"表示高速工具钢。

(8) 轴承钢。轴承钢分为高碳铬轴承钢、渗碳轴承钢、高碳铬不锈轴承钢和高温轴承钢四大类。这里仅介绍高碳铬轴承钢牌号表示方法。

高碳铬轴承钢牌号通常由两部分组成。

第一部分：(滚珠)轴承钢表示符号"G"，但不标明碳的质量分数。

第二部分：合金元素"Cr"符号及其质量分数（以千分之几计），其他合金元素含量，以化学元素符号及阿拉伯数字表示，表示方法同合金结构钢第二部分。

如平均铬的质量分数为1.50%的高碳铬轴承钢，其牌号为GCr15。

(9) 钢轨钢、冷镦钢。钢轨钢、冷镦钢通常由三部分组成。

第一部分：钢轨钢表示符号"U"，冷镦钢表示符号"ML"。

第二部分：以阿拉伯数字表示平均碳的质量分数，若为优质碳素结构钢，则同优质碳素结构钢第一部分；若为合金结构钢，则同合金结构钢第一部分。

第三部分：合金元素含量，以化学元素符号及阿拉伯数字表示，表示方法同合金结构钢第二部分。

(10) 不锈钢和耐热钢。不锈钢和耐热钢牌号均采用表11-1中的化学元素符号和阿拉伯数字表示。

一般用一位阿拉伯数字表示平均碳的质量分数（以千分之几计）；当平均碳的质量分数不小于1.00%时，采用两位阿拉伯数字表示；当碳的质量分数上限小于0.10%时，以"0"表示碳的质量分数；当碳的质量分数上限不大于0.03%但大于0.01%时，以"03"表示碳的质量分数（超低碳）；当碳的质量分数上限不大于0.01%（超低碳）时，以"01"表示碳的质量分数；当碳的质量分数没有规定下限值时，采用阿拉伯数字表示碳的质量分数上限值。

合金元素表示方法同合金结构钢。

(11) 焊接用钢。焊接用钢包括焊接用碳素钢、焊接用合金钢和焊接用不锈钢等。其牌号通常由两部分组成。

第一部分：焊接用表示符号"H"。

第二部分：各类焊接用钢牌号表示方法，其中优质碳素结构钢、合金结构钢和不锈钢应分别符合相应规定。

如H08、H08Mn2Si和H1Cr18Ni9等，高级优质焊接用钢应在牌号尾部加"A"。

第二节　钢的组织结构和化学成分

通常所谓的钢，其实是铁和碳的合金，即铁碳合金。随着科学技术的发展和工农业生产对优质高性能材料需求的不断增加，铁碳合金已不能满足需求，为此人们有意识地在铁碳合金中加入其他合金成分，以此改变铁碳合金的物理、力学和加工性能。因此钢的种类往往是由其化学成分决定的。碳和合金元素可以以固溶体或化合物的形式存在于钢中。由于钢含有的碳或合金元素数量和种类的不同，也决定着不同的钢具有不同的组织结构。在贸易过程中，钢的价格、交货状态均与化学成分和组织结构有关。因此，作为钢铁产品最基本的知识，了解钢的成分和组织结构，显然有重要的理论意义和实用意义。

一、钢的组织结构

钢的组织结构是指其内部构造。组织是用肉眼或光学仪器观察到的金属内部构造，通常又分为宏观组织和显微组织。宏观组织又叫低倍组织，是用肉眼或几倍至几十倍的放大镜所看到的组织，如金属内部的夹杂物等。显微组织又叫金相组织，是利用金相显微镜（放大1000倍至2000倍）或电子显微镜（放大几千倍至几十万倍）观察到的组织。

固体可分为晶体和非晶体两大类。在非晶体中原子的排列是无规则的，而在晶体中它们的排列则是有规则的。借助于金相显微镜可以看到金属的组织是由许多小颗粒组成的，这种颗粒叫做晶粒。实际上，所有固态金属都是由晶粒所组成的，钢也概莫能外。用X射线分析的方法可以测出，钢的原子是有规则排列的。试验还证明，和一切金属材料一样，钢的性能与其内部组织和原子排列即晶体结构的特点有密切的关系。因此，本节内容不仅适用于钢，而且适用于所有金属材料，故除了直接与钢有关的叙述外，本节也经常使用"金属"一词。

1. 钢的晶体结构与性能的关系

（1）晶体结构的一般知识。如图11-1a所示，晶体是由许多有规则排列起来的原子所构成的。为了便于了解、分析晶体中原子排列的规则，通常用假想的线条将晶体中各原子的中心连接起来，构成反映晶体原子排列的空间格子，叫晶格（见图11-1b）。能够完全反映晶格特征的、最小的单位叫作晶胞（见图11-1c）。不难看出，整个晶格是由许多大小、形状和位向完全相同的晶胞重复堆砌而成的。晶胞的大小常用其棱边长度表示，叫晶格常数。其度量单位为Å（埃）（长度单位，$1Å = 0.1nm = 10^{-10}m$）。

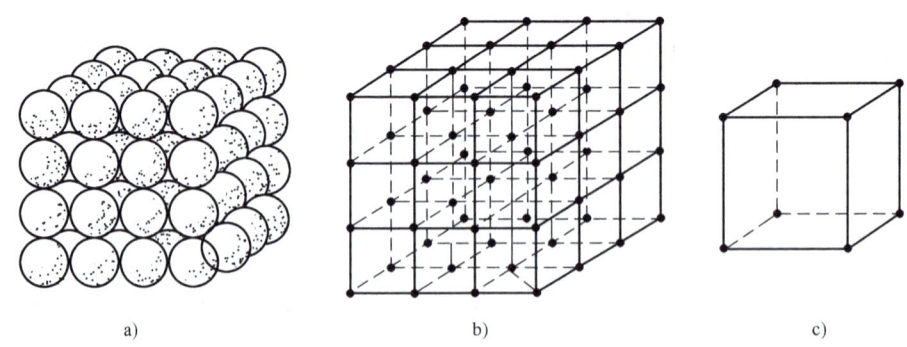

图11-1 晶格及晶胞

在晶格中通过原子中心而形成的平面叫作晶面，晶格也可以认为是由一层层晶面堆砌而成的。晶格中通过原子中心形成的直线代表晶格中的一定方向，叫作晶向。显然，同一晶格可以因连接原子中心的方法不同而分成许多种位向不同、原子排列疏密不同的晶面和晶向。图11-2所示为立方晶格中三种不同的晶面和三种不同的晶向。

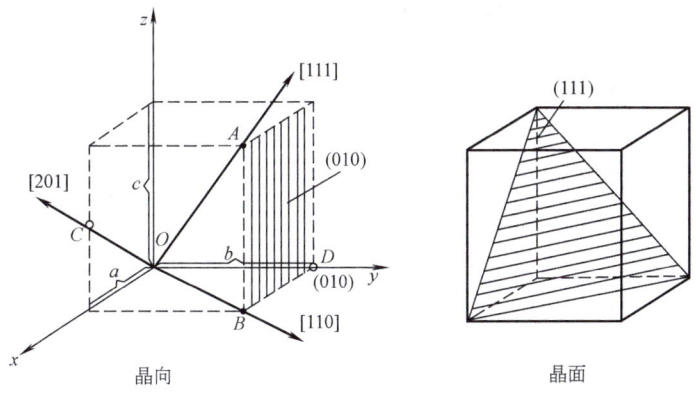

图11-2　晶向和晶面示意图

（2）**金属键和金属特性**。金属原子的结构特点是外层电子与原子核的结合较弱，容易脱离原子核。当大量金属原子构成金属晶体时，绝大部分原子都失去其外层电子而成为正离子，正离子做有规则的排列，并在各自的固定位置上微弱地、高频率地振动。而外层电子则都成为所有正离子共有的自由电子，在各离子间做高速运动，形成所谓电子云。因此，在金属晶体中做有规则排列的实际上不是中性原子，而是正离子，金属晶体则是依靠正离子与共有化的自由电子之间的相互吸引而结合起来的。这种结合方式叫作金属键。图11-3示意地给出了金属键的模型。

由于金属晶体具有上述特点，所以具有一系列与非金属晶体不同的特性。

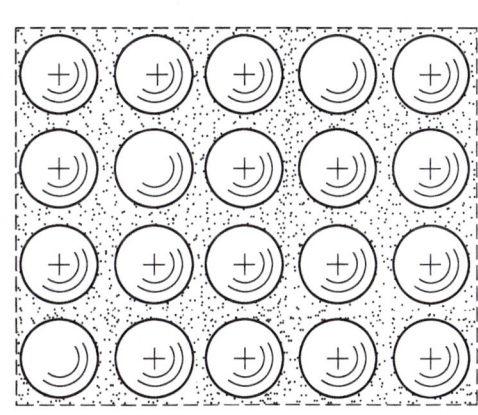

图11-3　金属键示意图

金属晶体的塑性变形主要是通过滑移进行的。所谓滑移，就是晶体的一部分相对于另一部分沿一定的晶面做一定距离的移动。因为正离子发生移动时，周围的自由电子能够随之发生移动，正离子和自由电子间能保持原来的关系，具有重新滑动的能力，所以金属晶体除具有较高的强度外，还具有比非金属晶体高得多的塑性。

金属内部的自由电子在外电场的作用下会定向移动，从而产生电流，因此金属晶体具有良好的导电性。同时，由于定向移动的电子受到不断进行热振动的正离子的阻碍作用，所以金属晶体都有或大或小的电阻。

金属的导热性是通过正离子的振动和自由电子的运动来实现的，所以金属的导热性比非金属要好。但由于金属的导热性不像导电性那样单独靠自由电子来实现，所以它与非金属在这方面的差别不如导电性那样明显。

金属中的自由电子能吸收可见光的光量子能量，使金属具有不透明性。自由电子因吸收可见光的能量而被激发到高能状态，当其返回到原来的低能态时，就会产生辐射，从而使金属具有不同颜色的光泽。

钢具有上述金属的全部特点。

（3）金属材料的晶格类型。晶体有各式各样的晶格类型。也就是说，晶体中原子的排列有各种形式。金属材料中最常见的晶格类型有体心立方、面心立方和密排六方三种，如图11-4所示。

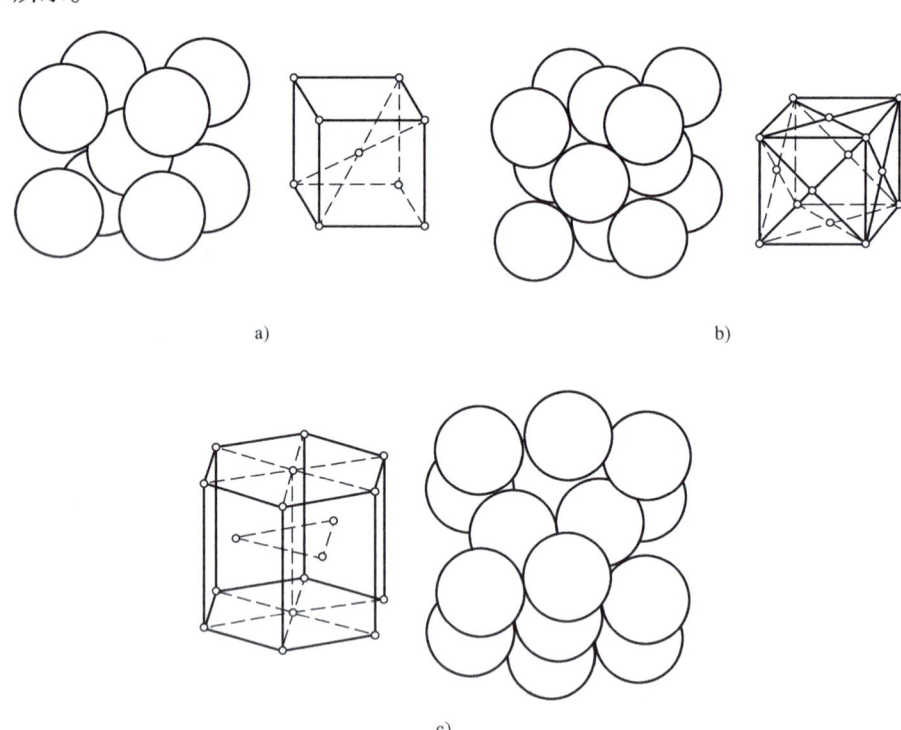

图11-4 常见金属的晶格类型
a）体心立方 b）面心立方 c）密排六方

体心立方晶格的晶胞（见图11-4a）是一个立方体（正六面体），立方体中心有一个原子，八个顶角各有一个原子。

面心立方晶格（见图11-4b）也是一个立方体，立方体六个面的中心各有一个原子，八个顶角又各有一个原子。

密排六方晶格（见图11-4c）是一个八面体，上下两个面呈六边形，六个侧面呈长方形。在上下两个面的中心及棱角各有一个原子，在六方柱体中心还有三个原子。

每种金属都有一定的晶格类型，但有些金属在不同温度下具有不同的晶格类型。例如，纯铁在1538～1394℃及912℃时具有体心立方晶格，分别叫作δ-Fe和α-Fe，在1394～912℃，则具有面心立方晶格，叫作γ-Fe。同一种金属具有不同晶格的晶体叫作同素异构体，如α-Fe和γ-Fe就是纯铁的同素异构体。有同素异构性的金属因温度变化而由一种晶格变成另一种晶格，叫做同素异构转变。

(4) 多晶体的性能特点。绝大多数金属材料都是多晶体，即由许多小晶体所组成的。这些小晶体叫晶粒。晶粒是由晶胞组成的，每颗晶粒内部许许多多晶胞的位向是一致的，但是不同晶粒的位向则各不相同。

相邻晶粒之间的交界叫作晶界。由于各晶粒的位向不同，所以晶界处的原子排列因同时受到相邻两晶粒内原子排列的不同位向的影响而具有不规则性，如图11-5所示。

多晶体晶粒的上述特点与其性能有密切的关系：

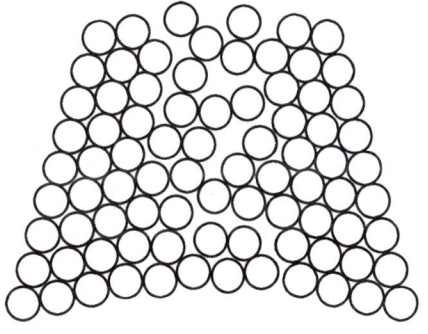

图11-5 晶界过渡模型

1) 多晶体的伪无向性。在单晶体或一颗晶粒内部，原子在各个方向上排列的密度是不一样的。因此，单晶体或单个晶粒各个方向的性能就不一样，这种现象叫作各向异性。各向异性是晶体区别于非晶体的重要特点之一。然而多晶体一般并不显示各向异性，这是因为多晶体中各晶粒有不同的位向，它们的各向异性相互抵消了。多晶体的各向异性叫作伪无向性。但是，在一定的加工条件下，如果多晶体中各个晶粒的位向趋于一致，则多晶体的伪无向性就会消失而显示为各向异性。

2) 晶粒大小与性能的关系。由于熔炼浇注及压力加工的条件不同，成分相同的金属材料的晶粒大小也可以有很大的不同。

表11-7列出了纯铁晶粒直径与性能的一些数据。从表中可以看出，晶粒越细小，纯铁的强度、塑性越高。实际上，对于钢和大多数金属材料来说，晶粒越细，强度、硬度、塑性及常温、低温下的韧性越高，脆性转变温度越低。

表 11-7　纯铁性能与晶粒大小的关系

晶 粒 大 小	晶粒截面的平均直径/mm	抗拉强度/MPa	伸长率（%）
粗晶粒	9.7	159.74	28.8
中等晶粒	7.0	180.32	30.6
细晶粒	2.5	210.70	39.5

为什么金属材料晶粒大小与性能有上述关系？如上所述，金属材料由许多位向不同的晶粒所组成。当金属材料在外力作用下开始塑性变形时，变形（滑移）首先在位向最有利于滑移的一批晶粒中发生。这批晶粒不但通过滑移改变自己的形状，而且挤压着邻近与其位向不同的晶粒，并迫使它们转动。于是，这些被转动的晶粒中就有一批因位向变得有利于滑移的发生而发生滑移。金属材料的塑性变形就是通过一批批晶粒的滑移变形而不断进行的，其外形、尺寸的改变是其内部晶粒变形量的总和。

由于金属材料中各个晶粒的位向不同，当一颗晶粒滑移变形时，必须克服在它周围的与其位向不同的晶粒的阻碍。显然它周围具有不同位向的晶粒越多，则其变形时遇到的阻力就越大。金属材料的晶粒越细，则在每颗晶粒周围与其位向不同的晶粒就越多，因而金属材料的塑性变形抗力——强度、硬度等就越高。此外，晶界处原子排列的不规则、晶格畸变等都能阻碍滑移的进行，因而晶界的强度、硬度在常温下总比晶粒内部高。这就是说，金属材料的晶粒越细，晶界就越多，所以对塑性变形的抗力就越大。综上所述，晶粒大小对金属材料的强度、硬度的影响，是由于晶粒的位向差别和晶界多少所造成的。

金属材料的晶粒越细，在一定体积内晶粒的数目就越多，在相同的变形量下变形就越能分散在更多的晶粒内进行，每个晶粒内的变形也就越均匀，越不易产生应力的过分集中。此外，晶粒越细，则晶界的曲折就越多，越不利于裂纹的传播。因此，晶粒越细，金属材料的塑性、韧性就越好，如图 11-6（表示了 8 种不同晶粒度等级）所示。

由于晶粒大小对金属材料的性质有如此直接的影响，所以常常对金属材料，尤其是冲压用板材和带材的晶粒大小做出定量的规定。通常，可分为若干晶粒度等级，把合格材料的晶粒大小限制在规定的等级范围内。

2. 钢合金相的结构与性能的关系

如前所述，钢是合金，至少是铁碳合金，因此钢的组织结构比纯铁复杂得多。例如纯铁的晶体是由铁原子组成的，而钢的晶体主要由铁原子和碳原子所组成。在纯铁中，各个晶粒的化学成分和晶格类型都是相同的；而在钢中，各个晶粒的化学成分和晶格类型常常不同。由于合金的组织结构有许多相似之处，因此这一部分讨论的内容同样适用于各种合金。

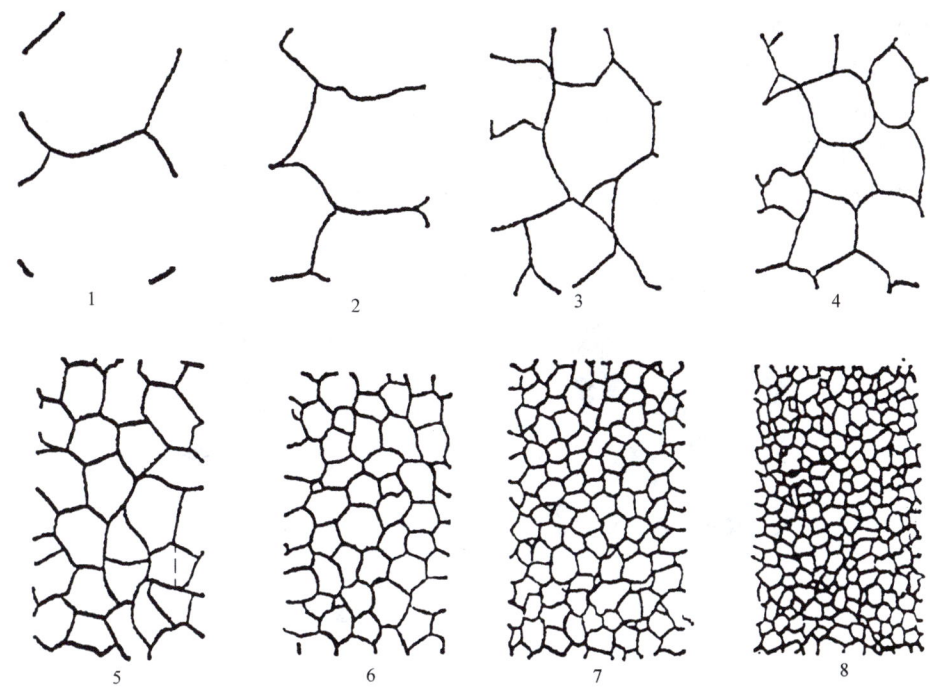

图 11-6 晶粒度等级相对比较示意图

（1）合金中的相与性能特点。合金中具有同一成分、同一晶体结构的均匀部分叫作相。不同的相具有不同的性能。合金中不同元素的原子在液态时一般是可以相互溶解而构成液溶体的，而在固态时则由于它们彼此间作用的不同，可能出现三种情况：各元素的原子在合金凝固后形成各自的晶粒；各元素的原子在合金凝固后形成固溶体；各元素的原子在合金凝固后形成化合物。因此，合金中的相除纯金属外还有两种，即固溶体和化合物。

1）固溶体。把食盐放在水里会溶解而形成盐水——盐的液溶体。如果把盐水冻结成冰，就成为食盐在固态水中形成的固溶体。合金中固溶体的含义与此相似，指的是组成合金的一种金属元素中溶入其他元素而形成的固态相。固溶体是各种合金中常见的固态相。例如，碳可在 $\alpha\text{-Fe}$ 中形成固溶体，即铁素体，碳在 $\gamma\text{-Fe}$ 中形成的固溶体称为奥氏体。铁素体和奥氏体这两种固溶体都是铁碳合金中，特别是钢中对其性能有重要影响的固态相。例如奥氏体是一种高温组织，在大于 727℃ 时存在，强度和硬度低，塑性和韧性高于铁素体。因此钢在锻造、轧制时常要加热到 727℃ 以上，以便提高钢的塑性，易于加工。

固溶体保持溶剂金属的晶格类型，但其晶格中除溶剂金属的原子外，还含有溶质元素的原子。例如，铁素体具有体心立方晶格，奥氏体具有面心立方晶格，铁素体和奥氏体的晶格中，除铁原子外还有碳原子。因此可以进一步认为，固溶体是组成合金的一种金属元素的晶格中溶入其他元素的原子而形成的一种晶体。

固溶体的化学成分是不固定的。也就是说，在固溶体的晶格中溶质原子和溶剂原子之比不是固定不变的。对于大多数固溶体，溶质元素只能有限地溶于固溶体中，其溶解度大小随温度的变化而变化。

固溶体按溶质在溶剂中溶解的形式不同，即按溶质原子在溶剂晶格中所处的位置不同可分为两类：置换固溶体和间隙固溶体，如图11-7a、b所示。

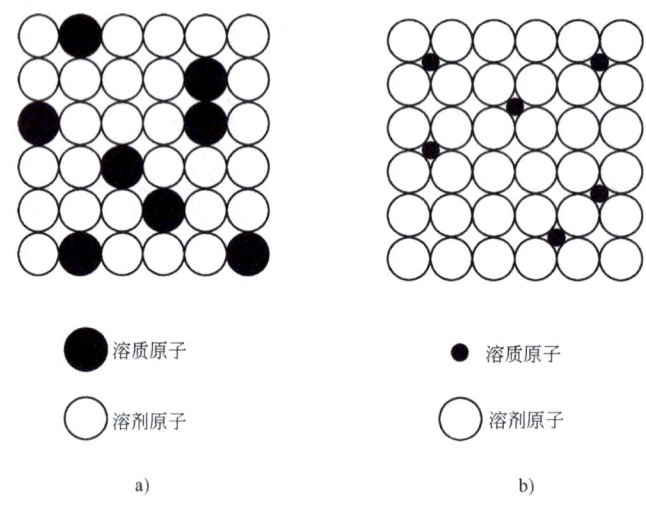

图11-7　置换固溶体和间隙固溶体示意图
a）置换固溶体　b）间隙固溶体

形成固溶体时，或者由于不同元素的原子体积大小不同，或者由于不同原子间的作用力发生变化，总会造成晶格畸变，如图11-8所示。由于晶格畸变能增加对塑性变形的抵抗能力，所以固溶体的强度、硬度都比组成它的溶剂金属高。这种由于溶入溶质元素而使溶剂金属强度、硬度升高的现象叫作固溶强化。溶质元素含量越大，固溶强化作用越大。

固溶强化是提高合金强度、硬度的重要方法。常用的金属材料，如普通低合金结构钢就是靠固溶强化来提高强度和硬度的。不过实践证明，如果溶质元素的含量过多，在提高强度、硬度的同时会降低合金的塑性、韧性。如果溶质元素的含量适当，则形成的固溶体不但具有远比纯金属高的强度、硬度，而且还具有良好的塑性和韧性。如普通低合金结构钢的强度、硬度、塑性、韧性都比普通碳素结构钢好得多。此外，合金结构钢的耐蚀能力也要优于普通碳素结构钢。

2）化合物。合金中的化合物是不同元素间发生化学作用而形成的，晶格类型与性能都完全不同于其组成元素的、具有金属性质的固态相，叫金属化合物。

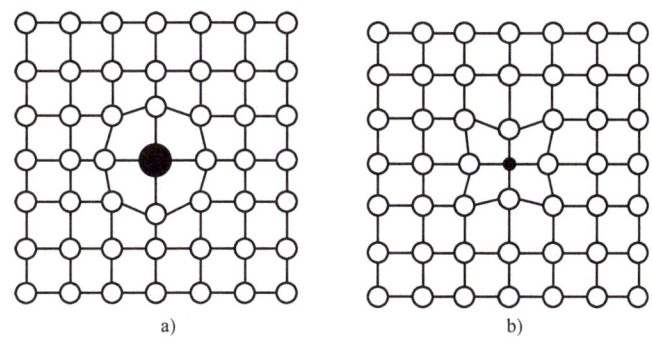

图 11-8 形成固溶体时的晶格畸变
a) 正畸变 b) 负畸变

金属化合物也是铁碳合金或钢中的重要固态相。例如，当含碳量超过 α-Fe 和 γ-Fe 溶碳能力时，其余的碳就和铁结合成为碳化铁 Fe_3C。Fe_3C 在冶金学或材料学中常叫作渗碳体。渗碳体中铁原子的质量分数约占 75%，碳原子约占 25%，是一种具有非常复杂晶格的金属化合物。渗碳体的硬度很高，但脆性也很高。因此当其出现在钢中时，钢的性能变化一般符合如下规律：强度、硬度和耐磨性升高，而塑性、韧性降低。

(2) 铁碳合金平衡组织与性能。合金在缓慢冷却或加热条件下所具有的组织，称为平衡组织。铁碳合金的平衡组织因合金含碳量的不同和温度不同而不同。但是，它们的组织组成物主要有下列几种：铁素体、奥氏体、渗碳体、珠光体和莱氏体。

1) **铁素体（F）**。铁素体是碳溶解在 α-Fe 中形成的固溶体，具有体心立方晶格。α-Fe 的溶碳能力随温度而变化。在 727℃ 时铁素体中碳的质量分数最大，达 0.0218%，在常温下则几乎等于零。铁素体由于含碳量极小，所以也叫作纯铁体，其性能也与纯铁极为相似：强度、硬度很低而塑性、韧性很高，在 770℃ 以下有磁性。

2) **奥氏体（A）**。奥氏体是碳溶解在 γ-Fe 中而形成的固溶体，具有面心立方晶格。γ-Fe 的溶碳能力比 α-Fe 大得多，所以奥氏体的最大碳的质量分数（在 1148℃ 时）可达 2.11%。奥氏体无磁性，其力学性能一般随含碳量的变化而变化。由于它是具有面心立方晶格的固溶体，所以不论含碳量多少，塑性都很好。奥氏体是一种高温组织，因此只有在 727℃ 以上时才能在铁碳合金的平衡组织中看到，这是因为奥氏体在缓慢冷却时会转变成为铁素体等其他组织。例如，当温度下降到 727℃ 时，碳的质量分数为 0.77% 的奥氏体会变成珠光体。

3) **渗碳体（Fe_3C）**。渗碳体是铁和碳形成的化合物 Fe_3C，碳的质量分数为 6.69%，晶格非常复杂，其性能特点是硬度大，脆性大，强度低，塑性几乎等于零。

4) **珠光体**。珠光体碳的质量分数为 0.77%，是由铁素体和渗碳体所组成的机械混合物，其中铁素体和渗碳体之比大概是 1∶7。在显微镜下，当放大倍数较高时，能清楚地看到珠光体中渗碳体呈条状分布;当放大倍数较低时,珠光体呈层片状特征。由于珠光体是由硬、脆的渗碳体和软、韧的铁素体片彼此相间组成的机械混合物,因此其性能介乎二者之间。珠光体只存在于727℃以下,当温度高于727℃时,它就变成奥氏体。

5) 莱氏体。莱氏体碳的质量分数为4.3%,在温度高于727℃时,是渗碳体和奥氏体的机械混合物。在温度低于727℃时,是渗碳体和珠光体的机械混合物。由于莱氏体中有大量的渗碳体,所以莱氏体又硬又脆。

要真正了解和掌握不同含碳量的铁碳合金在不同温度下具有怎样的合金状态,在什么温度下发生变化,应学会利用铁碳相图,有兴趣的读者可进一步学习。

(3) 合金相的结构和组织组成及其与性能的关系。合金可分为单相合金和多相合金。单相合金就是由单独一种固溶体相所组成的合金。单相固溶体合金的性能取决于溶剂金属本身的性质,也取决于溶质的种类和溶入量,对于一定种类的溶剂和溶质,溶入溶质越多,则固溶体的强度、硬度和电阻越高。

多相合金由两种或两种以上的相所组成。组成多相合金的相,可以都是纯金属,可以是不同的固溶体,可以是固溶体和纯金属,还可以是固溶体和化合物。例如,钢是由固溶体(铁素体)和化合物(渗碳体)所组成的。在多相合金中,相和显微镜下看到的组织组成物(组成显微组织的独立部分)一般是一致的。但是在有些情况下,二者并不完全一致。

在这类合金中,组织组成物可能是某一种相,也可能是像珠光体那样由不同的相组成的机械混合物。

在多相合金中,最常见的相结构是:以一种固溶体为基体,在基体上则分布着第二相,第二相一般为硬而脆的化合物或以化合物为溶剂的固溶体。具有这类相结构的合金,塑性变形能力比单相固溶体合金低,当受到外力的作用时,塑性变形主要在基体内进行,而第二相则对基体的变形起阻碍作用,其作用和其在基体上的分布特征有密切的关系,可分为以下四类:

第一类。脆性的第二相以连续网状分布在基体的晶界上。由于基体晶粒被脆性相所包围,其变形能力无从发挥,而脆性的第二相网络几乎不能产生塑性变形,因而合金将具有很低的强度和塑性。第二相网络越连续,合金的塑性越差。例如,碳的质量分数大于0.8%的碳素钢,其组织为珠光体+网状渗碳体,随着含碳量的增加,其脆性、硬度增加,而塑性、强度下降。此外,如果呈网状分布的第二相熔点很低,则合金将具有热脆性,将在加热至高温时由于第二相的网络熔化而导致合金在受到应力作用(例如,承受压力加工)时断裂。

第二类。脆性的第二相呈片状分布在基体的晶粒中。由于第二相不致严重破坏基体的变形能力,所以,合金具有相当好的塑性;同时,由于第二相在基体晶粒内呈层片状的分布增加了相界,加重了晶格畸变程度,所以合金有较好的强度和硬度。层片越细,强度和硬度越高。

第三类。第二相以颗粒状分布在基体的晶粒中。由于在这种情况下塑性好的基体几乎是连成一片的，所以合金的塑性比前述两种情况好。实际上，用于冷冲压、冷挤压、冷镦的钢材都要求具有这种类型的组织。

第四类。第二相呈弥散的（细小、分散的）质点分布在基体晶粒内。由于有很大的相界面积，所以合金具有很高的强度。靠弥散的第二相质点增加强度的方法叫作弥散强化或沉淀强化。许多高强度钢就是以这种方式获得高的强度。

二、钢的化学成分

1. 钢的合金元素含量和规定界限值

如前所述，根据 GB/T 13304.1—2008《钢分类　第 1 部分：按化学成分分类》的规定，钢按化学成分进行分类可分为非合金钢、低合金钢和合金钢三大类。表 11-8 给出了非合金钢、低合金钢和合金钢合金元素规定含量（指质量分数）的界限值。

表 11-8　非合金钢、低合金钢和合金钢合金元素规定含量的界限值

合金元素	合金元素规定含量（质量分数）界限值（%）		
	非合金钢	低合金钢	合金钢
Al			≥0.10
B	<0.0005		≥0.0005
Bi			≥0.10
Cr		0.30 ~ <0.50	≥0.50
Co	<0.10		≥0.10
Cu		0.10 ~ <0.50	≥0.50
Mn	<1.00	1.00 ~ <1.40	≥1.40
Mo		0.05 ~ <0.10	≥0.10
Ni		0.30 ~ <0.50	≥0.50
Nb	<0.02	0.02 ~ <0.06	≥0.06
Pb	<0.40		≥0.4
Se			≥0.10
Si		0.50 ~ <0.90	≥0.90
Te			≥0.10
Ti		0.05 ~ <0.13	≥0.13
W			≥0.10

(续)

合 金 元 素	合金元素规定含量（质量分数）界限值（%）		
	非合金钢	低合金钢	合金钢
V	<0.04	0.04～<0.12	≥0.12
Zr	<0.05	0.05～<0.12	≥0.12
La（每一种元素）	<0.02	0.02～<0.05	≥0.05
其他规定元素（S、P、C、N除外）	<0.05		≥0.05

注：1. La 元素含量也可为混合稀土含量总量。
　　2. "合金元素规定含量界限值"中所谓的界限值，是指钢分类中合金元素规定含量的分界标准值。

2. 钢的合金成分含量界限

表 11-8 给出了钢的合金含量界限值，在生产、流通和具体的贸易过程中可据此确定钢的类别。然而这并不意味着可以以钢中的合金元素任一含量值或实际熔炼成分确定钢的类属，而是以专门规定的特征值——"规定含量"为准则，采用对比法，即以"规定含量"与合金元素、规定含量界限值对比，以确定被指定钢所属分类类别。

所谓"规定含量"，是指代表合金元素含量用以分类的特征值，即被指定牌号钢中合金元素特定规定（计算）值，其用途是以此值与表 11-8 中的界限值对比，以确定该牌号钢的分类类别。

（1）"规定含量"值的确定。标准技术条件或订货单对钢的熔炼分析化学成分规定最小值或范围时，应以最小值作为规定含量；标准技术条件或订货单对钢的熔炼分析化学成分规定最高值或范围时，应以最高值的 0.7 倍作为规定含量；没有标准技术条件或订货单规定钢的化学成分时，应以生产单位报出的熔炼分析值作为规定含量；当只有钢材的成品验证分析成分时，可按成品分析作为规定含量，但当处于两类钢（非合金钢与低合金钢或低合金钢与合金钢交界情况下）临界情况下，规定含量应考虑成品化学成分允许偏差的影响。

钢中的残余元素含量不能作为规定含量。综合上述情况，钢的合金元素"规定含量"的确定方法见表 11-9。

表 11-9　钢的合金元素"规定含量"的确定方法

类别	标准技术条件、订货单规定钢的合金元素熔炼成分			标准技术条件、订货单对钢的合金元素无规定
	最大值	最小值	范围值	熔炼分析或成品验证分析
	≤X_k	≥X_m	X_1～X_2	X_n
规定含量	0.7X_k	X_m	X_1	X_n

注：X_m 表示最小值；X_k 表示最大值；X_1～X_2 表示范围值从 X_1 至 X_2；X_n 表示生产单位报出的熔炼分析值，以此作为规定含量。

注意,本书所提供的仅是"规定含量"最基本的确定方法或确定路径,在实践中是远远不够的。为了能更好地处理贸易中形形色色的问题,读者还应更全面、准确地学习标准及其他有关规定。

(2) 示例。某一技术条件中规定牌号的熔炼分析化学成分见表11-10。

规定含量总和:

$w(\text{Cr}) + w(\text{Ni}) + w(\text{Mo}) + w(\text{Cu}) = 0.30\% + 0.30\% + 0.05\% + 0.20\% = 0.85\%$

最高界限值总和的70%:

$$[w(\text{Cr}) + w(\text{Ni}) + w(\text{Mo}) + w(\text{Cu})] \times 70\% = (0.50\% + 0.50\% + 0.10\% + 0.50\%) \times 70\%$$
$$= 1.60\% \times 70\% = 1.12\%$$

表11-10 某一技术条件中规定牌号的熔炼分析化学成分

化学成分(质量分数)			
Cr 0.30%~0.45%	Ni 0.30%~0.45%	Mo 0.05%~0.08%	Cu 0.20%~0.40%
元素	Cr	Ni	Mo	Cu
规定含量(%)	0.30	0.30	0.05	0.20
界限值(%)	0.30~<0.50	0.30~<0.50	0.05~<0.10	0.10~<0.50

注:C、Mn、Si、S、P 略。

分析结论:0.85% < 1.12%,规定含量总和 < 最高界限值总和的70%,所以这种钢为低合金钢。

3. 合金成分对钢性能的影响

为了改善钢的性能以便适应某些使用要求,人们在钢中加入了许多合金元素。因此,了解合金元素在钢中的作用,有利于进一步了解具体钢种的性能。

(1) 合金元素和碳的作用。根据合金元素与碳之间相互作用的不同,可将合金分为碳化物形成元素和非碳化物形成元素。

1) 碳化物形成元素。碳化物形成元素是在钢中能形成碳化物的合金元素,除铁外还有锰、铬、钼、钨、钒、钛、铌、锆等。在元素周期表中,它们都是过渡族的金属元素,都有一个未被电子填满的 d 电子层(次外层),碳就是通过把自己最外层的电子填入这些元素的次外层中而与其结合成碳化物的。合金元素的次外层电子数目越少,与碳的结合力就越强,形成碳化物就越稳定。按合金元素形成碳化物能力的不同,常把铁、锰称为弱碳化物形成元素;铬、钨、钼称为中碳化物形成元素;钒、钛、铌、锆等称为强碳化物形成元素。

2) 非碳化物形成元素。这类元素有镍、硅、钴、铝、铜、磷等。它们都位于元素周期表中铁元素的右边,在钢中不仅本身不能和碳形成碳化物,有的元素如硅,还使渗碳体分解、促使钢中的碳形成石墨的倾向。

(2) 合金元素在钢中的存在形式和对钢性能的影响。

1) 非碳化物及弱碳化物形成元素。这类元素主要以原子状态存在于铁素体中，起到固溶强化的作用。弱碳化物形成元素锰，在超过固溶体的溶解度后，则溶入渗碳体中形成合金渗碳体。非碳化物形成元素及弱碳化物形成元素溶入铁素体中引起的固溶强化，是热轧成形后直接使用的低合金结构钢的重要强化手段。一般情况下，合金元素的原子半径与铁的原子半径相差越大，则强化效果越明显。例如磷、硅、锰、镍等强化铁素体的作用均较强。不过当合金元素在固溶体中的含量超过一定限度时，在提高强度的同时，会使塑性、韧性有所降低。

2) 强碳化物形成元素。因与碳有很强的结合力，只要钢中有足够的碳，在平衡条件下就能形成自己特殊的碳化物，如碳化钒、碳化钛等。仅仅在缺少碳的情况下，才能以原子状态进入固溶体。

碳化物是钢中的强化相，尤其是中、高碳钢，主要依靠碳化物来强化。碳化物的特点是熔点高、硬度大，不仅其含量影响着钢的性能，而且其析出方式和颗粒大小对钢的性能有着更强烈的影响。

3) 中强碳化物形成元素。其在钢中的存在形式及对钢性能的影响介于上述两类之间。一部分以原子状态进入固溶体中，可起到固溶强化的作用，但由于它们的晶格类型与铁素体相同，原子半径也相差不多，固溶强化效果不显著。另一部分进入渗碳体中，形成合金渗碳体。当它们的含量超过一定限度时，渗碳体晶格容纳不下它们时，就形成复杂的碳化物。一般来说，它们在碳化物中的含量都比在固溶体中的含量要多，因而它们对钢性能的影响主要是由这些碳化物产生的。

4. 常存元素对钢性能的影响

钢中除有目的地加入的合金成分外，还不可避免地存在一些来自原料或冶炼过程的成分，如硅、锰、硫、磷、氮、氧、氢等，通常称作常存元素。常存元素的数量虽然都很少，但大多对钢的性能有不利影响。

(1) 硫的影响。硫是由生铁及燃料带入钢中的有害杂质。硫不溶于铁素体，而以 Fe_3S 的形式或 FeS 与 Fe 的共晶体的形式存在，以网状分布于奥氏体晶界上，由于其熔点较低，当钢加热到 1000℃ 以上时，共晶体熔化，晶粒间失去牢固的联系，使钢在承受外力或内部应力作用时沿晶界开裂，严重恶化钢的热加工性能和焊接性能，这种现象称为"热脆"。任何事物都有两面性，由于"热脆"，钢在高速切削时很容易"断屑"，相应地改善了钢的切削性能。但总的看来，硫在钢中弊大于利，是一种有害元素。

(2) 磷的影响。磷也是由生铁等炼钢原料带入钢中的。室温中磷在 α-Fe 中的溶解度远大于一般钢中的含磷量，因此可以全部溶于铁素体中，因其是固溶强化能力最强的元素，因而能显著提高钢的强度和硬度。但由于磷在 α-Fe 中的溶解度随钢中含碳量的增加而急剧降低，从组织中析出脆性很大的化合物 Fe_3P，从而使钢的塑性、韧性显著降低，脆性转变温度急剧升高。这种使钢在低温变脆的现象称为"冷脆"。另外磷在钢的结晶过程中容易产生偏析，并且这种偏析很难消除，因此即使含磷量较少的钢，也能因偏析作用在钢中形成局部的富磷区，起到增加钢的冷脆性的作用。冷脆性对承受冲击载荷或在低温下使用的钢结构十分有害，而且恶化钢的冷压力加工性能和焊接性能，因此，磷也是钢中的一种有害杂质。

（3）氢的影响。氢一般是由炉料和浇注系统的水分进入钢中而形成的，除此之外钢还从炉气中吸收氢。氢使钢的塑性、韧性降低，引起所谓的"氢脆"。氢还会使钢材出现白点。白点实际上是钢材内部的小裂纹，在钢材的横截面上表现为椭圆形的银白色斑点。钢中出现白点也会使其塑性、韧性显著降低，并使钢件在淬火时易于开裂，因而是不允许存在的缺陷。白点形成的原因一般认为是钢在某一温度范围内冷却较快时，固溶在钢中的氢因钢溶解氢的能力下降而析出，氢原子结合为氢分子，在一些显微空隙处聚集，产生很大的压力，在钢内部应力的共同作用下，使钢的内部产生裂纹而形成白点。

（4）氧的影响。炼钢是个氧化还原过程，因此给钢中带来了大量的氧，炼钢末期虽然要进行脱氧，但仍有少量的氧残留在钢中。在炼钢时，氧对去除原料中的杂质元素曾起到积极的作用，但固态钢中的氧却是有害的。氧在钢中多与铁、锰、铝、硅等形成氧化物或硅酸盐夹杂，使钢的塑性、韧性和疲劳强度降低；有些夹杂物在轧制钢材时会沿着加工方向伸长，造成钢材性能上的方向性，恶化钢的冲压性能；有的氧化物如 Al_2O_3 具有高硬度，对钢的切削加工性能有不利影响。此外，FeO 和 FeO + Fe 共晶可形成 Fe + FeS + FeO 的三元共晶，也会引起热脆，恶化钢的热加工性能和焊接性能。

（5）锰的影响。锰是由原料及炼钢末期用锰铁脱氧而残留在钢中的元素。锰具有很好的脱氧能力，能清除钢中的有害气体，改善钢的品质；锰可以和硫形成 MnS，消除硫的有害影响；锰能溶入铁素体引起固溶强化，不仅不降低钢的塑性和韧性，还能提高其强度和硬度。但锰以常存元素存在时，对钢的性能影响并不十分显著。由于在钢中的有益作用，冶炼时一般把锰控制在钢号的上限。

（6）氮的影响。氮是随炉料和炉气进入钢中的。氮在 α-Fe 中的溶解度在 590℃ 时达到最大，约为 0.1%，在室温时则降到 0.001% 以下。因此当钢自高温较快冷却时，α-Fe 就会被氮过饱和。这种过饱和固溶体是不稳定的，随着时间的延续，将逐渐以 Fe_4N 的形式弥散析出，使钢的强度、硬度提高，塑性、韧性显著下降。金属材料的性能随时间延续而发生变化的现象叫作"时效"。钢中的含氮量越高，时效倾向越严重。时效可用于提高金属的强度，但在某些情况下由于产生塑性而引起不良作用。尤其是在低碳钢中，氮引起的时效倾向非常明显，所以对低碳钢来说，氮是有害元素。但是，在钢中加入铝、钒、铌、钛等强氮化物形成元素，则可形成稳定的氮化物，使氮得以固定，不仅消除了时效倾向，而且这些氮化物还可通过弥散强化和细化晶粒的作用，使钢的强度和韧性同时得到提高。因此，在某些低合金结构钢中，氮又是有益的元素。

第三节 钢的热处理

钢材及用钢制造的零件,往往经过热处理后才使用。所谓热处理,就是将零件(或成材)加热到远低于熔点的一定温度,在该温度停留(保温)一段时间,然后以一定的速度冷却到一定温度的工艺操作。这种操作的目的是通过改变金属的组织,从而改善金属的性能,提高材料的使用价值。由于性能的改善,不仅可减轻制件的重量,节省材料,而且可延长使用年限。与其他加工处理不同,热处理并不改变钢质零件或钢铁材料的形状、大小,而主要是改变其组织结构和性能,因而整体成本较低。

钢之所以能进行多种形式的热处理,主要是因为钢在固态下可以发生组织转变。固态转变是合金热处理的内在依据,而加热和冷却则是热处理的必要条件和手段。

虽然钢的热处理是个技术问题,但是作为一种重要的商品,为了便于其流通、管理和应用,钢及钢材的交货状态一直是贸易各方关心的问题。因此,了解热处理的基本知识,即使是对商品管理人员,同样具有重要意义。

一、钢在加热时的转变

钢的热处理在多数情况下都是首先把钢件加热到奥氏体区,使珠光体转变为奥氏体,随后再以不同的方式冷却,以获得希望的组织。因此,讨论钢在加热时的转变,主要是了解奥氏体的形成过程及奥氏体晶粒大小的变化。

1. 奥氏体的形成

为了能准确理解奥氏体的形成过程,首先应了解金属结晶的基本过程,如图 11-9 所示。

图 11-9 所示的冷却曲线说明,金属的结晶并不是在一瞬间完成的,而是由少到多、由局部到整体经历了一定的时间逐步完成的。无论何种金属,由液态冷却至固态过程中,刚开始冷却时温度下降很快,至某一时刻温度不再下降或下降速度明显减慢,即曲线中段的那段水平线(平台)。这是因为金属结晶释放出结晶热,补偿了金属在冷却过程中向外界散失的热量,使金属的温度下降速度变慢或停止了。因此,平台出现的起始时刻表示结晶的开始,终了时刻表示结晶的终了,平台的长度表示结晶过程所花费的时间。大量的实验观察也可以证实,液态金属冷却到结晶温度时,在液体中,部分原子首先结合成一些微小的晶体,然后以它们为核心不断吸附周围液态金属中的原子而长大;同时,液态金属中又不断产生新的微小晶体并长大。这种作为结晶核心的微小晶体称为晶核。可见结晶就是不断生成晶核

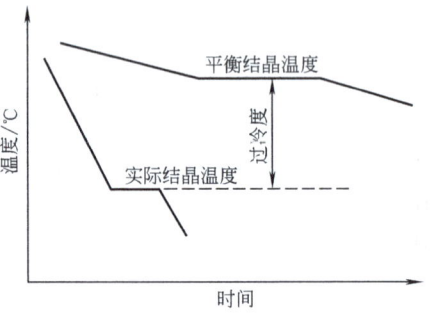

图 11-9 冷却曲线

（生核，也有人称为形核）和晶核不断成长（长大）的过程，常简称为"生核和长大"过程。这个过程一直延续到结晶终了，各晶粒彼此接触，液体完全消失为止。实践证明，这个生核至长大的过程是一切晶体物质结晶的普遍规律。

如前所述，奥氏体是一种高温组织。钢的低温组织向奥氏体转变的过程即奥氏体化，一般可分为下述三个阶段：

（1）**珠光体转变为奥氏体**。当把钢加热至奥氏体转变临界温度时，钢中的珠光体开始向奥氏体转变。与其他相变一样，珠光体向奥氏体的转变也是由生核及核的长大两个过程完成的。

（2）**铁素体的转变及碳化物的溶解**。再继续加热，珠光体全部转变成奥氏体。此时，钢中的铁素体也不断向奥氏体转变；渗碳体及其他碳化物逐渐溶入奥氏体，转变结束时全部奥氏体化。钒、钛、铌等强碳化物形成元素的碳化物只有在很高的温度时才溶入奥氏体，因而含有这些元素的钢种必须有更高的奥氏体化温度。

（3）**奥氏体成分的均匀化**。在刚刚奥氏体化以后，原先铁素体存在的区域内含碳量比较低，渗碳体区域内含碳量则较高。为了使奥氏体成分均匀，必须有一定的时间以保证原子能充分扩散。因此，热处理的加热过程中，当钢件加热到奥氏体化温度后，还要经过一定时间的保温，以保证钢件内外温度均匀，并获得成分均匀一致的奥氏体组织。

2. 奥氏体晶粒的大小

虽然大多数钢的使用状态并不是奥氏体，但由加热而形成的奥氏体晶粒大小对钢在冷却过程中的相变及冷却后钢的组织和性能均有重要影响。因此，必须了解奥氏体晶粒长大的规律。

（1）**奥氏体的晶粒度**。表示晶粒大小的尺度称为晶粒度。对钢来说，晶粒度通常就是指奥氏体晶粒的大小。在研究钢中奥氏体晶粒度的变化时，首先应区分下述三种不同的概念：

1）**起始晶粒度**。加热过程中，奥氏体转变过程刚刚结束时的奥氏体晶粒的大小称为起始晶粒度。由于奥氏体是在铁素体和渗碳体的交界面生核，而铁素体和渗碳体的交界面又很多，这样就有利于形成众多的奥氏体晶核。因此，奥氏体的起始晶粒都比较细小，再继续加热或保温时，晶粒才逐渐长大。

2）**实际晶粒度**。在某一具体的热处理或热加工条件下，获得奥氏体的晶粒大小，称为实际晶粒度。奥氏体的实际晶粒度对钢在室温时的晶粒大小及钢的性能有直接的影响。在相同冷却条件下，如果奥氏体的实际晶粒是粗大的，则冷却后钢的晶粒也粗大；反之则细小。

3）**本质晶粒度**。不同牌号的钢，晶粒长大的倾向是不同的。有些钢的奥氏体晶粒随着加热温度的升高会迅速长大，而有些钢则不容易长大。本质晶粒度是指钢在规定的加热温度和保温时间内，获得的奥氏体的晶粒大小。在规定的条件下，晶粒长大倾向小的钢，称为本质细晶粒钢；晶粒长大倾向大的钢，称为本质粗晶粒钢。

有必要指出的是，本质晶粒度仅指加热时奥氏体晶粒长大倾向的强弱，并不代表钢的实际晶粒大小。本质粗晶粒钢在严格控制加热温度的情况下，也可以得到细晶粒组织；而本质细晶粒钢如果加热温度过高或保温时间过长，也会得到粗晶粒组织。

(2) 影响奥氏体晶粒度的因素。

1) 加热温度。加热温度是影响奥氏体晶粒长大最主要的因素。加热温度越高，晶粒越容易长大。要得到细晶粒，必须严格控制加热温度，这一点对本质粗晶粒钢来说尤为重要。保温时间长，晶粒也会粗大，故在保证奥氏体成分均匀的前提下，应尽量缩短保温时间。

2) 化学成分。钢的化学成分对奥氏体晶粒长大也有重要影响。合金元素锰和磷能促进奥氏体晶粒长大，其他元素则均不同程度地具有阻碍奥氏体晶粒长大的作用。铝及强碳化物形成元素钒、钛、铌等，在钢中能形成很多细小而均匀分布的难溶氮化物和碳化物，它们分布于奥氏体晶界上，机械地阻碍奥氏体晶粒晶界的迁移，使晶粒长大困难，起到细化晶粒的作用。在工业生产中，一般经铝脱氧的钢，大多是本质细晶粒钢，只有锰脱氧的钢为本质粗晶粒钢。沸腾钢一般都是本质粗晶粒钢。

3. 钢加热时可能产生的缺陷

(1) 氧化。钢在高温下加热时，与炉气中的氧、二氧化碳、水等作用而生成铁的氧化物，使钢的表面产生氧化铁皮，俗称氧化。氧化铁皮的形成就意味着烧损。氧化铁皮剥落后会使零件表面粗糙不平，影响尺寸精度及表面质量。氧化铁皮对钢的热处理性能也有一定的影响。

(2) 脱碳。钢在加热过程中表层碳分被烧掉，称为脱碳。在高温下，氧化和脱碳常同时发生。但这是两个完全不同的概念：一个是表面铁的烧损，另一个是表面含碳量的降低。

一般来说，中、高碳钢容易发生脱碳。脱碳改变了钢的表层化学成分，会影响钢的热处理性能，并降低零件的疲劳强度及耐磨性，因而工具钢、轴承钢、弹簧钢、高强度钢及中碳结构钢等对脱碳层都有较严格的规定。在这些钢材的贸易过程中，尤其是交接时，若条件允许，应注意检验其脱碳层是否超过允许的范围。

为了防止氧化、脱碳，除了严格控制加热温度和保温时间外，可采用保护性气氛或可控气氛加热，或在熔盐（盐浴）中加热，也可在工件表面涂覆盖层（如硼砂）或装在密封箱中加热。对于高级合金钢和精密工件，还应采用真空加热。

(3) 过热。由于加热温度过高或保温时间过长，使奥氏体晶粒过于粗大的现象叫作过热。过热的钢冷却后，强度、塑性特别是韧性都剧烈降低，而且在淬火时极易开裂。钢过热现象的实质是奥氏体晶粒过于粗大。奥氏体刚形成时晶粒很细小，但随着加热温度升高和保温时间延长，细小晶粒会相互吞并而长大、变粗。钢冷却后晶粒的大小，在很大程度上取决于奥氏体晶粒的大小：奥氏体晶粒越粗大，钢冷却后的晶粒也越粗大。

不同的钢的奥氏体晶粒在加热时长大的倾向不同。本质粗晶粒钢有较强的过热倾向。过热对钢的热处理性能和使用性能均有不良影响，但可通过再次在低温中正确加热来消除。

二、钢在冷却时的转变

钢在缓慢冷却过程中的组织转变可由铁碳相图反映出来，但在实际热处理中，钢往往是用空气、油、水等冷却，而且还可能快速冷却至某一温度后，在此温度下进行较长时间的保温，然后继续冷至常温。在这些冷却条件下，钢的组织转变及冷却至常温后的组织就与铁碳相图所反映的不相符合。实践证明，采用不同的冷却条件，可使钢具有不同的性能。

钢在冷却过程中的组织转变，基本上是由奥氏体转变为其他组织的过程，掌握奥氏体在不同冷却条件下的转变，便基本上掌握了钢在这种冷却条件下的组织转变和冷至常温后的组织和性能。

1. 奥氏体在等温冷却时的转变

热处理的三个基本过程是加热、保温和冷却。钢经过加热和保温得到均匀奥氏体并不是最终目的，而仅仅是个手段。我们的目的是让奥氏体冷却，通过不同的冷却方式、不同的冷却速度或在冷却过程中做不同形式的中间停留，使钢的组织和性能发生不同的变化，从而达到人们预期的目的。热处理工艺中，奥氏体化后的冷却方式通常有两种：

（1）等温冷却。将已奥氏体化的钢迅速冷却到临界温度以下某一温度进行保温，使其在该温度下转变，这种冷却称为等温冷却，如图 11-10 中曲线①所示。

（2）连续冷却。将已奥氏体化的钢以某种速度连续冷却，使其在临界点以下的不同温度转变，这种冷却称为连续冷却，如图 11-10 中曲线②所示。

奥氏体是高温组织，因而奥氏体在某一确定的温度以上时是稳定相，能长时间存在而不转变。一旦冷却到临界温度以下就成为不稳定相，只能暂时存在于孕育期中，处于过冷状态。这种在临界点以下还未发生组织转变的奥氏体称为过冷奥氏体。因此奥氏体的等温转变又称过冷奥氏体的等温转变。

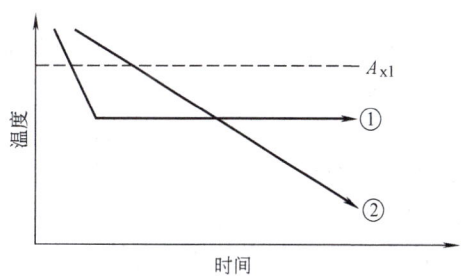

图 11-10 冷却方式示意图

等温转变是在某一稳定温度下的转变。因而在实际热处理操作中，由于转变温度的不同，共析钢的等温转变有高温转变、中温转变和低温转变三种类型。

亚共析钢（碳的质量分数小于 0.77%）和过共析钢（碳的质量分数大于 0.77%）的等温转变基本相似，不同的是：①无论钢的含碳量减少（亚共析钢）或增多（过共析钢），都会造成过冷奥氏体稳定性降低；②随着过冷度的增大，过冷奥氏体转变结束后，组织中共析相的数量越少，珠光体的数量就越多。当过冷至550℃左右时，过冷奥氏体转变结束之后全部转变为珠光体，但所形成的珠光体含碳量不符合共析浓度，这样的共析体称为伪共析体。过冷奥氏体的含碳量越接近共析浓度，越容易在过冷度较小的条件下形成单一的伪共析组织。伪共析体由于组织单一、均匀细密，所以具有较高的强度及良好的塑性。

2. 奥氏体连续冷却时的转变

在生产实践中，过冷奥氏体大多是在连续冷却中转变的。大量的研究和实践证明，连续冷却时奥氏体转变有以下特点：

（1）过冷奥氏体完成珠光体型转变的温度要低一些，孕育期要长一些。

（2）连续转变时，过冷奥氏体转变是在一定温度范围内进行的，所以转变后的组织粗细不均，甚至会出现几种混合组织的产物。

（3）连续冷却转变时，共析钢不形成贝氏体组织。这是因为在连续冷却时，过冷奥氏体不可能像等温转变时那样在中温区停留较长时间，不足以达到贝氏体转变所需孕育期，因而贝氏体转变被抑制，剩余的部分奥氏体将不再发生贝氏体转变，而在冷却至马氏体转变温度后转变为马氏体。

3. 马氏体的组织形态和性能

（1）**马氏体的硬度**。马氏体又叫马丁体，是碳在 α-Fe 中的过饱和固溶体，具有体心立方晶格。马氏体是奥氏体在冷却过程中三种转变产物中强度、硬度最高的组织。马氏体的硬度主要取决于含碳量。由于碳间隙式溶入固溶体中，含碳量越高，固溶体的过饱和度越大，晶格畸变越严重，因而硬度越高。淬火后的钢有很高的硬度，其原因就在于淬火后的钢几乎全部是马氏体组织。但当碳的质量分数增加至0.6%时，由于钢中残留奥氏体量增多，故硬度基本不再增加。

因马氏体转变是非扩散型的转变，所以马氏体的含碳量就是奥氏体的含碳量。换句话说，淬火钢的硬度取决于奥氏体的含碳量。但奥氏体的含碳量并不等于钢的含碳量。当热处理加热温度处于奥氏体单相区时，奥氏体的含碳量就是钢的含碳量；当处于两相区时，奥氏体含碳量与加热温度的高低有关。例如，碳的质量分数大于0.77%的钢，当加热至奥氏体加热转变临界温度以上30~50℃时，它们中奥氏体的含碳量可基本相同，这时通过快速冷却，由奥氏体转变成的马氏体的含碳量也基本相同。因而，不同含碳量的过共析钢快速冷却后可以具有相同的硬度，只是随着含碳量的增加，钢中残余碳化物的数量增加，钢的耐磨性有所提高。

（2）**马氏体的组织形态**。马氏体的组织形态因含碳量不同而异。低碳马氏体的显微组织呈板条状，所以也叫板条马氏体。板条马氏体除有过饱和碳原子的固溶强化作用外，每个板条都有高度的位错，从而获得十分显著的强化效果。由于含碳量低，马氏体转变起始温度、终了温度较高，钢中残留奥氏体数量少，在随后的冷却过程中，还会有细小的碳化物自马氏体中析出，造成弥散强化。显然，低碳马氏体的强化是多方面的综合结果，因而有较高的强度和硬度。同时，由于其含碳量低，过饱和度小，残留应力小，还具有较高的塑性和韧性。高碳马氏体的显微组织为白色的针片状，也叫针状马氏体或片状马氏体。由于其含碳量高，过饱和度大，内应力也大。此外，在针状马氏体相贯通的部位，由于彼此撞击容易出现显微裂纹，所以针状马氏体的脆性很大。一般当奥氏体碳的质量分数小于0.4%时，淬火钢组织中的马氏体几乎全是板条马氏体；当奥氏体碳的质量分数大于1.0%时，全部为针状马氏体；当奥氏体碳的质量分数为0.4%～1.0%时，则为二者的混合。

三、钢的热处理方法

1. 普通热处理

根据钢的加热温度、冷却速度和所得组织的不同，钢的普通热处理可分为退火、正火、淬火和回火。

（1）退火。将钢加热到一定温度，保温一段时间，随后缓慢冷却，以获得接近平衡状态组织的工艺操作，称为退火。作为一种热处理工艺操作，退火最显著的特点是"缓慢冷却"，如随炉冷却等。

钢的退火有以下目的：

1）改善和消除毛坯在铸、锻、焊时所造成的成分不均匀和组织缺陷，如偏析、带状组织等，以提高其工艺性能和使用性能。

2）消除内应力和加工硬化，提高塑性以利于继续冷加工。

3）降低钢的硬度，便于切削加工。

4）细化晶粒，改善钢中碳化物的分布和形态，为进一步热处理做组织准备。

钢的退火处理在应用中又具体分为完全退火、不完全退火、扩散退火、等温退火、不发生相变的退火等，分别适用于不同的钢种和不同的热处理目的。

（2）正火。将钢加热到适当的温度，然后在空气中冷却，使奥氏体转变为珠光体的操作，称为正火。正火最明显的特点是"在空气中冷却"。

正火适用于各种钢。对于过共析钢，正火用于消除网状碳化物。因为正火的冷却速度较快，析出的二次渗碳体较少，不易形成连续的网络。

对于共析钢和亚共析钢，正火的目的和退火基本相同，主要是细化晶粒，消除组织中的缺陷。但是，与退火不同的是，由于冷却较快，正火组织中的珠光体层片较细，而且亚共析钢中珠光体数量较多，铁素体数量较少，因此正火后钢的强度、硬度均较退火后高。用退火钢制造的零件通常还要进行热处理，而用正火钢制造的零件则在对其性能要求不太高的情况下，可不再进行热处理。

（3）淬火。把钢加热到适当的温度，保温一段时间后，用水、油等淬火剂快速冷却，这种操作叫作淬火。对于不同的钢，淬火的目的也不相同。

1) 马氏体淬火。这种淬火的目的是使钢件在连续冷却至马氏体转变温度后发生马氏体转变，从而在淬火后具有马氏体组织。因此，此类淬火称为马氏体淬火。大多数钢之所以要进行淬火处理，都是为了达到这一目的。淬火钢再经过适当的回火处理后，用于制造各种工具的共析钢和过共析钢可以具有很高的硬度和耐磨性，用于制造弹簧和各种机器零件的亚共析钢可以具有良好的综合力学性能，即在具有高强度的同时，还具有良好的塑性和韧性。

2) 贝氏体淬火。这种淬火的目的是使钢迅速冷却至稍高于马氏体转变温度，并在此温度下进行保温的过程中发生贝氏体转变，形成贝氏体组织，从而在具有高强度、高硬度的同时，还具有较好的塑性和韧性。根据淬火的目的，这类淬火称为贝氏体淬火。贝氏体淬火主要用于较细、较薄的钢件。

3) 固溶处理。从技术上说，这也是一种淬火，目的是使钢在淬火后具有单一的奥氏体组织，从而具有耐磨、耐蚀等特殊性能。这类淬火称为固溶处理，应用于含有大量锰、镍等元素的耐磨钢、不锈钢、耐热钢等特殊性能钢。由于锰、镍等元素的作用，这些钢的马氏体转化温度低于常温，所以奥氏体在快速冷却过程中不发生任何转变。

根据上面述及的淬火目的可知，无论哪种淬火，都必须具有足够高的冷却速度。但是，冷却速度越快，淬火件内部由于膨胀、收缩不均产生的应力越大，越容易产生变形、开裂等缺陷，因此实践中应注意淬火剂的选择。常用的淬火剂有水、盐水、油等。水和盐水在高温时冷却速度很快，但在接近马氏体转变温度时的冷却速度仍很快，因而用水淬火时变形、开裂的倾向较大。油在低温时的冷却能力较缓和，但在高温时的冷却能力较差。碳素钢的奥氏体稳定性较小，要求较大的冷却速度，常用水、盐水作为冷却剂，因而碳素钢也常被称为水钢。合金钢的奥氏体稳定性较大，常用油淬，因而合金钢常被称为油钢。合金钢淬火时变形、开裂倾向比碳素钢小，这也是合金钢的重要优点之一。

(4) 回火。把淬火后的钢件重新加热到 150~650℃ 并保温一段时间，然后以任意的速度冷却到常温的操作，称为回火。

回火的目的是：消除淬火时产生的内应力，稳定组织，提高韧性和塑性。

根据回火温度的高低，一般可把回火分为三种：

1) 低温回火。在 150~250℃ 进行的回火称为低温回火。低温回火并不降低（或很少降低）淬火钢的硬度和强度，但可减小淬火钢的内应力，提高韧性。因此，对用碳钢和合金钢制造的量具、刃具及要求具有高硬度和适当韧性的零件，都必须经过淬火和低温回火。

2) 中温回火。在 350~450℃ 进行的回火称为中温回火。淬火钢在中温回火后硬度降低很大，但塑性显著提高，且具有较高的弹性极限。所以中温回火常用于已经过淬火处理的弹簧、冲模等要求高弹性的零件。

3) 高温回火。在 500~650℃ 进行的回火称为高温回火。高温回火后组织中碳化物不再是层片状或针叶状，而是呈球状或颗粒状，强度、韧性、塑性、抗冲击性都很高。因此要求具有很高综合力学性能的零件（如各种轴类零件、杆件），都要在淬火后再进行高温回火。习惯上，把钢淬火和高温回火的综合操作称为调质。

用于调质的钢称为调质钢。调质钢一般碳的质量分数为 0.30%~0.50%。钢的含碳量太高或太低，调质的效果都不太好。

2. 表面热处理

表面热处理是用来改善钢件表面层性能的热处理方法。通过表面热处理，可使钢件的表面层和心部性能有较大的差异。例如，有许多零件是在动力负荷和摩擦条件下工作的，要求表面具有高的硬度及耐磨性，而心部则应具有足够的塑性和韧性。表面热处理就是为了使零件获得这样的性能而最常用的方法。另外，表面热处理还能使钢件的表面层具有耐蚀、耐热等特殊性能。

（1）表面淬火。利用快速加热，使钢件表面很快地达到淬火温度，在热量还来不及传到工件中心时，就立即冷却，这种淬火方法称为表面淬火。可见表面淬火仅是对工件一定深度的表面层进行淬火，而不改变心部未淬火状态的一种局部淬火方法。表面淬火能够使工件表面具有高的硬度和耐磨性，而心部仍保持足够的塑性和韧性，还能显著提高工件的抗疲劳性能。表面淬火通常按加热方法分为感应加热表面淬火，火焰加热表面淬火、电接触加热表面淬火等，应用最广的是感应加热表面淬火。

（2）化学热处理。将工件加热到一定温度，并在此温度下使碳、氮或金属元素渗入钢件表面，改变其表面层化学成分，从而使其表面层具有与心部不同的成分和性能，这种操作称为化学热处理。改变钢件化学成分是化学热处理与普通热处理的根本区别。

按照渗入的元素不同，化学热处理可分为：

1）渗碳。将碳的质量分数为 0.15%~0.25% 的钢加热到 900~950℃，使碳元素在此温度下渗入钢的表面层，提高其表面层的含碳量，称为渗碳。渗碳可使钢的表层碳的质量分数达到 1% 左右，较高的含碳量使钢的表面硬度和耐磨性高于心部。

2）渗氮。将钢件加热到 500~600℃，使氮在此温度下渗入其表面层，称为渗氮。

经过渗氮处理的钢件表面层由于形成高硬度的氮化物，所以不需要再进行淬火处理就具有极高的硬度和耐磨性。渗氮还能提高钢件在疲劳强度和在水、过热蒸汽及碱性溶液中的耐蚀能力。

3）碳氮共渗。使碳氮同时渗入钢件表面积，称为碳氮共渗。碳氮共渗能提高钢件表面硬度、耐磨性、耐蚀性和疲劳强度。

4）渗金属。在高温下向钢件表面渗入不同的金属，可使其表面合金化，从而具有耐热、耐蚀等特殊性能。渗金属分为渗铝、渗硅、渗锌、渗硼等。渗铝主要是改善高温抗氧化性，渗锌主要是改善在大气中的耐蚀性能，渗硅主要是提高耐酸性，渗硼主要是提高耐磨性，渗铬可以提高耐蚀、抗高温氧化和耐磨性能。

第四节　钢的基本性能

钢的性能可分为使用性能和工艺性能。使用性能是指在正常使用情况下钢所具有的性能，包括物理性能、化学性能和力学性能。所谓工艺性能，是指钢或钢质工件、钢材在热冷加工过程中所具有的性能。

一、物理性能

钢的物理性能包括密度、熔点、磁性等。

1. 密度

钢的密度是 7.85g/cm^3。流通中常利用钢的密度值计算钢材的理论重量，给钢材交接时的检斤计重带来不少方便。具有规则形状和尺寸的型材可用下式直接算出重量，从而省去费力费时的检斤计重作业：

$$W(\text{kg 或 t}) = A(\text{截面积}) \times L(\text{长度}) \times \rho(\text{密度})$$

上式中的截面积、长度和密度等在交货时可能选取不同的计量单位，因此在实际工作中应注意换算。

2. 熔点

钢由固态变为液态时的温度称为熔点，由液态凝固成固态时的温度称为凝固点。从理论上说，同一种钢的熔点和凝固点是相同的，但不同的钢由于含碳量和合金元素含量的不同而不尽相同。如不考虑其他合金元素而仅考虑含碳量，钢的熔点有以下规律：

纯铁的熔点是1538℃。碳的质量分数为4.3%的钢的熔点最低，其数值为1148℃。碳的质量分数大于零小于4.3%时，其熔点随含碳量的增加而降低；当碳的质量分数大于4.3%并小于6.69%时，其熔点随含碳量的增加而升高，不过碳的质量分数达到6.69%时已不再是钢，而是碳化铁，没有任何用途。

3. 热膨胀性

热胀冷缩是自然界的普遍现象。随着温度的升高，钢或钢质零件会发生明显的膨胀。经测定，钢材的热膨胀系数随钢的成分不同在 $(15 \sim 25) \times 10^{-6} \text{℃}^{-1}$ 之间，因此在一定程度上限制了钢的应用。例如普通钢材不适合精密仪器和标准量具的制造就是一例。从另一个角度看，钢的热膨胀系数和水泥一致又是其极为有利的一面，据此人们发明了钢筋混凝土，使"秦砖汉瓦""土木工程"成为历史。

4. 导热性

导热性通常用热导率来衡量。热导率越大，导热性就越好。在制造散热器、热交换器时要选用热导率较高的材料。钢的热导率一般约为 $0.84 \text{W}/(\text{m} \cdot \text{K})$，远低于银和铜，也低于铝，但价格低廉，因此若无特殊要求，钢在这方面的应用也是很广泛的。

5. 磁性

金属能被磁场吸引或磁化的性能叫磁性。据此可将金属分为三类：在外加磁场中能被强烈磁化的金属称为铁磁性金属，仅能微弱磁化的称为顺磁性金属，能抗拒或削弱外加磁场磁化作用的称为逆磁性金属。钢是铁磁性材料。钢的这一特点使钢在电机电器制造方面具有非常广泛的用途，如电机、变压器的铁心就是用硅钢片等磁性材料制成的。当然，由于钢在外加磁场中能被强烈磁化，因而也在一些方面限制了它的应用。例如某些在使用中严格要求不允许磁化的零件（如仪表壳体、罗盘盒等）就不能用钢制作，而不得不采用力学性能低于钢，而价格又高于钢的材料如铜、铝等制造。铁磁性材料当温度升高到一定数值时，就会变成顺磁体，转变温度称为居里点。钢的居里点约为770℃。

另外，钢还具有导电性，但电阻率较高，因此钢很少用作导电材料。

二、化学性能

钢及钢铁制品由于周围介质的作用而发生的破坏称为腐蚀。

按习惯的说法，钢及其制品由于空气中的氧、水分及其他杂质引起的腐蚀或变色称为生锈或锈蚀，这种腐蚀的产物就是通常所说的"锈"。钢及其制品在高温气体中所受的侵蚀称为氧化，氧化的产物称为"氧化皮"。钢及其制品在酸、碱等强腐蚀性化学介质中所发生的破坏叫腐蚀。

钢及其制品的化学性能主要是指其化学稳定性，即抵抗各种腐蚀的能力。根据腐蚀的种类不同，钢及其制品的化学性能也常分别称为抗氧化性、耐酸性等。

由于铁是一种比较活泼的元素，因此钢及其制品的抗氧化性和耐酸性较差，如防护不当，在使用中很容易被腐蚀。因此人们不得不为钢及其制品穿上各种各样价格昂贵的"衣服"，如涂漆、镀覆耐蚀金属，以保护其免遭腐蚀，或者在钢中加入合金元素（如铬、镍、钛等）炼制成不锈钢、耐酸钢，以满足特殊场合使用的要求。有一点需要说明：虽然钢及其制品的防锈保护不是商品学的主要研究内容，但在储运过程中也应对此给予高度重视。

三、力学性能

钢质零件或工程结构等往往要受到各种形式的外力作用。如起重机上的钢索，受到悬吊物拉力的作用；钢轨受到列车行驶时很大的压力和冲击力；轴类零件要受到弯曲、扭转力的作用。这就要求钢应具有抵抗外力作用的能力。强度、硬度、塑性、韧性等反映的就是这种能力，统称为力学性能。

1. 弹性、塑性、强度和刚度

钢、钢材及钢质零件和构件（以下简称为钢）在外力作用下发生的形状、尺寸的变化称为变形。钢在外力作用下所发生的变形和破坏大致可分为三个阶段：弹性变形、弹-塑性变形和断裂。

在弹性变形阶段，去掉外力后变形消失，钢恢复原来的形状和尺寸。

在弹-塑性变形阶段，去掉外力后变形不能完全消失，钢不能恢复原来的形状和尺寸。

一般情况下，断裂有两种形式：断裂前没有明显塑性变形阶段的，称为脆性断裂；经过大量塑性变形后才发生断裂的，称为韧性断裂。钢受外力作用的形式是多种多样的，可分为拉伸、压缩、扭转、弯曲、剪切等。因此其性能指标也可相应地分为若干种。对于钢来说，最常用的是在拉力作用下的性能指标。

钢承受拉力时的强度和塑性等指标是通过拉力试验测定的。拉力试验就是把制成规定形状和尺寸的试样装在拉力试验机上，对试样施加逐渐增大的拉力，使它不断产生变形（变长、变细）直到拉断为止。

（1）刚度和弹性。钢抵抗弹性变形的能力称为刚度，去掉引起变形的外力后能恢复原来的形状、尺寸的能力称为弹性。通常用弹性模量、弹性极限等指标来衡量钢在弹性变形阶段的这些性能。

1）弹性模量。当钢受到外力作用发生弹性变形，而外力和变形总是成比例地增长时，这个比例系数在材料学中就称为弹性模量。弹性模量相当于引起单位变形所需的应力，是衡量钢抵抗弹性变形能力——刚度的指标。若其他条件相同，钢的弹性模量越高，由其制成的制件弹性变形就越小，即刚度越大。钢的弹性模量较高，约为铜的2倍，是铝合金和铸铁的3倍，是一种弹性优良的材料，因此被广泛用以制造轴、弹簧和各种杆件。

2）弹性极限。钢能承受的、不产生永久变形的最大应力称为弹性极限。不过弹性极限很难测定，所以常采用发生微小的塑性变形量（例如0.005%）的应力值来表示。

（2）强度。强度是钢在外力作用下对塑性变形和断裂的抵抗能力，常用指标有屈服点和抗拉强度。

1）屈服点（用σ_s表示）。钢材或试样在拉伸时，当应力超过弹性极限，即使应力不再增加，而钢材或试样仍继续发生明显的塑性变形，称此现象为屈服。而产生屈服现象时的最小应力值即为屈服点。

2）屈服强度（$\sigma_{0.2}$）。某些钢的屈服点极不明显，在测量上有困难，为了衡量材料的屈服特性，常用条件屈服极限表示此类钢抵抗塑性变形的能力。条件屈服极限实质上是一种规定：产生永久残余塑性变形等于一定值（一般为原长度的0.2%）时的应力称为条件屈服极限，也称为条件屈服强度或简称屈服强度。

屈服强度是工程技术上非常重要的力学性能指标之一，也是绝大多数零件设计时钢材选用的重要依据。如为了保证内燃发动机缸体和缸盖的密封性，紧固螺栓是不允许出现塑性变形的，所以设计这类螺栓时就必须以屈服强度为依据。

3）抗拉强度（R_m）。钢在承受拉力的过程中，在发生断裂以前能承受的最大应力值叫作抗拉强度。它代表钢抵抗大量塑性变形的能力，对于不发生缩颈的钢来说，它代表抵抗断裂的能力。如果试样被拉断前受到的最大拉力是 F_b，A_0 为试样截面面积，则抗拉强度可用 F_b 除以 A_0 求得。按现行标准规定，抗拉强度的计量单位是 MPa（兆帕）。

4）屈强比（σ_s/R_m）。在某些使用场合，不仅希望钢材具有较高的屈服点（屈服强度），还希望具有较高的屈强比。所谓屈强比，是指屈服点与抗拉强度的比值。屈服点越高且屈强比越小，结构或零件发生危险的脆性断裂的可能性就越小，结构的可靠性越高。但屈强比太低，钢材的抗拉强度就不能充分利用。不过总的说来，一般还是希望屈强比高一些。一般碳素钢屈强比为 0.6~0.65，低合金结构钢为 0.65~0.75，合金结构钢为 0.84~0.86。

(3) 塑性。钢在外力作用下发生塑性变形而不破坏的能力称为塑性。钢的塑性指标是伸长率和断面收缩率。

材料在拉断后，其塑性伸长的长度与原试样长度的百分比称为伸长率。

$$伸长率 = \frac{拉断后试样的标距长度 - 试样原标距长度}{试样原标距长度} \times 100\%$$

试样拉伸断裂后，断面缩小的面积同原截面面积之比的百分率，称为断面收缩率。

$$断面收缩率 = \frac{试样原截面积 - 试样断口处截面积}{试样原截面积} \times 100\%$$

伸长率和断面收缩率也是钢的重要性能指标，伸长率和断面收缩率越大，钢的塑性越好。如纯铁的伸长率几乎达 50%，而铸铁的伸长率还不到 1%，因此纯铁的塑性远比铸铁要好。良好的塑性是钢顺利承受各种形式压力加工的先决条件，在现代化大生产条件下，钢的这一性能尤显重要。其次，钢具有一定的塑性，可以保证由其所制零件或构件不致因超载而突然断裂，从而提高了零件或构件使用时的安全可靠性。

2. 硬度

硬度是指钢抵抗其他更硬物体压入其表面的能力，也可以说是钢对局部塑性变形的抗力。由于测量方法不同，常用的硬度指标可分为布氏硬度（HBW）、洛氏硬度（HR）、维氏硬度（HV）等。

(1) 布氏硬度（HBW）。以一定的载荷（一般为 3000kg）把一定大小（直径一般为 10mm）的硬质合金压头压入试样表面并保持一段时间，去载后，负荷与其压痕面积之比值，即为布氏硬度值，单位为（N/mm^2）。

(2) 洛氏硬度（HR）。当 HBW > 450 或者试样过小时，不能采用布氏硬度试验而改用洛氏硬度计量。它是用一个顶角 120° 的金刚石圆锥体或直径为 1.59mm、3.18mm 的钢球，在一定载荷下压入被测试样表面，由压痕的深度求出材料的硬度。在实际测量中，可根据材料硬度和厚度的不同，采用不同压头和载荷。压头和载荷的组合共有 15 种，最常用的有 HRA、HRB、HRC 三种（根据 GB/T 230.1—2009 的规定），其硬度值可在洛氏硬度计的刻度盘上直接读出。

HRA：采用588N载荷和钻石锥压入器求得的硬度，用于硬度极高的材料（如硬质合金等）。

HRB：采用980 N载荷和直径1.59mm淬硬的钢球求得的硬度，用于硬度较低的材料（如退火钢、铸铁等）。

HRC：采用1470N载荷和钻石锥压入器求得的硬度，用于硬度很高的材料（如淬火钢等）。

(3) 维氏硬度（HV）。以一定的载荷将顶角为136°的金刚石方形锥压入试样表面，用压痕凹坑的表面积除以载荷值，即为维氏硬度值。维氏硬度适合测量很薄的钢材或工件的硬度。

硬度是钢的重要性能指标之一。一般说来，硬度越高，耐磨性越好。此外，大部分金属材料，包括钢在内，它们的硬度和强度之间有一定关系：对于低碳钢，R_m = 0.36HBW；对于高碳钢，R_m = 0.34HBW；对于灰铸铁，R_m = 0.1HBW。

硬度试验方法比较简单、迅速且无破坏性，所以在钢材的生产和流通中使用得比较广泛。

3. 韧性

钢抵抗冲击力作用的能力，称为韧性。通常用冲击韧度来度量。钢的冲击韧度是在冲击试验机上通过冲击试验测定的。

进行试验时，把规定尺寸和形状的标准试样放在机架上，把试验机的摆锤提升至规定的高度，然后释放使之冲击试样，试验机刻度盘上即指出冲断试样所消耗的功，单位是J（焦耳）。用试样断口处的截面积去除冲断试样消耗的功所得到的数值，就是钢的冲击韧度指标，单位为 N·m/mm²。

$$冲击韧度 = \frac{冲断试样所消耗的功}{试样断口（缺口处）面积}$$

实际上，在冲击载荷下工作的零件或构件，很少因受到一次冲击而破坏，在不少情况下，承受的是多次重复的小量冲击载荷。由此可见，冲击试验与实际情况并不完全符合。近年的研究结果表明：钢承受多次重复冲击的能力，主要取决于其强度高低，而不是主要取决于其冲击韧度的大小。例如目前广泛采用球墨铸铁制造柴油机的曲轴，其冲击韧度值很低，但由于其强度很高，因此仍能正常运转。可见对于这类在能量不太大的多次冲击下工作的零件，单纯追求很高的冲击韧度并没有必要。这一事实说明了合理选用钢材在降低产品成本、节约资源方面的重要意义。

4. 疲劳强度

很多机械零件，如各种轴、齿轮、连杆、弹簧、钢轨等，经常受到大小及方向随时间做周期性改变的载荷即交变载荷的作用。在交变载荷的作用下，钢经常在应力远较其屈服强度低时发生脆性断裂，这种现象称为疲劳。疲劳发生的机理是在交变应力的作用下，钢内部存在缺陷或应力集中的部位，首先产生细微的裂纹，裂纹逐渐扩展以致断裂。

在无限次交变载荷作用下而不致断裂的最大应力，称为疲劳强度，它是用以衡量钢的耐疲劳性能的重要指标。实际上不可能进行无数次的试验。因此通常把 $10^6 \sim 10^7$ 次循环使用作为疲劳强度。例如，钢在纯交变载荷下循环 5×10^6 次时，所测得的不发生断裂的最大应力，作为其弯曲疲劳强度，用 σ_{-1} 表示。钢的疲劳强度值，一般只及抗拉强度值的一半稍弱一些。

此外还有一个与疲劳强度类似的性能指标，叫作蠕变疲劳强度。蠕变是指钢在长期动、静载荷的作用下，即使应力小于弹性极限也会缓慢地发生塑性变形的现象。这种变形严重时也可能发生脆性断裂，称为蠕变断裂。蠕变不仅和载荷有关，而且和使用环境的温度有关。不过低温时并不显著，但当使用温度高于钢材熔点温度的 30% 时就变得比较显著。蠕变疲劳强度也叫蠕变强度，是指材料或钢材在高温长期载荷作用下抵抗塑性变形的能力。蠕变强度常用在规定时间内达到规定变形量和稳态蠕变速度达到规定值两种方法表示。提高钢的蠕变疲劳强度的方法主要是在设计时采用较小的许用应力。这是一个比较复杂的问题，有兴趣的读者可参阅材料力学的有关内容。

钢的疲劳强度与很多因素有关，如合金成分、表面状态、组织结构、夹杂物的多少、应力分布与应力集中情况等。改变钢的合金成分，改善钢的组织结构，对表面进行强化处理，都能显著提高钢的抗疲劳强度。

四、工艺性能

钢通常要经过许多加工工艺才能成为可用的零件或构件。因为加工工艺的多样性，因此钢的工艺性能也有许多种。

1. 铸造性

铸造性能包括流动性、收缩性、偏析性等方面。流动性是指钢液充满铸模的能力。流动性越好，越能铸造出细薄精致的铸件。收缩性是指铸件凝固时体积收缩的程度，收缩性越小，铸件凝固时的变形越小。偏析是指化学成分不均匀。偏析越严重，铸件各部位的成分越不均匀，铸件的可靠性越小。钢具有良好的铸造性。

2. 切削加工性

切削加工性是指钢承受切削加工时表现出来的性能，也就是指钢经过切削加工而成为合乎要求的工件的难易程度。钢的切削加工性可从下述几个方面衡量：切削加工后工件表面的粗糙度、允许的切削速度、切削刀具的磨损程度等。

现代化工业生产要求不断提高生产效率。随着科学技术的不断发展，机床的切削速度越来越高，尤其是数字化自控技术的发展使自动化切削加工成为现实，因而现代工业对钢的切削加工性要求也越来越高。不过目前还没有统一的检验钢切削加工性能的方法。通常是根据钢的硬度和韧性做大致的判断：硬度过大、过小或韧性过大，切削加工性都不好。

3. 冷弯性

钢在常温下能被弯曲而不破裂的能力叫作冷弯性。出现裂纹前能被弯曲的程度越大，钢的冷弯性越好。

钢的弯曲是靠弯曲处及附近的塑性变形来实现的,因此塑性越大,冷弯性就越好。

4. 冲压性

冲压是一种效率很高,且产品尺寸规格、几何误差都十分理想的加工方法,各种大批量生产的钣金制品,如汽车车壳、钢质餐具等都是把钢板用冲压的方法加工而成的。钢的冲压性是指承受冲压变形加工而不破裂的能力,可用杯突试验的方法测定。

总之,钢的工艺性能是一个复杂的现象,只有充分了解制造加工方法,才能全面准确地了解钢的工艺性能。

实验　螺纹钢的感官检验

一、实验目的

学习螺纹钢的感官检验方法、步骤。

二、实验样品

螺纹钢。

三、实验内容和步骤

对于螺纹钢质量的好坏,可分三个方面进行感官检验[一]:

(1) 从外观尺寸看,可用游标卡尺简单测量实际尺寸是否比标明尺寸(一般螺纹钢上均轧有规格标志)小一个规格左右或更多[如ϕ12 螺纹钢标准内径为(11.5±0.4)mm,而伪劣螺纹钢内径大多为10mm 左右]。同时有些伪劣螺纹钢通过轧扁的方式来欺骗人的视觉,因而从钢筋端面观察其为扁椭圆形,而正规钢材端面应基本为圆形。

(2) 从表面质量看,伪劣螺纹钢由于用土坯轧制,其表面质量差,常带有疤痕等缺陷,有整体粗糙感。同时有些小轧厂由于加热温度、轧制速度不够,表面颜色偏红。

(3) 正规钢材在厂家出厂时大多大捆包装,成捆钢材上均挂有与实物相对应的金属标牌,标明厂家、钢材牌号、批号、规格及检验代号等。而伪劣钢筋由于生产条件简陋,无大型吊装设备,大多小捆(十根左右捆扎)包装或散装,无金属标牌,无质量保证书。

四、实验结果

整理并分析实验记录,完成实验报告。

[一] 资料来源:根据 http://wenku.baidu.com/view/5824ac08763231126edb11ef.html 资料整理。

第十一章 钢 材

案例分析

热处理的重要性

某小型农场一台收割机的振动筛偏心轴严重磨损,该厂维修车间用45钢棒料参照原尺寸重新加工了一根,装上后发现新轴更不耐磨,后请教有关技术人员才知道是因为没有经过热处理之故。

问题:
你能为他们选择一种热处理工艺吗?

扩展阅读

日本废钢铁分类标准(Jis G2401)

1. 使用范围:本标准适用于所有的废铁和废钢。
2. 废铁:
2.1 用途 废铁根据其用途不同大体可分为熔炼用和杂用。
2.2 种类 熔炼用废铁根据其质量和形状不同分为以下几种:
2.2.1
A种 高级废铁(机械或工具等)。
B种 普通废铁(锅、锅炉、炉箅以及其他诸如此类的废铁)。
C种 可锻铸铁废料。
2.2.2
甲类 每块废铁的质量在20kg以下。
乙类 通过破碎、熔切等方法易加工成甲类废铁。
丙类 铁切屑(铁切屑,未混入杂质),丙类废铁不分级。
2.3 杂用废铁不分种类。
3. 废钢:
3.1 用途 废钢根据其用途不同可分为熔炼用、再轧制用及杂用。
3.2 熔炼用废钢的种类 熔炼用废钢根据其质量和形成,可分为以下几种,见表11-11。

表 11-11　熔炼用废钢分类

分类	名称	说明
A 种	碳素钢废钢	
B 种	低铜碳素钢废钢	Cu 的质量分数在 0.20% 以下
C 种	低磷、低硫、低铜碳素钢废钢	P 的质量分数在 0.025% 以下，S 的质量分数在 0.025% 以下，Cu 的质量分数在 0.15% 以下
D 种	合金钢废钢	
E 种	杂用废钢	
甲类	特 1 号	厚度 6mm 以上，长度 600mm 以下，宽度或高度 400mm 以下，质量 600kg 以下
甲类	特 2 号	厚度 3～6mm，长度 600mm 以下，宽度或高度 400mm 以下
甲类	1 号	厚度 6mm 以上，长度 1200mm 以下，宽度或高度 500mm 以下，质量 1000kg 以上
甲类	2 号	厚度 3～6mm，长度 1200mm 以下，宽度或高度 500mm 以下
甲类	3 号	厚度 3mm 以下，长度 1200mm 以下，宽度或高度 500mm 以下
乙类	易切碎加工成上述形状的废钢	
丙类	压缩废钢	
丙类	1 号	钢板切边
丙类	2 号	脱锡镀锡板钢
丙类	3 号	普通废钢
丙类	4 号	切屑
丁类	钢切屑	

在上述废钢分类中，根据与用户的协议，如果废钢的尺寸和质量不影响使用，则可以不受上述规定的限制。
（资料来源：根据 http：//wenku.baidu.com/view/d008ce24a5e9856a5612603e.html 资料整理。）

思考练习题

1. 解释下列名词

(1) 钢

(2) 晶体，晶格，晶胞，晶粒

(3) 沸腾钢，镇静钢

(4) 牌号

(5) 热脆，冷脆

(6) 铁素体，奥氏体，渗碳体，莱氏体

(7) 起始晶粒度，实际晶粒度，本质晶粒度

(8) 贝氏体，马氏体

(9) 回火，退火，淬火

(10) 强度，硬度，韧性，塑性

2. 为什么钢的晶粒越细其力学性能越好？
3. 何谓固溶强化？为什么钢的含碳量越高，钢的强度和硬度就越高？
4. 不锈钢和耐蚀钢有什么不同？
5. 钢由液态转变为固态时，其温度变化有什么特点？为什么？
6. 简述退火、正火、回火、淬火对钢组织结构的影响。
7. 什么叫调质？经调质处理后的钢有什么特点？适合哪些用途？
8. 普通热处理、化学热处理、表面热处理有什么不同？处理后钢的性能有哪些不同？
9. 走访金属材料经营企业或机械制造企业，了解钢厂调出的钢材一般是何种热处理状态？为什么？
10. 不锈钢在大气中一般不会发生锈蚀，这是否意味着在储运过程中无须对其进行防锈保护？为什么？

第十二章

商品与环境资源

　　商品的设计、制造、销售、消费等过程与资源、环境关系密切。商品生产需要耗用资源，又要向自然环境中排放"三废"，对人类的生存环境造成了一定的影响。本章主要介绍环境和资源的概念，商品对环境的污染以及防治措施，商品形成和消费过程中对自然资源的耗用和影响。通过了解商品与资源环境的关系，有助于树立环境保护和资源意识，在商品的生产、消费过程中关注资源环境，更好地保护人类赖以生存的基础，为人类的可持续发展提供更大的空间。

【阅读材料】

一杯橙汁的代价

　　德国是世界上人均橙汁消费量最高的国家，每人年消费21L橙汁。德国消费的橙汁中80%以上来自世界上最主要的橙汁生产国巴西。橙汁从巴西到德国要经过12 000km的长途运输。为了运输的经济性，橙汁要浓缩成原来状态的8%，然后在 $-18℃$ 的条件下冷藏。这消耗了大量的能源和水，但更为重要的消耗发生在橙汁的生产过程中。

　　橙汁生产需要投入两大原料：水和石油。石油主要用于生产蒸汽，用于橙汁浓缩加工。就巴西而言，一半的能源来自蔗渣，另一半来自矿物燃料。生产1t橙汁，相当于需要8.1kg石油。包括运输与冷藏在内，每吨橙汁约需要100kg石油。

　　水的消耗同样不可小视。在德国，每饮用一杯橙汁，需要不少于22杯水，这些水主要用于浓缩过程中产生蒸汽和运到德国后稀释浓缩橙汁。这其中还不包括为了取得生产橙汁所需的石油和水而需要消耗的能源与原料。不过，即使这样，在德国生产1L橙汁需要至少25kg的其他物质消耗。如果要做全面的分析，就应把这些也包括进去，同时，也应该把生产杀虫剂所耗用的原料与能源也包括进去，同样还应该包括橙汁运输分销过程中用于适应航空与铁路运输需要的大量的小规格的包装物料以及最终由此产生的大量废料。关于这些方面的代谢分析还处在不断的发展和完善过程中。

　　不过，能量流和物质流也并不是生态效益的唯一尺度，所用的农耕地面积同样是一个十分重要的因素。就德国而言，每人每年喝掉21L橙汁，生产这21L橙汁相当于需要24m²的土地。换言之，德国每年消费的橙汁总量，需要巴西的150 000ha良田，超过德国自身用于果园种植面积的3倍多。如果地球上所有居民都像德国人那样消费橙汁，那么，我们就需要130 000km²的橙树园，相当于瑞士这样的国家国土面积的3倍以上。

这些数据无不提醒人们重新审视我们的经济活动，审视我们在经济活动中给环境所造成的各种影响，积极树立保护环境的生活理念。

（资料来源：刘晓军，《北京青年报》，2002年11月12日，第三版）

第一节　商品与环境的关系

环境问题是当今人类社会普遍关注的热点问题之一。人类的各种活动都与人们赖以生存的环境密切相关，环境作为一种宝贵的财富已经被人类所认识和接受。人类社会所进行的一切生产活动或非生产活动的投入，都是直接或间接地取自环境，特别是初级生产活动，需要从环境中直接获取各种原材料和能源。商品的生产和流通活动更是离不开人类所处的各种环境。商品与环境之间存在着相互作用的关系，这种相互作用可能是正向的、积极的，也可能是负向的、消极的。因此，在商品的生产和流通过程中，应密切关注商品与环境的关系，使商品既能满足人类的物质需要，又能切实关注商品与环境的相互影响作用，降低商品生产对环境带来的负面影响，更好地保护人类社会所依存的各种环境。

随着人类开发利用环境资源进程的加快，"全球气候变暖""水资源浪费""环境污染""能源浪费""滥采滥伐"等环境问题越来越严重，引起了世界各国的广泛关注。只有增强环保意识，有效保护环境，才能协调环境与可持续发展的关系，促进生态、经济和社会三者的协调发展。

一、环境概述

1. 环境的概念

环境一词在现代社会中使用的范围较广、频率很高，环境的含义在不同学科、不同场合也有着明显的差别。就一般理解而言，环境是指与某特定事物存在关联的所有其他事物的集合。

《中华人民共和国环境保护法》对环境做了明确的定义："本法所称环境，是指影响人类生存和发展的各种天然的和经过人工改造的自然因素的总体，包括大气、水、海洋、土地、矿藏、森林、草原、湿地、野生生物、自然遗迹、人文遗迹、自然保护区、风景名胜区、城市和乡村等。"

由《中华人民共和国环境保护法》对环境的定义，可以发现环境有如下特点：
（1）环境所对应的主体是人类。

(2) 环境一般由自然环境和社会环境构成。
(3) 这些环境因素对人类的生活、生产、生存和发展有着直接或间接的影响。
(4) 环境的组成要素是物质的,而不是非物质的。

2. 环境的分类

根据环境的构成要素,可以把环境分为自然环境和社会环境。自然环境一般是指人类以外的地球其他生命物体和非生命物质的总称。它虽然受人类活动影响,但总的来说,仍按自然规律发展变化着。自然环境按其主要的组成要素又可分为大气环境、水环境(地表水环境如河流、湖泊和海洋环境,以及地下水环境)、土壤环境、生物环境(如森林、草原、其他野生生物环境)、地质环境、矿产环境等。社会环境则可以分为文物古迹保护区、风景名胜区、自然保护区、城市环境、乡村环境等。

根据环境的功能,环境可以分为劳动环境、生活环境、交通环境、生态环境、区域环境、流域环境和全球环境等。

人类的生存环境已形成一个复杂庞大的、多层次、多单元的环境系统,是一个各类环境要素相互作用的庞大系统,是多种环境成分的统一体。在整个环境系统中,生物圈与大气圈、水圈、土壤圈、岩石圈之间通过物质循环、能量流动、信息传递而实现了生物群落的形成与演替,形成了各种各样的生态系统。在生态系统中,各组成要素之间通过相互作用形成一种相互依赖、相互制约和相互补偿的关系,使相互间的物质循环、能量流动和信息传递处于稳定状态,各种生物之间保持相对平衡,这样就形成了生态平衡。当生态系统处于平衡状态时,内部结构与功能是相互适应协调的,此时物质和能量转换效率高;相反,则会出现生态系统内部的紊乱,严重时导致生物之间的食物链断裂,危及生物的生存和繁衍。

环境是人类生活、生产、福利改善和人类社会持续发展不可替代的自然基础。环境为人类的生产与生活提供了各种各样的自然资源;环境的各要素构成了人类生存的地理空间;环境是人类居住和开展经济、文化、社会、生活和娱乐活动的场所;环境吸收了人类活动所产生的大量生活和生产的废弃物;环境为人类提供了多样化的物质和精神方面的服务,如呼吸的空气、太阳光照和热量、愉悦的色彩、自然景观等。但是,环境也给人类带来了一些危害,如洪水、地震、海啸、台风等。随着人口的增长,人类活动范围遍及全球,甚至已到宇宙空间,活动强度也越来越大,地球上已经很难找到未经人类改造过的自然环境,从而也导致了环境功能的变化。

3. 环境问题

环境问题是当今世界普遍关心的热点问题之一。环境问题的核心是环境的变化给人类造成了不利的影响甚至危害。环境问题的出现有人类作用和自然作用两个方面。环境问题发生的主要原因是人类不合理利用环境,致使环境的生态平衡遭到破坏,最后给人类带来灾难。当前人类面临的主要环境问题是全球气候变化、臭氧层被破坏、酸雨和生物多样性锐减等，为人们所关注。

环境问题可分为两大类，一类是环境破坏，另一类是环境污染。

环境破坏是指人类在各种经济、社会、军事活动中，因不科学合理地开发自然资源、大规模地改变环境的原始状态，从而导致环境结构和功能紊乱，致使环境退化、物种减少。常见的破坏有：大规模地开垦荒地导致水土流失；破坏草原植被导致土壤沙漠化，产生沙尘暴；大量砍伐森林等使动植物种类减少；过度开采地下水导致地面沉降等。

环境污染一般是指人类在生活和生产过程中向环境大量排放废弃物，超过了环境的容量，导致环境的生态平衡受到严重干扰，使动植物和人类受到危害的现象。常见的污染有：向大气中排放过量的废气和粉尘造成大气污染；向水体中排放过量的废水及其他废弃物造成水体污染；向土地中排放大量的废弃物造成土壤污染；动植物因人类排放的废弃物而导致生物污染；还有噪声、放射性物质、电磁等污染等。

环境问题给人类造成的危害是十分重大的，是多方面的。首先，环境问题给人类造成巨大的经济危害，包括直接投资、间接经济损失、治理和保护环境的投入等。其次，环境问题的另一个重大危害就是生命损失和健康损坏，如发生在1961年的日本四日市哮喘病事件，由于工厂排放的二氧化硫、烟尘、重金属粉尘等废气过量，导致500人患病，其中36人死亡。最后，环境问题威胁人类的可持续发展，如气候变暖、土壤沙化、水资源短缺、耕地减少、生物资源减少等，都会削弱人类持续发展的自然基础，如果不加以有效控制，必然会导致环境问题严重，危及人类的生存。

二、商品对环境的污染

为了满足人们不断增长的物质和精神方面的需求，需要不断地进行商品的生产。而商品生产为消费创造条件。消费是生产的目的，是生产的内在动力。在生产和消费之间，又要进行商品的交换和分配，这又是沟通生产与消费的渠道。商品与环境之间紧密联系，环境是商品的基础，商品对环境具有影响作用。

商品的生产、交换、分配和消费是一个连续的过程，环境污染主要是由大规模的工业生产造成的。在商品的生产流通过程中，需要开发资源，取得原料和能源，对自然环境造成了一定程度的破坏。而各种原材料、能源在生产中由于不能全部成为产品，形成废气、废水和各种固体废弃物排入环境，又对环境造成了污染。商品对环境的污染如图12-1所示。

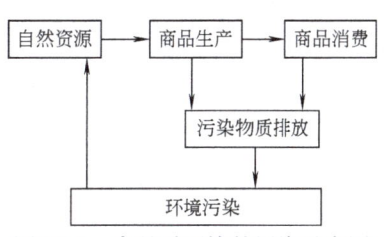

图12-1　商品对环境的污染示意图

环境污染主要是指工农业生产和城市生活中大量污染物排入环境中，使环境质量下降，以致危害人体健康，损害生物资源，影响工农业生产。具体地说，环境污染是指有害的物质，主要是工业的"三废"（废气、废水、废渣）

对大气、水体、土壤和生物的污染。环境污染包括大气污染、水体污染、土壤污染、生物污染等由物质引起的污染和噪声污染、热污染、放射性污染或电磁辐射污染等由物理性因素引起的污染。

1. 商品对自然环境的污染

在商品的生产流通过程中，由于科学技术水平、生产工艺设备以及人们的环境意识等方面因素的影响，目前尚不能完全利用从环境中获得的物质和能量，存在能量的"耗散"，而这部分"耗散"的能量就会形成污染物造成环境污染。自然界为人类商品生产提供了物质、能量、场所等，同时，在商品生产与消费的过程中，又不断地产生废物排入环境中，对自然环境造成了污染。商品对环境的污染主要表现在生产环节、流通环节和消费环节。

近年来，环境污染呈不断严重的趋势。在我国，二氧化硫、烟尘、工业粉尘排放量很大；酸雨污染突出；早在2012年，全国废水排放总量达684.8亿t，江河湖海受到不同程度的污染，有些水域污染达到了严重程度；固体废物污染日益突出。总的来看，环境污染从点源污染扩大到面源污染，从城市污染扩展到乡镇污染，从江河污染扩展到海域污染，从一般污染扩展到有毒有害污染，形成了各种污染的叠加和复合态势，对人体健康构成威胁，并加剧了资源消耗，制约经济的顺利发展。

(1) 商品生产性环境污染。商品的生产需要原材料、能源等，通过生产过程将其转换为产品。因此，商品生产首先需要采购原材料，如生产钢铁需要铁矿石，火电厂生产电需要燃煤等。在从环境中获取资源的同时，也对环境造成了一定的污染，如矿山开采破坏了植被环境、产生工业噪声污染、破坏水资源环境等。在商品的生产过程中，又产生了许多废弃物排放到环境之中，如燃煤的火电厂向大气中排放二氧化硫、粉尘等污染物，还向环境排放废热和废水。商品生产活动产生的废水、废气、废渣、噪声等污染物未经处理或处理不力排放到环境中，积累到一定程度就会产生环境污染。商品生产性环境污染的产生主要与技术水平、生产工艺以及防治措施等因素有关。

当前我国重工业发展占有很大比重，如钢铁、水泥、有色金属、煤炭、化工、电力、造纸、交通运输等，而这些行业的资源、能源的消耗强度高，资源的利用、商品的生产等过程中大量地向环境排放各种污染物，对环境的污染相当严重。

(2) 商品流通中的环境污染。商品生产过程为社会提供了具有一定使用价值的产品，接下来的一个问题就是如何将商品运送到顾客手中，实现商品的价值。在商品的流通过程中，商品的生产者需要对商品进行再包装，使用一定的交通工具，建立适合商品流通的渠道。商品的流通活动总是与环境相联系的，在满足人们需要的同时，也造成了环境污染。

流通中最常见的污染是机动车尾气污染。近几年来，我国主要大城市机动车的数量大幅度增长，机动车尾气已成为城市大气污染的一个重要来源。有关研究结果表明，我国特大城市的大气污染正由第一代煤烟型污染向第二代汽车型污染转变。一些特殊的商品如有毒、有害的商品在流通中由于包装不慎、运输不当等因素造成的泄漏事件时有发生，对人的身体健康构成了严重威胁。噪声污染也是流通中的主要污染之一，交通噪声影响范围大约占城市的1/3，因其声级较高，影响范围较大，对声环境干扰最大。

(3) **商品消费性环境污染**。商品的消费过程其实只是消费了商品的效用，而商品的物质实体依然存在，并没有被人们消费掉，这些没有被消费掉的物质实体排放到环境中，对环境造成了一定的污染。在商品的消费过程中，污染的主要来源是废旧物资和生活垃圾以及社会生活噪声等。

目前我国废旧物资回收利用率仍然比较低，根据相关规划，"十二五"期末，我国在主要品种再生资源中的回收率要达到70%。

我国生活垃圾产生量增长较快，尤其是城市生活垃圾。截至2010年年底，全国设市城市和县城生活垃圾年清运量2.21亿t，生活垃圾无害化处理率63.5%，其中设市城市77.9%，县城27.4%。由于城镇化快速发展，生活垃圾激增，垃圾处理能力相对不足，一些城市面临"垃圾围城"的困境。

社会生活噪声影响范围逐年增加，它是影响城市声环境最广泛的噪声来源。商业、饮食服务业产生的噪声干扰了居民的正常生活。

商品消费过程中所产生的垃圾和废旧物资以及其他物资对空气质量、水资源、土地等造成了严重的污染。由于大量垃圾露天堆放，致使堆放场所附近臭气冲天，老鼠成灾，蚊蝇回旋，有大量的氨气、硫化物等污染物向大气释放，仅有机挥发性气体就多达100多种，其中含有许多致癌致畸物。任意堆放的垃圾或简单填埋的垃圾内部所含水量和雨水淋入产生的液体，流入地表水体和渗入土壤，会严重污染地表水或地下水。垃圾堆放和填埋需要侵占大量土地，对农田破坏严重。未经处理或未经严格处理的生活垃圾直接作用于农田，破坏了土壤的结构。垃圾产生的甲烷气体易发生爆炸事故，造成重大损失。

2. **商品对生态环境的污染**

相对于生活环境来说，生态系统中各组成要素之间形成了一种生态平衡。在商品的生产流通过程中，由于要利用生态环境中的资源，向生态环境中排放污染物质，而对生态环境直接或间接地构成了一定程度的污染。目前，我国生态环境污染的最主要问题是森林资源贫乏、草地退化、耕地质量下降、荒漠化现象严重、生物物种减少等，这些生态问题与商品的生产流通密切相关。

(1) **森林资源贫乏**。在工业化进程中，许多商品的生产以林木作为直接原材料或间接原材料，例如铺设钢轨需要大量的枕木，建筑工程需要大量的成材，造纸工业需要大量的木材等，由此引起了世界范围内的林木砍伐。为了满足人口增长对粮食的需求，发展中国家开垦了大量的林地，造成了对森林的严重破坏，损害了森林植被再生和恢复能力。用薪柴作炊事的主要燃料、大规模放牧等也使森林资源遭受了严重的破坏。我国虽然森林面积总量居世界第五位，但森林覆盖率很低，远低于世界平均水平，属于世界上森林资源贫乏的国家之一。森林资源破坏严重，乱砍滥伐现象比较普遍。森林资源的破坏会产生气候异常、增加二氧化碳排放、物种灭绝、生物多样性减少、加剧水土侵蚀、减少水源涵养、加剧洪涝灾害等重大危害。

(2) 草地退化。长期超载放牧、人为采樵、滥挖药材、搂发菜、开矿和滥猎等都使草地植被遭到严重破坏，致使草地退化。我国现有草地面积 3.9 亿 ha，仅次于澳大利亚，居世界第二位。但人均占有草地约为世界平均水平的一半。我国草地质量不高，低产草地多，中产草地较少，全国难利用的草地比例较高，草地生产能力低下，草地退化严重，90% 的草地已经或正在退化，其中中度退化程度以上（包括沙化、碱化）的草地达 1.3 亿 ha。

(3) 耕地质量下降。肥料的使用不当，化肥施用量超标，有机肥放用量少等现象导致耕地中氮、磷、钾的比例失衡，大水漫灌造成土壤次生盐渍化现象突出，农业生产中大量施用化肥、农药等现象造成土壤酸化和地下水污染严重，再加上近年来经济发展较快，大量占用耕地的现象相当普遍，使我国耕地面积减少，耕地质量严重下降。耕地养分含量不高，土壤有机质含量低，缺氮、缺磷、缺钾耕地占耕地面积较大，土壤盐化、碱化、渍涝、板结、侵蚀等影响农业生产的障碍因素非常突出。

(4) 荒漠化现象严重。过度放牧、乱砍滥伐、开垦草地并进行连续耕作等，造成植被破坏，地表裸露，加快风蚀或雨蚀是形成土地荒漠化的主要人为因素。荒漠化的主要影响是土地生产力的下降，农牧业减产，可能带来巨大的经济损失和一系列社会恶果，甚至会造成大量生态难民。我国的荒漠约占国土面积 13.3%，且还在迅速扩大。

(5) 生物物种减少。生物物种减少主要是由于大面积采伐森林、火烧森林、捕猎、工业化和城市化的发展造成的土地占用和天然植被破坏、无控制的旅游、土壤污染、水和空气污染以及全球变暖导致自然生态系统无法适应等。我国物种资源丰富，种类和数量都在世界上占有重要地位。但是我国濒危植物和动物物种种类较多，占动植物的比例高于世界平均水平。

三、商品对环境污染的防治

1. 商品对大气污染的防治

大气污染是指大气中污染物质的浓度达到了可以破坏生态系统和人类正常生存和发展条件的程度，从而对人和物构成危害的现象。商品对大气的污染主要是商品生产中各类燃烧物释放的废气和工业排放的废气等。形成大气污染的过程是污染物排放、大气运动的作用和对受体的影响。大气污染的程度与污染物的性质、污染源的排放、气象条件和地理条件等有关。大气污染是人类当前面临的主要环境污染问题之一，在世界重大污染事件中，有七件是大气污染造成的，即马斯河谷烟雾事件、多诺拉烟雾事件、伦敦烟雾事件、洛杉矶光化学事件、四日市哮喘事件、博帕尔农药厂泄漏事件和切尔诺贝利核电站事故，造成了大量的人口中毒与死亡。

大气污染物主要有颗粒物质、硫化物、氮氧化物、碳氧化物和碳氢化物等。商品的生产和流通中造成大气污染的主要污染源是石油和煤等化石燃料在燃烧过程中产生的废气和粉尘。以石油为燃料的交通工具（汽车、火车、飞机等）属于移动的大气污染源，以燃煤为主的工厂焚化炉、发电厂等属于静止的大气污染源。

严重的大气污染导致呼吸道疾病发病率升高，引起诸如呼吸道功能衰退、慢性呼吸疾病、早亡等病例的增加，由于空气污染超标致病所造成的损失巨大。室内空气质量有时比室外更糟。我国一些地区室内污染的研究显示，室内的颗粒物（来自生物质能和煤的燃烧）水平通常高于室外（超过 $500\mu g/m^3$），厨房内颗粒物浓度最高（超过 $1000\mu g/m^3$）。一氧化碳中毒事件在北方年年发生。二氧化硫等致酸污染物引发酸雨，是大气污染危害的又一重要方面。酸雨是大气污染物（如硫化物和氮化物）与空气中水和氧之间化学反应的产物。在我国，以南京、上海、杭州、福州、青岛和厦门为代表的华东沿海地区成为我国主要的酸雨区，华北、东北的局部地区也出现酸性降水。酸雨对人体健康、生态系统和建筑设施都有直接和潜在危害，可使儿童免疫功能下降，慢性咽炎、支气管哮喘等发病率增加。酸雨还可使农作物大幅度减产。酸雨对森林、植物危害也较大，常使森林和植物树叶枯黄，病虫害加重，最终造成大面积死亡。

大气污染防治是环境保护的重要部分。商品的生产和流通造成的大气污染的防治应主要从工业废气的治理入手，控制工业污染源头，推行清洁生产，合理利用环境的自净能力。

(1) 合理利用环境自净作用。环境自净是指污染物排入环境中，因大气、水等环境要素（自净介质）的扩散稀释、氧化还原、生物降解等作用，使污染物的毒性和浓度自然降低的现象。大气污染自净则是指大气中的污染物由于自然过程而从大气中被除去或降低的现象，主要是指大气的扩散稀释作用。

合理利用环境的自净作用既可以保护环境，又可以节约环境污染治理投资。应以各种类型污染物的自净规律和生态毒理的研究为基础，全面规划、合理布局，做好环境调查研究和环境预测工作，对工业企业按照区域环境特征（如风向、风频、逆温等）、污染物的稀释扩散等自净规律进行合理布局，控制污染源的浓度。工业企业在选址时应合理分散布置，有利于污染物的扩散和稀释，对大气有严重污染的企业不应位于城市主导风向的上风地带。采用高烟囱和集合式烟囱排放烟气，有利于烟气的稀释扩散，减轻地面空气污染。发展绿色植物，利用绿色植物美化环境、调节气候、吸附粉尘、吸收大气中的有害气体等的功能，可以在大面积范围内，长时间、连续地净化空气。

(2) 改革能源结构。以煤炭为主要能源是造成大气污染的主要因素之一。改革能源结构，在商品生产过程中尽量使用石油和天然气等燃料，就可以大大改善大气质量状况。发展城市燃气，主要发展煤的液化、汽化、焦炉制气，合理利用天然气和液化石油气，回收和合理利用企业可燃废气等，可以减少二氧化硫和二氧化碳的排放量，提高空气质量。另外，还可以大力开发利用太阳能、地热能、风能、水能、生物能、核能等洁净能源解决大气污染问题。

（3）**集中供热**。集中供热取代分散供热，采取热电联产、集中锅炉房供热和余热利用的方式，既可节省能源，又可以改善大气环境质量。

（4）**燃料的预处理**。原煤经过洗选和脱硫处理，可以降低煤的硫分和灰分，降低煤燃烧后的一氧化碳、二氧化硫和烟尘的排放量，有利于煤炭的清洁利用，防治燃煤型大气污染。

（5）**革新燃烧工艺，建设配套装置**。通过锅炉改造改变燃烧方式，减少燃煤排尘量，如在燃烧过程中有序地进行二次送风，革新锅炉炉排和燃油喷嘴等。改进机动车辆的内燃机、尾部排气系统，开发新式发动机以减少一氧化碳和氮氢化合物的排放量，生产使用清洁能源的机动车船，强制排污企业建设配套的脱硫、除尘设施，对污染物进行处理，以控制二氧化硫和其他烟尘的排放量，净化空气。

另外，防治大气污染还应大力宣传环境保护知识，提高全民环保意识，强制、监督企业自觉遵守《中华人民共和国大气污染防治法》以及相关的标准。

2. **商品对水体污染的防治**

由于人类向水体中排放大量污染物而使水体的感观状况、物理性质、化学成分和生物性质发生变化达到一定程度即发生水体污染。水体污染的污染源主要是生活污水、工业污水和农业污水。

商品生产过程中，工矿企业特别是造纸业、冶金工业、化学工业以及采矿业等，需要不断排出工业废水，如果未经处理或处理不当直接排入水体中，就构成了水体污染。随着工业的迅速发展，工业污水量及其所排出的污染物量均在迅速增长。工业污水含污染物的种类比较多，成分复杂，含有大量的有毒有害物质，有些成分在水中不易净化，处理难度比较大。

商品的消费与居民的日常生活密切相关，产生生活污水。例如果蔬、肉类等食品类商品的洗涤、加工产生废水，使用肥皂、洗发水等使浴室排放污水等。生活污水中主要是纤维素、油脂、肥皂和蛋白质及其分解产物，还有泥沙、矿屑及溶解盐类。生活污水非常适宜各种微生物的繁殖，含有大量的细菌、病原菌和寄生虫卵。农药化肥的使用导致农业污水成为水体污染的主要污染源之一。随着消费水平的提高以及商品供应种类和数量的增加，商品消费过程所产生的污水也越来越多，对水体的污染也随之增加。

水体污染对人体健康、渔业和农业生产造成了严重的危害，还会对生态系统造成危害。水污染可以使腹水、腹泻、钩虫病、血吸虫、沙眼及线虫病等的发病率提高，还可以引起皮肤病、肝癌、胃癌、先天残疾、自然流产等。

水体污染的防治应根据相关法规，**以防为主，防治结合**。防治水体污染应重点从以下几个方面进行：

（1）推行清洁生产。清洁生产是指将整体预防的环境战略持续应用于生产过程、产品和服务中，以增加生态效率和减少人类及环境的风险。其内涵是对产品和产品的生产过程采用预防污染的策略来减少污染物的产生，这是一种新的污染防治战略，关系到可持续发展战略的实施。《中华人民共和国清洁生产促进法》于 2002 年审议通过，于 2003 年 1 月 1 日起正式施行，并于 2012 年进行了修订。该法指明了商品生产领域污染防治应注重全过程的控制。

对于水污染的防治，推进清洁生产就是要求企业改进设计，采用先进的工艺与设备，改善管理，综合利用资源，提高资源利用效率，减少或者避免在生产过程中污染物的产生和排放。首先，企业应正确规划产品方案，选择无毒、无害的原料，如杜绝生产和使用六六六，推广使用无磷洗涤剂等，从源头上降低水体中的污染物量。其次，应采用先进的工艺技术，提高原料、材料及能源的利用率，减少废物排放量。例如，采用干法熄焦代替湿法熄焦，可以大大减少用水量及废水排放量；用气冷设备代替水冷设备、用压力淋洗系统代替重力淋洗系统等，可以减少耗水量和污水的排放量。再次，应大力采用节水工艺，建立节水型工业，减少水资源的浪费和废水的排放量，如造纸白水的回收循环利用、火电厂冲灰水的回收利用等。最后，还应加强管理，减少生产过程中跑、冒、滴、漏等现象的发生。

（2）加大水处理设施建设投资。修建污水处理设施治理污水，是防治水污染、保护水资源的关键措施。随着商品生产与消费的发展，生产企业的数量越来越多，生产污水和生活污水的排放量越来越大，城市公用管网、污水处理设施已不能完全满足水处理的要求，造成大量未经处理的废水或集中或分散地排入江河湖海，造成严重污染，城市周边及农村水污染也日趋严重，建设污水处理设施刻不容缓。首先，应综合规划，改造和建设城市公用污水处理系统，对工业废水和城市废水进行分析，采用合并处理或分散处理系统。再次，强制污染工业企业建设污水处理系统，如电镀、造纸等工业，按照污水处理设施与生产设施同时开工的原则，在正常经营时应定期检查水处理设施的使用状况，使工业废水得到适当处理，减少污水的排放量。

（3）加强对城市污水的回收和再利用。城市污水通过深度处理就可以回用于某些方面，如农业灌溉、景观用水、洒扫用水、消防用水等，还可以补给地下水。城市污水的回用减轻了水体污染，缓解了水资源紧张的局面，具有较好的环境和社会效益。

水污染的防治还应加强和完善各种管理措施，大力宣传水污染的危害和水污染的其他知识，提高全民的环保意识，对水资源和水环境进行规划管理，督促企业和公民自觉遵守水体保护的相关法律法规，以减少水体污染，保护水资源。

3. 固体废弃物的污染防治

固体废弃物污染是人类生产和生活中所排放出的固体和泥状物质而造成的污染。商品的生产、流通和消费过程中，都不同程度地向环境中排放固体废弃物，如采矿业排放的废石、金属、废木，冶金机械行业排放的金属渣、砂石、涂料、污垢，建筑工业排放的水泥、黏土，食品加工业排放的谷物、肉类等，商品消费排放的食物垃圾、纸、木、玻璃碎片等。固体废弃物造成的危害是多方面的，包括污染大气和水体、破坏土壤等。

固体废弃物的治理主要是作为再生资源和能源加以综合利用，即对固体废弃物进行物理、化学或生物的处理使其稳定化、无害化和减量化，并对其中的有用物质和能源加以回收利用。如采用压实、破碎、分选、固化处理、热化学处理以及生物技术处理等方法，减少固体废弃物的体积，转化成为可利用的资源，使废弃物资源化（如将固体废弃物用于建筑材料的生产、金属分选后回炉、从废弃物中提取有用物质等）。

四、环境保护的法制建设

环境保护是我国的基本国策，我国非常重视环境保护以及环境保护法规的建设。在环境保护工作中，环境保护的法律、法规和标准发挥着十分重要的作用。随着我国市场经济体制的建立和完善，以及建设社会主义法制国家进程的加快，环境保护的法律、法规和标准也越来越健全。

我国环境法从法律规范的形式和特点来说，既包括作为整个环境与资源保护法律法规基础的宪法规范，也包括调整因实施国家环境行政管理而产生的行政关系的各种行政法律规范；既包括民法中有关环境规范和环境法律法规中的有关民事规范，也包括在开发、利用、保护、管理环境中有关犯罪和追究刑事责任的刑事法律规范；既包括有关合理开发、利用和保护、改善环境的技术性措施和要求的技术性法律规范，也包括有关环境诉讼的程序性法律规范。此外，还包括一些有关的经济法律规范和国际法律规范。我国的环境法体系是一个包含多种法律形式和法律层次的综合性系统。

我国《宪法》规定："国家保障自然资源的合理利用，保护珍贵的动物和植物。禁止任何组织或个人用任何手段侵占或者破坏自然资源"。"国家保护和改善生活环境和生态环境，防治污染和其他公害。国家组织和鼓励植树造林，保护林木"。宪法规范属于指导性法律规范的范畴，它具有指导性、原则性和政策性，一切环境与资源保护的法律法规都必须服从宪法的原则，不得以任何形式与宪法相违背。目前，我国在环境保护方面已制定了《环境保护法》《水污染防治法》《大气污染防治法》《固体废物污染环境防治法》《环境噪声污染防治法》《海洋环境保护法》等侧重于防治环境污染的法律，以及《水法》《森林法》《草原法》《野生动物保护法》《矿产资源法》《水土保持法》《土地管理法》《渔业法》《节约能源法》《防洪法》《煤炭法》《防震减灾法》等侧重于资源保护的法律。另外，其他一些法律中也有合理开发、利用、保护和改善环境和自然资源的内容，如《乡镇企业法》《电力法》《文物保护法》《城乡规划法》《清洁生产促进法》等。

在我国，除了以上所列的环境保护的专门性法律外，在其他许多法律中也有不少与环境保护相关的法律规定。例如，《民法通则》第124条关于"违反国家保护环境防止污染的规定，污染环境造成他人损害的，应当依法承担民事责任"的规定，旨在调整平等主体之间因环境损害行为而产生的民事权利义务关系；1997年通过的新《刑法》中，专门增设了"破坏环境资源保护罪"一节共9条，对一些污染环境、破坏资源的行为规定了刑事处罚条款，在一定程度上改变了我国环境与资源保护法律在刑事处罚方面的空白，增强了环境与资源保护法律的权威性。另外在其他许多法律法规中也都有不少关于环境与资源保护的法律规范，如《乡镇企业法》《城乡规划法》《农业法》《对外贸易法》《公路法》《电力法》等。这些法律规定涉及某一具体领域的环境与资源保护问题，因此针对性较强，也较易于操作，对于解决相关领域的环境与资源破坏起到了积极作用。

另外，还有许多与环境保护有关的行政法规、部门规章、地方行政法规规章等，是实施环境保护法律法规的具体规范，如《环境行政处罚办法》《海洋倾废管理条例》《水产资源繁殖保护条例》等。这些环境保护方面的法律、法规和标准形成了一个立体的法制体系，对提高我国国民的环境保护意识、防治环境污染、保护自然资源、走可持续发展的道路，起到了非常重要的作用。

第二节　资源与资源保护

一、资源的概念与分类

1. 资源和自然资源的概念

资源是人类社会赖以生存和发展的基础。我国《辞海》中把资源解释为："资财的来源，一般指天然的财源。"这种解释比较笼统，意思不够明确。联合国环境规划署对资源的定义是："在一定时间和技术条件下，能够产生经济价值、提高人类当前和未来福利的自然环境因素的总称。"这些都是传统的定义，"资源"和"自然资源"的含义很接近，是对资源的狭义解释。

在现代管理科学中，资源的范围得到了扩展，特别是资源经济学的发展，人类认识水平的提高，可持续发展观念的深入人心，使资源的内涵得到了进一步的延伸。资源是指可以用来满足人类社会需要的物质和非物质性的存在。从这个角度出发，资源不但包括了自然资源，还包括其他资源，如劳动力资源、资金资源、智力资源、再生资源和其他能够可以成为生产力现实要素和潜在要素的资源。自然资源是资源的基础，一切其他资源都是人类与自然之间的物质变化而来的。商品的生产与自然资源紧密相关，在商品的整个运动过程的不同阶段对自然资源产生影响，从自然界采掘原材料，到初级原材料生产、商品制造、商品流通、商品消费、商品的最终处置等环节，需要大量消耗自然资源，并对自然资源构成了威胁。

自然资源一般是指存在于自然界中能以任何方式为人类所利用的自然要素和条件。自然资源是人类赖以生存和社会发展所必不可少的客观基础。

对自然资源的认识和利用是一个发展变化的过程。随着人类社会的发展，特别是科学技术水平的提高，人类对自然资源的探索和认识在不断深化，以前未被人们认识的自然要素和条件，将来可能成为资源的重要组成部分，如放射性元素的利用。自然资源的利用受当地文化和价值观念的影响。自然资源只有通过劳动加工后才能成为社会财富。商品的生产就是自然资源转换为社会财富的重要过程。

2. 自然资源的分类

自然环境按不同的依据，有不同的分类方式。一般地，有以下几种分类方法：

（1）按照自然资源分布的地理位置和地貌类型，可以把自然资源分为陆地资源、海洋资源和大气资源等。陆地资源属于地上资源；海洋资源是人类开发利用的一个新的资源领域，含有丰富的矿藏、能源和生物资源；大气资源主要是指地球表面以上平面立体空间的资源。

（2）按照自然资源能否更新，可以分为耗竭性资源和非耗竭性资源。耗竭性资源是指在短时间内不可更新的资源，也称不可再生资源。例如矿产资源的形成过程极其缓慢，需要数万年甚至上亿年的时间，储量会随开采速度的加快而减少，直至耗尽。非耗竭性资源是指人类行为对其影响较小或可以恢复的资源，也称可再生资源，如动植物资源、森林资源等。

（3）按照自然资源可被利用的情况，可以分为现实资源和潜在资源。现实资源是已经探明并具备开采条件，能为人类现实利用的资源。潜在资源则是指客观存在、目前尚不能被人类开发利用的资源，如尚未采掘的地下矿物质资源。

二、自然资源的特点

自然资源的特点大致可以概括为五方面，即资源的有限性、地域性、整体性、可用性和相对性等。

1. 有限性

资源的有限性也就是通常所说的稀缺性，这是资源最重要的特点。自然资源在具体的空间和时间范围内是有限的，这包括数量的有限性和可替代性资源品种的有限性。人类所依赖的自然资源除空气资源外，其他自然资源如土地、森林、矿产、海洋等都不是取之不尽、用之不竭的，如各种金属矿物、化石燃料等，它们的形成需要漫长的地质年代，储量有限，只能消耗而无法利用。资源的有限性告诉人们必须合理、适度开发资源，注意资源的节约。

2. 地域性

地域性是指资源在自然界中并不是均衡分布的，不同的区域资源种类和数量有所不同。由于自然条件的复杂性、生物区系发生迁移的历史因素和人类开发利用资源的强度与方式不同,自然资源的种类、数量、质量等方面会表现出明显的差异。例如我国东北大兴安岭森林资源丰富,山西煤炭资源储量较多,长江以北地区耕地面积大,草地资源主要分布在北部和西部,有色金属含量南方较多。资源的地域性要求在发展经济的同时应考虑当地的资源优势,因地制宜,合理综合开发资源。

3. 整体性

各种自然资源在生物圈中相互依存、相互制约,构成一个完整的资源生态系统。自然资源是自然环境的重要组成部分,各种自然资源之间也往往是相互联系、相互制约的。在一定的地质、地形和水文条件下,便会形成一定的资源生态环境,特别是各种再生资源之间,这种关系更为明显。例如热带湿润气候条件下形成热带雨林和季雨林以及相应的土壤、水和生物资源。自然资源中任何一个要素发生变化,必然会引起其他要素的相应变化,以至于引起整个自然环境系统发生变化。例如森林的过度砍伐会改变当地气候和水文条件,破坏森林的生态环境,使森林资源恶化。草地过度放牧会造成土地沙化,使草场资源退化。资源的整体性要求我们在资源的开发利用过程之中必须全面、科学地对待,应综合研究,统筹安排,综合开发。

4. 可用性

可用性是指自然资源可以被人类用来改善其生产和生活条件,满足人类多方面的需要。自然资源是多功能、多用途的,不同行业对同种资源可能具有共同的需求,同一行业的不同经济部门对同种资源也可能具有共同的需求。资源的可用性使人类在开发利用时产生了一定程度的盲目性,使资源配置不合理,资源利用效率较低,这就要求我们要对资源进行合理配置。

5. 相对性

随着时间的变化和经济、技术的发展,人类对自然资源的认识也发生着变化,能被利用的自然资源的品种和数量可能会随着取得和利用资源的技术发展和经济状况而发展。例如过去被视为外在的环境因素,像空气、风景等,现在已属于自然资源的范畴。技术的发展可以使一种资源更有效地被利用,也可能发掘出新的可用资源和替代资源,今天的1t煤比100年前可以多得7倍的电力,今后核能、太阳能、风能和生物能也可能结合起来取代煤、石油和天然气。

三、商品生产和消费过程中的资源问题

自然资源是人类生产和生活的物质基础,也是自然环境的组成部分。自然资源为商品生产和消费提供所需要的物质和能源,是发展经济、提高人们生活水平的物质基础。但是,由于生产力的发展、人口的剧增,商品生产和消费的总量也急剧增长,使得人类对资源需求的剧增,再加上人们在商品生产过程中对开发利用自然资源存在极大的盲目性,造成了自然资源的不断被破坏与生态系统的失衡,严重影响了人类生存和社会的发展。因

此,在商品生产和消费过程中,要保护自然资源,使商品生产和消费具有可持续的发展空间。商品生产和消费中所面临的资源问题,是一个全球性的问题,主要表现在如下几个方面:

1. 水资源问题

商品生产和消费所引起的水资源问题,主要表现为两个方面:一方面是商品生产和消费造成的水资源短缺;另一方面是商品生产和消费造成的水资源污染。随着商品生产和消费量的剧增,需求量也急剧增加,全球约有 20 亿人口饮用水紧缺,10 亿以上的人口饮用被污染的水。预计到 2050 年,缺水的城市人口将会增长到 24 亿人。我国淮河流域水的污染问题十分严重,尤其是淮河的中下游地区,使得当地居民的饮水都成问题。造成淮河流域水污染问题的主要原因,是一些中型或小型的造纸厂以及一些其他商品生产厂家,直接将污水排放到淮河中。为此,国家投入大量资金用于淮河治污。"十一五"期间,淮河流域水污染防治工作取得一定成效,流域水质总体有所改善。

2. 森林资源问题

随着商品生产和消费对木材需求量的增加,全球森林面积迅速减少。为了保证人类及其他生物的正常生产和生活的需要,全球森林面积一般不应少于 40 亿 hm^2。但从 20 世纪的 1950 年到 1975 年,全球森林面积已从 50 亿 hm^2 缩减到 26 亿 hm^2,平均每年有 1100 多万公顷的森林遭到破坏。目前,我国的森林问题也非常严重,根据第八次全国森林资源清查结果,全国森林面积 2.077 亿 hm^2,根据《2010 全球森林资源评估报告》分析,我国森林面积占世界森林面积的 5.15%,居俄罗斯、巴西、加拿大、美国之后,列第 5 位;而我国人均森林面积仅 0.15hm^2,相当于世界人均占有量的 25%。商品生产和消费所带来的森林资源问题必须引起注意,否则会带来严重的不良后果。

3. 能源资源问题

商品生产和消费数量绝对值的增加,也带来了相应的能源问题。据有关资料统计,1860 年世界能源消耗为 5.5 亿 t 标准原煤,到 1980 年增加到 90 亿 t 标准原煤,增加了 15.4 倍,平均每年增加 7042 万 t。从 20 世纪 70 年代中期到 20 世纪 90 年代中期约 20 年间,世界的能源消耗增长了 50%;而到 2020 年,全球能源消耗还将比现在增长 50%~100%。因此,在商品生产与消费过程中,要密切注意它所带来的能源问题,采用低能耗的商品生产方式,减少能源的消耗。

四、自然资源的保护

通过对商品生产和消费过程中所带来的资源问题的认识,可以发现资源保护任务十分艰巨,是一项长期的任务,需要社会各界从意识形态、管理方式、科技进步和法制建设等多方面、多层次、全方位综合采取多种手段,以优化资源配置,使资源发挥应有的效能。

1. 保护水资源

第一，调整产业结构。对工农业产业结构进行合理调整，使产业布局有利于水资源的保护和循环使用，严格控制高耗水商品生产行业的发展。第二，依靠科技，节约用水。运用工业先进技术，改进商品生产工艺，实现商品生产工业用水的再循环和再利用，努力建立节水型经济和节水型社会。第三，加强水资源的管理工作。提高全民水资源保护意识，健全水资源利用和保护法规，引入市场调节机制，强化水资源管理。

2. 保护森林资源

第一，加强森林资源管理。完善有关法规，使森林资源保护法制化；推进森林的分类经营，加大天然林和防护林的保护力度。第二，改变部分商品的消费形式，减少对木材的需要量，如尽量不使用一次性木筷子。第三，通过科技开发，采用新材料或木材的替代材料，减少部分商品生产对森林木材的需求量。

3. 资源的综合利用

资源的综合利用是由资源的多用性、区域性决定的。资源的综合利用包括两层含义：①某种资源多种成分、多种使用价值的综合利用；②某地区或全国多种资源的综合利用。资源的综合利用，不但有助于提高资源的利用率，避免资源的浪费，缓解能源及其他短缺资源的供求矛盾，而且有利于降低环境污染，改善生态环境。

4. 资源的开源节流

社会经济发展急需的自然资源，特别是能源资源，大多数都是有限的，因此在开发利用资源时，必须注重节约现有资源，提高其利用率，与此同时，还应积极开辟新的可替代性资源。

第三节　商品及其生命周期的环境管理

现代生活离不开商品。传统的商品是基于满足人类的某些需要，企业通过提供具有一定性能的商品谋求自身的利润，忽视了资源的成本，客观上造成了全球范围内的生态环境恶化和资源枯竭，对人类的可持续发展构成了威胁。认识商品的生命周期，控制评价商品生产全系统对环境总的影响和全过程管理，是可持续发展的必然要求。

一、商品生命周期

商品系统是指与商品生产、使用以及用后处理相关的全过程，包括原材料采掘、生产、商品制造、商品使用和用后处理的全过程。在商品生产、销售和使用过程中，系统的投入造成了生态破坏与资源的耗竭，系统输出的"三废"又造成了环境污染。因此，生态环境问题与商品系统密切相关。

商品生命周期是指一种商品从原料开始，经过原料加工、产品制造、产品包装、运输和销售，然后由消费者使用、回收和维修，最终再循环或作为废弃物处理和处置的过程。在这一过程中，商品对资源的消耗和对环境的污染在每个阶段都可能发生，因此环境污染的预防和资源控制也应贯穿于商品生命周期的各个阶段。

1. 商品生命周期评价

近些年来，世界各国越来越重视可持续发展，人类对商品的要求也不只是停留在性能、质量、价格等方面，而是要求企业在提供商品的同时，考虑环境和资源问题，这就迫使产业界在商品的研发、设计阶段就开始注重环境问题，将生态环境问题与商品系统联系起来，寻求解决的途径与方法。同时，环境管理部门和政府也一直在积极开发一种全过程、全功能、全方位的综合环境管理工具，把环境问题的重点放在预防上。因此，一种面向商品系统的环境管理工具——生命周期评价应运而生。

生命周期评价是对某种商品及其包装物、生产工艺、原材料、能源或其他某种人类活动行为的全部过程，包括原材料的采集、加工、生产、包装、运输、消费和回用以及最终处理等，进行资源和环境影响的分析与评价，其思想是力图在源头预防和减少环境问题。传统的解决办法是在商品环境问题出现以后再去解决。而商品生命周期评价涵盖了商品的生产、销售、消费和回收处理等的全过程，在商品的功能、能耗和排污之间寻求合理的平衡。

商品生命周期评价是对从整个商品系统原材料的采集到商品生产、销售和最终处理等的全过程进行环境分析，因而它具有全过程的特点。商品生命周期评价以系统的思维方式研究商品在整个生命周期每一个环节中的所有资源消耗、废弃物的产生情况及其对环境的影响，对能量和物质的使用、排放物对环境的影响等进行定量评价，以寻求改善环境影响的机会。商品生命周期评价注重研究系统在生态健康、人类健康和资源消耗领域内的环境影响。

2. 商品生命周期评价的意义

（1）通过综合评价，可以帮助识别、改进商品生命周期各个阶段的环境问题。

（2）为"绿色产品"提供量化依据。

（3）通过分析评价，可以比较不同地区、不同国家的环境行为效果，寻求能源、资源的最低消耗，为环境政策的制定提供依据。

3. 商品生命周期阶段

商品生命循环，如图 12-2 所示。

整个商品系统中，除产生商品外，商品生命周期的各个阶段都需要从自然界获得各种资源，并形成一定量的废物向自然界排放，在地球和生物圈内积聚。商品生产需要使用原材料，包括各种主要原材料和辅助原材料以及各种生产设备等，这些都不同程度地消耗了资源。商品废弃后，一些可以再利用，一些可以再循环至制造系统。整个商品系统中的所有阶段排放的废气、废固体物和废水直接进入环境，可以通过物理、化学或生物方法进行

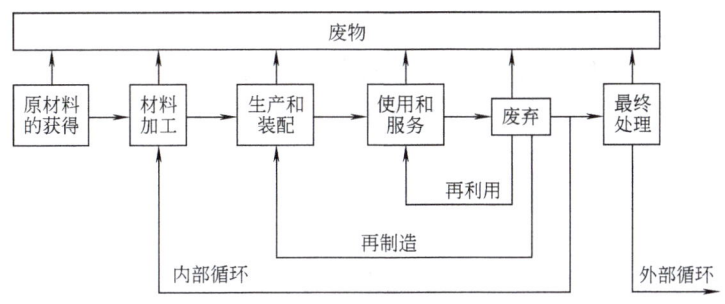

图 12-2　商品生命循环

处理，以减少废物的体积和毒性。

二、商品生命周期评价的总体框架

1. 商品生命周期评价的基本方法

生命周期评价目前主要采用两种方法：生命周期评价方法和经济输入—输出生命周期评价模式。

生命周期评价方法是环境毒理学与化学学会和美国环保局发展的方法，现已被纳入 ISO14000 体系，已公布了多个标准，我国于 1999 年和 2000 年先后推出了 GB/T 24040 及 GB/T 24041 等国家标准，2008 年对 GB/T 24040 进行修订，用 GB/T 24044 替代了 GB/T 24041。

经济输入—输出生命周期评价模式是 1994 年在美国国家工程院举行的关于"工业生态系统的绿化"会议上提出来的，建立了经济输入—输出模型，并对一些行业如服务行业所提供的直接和间接服务在经济和环境方面的影响进行了评价。

2. 商品生命周期评价的总体框架

生命周期评价主要包括目的与范围的确定、生命周期清单分析、生命周期影响评价和生命周期解释四个部分。

（1）研究目的与范围确定。生命周期评价的目的应根据具体的研究对象来研究确定，明确阐述其应用意图、开展研究的理由及其交流的对象。在确定研究范围时，应对基本的商品系统的功能、功能单位、系统边界、分配方法、影响类型和影响评价方法及随后所做的解释、数据质量、假设条件、局限性、鉴定性评审类型进行设定，以保证研究的广度、尝试和详尽程度与之相符，以适应所确定的研究目的。

（2）生命周期清单分析。生命周期清单分析包括数据的收集和计算程序，目的是对商品系统的有关输入和输出进行量化。数据含定性数据和定量数据两类。收集数据的程序可因不同的单元过程、研究范围和应用目的而异。

（3）生命周期影响评价。影响评价的目的是根据生命周期清单分析的结果对潜在环境影响的程度进行评价。

（4）**生命周期解释**。生命周期解释是根据规定的目的和范围，综合考虑生命周期清单分析和生命周期影响评价的结果，从而形成结论并提出建议。

三、商品生命周期过程中的环境要求

1. 性能要求

性能要求确定了商品系统的功能。商品生命周期需要提供高标准的性能来满足顾客的需求。在商品系统中，商品的性能总是与一定的技术水平、材料的性质等相联系。市场经济条件下，顾客的行为和社会习惯也会影响商品的性能。如果商品的性能达不到要求，就会对环境产生影响。因此，在商品生命周期过程中，无论是商品的设计、制造，还是销售过程，都应注意商品的性能，使之达到较高的标准，在满足顾客需要的同时，减少对环境的影响。

2. 成本要求

人们在购买商品的同时要考虑的一个重要因素就是商品的价格。商品的价格与商品的成本有着密切的联系。成本要求在商品生命周期过程中，不但要考虑满足商品性能要求，而且要满足商品环境的要求，为顾客创造更多的价值。

3. 文化要求

文化要求决定了商品的形状、形式、颜色等。成功的商品必须满足文化方面的要求。商品在设计过程中必然受到顾客偏好的影响，这会带来直接的环境后果。所以，对商品的要求既应赏心悦目，又要考虑环境优良，注重环境要求与文化要求的协调统一。

4. 法律要求

国家、地方在环境、健康和安全方面的法规法规都具有强制性，违反法律要求都应受到相应的处罚。因此在商品生命周期过程中应考虑法律的要求，了解环保法规对商品系统的要求，强化法制意识，使商品的设计、生产、销售诸环节均在法律要求的范围内。

市场商品与环境问题

商品的生产与消费必须遵循环境的客观规律。人们必须树立运用资源和环境保护相结合的战略思想。人类社会在长期发展进程中，由于片面地追求经济增长和生活质量的提高，只顾加速自然资源、生态环境和商品的开发，而忽略了对资源和环境的保护，已造成对资源的巨大消耗和对环境的巨大破坏。

商品活动与环境有着密切的关系。商品在生产、加工、运输、使用以及废弃过程中，对自然环境造

第十二章 商品与环境资源

成的影响极大。商品生产的原材料几乎全部取自于自然界。例如商品房所使用的水泥和砖料等建筑原材料就是通过人为地爆破山岩而获得的，这会造成严重的空气粉尘污染。纺织品和日用化工品的生产加工所排放的废气、废水对环境的污染又是很难被大自然所分解的。商品在运输过程中，汽车、火车、飞机、轮船等运输工具所排放的一氧化碳和二氧化碳是造成温室效应的罪魁祸首。电冰箱和空调的制冷剂氟利昂能够分解臭氧分子，大量使用它们会造成臭氧层空洞。目前人们普遍使用的一次性塑料袋，往往使用一两次后就被丢弃。塑料袋数量庞大且分散，并难以自然降解，它是造成城市"白色污染"的重要源头之一。实验表明，一个普通的塑料袋被掩埋后可以使 $1m^2$ 的土地在 100 年内失去耕种价值。商品的生产和消费活动强烈地影响着自然环境的动态平衡。当人类的商品生产和消费活动过度强化时，自然环境的系统平衡与持续演进就遭到了破坏，甚至会造成很难挽救的恶果。目前，我国生态环境的破坏范围仍在扩大，以城市为中心的环境污染仍在增加，并呈现向农村蔓延的趋势。

（资料来源：荀穗舟．市场商品与环境问题［J］．合作经济与科技，2011（15）：82-83）

思考练习题

1. 环境的概念是什么？环境有什么特点？
2. 试述商品与环境的关系。
3. 商品对环境污染有哪些？应如何进行防治？
4. 资源应如何进行分类？
5. 简述自然资源保护。
6. 什么是商品生命周期评价？有什么意义？
7. 环境、资源与可持续发展密切相关，商品对环境、资源又有影响作用，找一种商品，说明它对资源和环境的影响。

参 考 文 献

[1] 陈天荣. 商品学概论 [M]. 重庆：重庆大学出版社，2003.
[2] 刘安莉，高懿. 新编商品学概论 [M]. 北京：对外经济贸易大学出版社，2002.
[3] 万融，张万福，吴小峻. 商品学概论 [M]. 2版. 北京：中国人民大学出版社，2003.
[4] 牛变秀. 现代商品学基础 [M]. 北京：人民邮电出版社，2002.
[5] 刘爱珍. 现代商品学教程 [M]. 上海：立信会计出版社，2001.
[6] 任世广. 商品学基础与应用 [M]. 北京：中国商业出版社，1994.
[7] 吴广清. 商品学概论（修订本）[M]. 北京：中国商业出版社，1998.
[8] 刘爱珍. 现代商品学基础与应用 [M]. 上海：立信会计出版社，1998.
[9] 吴源鸿. 商品学概论 [M]. 广州：中山大学出版社，1997.
[10] 商品知识考试参考书编写组. 商品知识考试参考书 [M]. 北京：中国经济出版社，1996.
[11] 毛海男. 商品学概论 [M]. 北京：中国商业出版社，2002.
[12] 高真，刘北林. 商品学 [M]. 北京：中国轻工业出版社，1995.
[13] 邓耕生. 商品学理论与实务 [M]. 天津：天津大学出版社，1996.
[14] 刘耀威. 进出口商品的检验与检疫 [M]. 北京：对外经济贸易大学出版社，2001.
[15] 谈留芳. 商品学 [M]. 北京：科学出版社，2001.
[16] 汪永太，李萍. 商品学概论 [M]. 大连：东北财经大学出版社，2002.
[17] 汪永太. 商品学检验与养护 [M]. 大连：东北财经大学出版社，2005.
[18] 李岩. 商品检验概论 [M]. 北京：化学工业出版社，2003.
[19] 王蓓林. 现代仓储管理 [M]. 北京：人民交通出版社，2003.
[20] 窦志铭. 物流商品养护技术 [M]. 北京：人民交通出版社，2004.
[21] 卢宝亮. 仓库安全管理与技术 [M]. 北京：中国物资出版社，2004.
[22] 李敬业. 货物采购与检验 [M]. 大连：东北财经大学出版社，2004.
[23] 朱强. 货物学 [M]. 北京：机械工业出版社，2004.
[24] 刘北林，白世贞. 商品学 [M]. 北京：中国物资出版社，2001.
[25] 伊武军. 资源、环境与可持续发展 [M]. 北京：海洋出版社，2001.
[26] 蔡运龙. 自然资源学原理 [M]. 北京：科学出版社，2001.
[27] 覃成林，管华. 环境经济学 [M]. 北京：科学出版社，2004.
[28] 汝宜红. 资源管理学 [M]. 北京：中国铁道出版社，2001.
[29] 刘云国，李小明. 环境生态学导论 [M]. 长沙：湖南大学出版社，2001.
[30] 陈椽. 茶叶商品学 [M]. 合肥：中国科学技术大学出版社，1991.
[31] 俞永明. 说茶饮茶 [M]. 北京：金盾出版社，1999.
[32] 王钟音. 茶叶保鲜方法的探讨 [J]. 茶叶，2003，29（2）：106-108.
[33] 邓耕生，邓向荣. 商品学理论与实务 [M]. 天津：天津大学出版社，1997.
[34] 李伟挥. 电视机原理 [M]. 北京：高等教育出版社，1996.

[35] 张夔. 电视机维修技术 [M]. 北京：高等教育出版社，1996.
[36] 杨志强. 小型制冷设备原理与维修 [M]. 北京：中国劳动社会保障出版社，2002.
[37] 徐福培. 计算机组成与结构 [M]. 北京：电子工业出版社，2002.
[38] 站德臣，邓胜春，张丽杰. 计算机实用基础 [M]. 北京：电子工业出版社，2002.
[39] 张宁. 计算机应用技术 [M]. 北京：经济科学出版社，2000.
[40] 王立宁，闫剑平. 最新手机维修教程 [M]. 北京：人民邮电出版社，2001.
[41] 王立宁，闫剑平. 全新手机维修教程 [M]. 北京：人民邮电出版社，2002.
[42] 马芳芳. 数字移动通信系统原理及工程技术 [M]. 北京：高等教育出版社，2003.
[43] 郭世泽，吴志军，等. 手机上网全接触 [M]. 北京：人民邮电出版社，2003.
[44] 王戟. 金属材料及热处理 [M]. 北京：中国劳动社会保障出版社，2004.
[45] 闫康平. 工程材料 [M]. 北京：化学工业出版社，2003.
[46] 范悦. 工程材料 [M]. 北京：北京航空航天大学出版社，2003.
[47] 田长生. 金属材料及热处理 [M]. 西安：西北工业大学出版社，1987.
[48] 金海水，张惠颖，安玉若. 金属材料商品学 [M]. 北京：中国物资出版社，2004.
[49] 国家冶金工业局行业管理司质量标准处. 钢铁产品分类牌号、技术条件、包装、尺寸及允许偏差标准汇编 [S]. 北京：中国标准出版社，2000.
[50] 虞莲莲，曾正明. 实用钢铁材料手册 [M]. 北京：机械工业出版社，2001.
[51] 伍千思. 中国钢及合金实用标准牌号1000种 [M]. 北京：中国标准出版社，2001.
[52] 钢铁材料手册总编辑委员会. 钢铁材料手册：第二卷：低合金高强度钢 [M]. 北京：中国标准出版社，2001.
[53] 钢铁材料手册总编辑委员会. 钢铁材料手册：第五卷：不锈钢 [M]. 北京：中国标准出版社，2001.
[54] 忠顺思，王昌生. 轴承钢 [M]. 北京：冶金工业出版社，2000.
[55] 戴礼智. 金属磁性材料 [M]. 上海：上海人民出版社，1973.
[56] W C 莱斯利. 钢的物理冶金学 [M]. 余宗森，谢善骁，译. 北京：冶金工业出版社，1988.
[57] 林自葵. 货物运输与包装 [M]. 北京：机械工业出版社，2005.
[58] 刘作义，郎茂祥. 运输商务 [M]. 北京：中国铁道出版社，2003.
[59] 陈宏岭，武文斌. 物流包装实务 [M]. 北京：中国物资出版社，2003.
[60] 袁长明. 现代商品学基础 [M]. 北京：中国财政经济出版社，2005.
[61] 郭洪仙. 商品学 [M]. 上海：复旦大学出版社，2005.
[62] 蔺哲. 商品学概论 [M]. 北京：经济科学出版社，2005.
[63] 潘绍来. 商品学 [M]. 南京：东南大学出版社，2005.
[64] 曹汝英. 商品学基础 [M]. 北京：高等教育出版社，2003.
[65] 万融. 商品学概论 [M]. 5版. 北京：中国人民大学出版社，2013.
[66] 刘增田. 商品学 [M]. 北京：北京大学出版社，2013.
[67] 申纲领. 商品学 [M]. 北京：化学工业出版社，2011.
[68] 徐东云. 商品学 [M]. 北京：清华大学出版社，2011.

[69] 陈文汉. 商品学 [M]. 北京：人民邮电出版社，2014.

[70] 贾卫列，杨永岗，朱明双，等. 生态文明建设概论 [M]. 北京：中央编译出版社，2013.

[71] 中华人民共和国国家质量监督检验检疫总局，中国国家标准化管理委员会. GB/T 7635.1—2002 全国主要产品分类与代码 [S]. 北京：中国标准出版社，2002.

[72] 中华人民共和国国家质量监督检验检疫总局，中国国家标准化管理委员会. GB12907—2008 库德巴条码 [S]. 北京：中国标准出版社，2008.

[73] 中华人民共和国信息产业部. SJ/T 11343—2006 数字电视液晶显示器通用规范 [S]. 北京：工业电子出版社，2006.

[74] 环境保护部. HJ2506—2011 环境标志产品技术要求—彩色电视广播接收机 [S]. 北京：中国环境科学出版社，2011.

[75] 中华人民共和国国家质量监督检验检疫总局，中国国家标准化管理委员会. GB/T 22504.1—2008 粮油检验 粮食感官检验辅助图谱 第1部分：小麦 [S]. 北京：中国标准出版社，2008.

[76] 中华人民共和国国家质量监督检验检疫总局，中国国家标准化管理委员会. GB/T 13662—2008 黄酒 [S]. 北京：中国标准出版社，2008.

[77] 中华人民共和国国家质量监督检验检疫总局，中国国家标准化管理委员会. GB/T 1019—2008 家用和类似用途电器包装通则 [S]. 北京：中国标准出版社，2008.

[78] 中华人民共和国国家质量监督检验检疫总局，中国国家标准化管理委员会. GB/T 4122.1—2008 包装术语 [S]. 北京：中国标准出版社，2008.

[79] 中华人民共和国国家质量监督检验检疫总局，中国国家标准化管理委员会. GB 4927—2008 啤酒 [S]. 北京：中国标准出版社，2008.

[80] 中华人民共和国国家质量监督检验检疫总局，中国国家标准化管理委员会. GB 2757—2012 食品安全国家标准—蒸馏酒及其配制酒 [S]. 北京：中国标准出版社，2012.

[81] 中华人民共和国国家质量监督检验检疫总局，中国国家标准化管理委员会. GB 2760—2011 食品安全国家标准—食品添加剂 [S]. 北京：中国标准出版社，2012.

[82] 中华人民共和国国家质量监督检验检疫总局，中国国家标准化管理委员会. GB/T 2828.1—2012 计数抽样检验程序 第1部分：按接收质量限（AQL）检索的逐批检验抽样计划 [S]. 北京：中国标准出版社，2012.

[83] 中华人民共和国国家质量监督检验检疫总局，中国国家标准化管理委员会. GB/T 18650—2008 地理标志产品 龙井茶 [S]. 北京：中国标准出版社，2008.

[84] 中华人民共和国国家质量监督检验检疫总局，中国国家标准化管理委员会. GB/T 30375—2013 茶叶贮存 [S]. 北京：中国标准出版社，2013.

[85] 中华人民共和国国家质量监督检验检疫总局，中国国家标准化管理委员会. GB/T 30766—2014 茶叶分类 [S]. 北京：中国标准出版社，2014.

[86] 中华人民共和国国家质量监督检验检疫总局，中国国家标准化管理委员会. GB 4706.1—2005 家用和类似用途电器的安全通用要求 [S]. 北京：中国标准出版社，2005.

[87] 中华人民共和国国家质量监督检验检疫总局，中国国家标准化管理委员会. GB/T 8059.1—1995 家用制冷器具 冷藏箱 [S]. 北京：中国标准出版社，1995.

[88] 中华人民共和国国家质量监督检验检疫总局,中国国家标准化管理委员会. GB/T 8059.2—1995 家用制冷器具 冷藏冷冻箱[S]. 北京:中国标准出版社,1995.

[89] 中华人民共和国国家质量监督检验检疫总局,中国国家标准化管理委员会. GB/T 8059.3—1995 家用制冷器具 冷冻箱[S]. 北京:中国标准出版社,1995.